中国城镇化与农业农村发展论

The Urbanization and Agricultural-Rural Development in China

刘彦随 著

科 学 出 版 社
北 京

内 容 简 介

本书基于国家社会科学基金重大项目的研究成果，以乡村地域系统格局、过程、机理、效应为逻辑主线，系统揭示城镇化过程、农业农村发展时空格局、演化特征及动力机制，探明城镇化与农业农村发展交互作用规律及地域特征。从影响因素、传导作用方式及其程度入手，定量模拟和测度不同区域、不同阶段城镇化对农业农村发展的作用路径、作用强度。基于理论解析、案例剖析、经验总结，提出转型期新型城镇化促进农业农村转型发展的科学路径及政策建议。本书对于新时期、新常态下，贯彻落实我国新型城镇化战略、农业农村现代化战略、乡村振兴战略，进一步深化城乡融合发展体制机制改革创新具有重大的理论价值和现实意义。

本书可供政府管理与决策部门参考，高等院校与科研院所地理学、管理学、经济学、社会学等教学参考，以及农业经济、土地管理、城乡规划研究与管理相关人员使用。

审图号：GS（2020）4742 号

图书在版编目（CIP）数据

中国城镇化与农业农村发展论 / 刘彦随著. —北京：科学出版社，2020.9
ISBN 978-7-03-063337-8

Ⅰ. ①中…　Ⅱ. ①刘…　Ⅲ. ①城市化-研究-中国 ②农业经济发展-研究-中国 ③农村经济发展-研究-中国　Ⅳ. ①F299.21 ②F323

中国版本图书馆 CIP 数据核字（2019）第 255540 号

责任编辑：马　跃 / 责任校对：贾娜娜
责任印制：张　伟 / 封面设计：无极书装

科学出版社出版
北京东黄城根北街 16 号
邮政编码：100717
http://www.sciencep.com
北京中石油彩色印刷有限责任公司 印刷
科学出版社发行　各地新华书店经销
*
2020 年 9 月第　一　版　开本：720×1000　B5
2020 年12月第二次印刷　印张：23 1/4
字数：470 000

定价：236.00 元

（如有印装质量问题，我社负责调换）

前　言

改革开放开启了中国经济社会发展的新篇章，各行各业快速转型与发展，经济增长、社会进展取得巨大成就。尤其是20世纪90年代初，全球经济进入遵循可持续发展理念的新阶段，21世纪之初中国加入了世界贸易组织（World Trade Organization，WTO），促进了中国经济转型和开启全球化的新时期。在经济全球化、快速城镇化背景下，中国长期以来“重城轻乡”的发展战略加剧了城乡关系的失衡和人地关系的失调，导致“城进村衰”和“空心村”问题日趋严峻。2012年，中共十八大报告提出“坚持走中国特色新型工业化、信息化、城镇化、农业现代化道路，推动信息化和工业化深度融合、工业化和城镇化良性互动、城镇化和农业现代化相互协调，促进工业化、信息化、城镇化、农业现代化同步发展”[①]。乡村兴则国家兴，乡村衰则国家衰。没有农业农村现代化，就没有整个国家现代化。在现代化进程中，如何处理好工农关系、城乡关系在一定程度上决定着现代化的成败。2017年，中共十九大报告提出“实施乡村振兴战略。农业农村农民问题是关系国计民生的根本性问题,必须始终把解决好‘三农’问题作为全党工作重中之重”[②]。实施乡村振兴战略的总目标是农业农村现代化，总方针是坚持农业农村优先发展，总要求是产业兴旺、生态宜居、乡风文明、治理有效、生活富裕，制度保障是建立健全城乡融合发展体制机制和政策体系。因此，结合新时期新型城镇化、农业农村现代化战略，深入研究如何打破城乡发展不平衡、不协调的二元结构问题，推动重塑现代城乡关系、全面推进乡村系统振兴，如何加快构建“以工促农、以城带乡、工农互惠、城乡一体”的新型工农城乡关系，促进新型城镇化带动农业农村系统转型和乡村科学发展，尤为迫切和重要。

由于中国特殊的地理国情、经济基础和制度安排，使得城镇化对农业农村发

① 《胡锦涛在中国共产党第十八次全国代表大会上的报告》，http://cpc.people.com.cn/n/2012/1118/c64094-19612151-4.html，2018年3月25日。

② 《习近平：决胜全面建成小康社会 夺取新时代中国特色社会主义伟大胜利——在中国共产党第十九次全国代表大会上的报告》，http://www.gov.cn/zhuanti/2017-10/27/content_5234876.htm，2017年10月27日。

展的影响具有复杂性、阶段性和区域性。这不仅需要深入探讨和深刻反思过去传统城镇化对农业农村发展的影响路径、方向、强度及其机理，明确不同阶段、不同区域的城镇化对农业农村发展的引领作用、助推作用、阻滞效应，还需探究如何构筑中国特色的工农互动、城乡一体的新型工农关系、城乡关系，推进创建城乡发展一体化新格局。这对于新时期、新常态下，贯彻落实我国新型城镇化战略、农业农村现代化战略、乡村振兴战略，进一步深化城乡融合发展体制机制改革创新具有重大的理论价值和现实意义。

本书首先以格局、过程、机理、效应为逻辑主线，系统揭示城镇化过程、农业农村发展时空格局、演化特征及动力机制，综合诊断不同时期的城镇化、农业农村发展的主要问题及其产生机理和根源。其次，从影响因素、传导作用方式及其程度入手，探究城镇化对农业农村发展的影响测度模型和层次解析方法，定量模拟和测度不同区域、不同阶段城镇化对农业农村发展的作用路径、作用强度，即在理论上探明城镇化与农业农村现代化“双轮驱动”的传导机制，在实践中形成依据新型城镇化对农业农村发展的影响贡献进行规划决策的管理范式。最后，基于理论解析、案例剖析、经验总结，探索构建新型城镇化助推农业农村可持续发展的理论模式、保障机制，研究提出转型期新型城镇化促进农业农村转型发展，以及城乡融合发展的科学路径及其政策建议，服务支撑我国新型城镇化、农业农村现代化与乡村振兴战略的规划和决策。本书主要研究成果与结论归纳为以下五个方面。

（一）系统解析中国农业农村发展的时空演化与主要问题

改革开放以来，我国农业农村发展经历了农村经济加速发展期（1978~1988年）、农村经济缓慢发展期（1989~1998 年）、农村经济结构调整期（1999~2003年），2004 年以来进入农村经济发展新时期，农业生产状况和农民生活水平得到了极大改善，尤其是农业机械化水平和农民人均纯收入得到普遍提高。但是，以农业生产要素非农化、农民社会主体老弱化、农村建设用地空废化、农村水土环境污损化为主要特征的“乡村病”综合征日益凸显。从整体的空间分异格局来看，我国的农业农村发展综合水平呈现东南高、西北低的趋势，其中，农业生产状况水平呈现出北高南低、东高西低的格局，农民生活水平则呈现出东部沿海省区市高于内陆省区市的格局，但是，农村生态环境水平有所下降，东部地区低于中部、西部地区，反映了城镇化进程中农业农村环境污染、生态功能衰退的现实问题。进一步根据我国综合农业区划，分析各个农业区的农业农村发展水平，发现我国的农业生产在东北平原、黄淮海平原、长江中下游平原、新疆西北地区等平原及盆地地区水平较高；农村生活水平在自北向南的辽东南地区、京津冀地区、胶东地区、长三角地区、海西经济区、珠三角地区的城市群形成了一条完整而连续的高值聚集区；农村生态环境则在东部沿海与中部少数城市呈现下降的趋势，需要引起重视。以长江经济带为典型样带来看，我国农业劳动力的非农化、兼业化特征明显，工资性收入逐渐成为农民增收的主要来源，农业机械化和集约化水平逐渐提高，乡村系统多样性、多功能特征显现，农业新型经营主体不断涌现。但是，区域水土资源利用低效、生态环境恶化对农业农村可持续发展的“硬约束”日益增大。以京津冀地区为典型样区来看，该地区农业农村发展水平逐渐提升，尤其是非农经济增长、社会进步取得明显成效，但是，快速工业化、城镇化给区域环境带来了严峻的负面影响；传统平原农区的经济发展、社会系统发展态势总体良好，但是农村青壮劳动力外流、土地非农化问题严重，“产粮大县财政穷县”的权益倒挂问题仍未根本解决；黄土丘陵沟壑区的生态环境明显改善，农民收入显著提高，但面临着农业劳动力流失、基本农田建设滞后等问题，区域“三生”（生态、生产、生活）融合仍面临较大挑战。总体而言，新时期我国农业农村发展主要取决于农村自我发展能力和城镇化的外源动力两个方面，二者作用方式、影响程度、分异格局的不同，形成了我国农业农村发展的不同状态和不同问题。

（二）定量评估中国城镇化发展的时空态势与综合效应

改革开放以来，我国的城镇化大致经历了稳定发展阶段（1978~1995 年）和快速发展阶段（1996 年至今）两个阶段，2014 年 3 月《国家新型城镇化规划（2014—2020 年）》颁布，其后也称为“新型城镇化阶段”。伴随着城乡人口迁移、土地用途转化和产业结构转变等过程，从不同空间尺度，可以全面揭示出我国城镇化发展的时空格局。从全国尺度看，我国城镇人口的比率从 1980 年的 19%提高到 2015 年的 56%，第二产业和第三产业的比重也从 1980 年的 70%上升到 2015 年的 91%，城市建成区总面积占国土面积的比重则从 1980 年的 0.07%增加到 2015 年的 0.54%，说明我国的土地城镇化发展速度快于人口和经济城镇化。从省域尺度看，人口和经济城镇化的空间格局呈现出从东部向中部、西部逐级递减的趋势，东部沿海省区市城镇化率提高最迅速，而东北地区和西部地区发展缓慢，土地城镇化率则呈现出与人口、经济城镇化不同的发展态势，长三角地区、珠三角地区、京津冀地区、海南、山东、新疆等区域相对较高。从市域尺度看，中国的人口城镇化率呈现出东北地区和各省会城市偏高的空间分布特征，经济城镇化率在辽东南地区、呼和浩特、长三角地区、珠三角地区等区域较高，土地城镇化率则以胡焕庸线为分界线，呈现出明显的东南部高于西北部的格局。从县域尺度看，珠三角地区、长三角地区、京津冀地区、东北地区、各省会城市及其周边地区的区县，仍是人口城镇化的高值区；经济城镇化率最高的地区则集中在珠三角、长三角、京津冀、重庆等地，相对较低的地区集中在黑龙江、广西、云南、西藏、新疆等地；土地城镇化呈现出东部地区高城镇化率、高增长率态势，中部地区和东北地区为低城镇化率、中高增长率态势，而西部地区大体为低城镇化率、低增长率的“双低”态势。总体而言，我国城镇化发展受到行政力、市场力、外向力与内源力的共同作用。但是，城镇化仍存在“三大”突出问题，进而产生了不同的综合效应。首先，土地城镇化快于人口城镇化，建设用地闲置、粗放低效的矛盾突出；其次，半城镇化问题严重，多数农民工处于“城乡双漂”的状态，未能完全市民化；最后，盲目追求城镇化规模、速度，普遍产生了严重的资源环境问题，包括二氧化碳排放、耕地资源侵占等。

（三）分级评判城镇化对农业农村发展的影响路径与程度

我国城镇化对农业农村发展的影响表现出典型的阶段性、空间差异性特征。就阶段性而言，在城市系统与乡村系统初步融合阶段，城镇化对农业农村发展的影响，以农业农村要素的快速非农化为主，在空间上大部分地区表现为要素集聚，极化效应大于扩散效应；在城市系统与乡村系统互动发展的高级阶段，不同等级的城镇之间、村庄与中小城市、小城镇之间的要素流动加快，城镇化对农业农村发展的扩散效应开始显现。目前，我国已经进入“以城带乡、以工促农”的新阶段，但区域之间的不平衡性也比较突出。就空间差异性而言，在全国层面的人口城镇化导致乡村劳动力大量外流，农村土地流转，农业经营规模与机械化水平提高；经济城镇化促进了传统的农业生产逐渐被非农产业生产所取代，乡村就业人员比重减小，农业总产值占国内生产总值（gross domestic product，GDP）的比重降低，农业科技水平提高；土地城镇化导致耕地资源和人均耕地占有量减少，但同时也促进了农村居民收入增长。在省域层面，利用改进的柯布–道格拉斯（Cobb-Douglas，CD）模型和面板数据多元回归分析表明，城镇化率对人均耕地面积、农村劳动力比重和人均粮食产量产生负向影响，对农村居民人均纯收入、人均农业产值和单位面积机械化动力水平产生正向影响。在市域层面，利用面板数据的多元回归分析表明，绝大部分地区的城镇化进程对农业农村发展呈现正向效应，但是，城镇化也是一把“双刃剑”，在促进经济发展和提高农民生活水平的同时，也大量占用农村生产要素，其中东南沿海地区、东北平原农区及西北内蒙古、新疆部分地区的弹性系数大于 1，并且人口、经济、土地城镇化对不同区域的农业农村发展影响呈现出差异格局。在县域层面，基于结构方程模型模拟发现，人口城镇化对乡村发展的正向作用效果较明显，经济城镇化则对乡村发展负向效果较明显，而土地城镇化对乡村发展的影响效果越来越小。进一步测度京津冀地区、传统平原农区和黄土丘陵沟壑区等典型区城镇化对农业农村发展的影响，发现各区域人口、经济城镇化与农业农村发展初步形成了良好的耦合关系。但是，土地城镇化与农村各要素耦合度较低，一定程度上反映出农业农村发展滞后于土地城镇化速度。同时，随着城镇化推进，农村经济与社会系统快速发展，农村地区资源环境问题日益凸显，东部沿海及中西部大城市近郊乡村环境污染呈现加剧态势。在黄土丘陵沟壑区，城镇化系统与农村资源、环境系统之间的负向影响更为广泛和显著，尤其是脆弱的生态环境与资源承载基础成为区域乡村发展的重要制约因素。京津冀地区土地城镇化对农村各系统的带动性逐渐在减弱，而在传统平原农区和黄土丘陵沟壑区，土地城镇化带来的巨大资本收益成为当地城镇化与农村发展的强大动力。

（四）分类提出城镇化助推农业农村发展的可行对策

根据我国城镇化和农业农村发展的差异类型，重点选取东部城市群地区（京津冀、长三角）、中部粮食主产区（河南）、西南山地丘陵区（四川、重庆）、西北黄土高原区（陕西）等主要类型区典型区域，研究发现不同区域的农业农村发展水平、产业经济、驱动机制等方面存在明显差异。东部城市群地区的农业农村多属于农村自身发展与城镇化外源动力综合驱动型，中部粮食主产区县域多属于农村内生发展型，主要依靠本地资源优势发展特色农产品，而在西南山地丘陵区和西北黄土高原区，既包括农村内生发展型，也包括劳务输出带动和城镇建设带动的城镇化外源驱动型。值得一提的是，土地整治在农业农村发展中发挥着越来越重要的作用。因此，通过大力改善乡村基础设施，开发当地特色资源，扶植旅游业、特产加工和手工艺产业，有望促进乡村发展转型和重建村镇地域系统。通过典型案例分析，发现在国家层面尽管近些年来针对户籍、土地、税收等农村综合改革力度不断加大，部分成效显现，但推进“以工促农、以城带乡”和城乡发展一体化进程中，仍然面临户籍、土地、财政、产业、金融、社会保障、环境治理制度等方面的制度性障碍，如何突破机制性、制度性瓶颈，加快创建城乡融合发展体制机制和乡村振兴制度体系，成为有效破解“三农”（即农业、农村、农民）问题的重中之重。为此，未来需要将新型城镇化与乡村振兴作为双轮驱动并重的综合发展战略，创新城乡发展转型和破解“乡村病”的科学路径及制度体系，从而推动城乡要素平等交换与公共资源的均衡配置。

新型城镇化与乡村振兴融合是关键环节，当前需要从创新城乡土地制度与管理方式、建立工业反哺农业的长效机制、加快构筑村镇建设新格局和深化改革城乡发展体制等方面切入，加强顶层设计和深化体制改革，深入推进农村户籍制度、土地制度、产业制度、金融制度创新，重视加强农村公共物品供给、强化农业科技驱动、创新环境治理机制、改革行政管理与规划管控。随着新型城镇化战略的持续推进，我国农业农村发展要始终围绕“人口、土地、产业”三个核心要素，在要素整合、外部环境变迁和社会需求的驱动下，加快构建村镇建设新格局及构筑村镇生产空间、生活空间、生态空间和文化空间，推进形成中国特色的城市、村镇、农业、生态“四位一体”的国土新格局。同时，对于不同类型的区域，针对农业农村发展的不同问题，应重视推行差别化的新型城镇化与农业农村发展战略。在城镇密集的城市群地区，加强农村产业培育、格局优化，推进城乡环境综合治理，创新以城乡融合发展为特征的新型城镇化模式；在城市近郊区、粮食主产区，强调在不以牺牲耕地和粮食安全为代价并保障农民土地权益的前提下，通过体制机制创新，推进以中心村镇、新型社区为特征的新型城镇化及以田园综合体建设为特色的多功能城镇化模式；在山地丘陵地区，结合精准扶贫、生态文明建设战略，着力以生态建设、地质灾害防护为前提，以资源环境综合承载能力为约束，创新“大分散、小集中”式的山地城镇化模式；在西北黄土高原区、农牧交错区，强调以优质特色农业发展、国土综合整治、生态文明建设为动力和“三生”结合的居业协同的城镇化模式。

（五）深入探析中国乡村振兴与城乡融合发展长远战略

全面建成小康社会最艰巨最繁重的任务在农村，农业、农村、农民问题是事关国计民生的根本性问题。实现新型城镇化、农业农村可持续发展的核心是破解“三农”难题、解决城乡发展不平衡和乡村发展不充分问题，关键在于全面实施乡村振兴战略、加快推进农业农村现代化。

城乡是一个有机体、命运共同体，从乡村地域系统看，乡村孕育了城镇、支撑了工业、传承了农耕文明、保障了粮食安全。乡-城关系是母子关系、整体与局部的关系。因此，从城乡统筹、城乡一体化，到城乡融合、城乡等值化，是优化城乡关系和实现乡村可持续发展的基本方向。面对日益严峻的“三农”难题，同步推进城镇化与村镇化双轮驱动，成为农业农村从衰落转向恢复、振兴的根本途径。只有城乡发展战略平等、城乡资源均衡、城乡市场融合，才能激发乡村要素活力、原动力，提升乡村发展能力、竞争力，为补齐乡村发展短板、释放农业农村新动能夯实坚实基础，建立健全乡村振兴的长效机制和制度体系。

新时代乡村振兴的核心要义是以破解特定的乡村发展面临的主要社会矛盾和突出问题为重点，以激活乡村人口、土地、产业等要素活力和内生动力为抓手，以提升乡村地域系统的可持续发展能力和竞争力为目标，加快推进乡村转型与城乡融合发展的重大战略及其实现过程。其核心是面向乡村地域系统，全面构建乡村人、地、业多要素耦合格局、地域模式，科学推进乡村地域系统的经济、社会、文化、教育、生态、技术系统协调与可持续发展。

乡村振兴是一项长远、复杂的系统工程，众多现实难题、多元战略主题、复杂科学问题，都需要通过多学科交叉、多部门联动、多主体协同，深入推进理论研究、顶层设计、系统谋划。当前重在创新机制、根治“乡村病”、改革供给侧、阻断贫困化、建设新村镇、健全新制度。全面梳理和总结提出适应时代特点、中国特色的乡村振兴目标体系、战略体系、治理体系，系统创建中国乡村振兴理论体系、科学体系、技术体系，协力创新中国乡村振兴地理学、乡村地理工程学，探索创立中国乡村科学，像传承国学一样，加快建设中国的“村学”，为“到2035年，乡村振兴取得决定性进展，农业农村现代化基本实现”“到2050年，乡村全面振兴，农业强、农村美、农民富全面实现”①，夯实理论基础，提供科技支撑。

本书是在笔者主持完成国家社会科学基金重大项目“城镇化对我国农业农村发展的影响与对策研究”（15ZDA021）的基础上撰写而成的。在理论研究和调研实践中，得到了全国哲学社会科学规划办公室、教育部、农业农村部、自然资源部等部委及相关省区市的大力支持和指导。项目组及团队成员龙花楼、李裕瑞、李琳娜、李波、宋金平、陈玉福、王介勇、李玉恒、周扬、杨园园，以及博士研究生刘继来、李进涛、贾林瑞、吴一凡、陈宗峰、冯巍仑、武文豪等参与了项目研究和部分章节撰写、制图工作。在成书定稿过程中得到了中国地理学会原理事长、中国科学院陆大道院士，国际地理联合会（International Geographical Union，IGU）副主席、中国科学院傅伯杰院士，中国工程院张福锁院士，发展中国家科学院汪寿阳院士、张林秀院士，中国科学院南京地理与湖泊研究所佘之祥研究员，中国科学院地理科学与资源研究所毛汉英研究员，北京师范大学地理科学学部执行部长宋长青教授等的指导和帮助，谨表示衷心的感谢。

刘彦随

2019年2月26日

---

① 引自《中共中央 国务院印发〈乡村振兴战略规划（2018—2022年）〉》一文，http://politics.people.com.cn/n1/2018/0926/c1001-30315263.html，2018年10月11日。

目　　录

第 1 章　中国城乡发展的主要问题与机遇

1.1　我国城乡发展的主要问题

中国改革开放 40 多年来，伴随着快速城镇化和工业化发展，城乡关系在地域结构、产业结构、就业结构与社会结构等方面均发生了显著变化。然而，中国长期以经济增长、城市建设为核心的“重城轻乡”发展导向，引发和加剧了城乡差距拉大、土地快速非农化、农村空心化和农业主体老弱化等突出问题，导致处于弱势地位的农民、农业、农村发展权益受损（刘彦随，2007；龙花楼等，2009）。同时，城市规模扩张、人口膨胀、交通拥堵、环境污染、地产泡沫，不仅给市民工作和生活带来诸多不便，还带来数亿农民工难以市民化，使其成为“城乡双漂”（刘彦随等，2014）。因此，科学认知新时期中国城乡关系，转变城乡发展模式，是治疗“乡村病”和“城市病”的重要前提，也是实现乡村转型与可持续发展的重点和难点。

1.1.1　半城镇化问题突出

中国乡村常住人口高峰是 1995 年的 8.59 亿人。国家“九五”计划以来，城镇化开始进入快速发展新阶段。但由于城镇建设过分依赖农村劳动力转移与土地资源占用开发，出现了要地不要人、囤地不开发的现象。总体而言，中国城镇化率虚高、城镇化质量偏低，集中表现在城乡空间和人口的半城镇化（陆大道和陈明星，2015）。

1. 城乡空间的半城镇化

19 世纪 90 年代中后期，中国城镇化进程加快，各地纷纷建立国家级、省级、市级等不同层面的开发区，特别是城乡交接带的新城区、新园区大量涌现，新城、新区、大学城等逐渐成为近年来新的城市空间。但产业发展和城镇功能协同配套不够，导致“产城融合”不力，一些产业园区功能单一、基础服务设施配置不足；一些新城、新区建设追求土地财政而轻视土地利用和产业发展，导致“空城”“睡城”等不良现象。随着城市空间扩张，城市近郊区城中村、棚户区与小产权房并存，郊区乡村空间真正成了利益争夺和管理失控地区（闫小培等，2004）。在现有财税体制和特有的征地制度下，农村土地“低征高卖”、快速非农化，形成了土地依赖型工业化、城镇化，致使大量失地农民离开农村、进城谋生，而城镇用地效率低下，又制约着非农产业发展，以及就业能力与水平的有效提高。

2. 人口的半城镇化

改革开放以来，中国常住人口城镇化率和户籍人口城镇化率差距不断扩大，其显著特点表现为半城镇化问题突出（图 1.1）。依据《中国流动人口发展报告2015》，2014 年末全国流动人口总量达到 2.53 亿人，人口以流向地级以上大城市和特大城市为主。农民工监测调查报告显示，2015 年农民工总量为 2.77 亿人，2017 年为 2.87 亿人，农民工打工就业以从事体力劳动为主，其中制造业、建筑业从业人员中农民工所占比重分别为 29.9%、18.9%。当前我国城镇化面临人口、土地与环境问题等方面的巨大挑战（Bai et al.，2014）。一方面，农民工在子女教育、医疗卫生、社会救助等方面未能真正享受城市居民待遇，社会保障参保率低；另一方面，大城市和特大城市市民化成本偏高，致使农民工难以完全融入城市，造成“城乡双漂”。2015 年，户籍制度改革建议中提出不同等级城镇落户条件和限制，全面放开建制镇和小城市落户限制，严格控制特大城市人口规模。但在没有其他产业转移和资源配置等政策配套的情形下，户籍制度改革能否取得人口流向调控效果尚难以确定（Wang et al.，2015）。

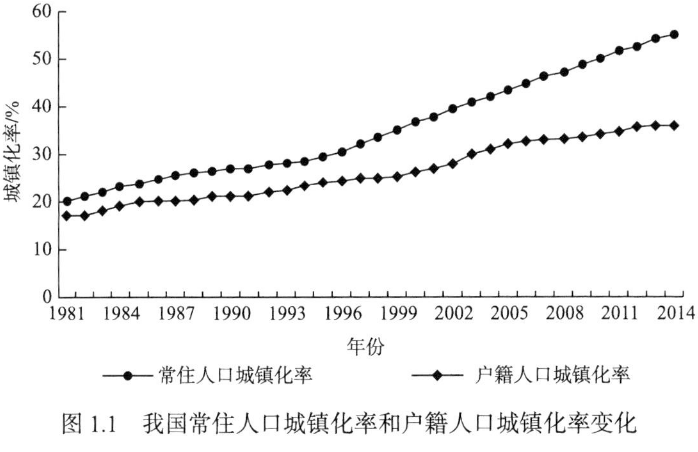

图 1.1　我国常住人口城镇化率和户籍人口城镇化率变化

1.1.2　农村地域空心化加剧

1. 农村土地的空废化

城乡转型发展进程中农村人口非农化引起“人走屋空”，宅基地普遍“建新不拆旧”，新建住宅向外围扩展，导致村庄用地规模扩大、原宅基地闲置废弃加剧（刘彦随和刘玉，2010）。长期以来，中国农村土地规划缺失、管理缺位，导致乡村地区广泛存在“一户多宅”现象，但不同区域存在一定的差异（陈秧分等，2012）。据笔者团队的调查测算，2011 年全国空心村综合整治潜力达 1.14 亿亩①，而且伴随着城镇化发展、人口非农化的进程，村庄空废化呈加剧发展态势（刘彦随等，2011a）。在中国城乡二元结构体制尚未根本破除的背景下，农民工普遍面临城乡利益冲突与就业压力，使其既难以在城市安居乐业，也难于留村以地为生，带来农村人地分离、土地资源低效利用甚至出现严重空废化（图 1.2）。

（a）　　（b）

图 1.2　农村空废闲置的宅基地

本图为本书团队拍摄。第 6 章中展示的照片，除图 6.19 外，其余均为本书团队拍摄

2. 农村主体的老弱化

乡村人口减少和人口老弱化是乡村主体老弱化的主要表现形式。1996~2017 年，乡村常住人口由 8.51 亿人减少到 5.89 亿人，年均流出约 1200 多万人。乡村流出人口以青壮年劳动力为主，人口的选择性流出促使乡村人口结构发生显著变化。2015 年，中国乡村 60 岁以上老龄人口比重为 18.5%，65 岁以上老龄人口比重为 12.0%，分别比城市高 4.3 个百分点和 2.9 个百分点，城乡人口老龄化

① 1 亩≈666.67 平方米。

倒挂（图 1.3）。由于青壮年劳动力的流出，乡村留守老人、妇女、儿童问题日益成为农村社会结构面临的突出问题，谁来种地引发社会的密切关注。

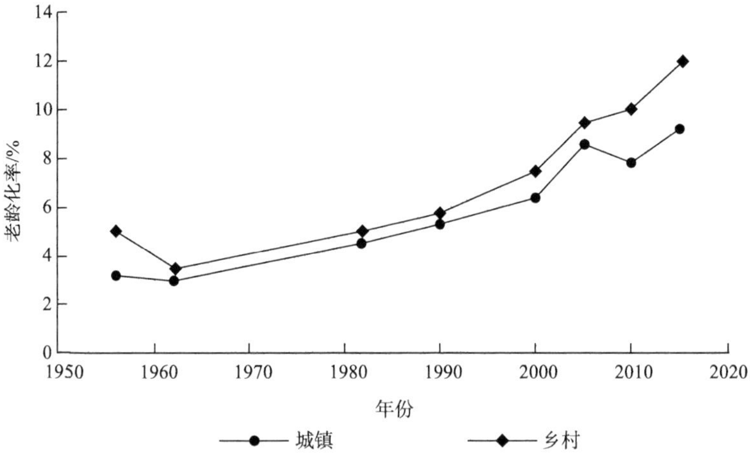

图 1.3 我国城镇和乡村 65 岁及以上老人所占的比重

3. 基础设施和公共服务的空心化

乡村人口流出和农村居民点建设用地的空废化，进一步加大了公共资源优化配置的难度，增大了基础设施配套和使用成本。1980 年以来，我国农村医疗和教育资源均呈现出减少的趋势，尤其是农村地区中小学校的大规模撤并现象加快了基础设施空心化（图 1.4）。据统计，2000~2015 年我国农村小学、普通初中学校数分别由 44.0 万所、3.9 万所减少为 11.8 万所、1.7 万所，全国农村平均每天减少 59 所小学、4 所初中。然而，过度的学校撤并使得学龄儿童上学路程过远、家庭成员陪读经济负担增大，大量村庄也因教育功能的丧失而加剧了农村空心化。

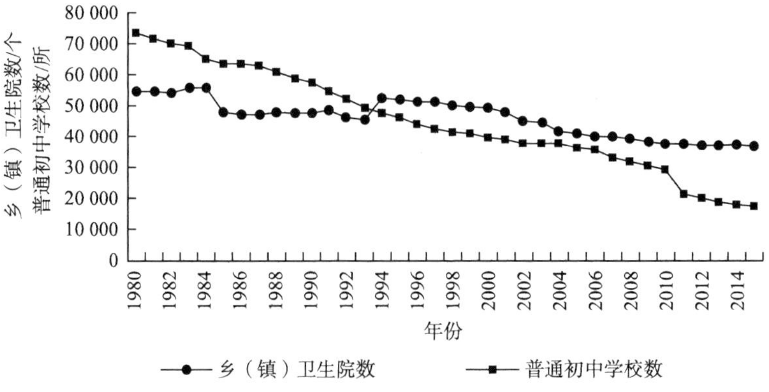

图 1.4 我国农村乡（镇）卫生院和普通初中学校的数量变化

1.1.3　城乡土地资源配置矛盾凸显

人口增加、经济增长及城镇化促使城镇建设用地需求不断增长，导致土地资源在经济发展、粮食安全、生态保护等多用途配置的矛盾显化（图 1.5）。据统计，我国 83 个 50 万人口以上的大中城市中，有 73 个在全国 52 个优质耕地连片分布区，100 万人口以上的城市全部位于优质耕地连片区域，即我国最强劲的经济发展区域和亟须保护的集中连片优质耕地区域分布具有重合性（刘彦随和周扬，2015）。建设用地占用耕地面积增加是近年来耕地持续减少的主要原因之一（表 1.1）。1990~2000 年建设占用耕地面积增加的年均速率约为每年 200 万亩，2000~2010 年则增大到每年 300 万亩以上，导致经济增长与粮食生产用地矛盾加剧（刘纪远等，2014）。不同地区土地供需矛盾也存在差异，建设用地占用耕地比例高的地区主要分布在黄淮海地区、东南沿海地区、长江中游地区和四川盆地，生态退耕则是导致西部生态脆弱区耕地减少的主要原因。由于征地制度不规范、农村土地产权不完善，农村集体土地流转、转让和收益权利难以有效保障，加剧了城乡建设用地对农用地、生态空间的过度侵占。为保护 18 亿亩耕地红线和保障国家粮食安全，我国实施了耕地占补平衡、城乡建设用地增减挂钩等土地政策（Liu et al.，2014b），但在实施过程中存在“占优补劣”、“重数量轻质量”和忽视农民利益的问题，耕地资源保护缺乏数量、质量、生态、时间、空间的“全要素”保护利用制度设计（刘彦随等，2014）。因农村宅基地退出机制缺失，我国农村居民点建设用地不减反增（李裕瑞等，2010）。为满足经济增长、粮食生产和生态服务的用地需求，我国各地区探索了多种形式的农村土地整治和乡村社区建设模式，但由于缺乏村庄综合整治技术支撑和必要的资金保障，部分农村社区基础设施建设滞后、产业支撑能力不足。

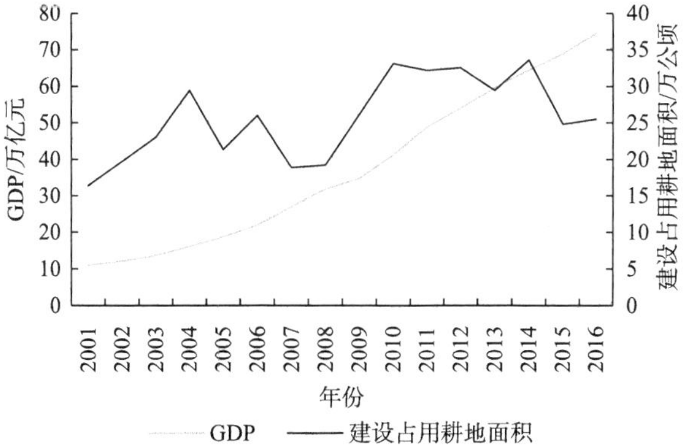

（a）

（b）

图 1.5 中国 GDP、城镇化率与建设占用耕地面积变化趋势

表 1.1 2001~2016 年全国耕地减少原因分解

年份	年内减少耕地面积/万公顷	建设占用		灾毁耕地		生态退耕		农业结构调整	
		面积/万公顷	比例/%	面积/万公顷	比例/%	面积/万公顷	比例/%	面积/万公顷	比例/%
2001	89.4	16.4	18.3	3.1	3.5	59.1	66.1	10.8	12.1
2002	202.8	19.7	9.7	5.6	2.8	142.6	70.3	34.9	17.2
2003	288.1	22.9	7.9	5.1	1.8	223.7	77.6	36.4	12.6
2004	147.8	29.3	19.8	6.3	4.3	73.3	49.6	38.9	26.3
2005	98.5	21.2	21.5	5.4	5.5	39.0	39.6	32.9	33.4
2006	102.7	25.9	25.2	3.6	3.5	33.9	33.0	39.3	38.3
2007	34.0	18.8	55.3	1.8	5.3	2.5	7.4	10.9	32.1
2008	27.9	19.2	68.8	2.5	9.0	0.8	2.9	5.4	19.4
2009	21.5	16.5	76.7	2.3	10.7	0.4	1.9	2.3	10.7
2010	43.2	33.1	76.6	4.6	10.6	0.9	2.1	4.6	10.6
2011	40.8	32.2	78.9	2.2	5.4	0.9	2.2	5.5	13.5
2012	40.4	32.5	80.4	1.6	4.0	1.1	2.7	5.2	12.9
2013	35.7	29.4	82.4	0.7	2.0	0.8	2.2	4.8	13.4
2014	39.0	33.6	86.2	0.2	0.5	0.3	0.8	4.9	12.6
2015	30.3	24.8	81.8	0.4	1.3	2.5	8.3	2.6	8.6
2016	34.6	25.5	73.7	0.6	1.7	5.2	15.0	3.3	9.5

资料来源：《中国国土资源统计年鉴》（2002~2017 年）

1.1.4 区域城乡发展差距持续拉大

传统“效率优先、兼顾公平”的城镇化发展模式使得城乡差距、地区差距

客观存在。一方面，乡村的人口、土地、资金等要素不断地向城镇快速转移，城进村衰，城乡差距持续拉大。1990~2016 年，我国城乡收入差距由 2.02 倍扩大到 2.72 倍，这期间，2009 年甚至达到 3.33 倍。鉴于城乡居民在社会保障方面的补贴差距，以及现行统计口径下，农民家庭收入并未扣除生产资料投入，城乡居民实际收入差距可能达到 5∶1 或 6∶1。如图 1.6 所示，将城镇居民人均可支配收入和农村居民人均可支配收入的增长轨迹画出来，能看到二者的轨迹就像一个逐渐张开的剪刀，进入 21 世纪后，剪刀口越来越大（李冰，2013）。另一方面，2014 年我国东部、中部、西部、东北部地区城乡收入差距分别为 2.46 倍、2.75 倍、3.26 倍、2.26 倍。东部沿海地区在外向型经济、乡镇企业、城镇发展的综合带动下，乡村地区产业结构、就业结构与土地利用快速转型，城乡空间形成了以大城市及特大城市为中心，以中小城市和小城镇为节点，以交通道路等基础设施为联系通道的网络结构，城乡发展一体化趋势日益明显。同时，我国东部地区也是跨省区市人口流入与集聚的主要区域，面临推进农业转移人口市民化的新难题。西部地区生态环境脆弱，是我国重要的能矿资源区，资源型产业、重化工企业及国有企业的比重高，区际贸易环境和利益剥夺致使城乡地域本地化发展的动力不足。中部及东北部地区是我国重要的耕地与粮食主产区，城镇化与产业转型面临较多的农业与土地政策约束。东北地区仍面临老工业基地再振兴和现代农业发展难题。随着西部大开发、东北振兴和中部崛起等区域战略的实施，我国中西部地区基础设施、教育医疗等条件得到较大改善，但由于难以获得东部沿海地区对外开放的土地优惠政策及外部环境，迄今劳动密集型产业仍主要集中在东部沿海地区，这制约了区域的均衡发展（冯根福等，2010）。

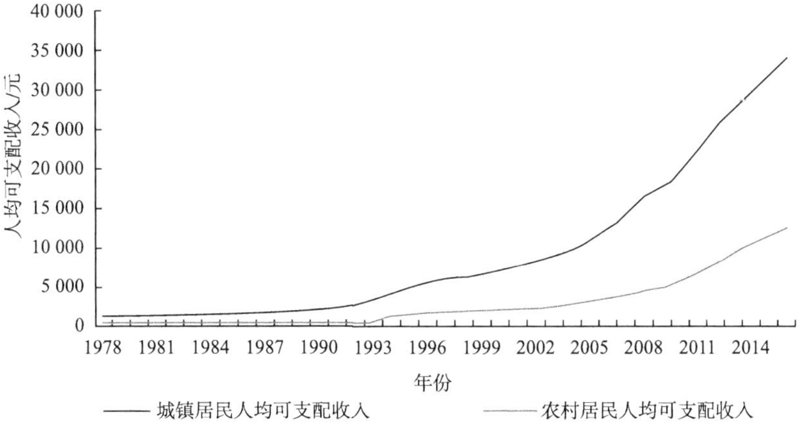

图 1.6　1978 年以来我国城乡居民人均可支配收入差距变化

资料来源：国家统计局年度数据（1978~2016 年）。其中，2013 年及以后数据源自国家统计局开展的城乡一体化住户收支与生活状况调查，与 2013 年前的分城镇和农村住户调查的调查范围、调查方法、指标口径略有不同

1.1.5 城乡环境问题日益突出

经济增长方式粗放、资源开发利用过度与城乡协同管理缺位等原因，致使城乡环境问题不断增多和各类矛盾不断加剧，主要表现为大气、水体、土地等的严重污染。近年来我国东部地区大面积雾霾污染事件频发，严重影响了空气质量、大气能见度和公众身体健康。据2014年《全国土壤污染状况调查公报》和《全国耕地质量等级情况公报》，全国土壤点位污染超标率达19.4%，耕地退化面积超过耕地总面积的40%，南方土壤污染重于北方，长三角、珠三角和东北老工业基地等部分地区土壤污染较为突出。随着大城市产业结构转型和环保要求提升，部分污染型工业由城市转向农村、由发达地区转向欠发达地区，使得落后地区仍然面临发展与污染的困境。首先，当前农村地区面临的污染主要是与农业生产方式相关的面源污染，突出表现在化肥、农药和农用塑料薄膜（以下简称农膜）污染三个方面（图1.7）。其次，工业产生的重金属、有毒化学品也给农村地区带了严重的影响。据2010年《第一次全国污染源普查公报》，我国农业污染源排放量约占全国总量的50%，其中化学需氧量（chemical oxygen demand，COD）、总氮（total nitrogen，TN）、总磷（total phosphorus，TP）排放量分别占43%、57%和67%。此外，农村生活污水、生活垃圾、人粪等大部分未经处理随意排放（黄季焜和刘莹，2010）。因此，各类经济活动，包括金属采矿与冶炼、养殖业废弃物排放、化肥农药使用及电子废物排放等问题突出，使得乡村耕地和水环境质量正面临严峻的挑战。

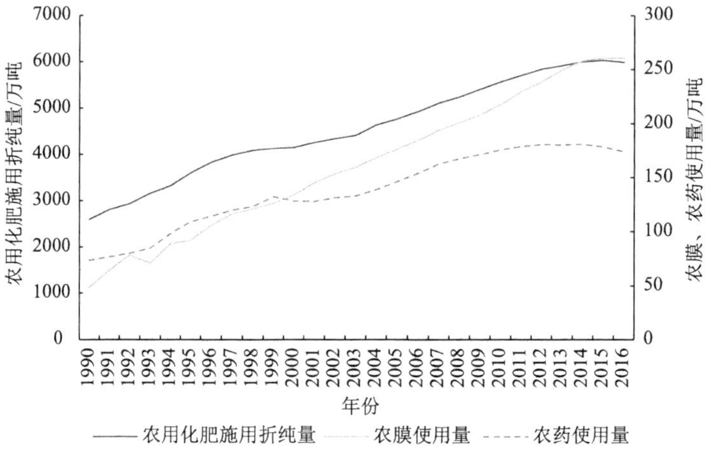

图1.7 我国历年化肥施用量及农膜、农药使用量变化

1.2　我国城镇化与农业农村发展的新机遇

1.2.1　城乡统筹发展转型

改革开放以来，中国现代化建设取得了举世瞩目的成就，经济社会面貌发生了历史性的变化。2003 年，中国人均 GDP 超过 1000 美元，经济社会发展开始步入转型新时期，该时期表现为由传统农业社会向现代工业、城市社会转变为特征的社会转型，由计划经济向市场经济转变为特征的经济转型（姚士谋等，2014；陆大道和陈明星，2015；龙花楼等，2016）。2004 年之后，中共中央和国务院连续发布了 15 个涉农一号文件，更加重视和关注“三农”问题，特别是出台了“多予、少取、放活”、取消农业税等优惠政策。2005 年，党的十六届五中全会将“建设社会主义新农村”上升为促进我国现代化建设的重大战略。2008 年，党的十七大进一步强调“建立以工促农、以城带乡长效机制，形成城乡经济社会发展一体化新格局”[①]的构想。2010 年，中央一号文件，把“统筹城乡发展作为全面建设小康社会的根本要求”。2012 年，党的十八大提出了“推进生态文明建设”“城乡发展一体化”[②]的战略目标。2017 年中央一号文件《中共中央 国务院关于深入推进农业供给侧结构性改革加快培育农业农村发展新动能的若干意见》,强调以改革推动农业农村发展从过度依赖资源消耗向追求绿色生态可持续转变，从主要满足量的需求向注重满足质的需求转变。2018 年中央一号文件《中共中央 国务院关于实施乡村振兴战略的意见》,进一步聚焦乡村振兴战略。强调实施乡村振兴战略，是党的十九大做出的重大决策部署，是决胜全面建成小康社会、全面建设社会主义现代化国家的重大历史任务，是新时代“三农”工作的总抓手。这一系列支农、惠民、兴村政策的不断深入和创新发展，充分体现了中国长期以来“重城轻乡”、“以乡补城”战略逐步向“以城带乡”、“城乡一体”和“城乡融合”战略的重大转变（表 1.2）。不论是经济社会态势，还是国家战略方向，均表明中国城乡发展已进入转型新时期。城乡发展转型意味着城市与乡村地域系统由相对分离、割裂、对立转向相互协调、融合、一体发展的过程，其本质是指城市化过程中，通过制度、机制、政策的变革和发展，促进农村人口转移、产业结构转换、空间格局转变。

---

① 引自 2007 年《实践（党的教育版）》Z1 期中的文章：《高举中国特色社会主义伟大旗帜 为夺取全面建设小康社会新胜利而奋斗——在中国共产党第十七次全国代表大会上的报告》。

② 引自 2012 年 11 月 18 日《人民日报》中的文章：《坚定不移沿着中国特色社会主义道路前进 为全面建成小康社会而奋斗》。

由此看出，城乡发展转型是复杂的经济社会转变过程，也是实现城乡一体化协调发展新格局的重要途径，而新型城镇化背景下统筹城乡发展、建设村镇格局，成为适应城乡发展转型、加快发展方式转变的新要求、新任务。

表 1.2　2004 年以来中央一号文件主题及焦点问题

年份	文件主题	焦点问题
2004	《中共中央 国务院关于促进农民增加收入若干政策的意见》	农民增收
2005	《中共中央 国务院关于进一步加强农村工作提高农业综合生产能力若干政策的意见》	农业综合能力与免税
2006	《中共中央 国务院关于推进社会主义新农村建设的若干意见》	社会主义新农村建设
2007	《中共中央 国务院关于积极发展现代农业扎实推进社会主义新农村建设的若干意见》	现代农业与新农村建设
2008	《中共中央 国务院关于切实加强农业基础建设进一步促进农业发展农民增收的若干意见》	农业基础与农业发展
2009	《中共中央 国务院关于 2009 年促进农业稳定发展农民持续增收的若干意见》	农业发展；农民增收
2010	《中共中央 国务院关于加大统筹城乡发展力度进一步夯实农业农村发展基础的若干意见》	城乡统筹；夯实基础
2011	《中共中央 国务院关于加快水利改革发展的决定》	农田水利建设
2012	《中共中央 国务院关于加快推进农业科技创新持续增强农产品供给保障能力的若干意见》	农业科技创新
2013	《中共中央 国务院关于加快发展现代农业进一步增强农村发展活力的若干意见》	农业现代化；农村改革
2014	《中共中央 国务院关于全面深化农村改革加快推进农业现代化的若干意见》	农村改革与农业现代化
2015	《中共中央 国务院关于加大改革创新力度加快农业现代化建设的若干意见》	改革与农业现代化
2016	《中共中央 国务院关于落实发展新理念加快农业现代化 实现全面小康目标的若干意见》	新理念与农业现代化
2017	《中共中央 国务院关于深入推进农业供给侧结构性改革加快培育农业农村发展新动能的若干意见》	农业农村发展
2018	《中共中央 国务院关于实施乡村振兴战略的意见》	乡村振兴与城乡融合

1.2.2　新型城镇化建设

2014 年 3 月，中共中央、国务院颁布了《国家新型城镇化规划（2014—2020 年）》。新型城镇化是以民生为本、城乡发展一体化为平台、资源环境承载力为基础、制度政策保障为支撑，实现部门间、城乡间、区域间协调发展为目标，集约、高效、生态、民生等为特色的城镇化道路，标志着我国城镇化建设由“数量增长型”向“质量提升型”转变（姚士谋等，2014；陆大道和陈明星，2015；

龙花楼等，2016）。新型城镇化坚持“以人为本”，确立优先和重点保护农民权利的理念，体现农业转移人口有序市民化和公共服务均等化，以实现人的全面发展为目标（倪鹏飞，2013）。新型城镇化本质上是破解城镇化发展过程中出现的结构性难题（质量与效率之间、部门之间、城乡之间、生态环境破坏与资源环境承载力之间等）和区域不协调问题（东中西部之间、发达地区与欠发达地区之间、富裕地区与贫困地区之间等）的有效手段，在此基础上对我国城镇化发展进行科学规划和有序引导。对于城乡发展而言，新型城镇化强调城乡统筹、一体化发展，需在城镇化发展的模式转型中，逐步调适和优化关键的生产要素（如土地供给、财税制度、转移支付、公共服务、政策性补贴等），以此矫正不合理的城镇化进程对农业农村可持续发展的不利影响。通过新型城镇化与新农村建设协调发展、互惠一体，形成双轮驱动，旨在破解城乡“二元”结构、推进城乡要素平等交换和公共资源均衡配置，进而给农村发展注入新的活力，让广大农民平等参与改革发展进程、共同享受改革发展成果。因此，新型城镇化为农业农村发展和城乡关系的转变提供了全新的发展空间和要素组织平台，为破解传统城镇化过程中的城乡问题创造了条件。

1.2.3　农业现代化战略

中国农业现代化长期滞后于国家经济发展水平和人们生活水平，是我国实现现代化的一块短板和事关国家现代化建设的重要领域（刘彦随等，2014）。自 2004 年以来，国家加大对农业的扶持力度，一定程度上促进了农业现代化的发展。2015 年，粮食连年增产，已经连续三年超过 12 000 亿斤[①]；农业机械化水平稳步提高，农田有效灌溉面积占比、农业科技进步贡献率及主要农作物耕种收综合机械化率均超过 50%；适度规模经营初见成效，农产品加工业产值达到农业总产值的 2.2 倍，农民人均可支配收入增幅连续六年高于城镇居民人均可支配收入；城乡居民收入差距不断缩小，还形成了一批国家现代农业示范区[②]。2016 年，《全国农业现代化规划（2016—2020 年）》颁布，提出进一步推进农业现代化，包括推进农村一二三产业融合发展、促进区域农业统筹发展、推动经营主体协调发展、提升农业可持续发展水平、加大强农惠农富农政策力度等任务。农业现代化规划的制订，不仅为缩小我国城乡发展差距、推动农业农村发展、提高农民生活水平创造了条件，也有利于破解城乡“二元”结构，推动中国社会经济可持续发展（龙冬平等，2014）。

① 1 斤=0.5 千克。

② 参考《全国农业现代化规划（2016—2020 年）》。

1.2.4　供给侧结构性改革

供给侧结构性改革是新时期推动中国发展方式转型与经济持续增长的重要制度设计，旨在通过推进结构调整、增进体制活力、增强经济内生动力，充分发挥市场在资源配置中的决定性作用，实现劳动力、资本、土地等生产要素的优化配置，提高全要素生产率（胡智超等，2016）。对于农业农村发展而言，当前劳动力老龄化结构变化、农业生产结构失衡、资源环境压力增大、农民收入增长乏力等问题仍然十分突出，因而推进农业供给侧结构性改革，提高农业综合效益和竞争力，是当前和今后一段时期我国农业政策改革和完善的主要方向。2017 年，中共中央、国务院出台了《中共中央 国务院关于深入推进农业供给侧结构性改革 加快培育农业农村发展新动能的若干意见》，重点在优化产品产业结构、推行绿色生产方式、壮大新产业新业态、强化科技创新驱动、补齐农业农村短板、加大农村改革力度六个方面提出农业供给侧结构性改革的发展方向。农业供给侧结构性改革的提出和实施，对于解决长期困扰中国现代化建设的“三农”问题，全面推进农业发展、促进农民增收、改善农村环境、促进城乡融合发展提供了重要机遇和可靠保障。

1.2.5　精准扶贫政策

中华人民共和国自成立以来，持续开展了以政府为主导的大规模的扶贫开发，相继实施了《国家八七扶贫攻坚计划（1994—2000 年）》《中国农村扶贫开发纲要（2001—2010 年）》，有力促进了贫困地区县域经济和乡村转型发展，但乡村贫困化的差异性巨大，因村因户帮扶迫在眉睫。2013 年党中央提出并推进“精准扶贫”战略。根据贫困化地域特点，划分出全国 14 个集中连片特困地区、832 个国家贫困县、12.8 万个贫困村，拥有建档立卡贫困户 2948.5 万户、贫困人口 7017 万人。具体思路和工作计划可以概括为“六个精准”，即扶贫对象精准、项目安排精准、资金使用精准、措施到户精准、因村派人精准、脱贫成效精准；“五个一批”，即通过发展生产脱贫一批、通过易地扶贫搬迁脱贫一批、通过生态补偿脱贫一批、通过发展教育脱贫一批、通过社会保障兜底一批（图 1.8）。按照“中央统筹、省负总责、市县落实”的工作机制，全面推动精准扶贫、精准脱贫战略，实行因村因户帮扶、因人因贫施策、对症下药、靶向治疗、脱贫攻坚。扎实推进精准扶贫战略，为广大农村，尤其是交通条件落后、公共服务设施不够完善、产业发展欠缺、农民收入低下的贫困地区带来了新机遇。该战略不仅可以有效解决贫困人口的温饱问题，而且可以促进农村生态环境的改善、发展能力的提升和城乡公共资源差距的缩小，成为补齐乡村发展短板、促进乡村振兴的重要战略。据统计分析，2013~2018 年，我国贫困人口由 7017 万人降至 3046 万人，贫困发生率也从 10.2%降至 3.1%。笔者认为精准扶贫五年来取得了决定性进展，空间原因可归结为“五个大”，即重大理论创新、宏大制度设计、伟大扶贫实践、浩大帮扶队伍、巨大脱贫成效。

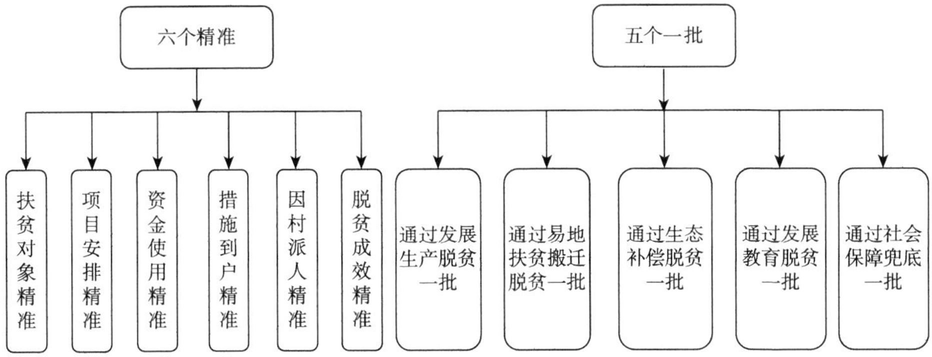

图 1.8 中国精准扶贫“六个精准”与“五个一批”

1.3 我国城镇化与农业农村发展的研究内容

中国改革开放以来，快速工业化、城镇化发展，特别是 20 世纪 90 年代中期以来的城镇化高速发展，对农业农村发展产生了深远的影响。这种影响可主要归纳为“三种力”：一是城镇化对农业农村发展的外援驱动力；二是农业农村自身弱势及问题凸现产生的内在外溢力；三是“重城轻乡”宏观战略对农业农村发展的政策调节力。具体表现为：①城镇化促进了农村劳动力大量涌入城市，2014 年农民工为 2.74 亿人，2017 年农民工达到 2.87 亿人，人口非农化在促进城市及其产业发展的同时，也促进了农民工资性收入的增长，为农业农村转型与创新发展带来了新机遇。近些年来一大批村镇也因此走上了脱贫致富之路。②以土地的大规模占用、人口的大范围迁移、资金的高强度投入、污染的大规模排放为主要特征的传统城镇化模式，给我国农业农村发展带来了不利的影响，主要包括快速城镇化导致许多地区农村人口锐减、老弱化加剧，青壮劳动力、资金、土地的非农化加快，致使农村“三留人口”数量超过 1.5 亿人，且仍在快速增加。快速城镇化对农业部门的投入意愿、产出水平、生产效率、粮食和环境安全也带来了一些不利影响，特别是农业兼业化、有地无人耕、耕地撂荒现象呈扩展趋势，城市污染物的过度排放也导致一些农村地区严重的环境污染。③城市偏向的发展模式和政策导向，导致农业农村发展的投入不足，公共资源配置和保障不力。特别是传统的乡村产业与乡土社会文化受到的冲击更大，社会学视角的原子化问题加剧，进一步引发了新的农村社会问题。应当看到，当下许多地区的城乡设施差距、收入差距、教育差距、消费差距、福利差距、保障差距等并没有因为城镇化水平的快速提高而出现明显减小。总体而言，过去几十年的快速城镇化未能实现城乡统筹互动、一体发展的预期目标。从当前农业农村发展现状及其面临的问题来看，传统城镇化给农村资源、环境、产业、社会等方面带来的负面影响是突出的，它阻滞了全球化背景下我国农业农村自我发展水平及其持续发展能力的稳步提升。

城乡关系是最基本的经济社会关系，针对我国城乡发展面临的一系列问题，面向新型城镇化、农业现代化战略和供给侧结构性改革要求，深入研究如何打破我国城乡发展不平衡、不协调的“二元”结构问题，加快构建“以工促农、以城带乡、工农互惠、城乡一体”的新型工农城乡关系，促进新型城镇化带动农业农村可持续发展，加快推进城乡融合发展与全面乡村振兴势在必行。中国区域差异悬殊的地理国情、大国小农的基本村情，使得城镇化对农业农村发展的影响具有复杂性、阶段性及区域性，亟须深入探讨和深刻反思过去我国传统的城镇化对农业农村发展的影响路径、方向、强度及其机理，明确不同阶段、不同区域的城镇化对农业农村发展的引领作用、助推作用和阻滞效应，探究如何构筑中国特色的工农互动、城乡一体的新型工农关系、城乡关系，推进创建城乡发展一体化的新格局，进而实现农业农村现代化，这对于新时期、新常态下，进一步优化、贯彻和落实我国新型城镇化战略、农业农村优先发展战略，全面深化城乡融合发展体制机制改革和乡村振兴制度创新，具有重要的理论价值和现实意义。

首先，本书将以格局、过程、机理、效应为逻辑主线，系统揭示城镇化过程、农业农村发展时空格局、演化特征及动力机制，综合诊断不同时期的城镇化、农业农村发展的主要问题及其产生机理和根源，探明城镇化与农业农村发展交互作用规律及地域特征。其次，从影响因素、作用路径、作用强度入手，系统研制城镇化对农业农村发展的影响测度模型和层次解析方法，定量模拟和测度不同区域、不同时段城镇化对农业农村发展的作用路径、作用强度，即在理论上探明城镇化与农业农村现代化双轮驱动的传导机制，进而依据新型城镇化对农业农村发展的影响贡献，在实践中形成科学规划决策的管理范式。最后，基于理论解析、案例剖析、经验总结，探索构建新型城镇化助推农业农村可持续发展的理论模式、保障机制，研究提出转型期新型城镇化促进农业农村转型发展和乡村振兴的科学路径及政策建议，服务支撑我国新型城镇化、农业农村现代化与乡村振兴战略的规划和决策（图 1.9）。具体内容包括以下五个方面。

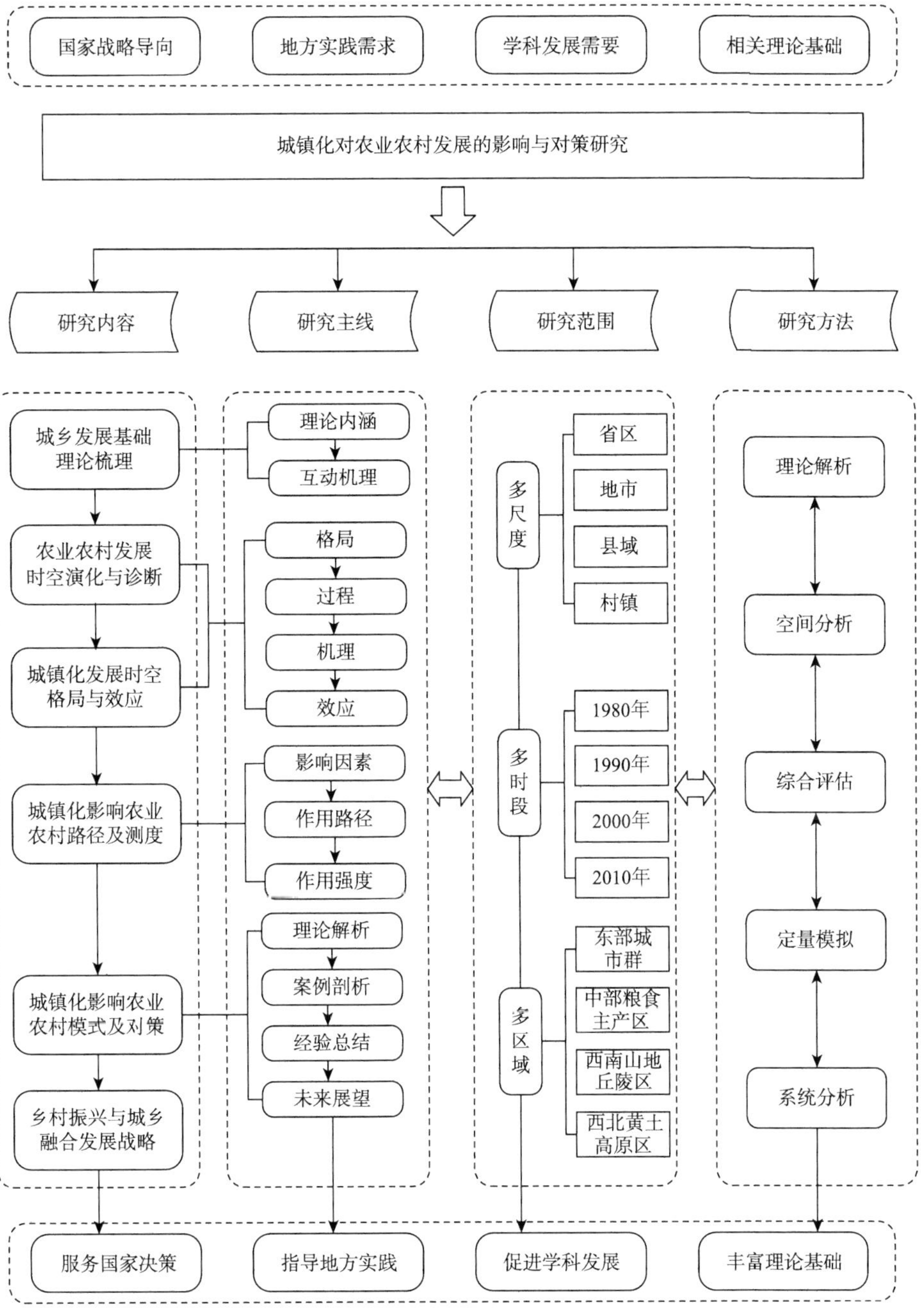

图 1.9　城镇化与农业农村发展研究总体框架

1.3.1 梳理城镇化与农业农村发展基础理论

研读和整理相关学科关于城镇化发展、农业农村发展的基础理论，系统梳理当前国内外关于城镇化、农业农村发展及其相互影响情况的主要观点和代表性成果；从地理学、经济学、社会学、管理学等多学科视角，深度解析城镇化、农业农村发展、城乡一体发展的理论内涵及其互动机理；基于城乡发展的“要素、结构、功能”分析，从理论层面梳理提炼可能存在的城镇化与农业农村发展的互促路径、作用机制和差异模式；基于前述分析，深入寻求新时期、新形势下，城镇化转型及其助推农业农村发展的系统分析框架、区域范式，探索构建城镇化对农业农村发展影响的理论体系和可调控原理。

1.3.2 探究我国农业农村发展时空演化与问题

研究构建农业农村发展的整合分析框架，基于全国、省域、县域、村域、镇域多层面的社会经济统计数据、问卷调查数据、遥感影像数据，全面分析改革开放以来我国农业农村发展主要指示指标的时空格局、演化特征及其与城镇化进程的耦合关系；基于“压力、状态、响应”模型，从要素保障、生产效率、发展潜力、风险防控等维度，构建我国农业农村可持续发展的综合评价指标体系，就不同尺度、不同区域的农业农村发展问题进行系统评估与综合诊断，明确其主导特征、主要问题及其响应；基于典型实证调研、文献资料分析和模型定量验证，从经济、社会、资源、环境、法制等角度，系统剖析我国农业农村发展面临主要问题的根源，明晰其影响因素及成因机制。

1.3.3 揭示我国城镇化发展的时空格局与综合效应

系统梳理我国城镇化发展的相关政策及其演进特征，结合文献资料分析，明晰其时代背景、执行模式、主要成效、存在问题；基于人口普查数据、年度统计数据、地理空间数据，研究构建城镇化发展的综合评价指标体系，分别从人口、土地、产业、社会等层面，全面揭示我国城镇化发展的时空格局、动态过程、动力机制；综合分析不同尺度、不同区域的城镇化发展对资源开发、环境变化、经济增长、社会发展的影响，明确不同时期、不同区域城镇化发展的主要成效与突出问题；基于典型实证调研、文献资料分析和模型定量验证，从经济、社会、资源、环境、法制等角度，系统剖析我国城镇化发展的问题根源，明确其影响因素及成因机制。

1.3.4　解析城镇化对农业农村发展的影响路径与测度

基于城镇化对农业农村发展影响的理论解析，全面梳理城镇化对农业农村发展的影响路径与主要作用机制，并初步明晰其时空动态和差异特征；对多种定量方法进行综合比选，研究建立定量测度城镇化对农业农村发展影响的技术方法体系；基于理论分析、方法集成、定量测度和模拟分析，揭示城镇化发展的单一指标、复合指标对农业农村发展的主要指示指标及复合指标的影响方向、作用强度及动态变化，形成不同区域、不同阶段城镇化对农业农村发展影响的综合认知和系统观点；基于文献研阅和集体研讨，着力明晰城镇化助推/制约农业农村发展深层次的作用机制，梳理提炼其区域化差异和阶段性特征，提出具有支撑现实决策意义的关键指标和参数。

1.3.5　提炼城镇化助推农业农村发展的模式与对策

基于多区域、多尺度的综合视角，通过案例对比和定量分析城镇化对农业农村发展的影响，深入探究城镇化助推农业农村发展的运行模式及其作用机制，系统揭示其特征、问题和教训。在此基础上，深入解析我国城镇化助推农业农村发展的体制机制障碍和制度困境，研究提出新时期我国新型城镇化助推农业农村发展的总体思路、地域模式和可行对策，进而探索支撑实现“以工促农、以城带乡”、城乡融合发展所必需的宪法、物权法、土地管理法等相关法律条文修订和完善的科学建议。着眼于破解新时期日趋严峻的“乡村病”问题和推进实施乡村振兴战略，重点围绕城乡要素平等交换、资源信息共享、产城融合发展、农业农村现代化目标，研究提出以新型城镇化为关键动力助推区域农业农村转型发展的科学途径、保障机制，为新时代农业农村优先发展的宏观政策创新和战略优化提供参考依据。

第2章　城镇化与农业农村发展的理论基础

2.1　城镇化、农业农村发展的基本内涵

2.1.1　城镇化的基本内涵

1. 概念界定

城市化的概念最早由西班牙工程师塞达（A. Serda）于1867年在其著作《城市化基本理论》中提出。总体而言，城市化反映的是乡村向城市转变的一种复杂过程，不同学科对城市化的理解和定义并不一致。人口学将城市化定义为农村人口向城市集中的过程，即人口结构的转型；经济学强调农业活动向非农业活动的转换，即经济结构的转型；社会学关注乡村人口的生活方式与文化向城市的转变，即生活方式的转型；地理学将城市化理解为地域空间的变化过程，包括城市地域范围的扩大和数量的增加，即地域空间的转型。城市化本身是一个复杂的历史进程与多学科交叉的科学问题，因而越来越多的学者倾向于综合不同学科的观点对其进行分析界定（表2.1）。例如，Friedmann（1966）将城市化过程分为城市化Ⅰ和城市化Ⅱ，前者指人口在城市环境集聚并逐渐成为城市社会生活和生产的有机单元，进而导致城市在空间上的扩张、增殖与变化的过程；后者指人口纳入城市结构后生活方式的转变，以及城市文化、城市生活方式和价值观在地域的扩散。日本学者矶村英一（1988）认为城市化应涵盖形态的城市化、社会结构的城市化和思想感情的城市化。Tisdale（1942）则将城市化定义为三个过程，即城市要素向非城市区域的扩散过程，城市行为和特征的增强过程，城市数量和城市人口数量增加的集中过程。

表 2.1　国内外城市化（城镇化）概念的不同观点比较

国外	国内
（1）城市化是一个社会城市人口与农村人口相比数量绝对增大的过程 （2）城市化主要是指农村居民向城市生活方式的转化过程，反映在城市人口增加、城市建成区扩展、景观和社会及生活方式的城市环境形成等几个方面 （3）城市化的内涵应同时包括社会结构和社会关系的特点，城市化应包括形态的城市化、社会结构的城市化和思想感情的城市化（矶村英一，1988） （4）城市化是指城市要素向非城市区域的扩散过程，城市行为和特征的增强过程，城市数量和城市人口数量增加的集中过程（Tisdale，1942） （5）城市化包括人口在城市环境集聚并逐渐成为城市社会生活导致城市在空间上的扩张的过程，以及人口纳入城市结构后生活方式的转变两个部分（Friedmann，1966） （6）当代城市化发展逐渐以精明增长、新城市主义、增长管理、保障性住房、城市增长边界等为愿景。出于城市扩张的巨大经济、社会和环境的成本，许多大都市地区都出现了一种新的精明增长模式，即高密度、多用途和以交通为导向的城市中心（Goetz，2013）	（1）城市化是农村人口向城市流动和聚集的过程及城市的数目与规模不断增加和扩大的现象（王旭，2000） （2）城市化的本质是空间集聚，通过城乡系统相互作用、相互影响，地域空间上产生要素的流动与集聚（蔡建明，1997） （3）城市化是随着工业化发展而产生的，在现代化过程中形成的空间上人口、社会、经济、文化和政策等方面变迁的一段历史分化过程（何念如和吴煜，2007） （4）城市化是一种产业结构转变的过程，由以第一产业为主逐步转变为以第二产业和第三产业为主；是由一种原始、落后的农业文明，转向以工业和服务业为主，并以先进的、现代化的城市为标志的现代城市文明过程；也是一种居民的思维与生活方式、个人素质和价值观念等全面改善和提高的过程（秦润新，1999） （5）"城市化"与"城镇化"的学术术语都出自"urbanization"一词，指人口从农村向各种类型的城镇居民点转移的过程，这些城镇居民点包括城市（city）和镇（town），"城镇化"一词更具有代表性（周一星，1984） （6）中国的新型城镇化是指农业转移人口市民化、大中小城市与小城镇协调发展、城市可持续发展水平提升的经济转型升级与社会进步的过程（陆大道和陈明星，2015） （7）城镇化是人口向城镇集中并由此推动城镇发展的过程，也是国家的经济与社会结构及生产生活方式发生重大转变的过程。城镇化是一个综合的系统工程，关系到中国现代化的统筹布局（陆大道和陈明星，2015） （8）城镇化是中国全面建成小康社会和实现现代化的必由之路，中国城镇化不仅决定着中国的未来，而且决定着世界城镇化的进程。城镇化是当代中国社会经济发展的综合性课题，在这一过程中需要解决国民经济各部门的协调发展问题，最终实现现代化和谐社会（方创琳等，2018）

国内对于城市化的研究起步相对较晚，1979 年吴友仁发表《关于我国社会主义城市化问题》之后，我国城市化的理论研究才得以开始。吴友仁的研究回答了社会主义国家是否应该进行城市化的疑问，总结了中华人民共和国成立以来的城市化历程与经验，并提出社会主义城市化指的是"城乡结合与工农结合"，表现为城镇人口（非农业人口）比重的不断提高、城镇人口和非农业人口地区分布的变化、工业和城乡之间关系紧密等几个方面（吴友仁，1979）。此后，国内对于城市化概念与内涵的总结性研究与比较性研究逐渐增多，并开始衍生出具有中国特色的城市化理论。研究初期，我国的城市化研究受人口学影响较大，普遍认为城市化是农村人口转变为城市人口并向城市集中的过程，也就是城市人口比重不断增加的一个趋势，总结起来可以表述为"农村人口向城市流动和聚集的过程以及城市的数目与规模不断增加和扩大的现象"（王旭，2000）。随着中国的城镇化进入

快速发展阶段，人口科学、经济科学、地理科学、社会科学、资源科学、环境科学、管理科学等诸多学科都在关注城镇化发展，并在研究中衍生出具有学科特色的一系列理论成果（方创琳等，2018）。其中，地理学者充分发挥了地理学综合性、区域性的特点，为我国城镇化发展做出了许多重要的贡献（陆大道，2013）。

在中国的城市化道路探索进程中，专家学者提出“城镇化”比“城市化”更符合中国实际（刘彦随，2013a），认为我国目前对城市化的研究主要放在城市上，轻视了作为城市化源头的村镇，因此中国的城市化应提倡“城镇化”。一方面，狭义的城市是指经国家批准设市建制的行政单位，而不包括建制镇，以“城镇化”代替“城市化”更符合我国人口的分布规律（胡序威，1983）；另一方面，“城市化”与“城镇化”的学术术语都出自“urbanization”一词，指农村人口向各种类型居民聚居点迁移的过程，这些居民聚居点包括城市和镇，“城镇化”一词更具有代表性（周一星，1984），更突出了我国城镇化进程以来以城与镇为核心的过程，强调“镇”一级在我国城镇化过程中的重要地位，也更有助于在城镇化过程中合理构建我国的城乡等级体系。2005 年，党的十六届五中全会提出“新型城镇化”，2007 年党的十七大报告将“新型城镇化”列入“新五化”范畴，将新型城镇化摆到了国家战略的层面，随后党的十八大和十八届三中全会细化指出了新型城镇化的发展路径。2014 年 3 月，国务院发布《国家新型城镇化规划（2014—2020 年）》，明确指出中国的新型城镇化是指农业转移人口市民化、大中小城市与小城镇协调发展、城市可持续发展水平提升的经济转型升级与社会进步的过程。2018 年以来，国家发展和改革委员会相继印发了 2018 年、2019 年“新型城镇化建设重点任务”，强调加快农业转移人口市民化、优化城镇化布局形态、推动城市高质量发展、加快推进城乡融合发展等。因此，“新型城镇化”是我国在城镇化过程中针对传统城镇化日益显现的弊端所提出的资源节约、环境友好、经济高效、文化繁荣、社会和谐、城乡互促共进、大中小城市和小城镇协调发展的城镇化，是对传统城镇化概念的补充与提升，强调了城镇化发展的综合理念（张占仓，2010）。

综上所述，城镇化是随着经济社会发展，农村人口向城镇流动聚集从而导致城镇规模扩大和数量增多，并引起一系列经济活动、社会生活变化及地域空间结构变迁的过程。与国外相比，中国目前所提倡的城镇化是基于对现有城乡发展模式的反思，中国的城镇化既不应是乡村的边缘化，也不应是在缺少科学战略规划的情况下蜂拥进城（刘彦随，2013a），而是包括农村地域系统空间重构、组织重建和产业重塑，城镇与村庄实现功能契合、空间融合，城乡要素平等交换及其优化配置，并最终形成城、镇、村空间协调、等级合理、功能明晰的层级体系的过程（刘彦随等，2014）。

2. 内涵研究

城镇化的内涵丰富、涵盖范围广泛，国内外学者们从不同的角度出发对其进行了不同的阐释，逐步推进城镇化内涵的丰富和完善。目前对于城镇化内涵的阐释主要有以下三个视角。

（1）强调城镇的自身发展能力。该视角下的城镇化强调城镇自身的投入要素利用效率、发展能力、竞争能力和创新能力等城镇自身建设指标，一些学者在后续研究中还将城乡发展一体化列入其中（李明秋和郎学彬，2010）。

（2）强调城镇化过程中"人"的生存和生活水平的提升。随着城镇化水平的提高，城镇居民的需求日益增长，一些学者开始将"人"的感官与意愿诉求纳入城镇化的内涵体系中，认为城镇化的实质是城镇现代化的水平，是城乡地域转化过程中，人们的生活方式、思想观念等融入城市的程度，并且强调"人"是城镇化进程中的主体与核心，认为城镇化首先是注重"人"的生活质量。

（3）基于系统论思想对前两者的综合、补充与完善。中国科学院可持续发展战略研究组在研究城镇化质量时主要考虑三个方面，即城镇的发展能力、竞争能力、创新能力及其可持续性的驱动力提升，既包含人均财富占有的人际公平、代际公平和区际公平的公平性提升，也包含城镇对于物质支配水平、生产支持水平、精神愉悦水平和文明享受水平的质量提升（王德利和方创琳，2012）。

通过上述研究发现城镇化的内涵至今依旧没有一个统一的范畴，尤其是随着新型城镇化的提出，城镇化的概念与内涵在不断丰富与调整，不仅包括城乡人口比重的数量变化，还应该考虑环境改善、文化氛围、创新空间、生活水平等方面的质量变化。长期以来，我国的城镇化过程中，大量农民工进城，城镇化率快速提高，但是，仍有大量的突出问题亟须研究解决，新型城镇化需要解决人、地、业系统不耦合的问题，涵盖人地系统的可持续性、人居环境的适应性、就业系统的高效性与社会大众的认同性等。

3. 发展规律

1）阶段性："S"形曲线

城镇化作为一种动态的经济、社会和地域空间的变迁过程，其发展阶段存在一定的规律性。诺瑟姆在 1979 年提出的城市化的"S"形曲线被地理学界广泛应用，该曲线揭示了城市化发展水平与发展阶段的对应关系，城市化发展一般呈"S"形规律，在初期阶段需要开拓环境，发展缓慢，随着基础不断完善，城市化的发展开始近似于直线上升，进入快速上升阶段，最后在较高水平城市化阶段受到瓶颈的限制达到某一稳定水平，而我国的城镇化亦是如此。

目前较为认可的城镇化三阶段的分界点为 30%和 70%（焦秀琦，1987），即城镇化水平在 30%以下时为初级阶段，发展缓慢；30%~70%时属于加速发展阶段，中国目前处于此阶段；70%以上时则进入城镇化后期，发展更稳定，同时由于需要一定的农村居民以满足正常的社会功能与结构，城镇化水平存在一个上限（王建军和吴志强，2009）。

2）集聚扩散性

城镇化的过程包括地域空间的变迁与重构，在这一过程中城镇的比较优势导致产业首先在城镇集聚，并随着城镇化的进行，规模越来越大，产生规模效应。与此同时，产业的集聚和城镇规模的扩大也会吸引更多的人口向城镇会聚，进而又使得城镇的数量和规模不断扩大，成为区域经济增长的主要动力。而当城镇化发展到一定的水平，城镇的市场趋于饱和，发展趋于稳定时，同地区的城镇与乡村、不同地区的城镇之间存在显著的经济差距，会导致资本的流动、城镇资源外溢、产业转移（葛宝琴，2010），辐射城镇的周边地区，产生外部效应，推动经济的协调发展。

3）城市化与工业化互动规律

城镇化概念经常与工业化一同提出，党的十八大提出“工业化、信息化、城镇化、农业现代化”[①]的“四化”概念，“四化”相互联系、相互促进。目前普遍认同的城镇化与工业化的关系是一种相互促进关系，随着工业化的进步，农业社会向工业社会转变，越来越多的农村人口离开农村从事非农产业，导致人口在城镇的集聚，推动城镇化进程；另外，随着城镇化的推进，城镇的基础设施不断完善，人才、资金、技术等要素也不断集聚，逐步将工业化推向新的高度。曾有经济学家通过计量模型定量研究了城镇化与工业化之间的关系，提出了“发展模型”（Chenery and Syrquin，1975）。分析结果表明，工业化与城镇化发展历程是一个由强相关到弱相关的动态过程。城镇化发展的最初阶段主要是由工业化推动的，在城镇化率达到 30%左右以后，城镇化发展速度开始加快，并超过工业化发展速度；随着城镇化和工业化的不断推进，工业对城镇化的推动效果逐渐减弱。

4）城镇化模式的差异性

事实上，城镇化没有固定模式，而是受到各个国家的国情和时代背景的影响。城镇化模式的差异性主要体现在两方面：一是驱动力不同。例如，英国、德国等国家的城镇化是以工业化为驱动力的，以农业人口向城镇转移为主导；美国、加拿大等国家的城镇化则以全球范围内资本、资源、劳动力和市场的推动为驱动力，以跨

---

① 引自《胡锦涛在中国共产党第十八次全国代表大会上的报告》，http://cpc.people.com.cn/n/2012/1118/c64094-19612151-4.html，2018 年 3 月 25 日。

国移民向城镇集中为主导。二是城镇化的社会经济结果不同。日本、韩国、巴西、墨西哥等国家虽然城镇化的发展阶段接近，但是经济产业战略、产业政策等差异很大，其产生的社会经济结果截然不同，城镇化的发展模式也不尽相同。

5）城市病与城市可持续性

城镇化是一个强烈的人类社会活动过程，这一过程可以从两方面来表征：一是人口迁移与地域变迁，这一过程导致了经济社会结构的变化、城乡之间要素的流动及产业的转型与升级；二是土地利用、土地覆被类型的变化，这一过程引起了资源与环境的变化。城镇化在创造巨大发展成果、推动人类文明进步和社会发展的同时，也带来了众多经济、社会、生态环境等问题，尤其是一系列"城市病"问题日益凸显，一些国外学者考虑如何协调城镇化的经济社会发展与生态环境保护之间的关系，努力提高城镇化活动主体的生活福祉，促进城镇化与经济、社会、人口及生态环境的协调可持续发展。

近年来，随着新型城镇化、城乡发展一体化的提出，对于城镇化的资源环境效应的研究逐渐增多。傅伯杰等在梳理地理—生态过程时提出"研究资源、环境与发展的关系并寻求解决其中关键问题的途径，为区域整治提供理论基础和决策依据，是当代地理学和生态学服务社会的重要方面"，其中研究城市化过程对区域生态环境的影响与效应是重点内容之一（傅伯杰等，2006）。中国目前所提倡的城镇化正是对现有城乡发展模式的反思，并最终在国家战略上得以显示，把发展新型城镇化，解决"城市病"问题，发展可持续城镇化摆到了国家战略的层面，提出只有正确处理好城镇化与工业化、现代化及农业现代化发展的相互关系，才能实现可持续的城镇化（Bai et al.，2014）。

2.1.2　农业农村发展的基本内涵

农业农村发展是世界各国城市化进程中普遍面临的问题（蔡建明和杨振山，2008）。农村，在地理上更合适称之为乡村，它是一个空间地域系统，广义上是指城市以外的一切地域（郭焕成，1988）。农村发展是一个包括政治、经济、社会、文化、环境等诸多方面的多维度现象，是地理学、经济学、社会学等相关学科一直关注的重要领域。由于农村问题的综合性、制度体制的独特性及资源禀赋的差异性，不同类型的国家或地区积累了丰富多样的农村发展经验。而农业是国民经济的基础产业，是农民从事就业的基本部门。我国幅员辽阔，是世界上纵跨南北温度带最多的国家，自然条件和土地类型复杂多样，再加上人口众多、土地与粮食安全至关重要，因而农业生产在国民经济中的地位更显突出。改革开放以来，尽管我国先后提出了立体农业、多功能农业、设施农业、休闲农业、低碳农业、有机农业、循环农业等多种发展形式，在一定程度上促进了农业产业升级与农业生产力发展，但城乡二元结构约束和“重城轻乡”战略导向并没有实质性改变，农业比较利益仍然低下。

当前，我国农业农村发展在农产品供求格局及其成本与价格、农业劳动力结构、农业经营方式、农业增长方式、农民增收动力、制度安排等多个方面都发生了重大的阶段性变化。因此，总体上可以判断我国农业农村发展整体上已经进入了一个转型新阶段。农业农村发展问题涉及社会、经济、政治等诸多方面。因而，加快推进农业农村优先发展、可持续发展成为地理学、社会学、经济学、政治学、管理学等不同学科的研究热点和焦点，并备受国际学术界和政府的广泛关注。

1. 地理学研究视角

地理学研究地理环境中自然要素与人文要素交互作用的基本原理，是阐明地域系统、空间结构、时间过程、人地关系及各要素间互相联系、互相制约、互相影响的学科（左大康和许越先，1990）。可见，地理学的研究对象是由自然要素和社会经济要素复合在一起的地理表层巨系统，它是一门具有综合性和区域性的交叉学科。现代地理学继承和发展了近代地理学综合性、区域性的传统和观念，已形成一个分支众多的大科学体系（郑度，1997）。乡村发展涉及自然科学与社会科学等方方面面的问题。因而，在乡村发展研究领域，以综合性、区域性研究见长的乡村地理学扮演着重要角色（李小建，2006）。乡村地理学也称农村地理学，是一门研究乡村地域范围内的人文经济活动与地理环境相互关系的学科，以乡村地域系统为核心，着重研究乡村地区经济、社会、人文、资源与景观的形成条件、基本特征、地域结构、相互联系及其时空变化规律（刘彦随等，2011b）。从区域系统视角来看，乡村地理学不是一般意义上的经济地理学与区域地理学的简单交叉，而是一门结合了区域性、综合性和社会性特点的以乡村地域系统为核心的区域综合人文地理学（郭焕成，1988）。

乡村地理学最早起源于法国，是一门发展历史较久的学科（Woods，2012）。乡村发展的第一阶段主要集中在乡村聚落方面,是对乡村要素的规律的初步探索。法国著名地理学家 J. 维达尔 · 白兰氏和他的学生德孟雄、白吕纳早在 19 世纪就开始对乡村地理研究进行探索。这一时期的乡村地理学研究的主要内容是乡村田块与聚落形态、乡村交通及农业生产所导致的相关乡村景观。随着工业化和城市化进程的不断推进，为服务城市发展而产生的乡村农业、工业和服务业较快地发展起来。西方国家的众多学者立足于本地区乡村发展的基本条件，开展了大量的乡村地理研究工作。20 世纪 70 年代以后，国际地理联合会于 1976 年成立了乡村地理委员会,组织开展世界范围的乡村地理综合研究（Lakshmanan，1982；Jaarsma，1997）。这是乡村地理学发展的第二阶段。该时期乡村地理研究的主要内容有：乡村土地利用与覆被格局及其变化、乡村交通运输与区位条件、乡村工业、乡村人口与就业等（Marton，2002；Mitchell et al.，2004）。20 世纪 90 年代以来，随着社会经济的不断发展变化，乡村地理学的研究也进一步得到了强化和拓展，主要涉及乡村社区、乡村景观、城乡互动发展、乡村转型发展、乡村地域系统等领域（Liu et al.，2008）。农业地理学是乡村地理研究的重要内容与方向，它是对发生在地球表层的农业活动空间差异、演进规律进行描述和解释的交叉学科。地理学家对“农业问题”十分关注，力图在新的环境条件下，从政治经济学角度对农业组织形式和农业与自然的关系加以解释（李小建和李二玲，2007）。在 20 世纪，农业地理学侧重于区位及其环境的分析及影响农业活动区域差异的解释。规模化、专业化和全球化进程中，农业地理研究的领域不断扩展，并逐渐向粮食和食物安全方面进行延伸。

21 世纪，农村地理学逐渐向进一步的定量化研究、系统化研究方向转变，从要素、结构和功能层面探讨农业农村系统发展和演变的格局、过程和动力机制，并为区域农业农村发展提供建议对策。本国学者对于国外农业农村发展的经验总结，在此阶段占较大比例，如韩国的新村运动、日本的农村改革、印度的绿色革命等。同时，针对农村区域新农村建设（刘彦随，2007）、多功能农业（林若琪和蔡运龙，2011）、城乡发展转型（刘彦随和杨忍，2015）等新型农村发展模式、城乡地域格局及其互动机制，国内学者也都进行了深入的研究和探索。

同时，乡村地理学的研究范围不断扩展。国际上，随着全球化的不断深入，农业生产及从事农业生产活动的个体或群体所受到的影响逐渐成为国际农业地理学研究的重要领域（Cheshire and Woods，2013）。进入 21 世纪以来，多功能农业备受推崇（Seuneke et al.，2013），农业与社区发展及相关政策规划的研究也逐渐被纳入乡村发展的研究范畴（Bhattarai and Pant，2013）。目前，国际上的乡村地理学家对于城乡特性混乱、难以区辨的城乡空间环境的研究兴趣逐渐浓厚，诸如此类的城乡空间交错混合的概念有：乡村地区的小城镇（Powe and Shaw，2004）；新城市远郊的发展（Salvati et al.，2013）；城市通勤范围内的城市外围社区（Bossuet，2006）；城乡接合部（Gallent and Andersson，2007）等。国内则主要侧重于面向国家战略需求及农村社会现实需要的相关研究。随着“三农”问题的日益凸显，围绕乡村转型发展与乡村重构（龙花楼和屠爽爽，2018）、农村空心化与空心村整治（陈玉福等，2010）的相关研究得以深化。随着工业化、城镇化的不断深入，城乡差距不断拉大，国家高度重视农业农村发展，相继提出新农村建设、乡村振兴等战略政策，基于此背景的研究不断涌现，主要表现为“新农村建设综合研究”（刘彦随，2008）、“中心村与专业村建设”（乔家君和杨家伟，2013）、“城乡发展一体化与等值化”（Liu et al.，2013）、“农村贫困化”（刘彦随和李进涛，2017）、“城乡融合”（刘彦随，2018）等。

2. 社会学研究视角

社会学是从社会整体出发研究社会变迁的社会科学，以社会关系、社会行动、社会结构、社会变迁作为自己的研究对象，具有整体性、综合性和应用性的特点。农村社会学是社会学的一大分支，主要研究与农村有关的社会结构，从农村社会的整体出发，通过农村居民的社会关系和社会行为，以综合的观点研究农村社会的结构、功能、发生和发展规律，目前已成为农村发展研究的主要学科之一。

农村社会学主张从社会学的角度，通过广泛的实地调查研究来探索当地发展的基本阶段及产生的问题，并提出系统、科学的建议对策，主要包括整体性、实用性和本土性三个特点。整体性是指农村社会学是从农村社会的整体出发对其进行研究的。实用性是指研究成果即理论和方案都应当具有一定的效果、效应，要能够对农村生活的改进、发展做出贡献。本土性即注重对研究区域的差异性及特殊性进行对比研究，提高本区域的理论研究学术水平。农村社会学作为一门系统的科学学科，最早的研究起源于美国。20 世纪初，美国为应对工业化和城市化带来的一系列农村问题成立了美国农村生活委员会，该委员会提出的农村社会研究报告，堪称农村社会学的一份纲领性文件。从广义上说，农村社会学就是在农村条件下研究人们的相互关系，主要包括农村社会的演变过程，农村社会的经济、政治、宗教和文化的发展特征及农村社会的不同组织形式等内容（沙尔马和陶晓妹，1981）。快速城镇化的过程伴随着经济与社会转型，区域要素重组与产业重构，人地分离、资源浪费、环境污染等一系列矛盾与问题仍在加剧。据国土资源部数据，1999~2009 年的十年时间，全国耕地面积减少了 1 亿多亩，其主要转移方向是城镇建设用地。由于我国长期存在的城乡“二元”结构，在未来一段时间里全国 2 亿多外出务工农村人口的市民化问题，以及城镇化滞后于非农化引发的严重的农村空心化与土地资源浪费问题亟待解决（龙花楼和邹健，2011）。

农业社会学是研究农业的社会方面（social aspects）的一门科学，主要包括对农业的社会本质与特性，农业的社会起源、基础、过程，以及农业作为一种生产生活方式反过来对人类社会施加可能影响的研究（熊春文，2017）。中国农村社会的结构特征、发展方向及发展过程中存在的一系列社会问题都是农村社会学研究的核心（樊凡，2017）。具体研究内容主要包括农村人地关系（刘双和佟明湛，2018）、农村社会关系（李路路等，2015）、农村社区建设、农村社会管理（王潇，2016）、农村社会保障（卢洪友和刘丹，2016）等。

3. 经济学研究视角

经济学是研究人和社会如何利用有限资源生产各种商品及其在社会各成员或集团之间进行分配的学科。农村经济学没有形成相对独立和成熟的学科，农业经济学、发展经济学、产业经济学与区域经济学等学科都涉及对农村发展问题的研究（陈秧分等，2009）。农业经济学关注社会如何配置稀缺的农业资源以生产社会所需的食品与其他农用品，它随着资本主义在农业中的发展而逐渐形成一门独立的学科（赵彤等，2014）。早期的农业经济研究代表性著作有英国的《农业经济》，其侧重关注农业生产状况及其要素配置结构；随后学界开始关注农业生产与经营的区位决策及农业经营形态，其中以德国学者杜能的《孤立国同农业和国民经济的关系》堪称经典；进入 20 世纪，美国成为农业经济学研究的主要阵地，农业利润最大化、农产品运输与农业信贷等相关研究受到重视。20 世纪中期以后，农产品市场预测、农业的政府干预成为主要的研究领域，并开始重视统计方法与数理模型的运用。农业经济学本身开始分化，逐步形成了农业政策学、农场管理学、土地经济学等分支学科。

在农业经济学与发展经济学的引领下，产业经济学、区域经济学、制度经济学等经济学其他分支学科也开始关注农村发展，其中，产业经济学是从产业视角来分析经济问题的应用型经济学科，农村产业结构转换、农村产业关联、农村产业布局与集群、农村产业政策受到重点关注；区域经济学从空间视角研究区域经济的发展变化、空间组织及其相互关系，相关的研究领域主要包括农村经济增长、农村经济活动区位、农村要素流动、城乡分工与联系；制度经济学主要研究制度对经济行为和经济发展的影响，以及经济发展如何影响制度的演变，相关的研究主要包括农村制度供给、制度变迁与农村发展。目前农业经济学关注的主要领域可以按三个尺度予以分类：①微观尺度的农业经济研究着重关注农业生产主体如何实现利润最大化，农户生产决策行为、农户生产效率、农产品市场是主要的研究内容（Fleischer and Tsur，2009）；②中观尺度的农业经济研究重点关注一个区域或国家如何持续而又稳定地生产农产品，以满足社会日益增长的物质需求，人口与食物供给、农业生产投入（Lu et al.，2013）与农业发展、农业要素配置（Liu et al.，2010）、农业公共服务与政策、农业与环境等领域是学界关注的重点；③宏观尺度的农业经济研究关注全球尺度如何确保人类食物安全、全球化因素对农业生产的影响，以及一些全球性的农业生产问题（Woods et al.，2013；Haseeb et al.，2017）。

4. 政治学研究视角

农村政治学是关注实际存在的农村政治关系与农村政治活动的重要学科，以农村政治为研究客体，主要包括农村政治主体、农村政治关系、农村政治组织、农村政治行为等（O' Riordan，1997）。农村政治学在宏观层面关注一个国家农村的政治演变与基层政治建设，中观层面关注农村的社会阶层分化与基层农民的政治参与，微观层面则更聚焦农村主体的政治倾向与村民自治等领域，是政治学与社会学的交叉学科。因此，农村政治学不可避免地成为研究农村发展问题的重要学科之一（Masuda and Garvin，2008）及农业农村现代化、乡村治理能力现代化进程中的前沿课题之一。

1978 年改革开放以来，中国的政治科学研究获得了重要发展，尤其是以乡村治理为主要研究目标的中国农村实证政治学，为中国农村政治学研究注入了新的活力（金太军和董磊明，1999）。西方政治学及其学者的研究成果对中国农村实证政治学产生了较全面的影响，尤其是政治计量方法，深刻影响了我国农村市政政治学的发展（Woods，2008）。在我国注重思辨分析、规范研究、政治设计的背景下，一些学者开始采用问卷调查等的方法研究中国乡村政治。中国农村政治学学者借鉴西方人文社会科学领域中的研究方法，从早期的定性研究开始逐渐转向定性与定量研究相结合，并在广泛借鉴西方理论与实践的基础上，结合中国国情进行解释与应用。实际上，中国农村实证政治学研究学者学习和借鉴分析与表述方法的主要目的也是为理论构建服务（Pemberton and Goodwin，2010）。中国农村实证政治学经过数十年学习、借鉴、自省和探索，取得了一定的进展和成就，但与其他学科及国外研究相比，中国农村实证政治学仍处于相对早期的阶段，有很大的成长潜力。随着改革开放的程度不断深入，农村政治学主要关注农村的政治体制改革（仝志辉，2008）、乡镇政权（唐贤兴，1999）、村民委员会与村民自治研究等。进入 21 世纪以来，随着时代的进步和政策的不断更新，研究内容亦与时俱进，从农村政治本身转移到村落文化（任映红，2005）、两性政治参与的比较（李晓广和孙禄，2014）、大学生村官。随着习近平全面从严治党论述的提出，关于其对农村政治影响的研究也不断涌现。从政治建设视角探究乡村治理体系、村民自治模式及其法理基础、长效机制仍具有挑战性。

2.2　城乡发展的理论嬗变

2.2.1　城乡发展的基础理论

城乡发展的基础理论主要有区位论、结构理论、空间理论及生态学派理论等。

区位论主要包括农业、工业和城市区位论。其中，农业区位论主要以相关地租、农产品特征及运输成本差异为理论根据，构建了圈层式的农业生产空间格局。工业区位论将运输、劳动力及聚集等区位要素作为依据，通过分析与计算三者之间的相互作用来确定工业生产的最佳空间布局。城市区位论则分析了中心地在空间上的分布规律和层次等级，对城市在区域内的大小规模、服务等级和空间分布给出了科学的理论解释（陆大道，1988）。第二次世界大战（以下简称二战）后，区位论蓬勃发展，形成了成本-市场学派、行为学派、社会学派、历史学派、计量学派等多个研究流派，发展出了区域经济基础发展、区域经济增长、区域开发空间结构、区域发展阶段等重要基础理论（吴传钧等，1997）。

结构理论主要有以下三种模式。①刘易斯-拉尼斯-费景汉模型：刘易斯认为发展中国家的传统农业部门存在着大量低收入的劳动力，劳动力供给具有完全弹性，工业部门可以获得无限供给的劳动力而只支付与传统农业维持生存相应的工资（Lewis，1954）。该模型为无限剩余劳动力供给的二元经济结构理论奠定了基础。费景汉和拉尼斯发展了刘易斯模型，并提出农业劳动生产率的提高是保证就业转换的前提条件，从而形成刘易斯-拉尼斯-费景汉模型。②乔根森模型：1967年，美国经济学家乔根森提出，农业剩余劳动力从农业部门转移到工业部门的充要条件是消费结构变化、消费需求拉动的结果，当人们对工业产品的需求超过对农业产品需求的时候，农业剩余劳动力开始向工业部门转移（谭崇台，2002）。③美国经济学家托达罗提出了预期收入的概念。他认为城镇的预期收入是导致乡村人口向城镇流动的原因，只要城镇有较高的预期收入，乡村人口就会向城镇流动。同时他还指出发展农村经济、增加农民收入、改善农民生活水平是解决城镇就业问题的关键。此外，比较著名的结构理论还包括芝加哥学派新古典主义代表人物舒尔茨的农民学习模型、钱纳里的就业结构转换理论等。

空间理论主要探讨区域城乡发展模式问题，长期以来受均衡发展和不均衡发展战略的影响，形成均衡发展理论和不均衡发展理论。均衡空间理论认为区域内资本回报率与劳动回报率呈负相关，因此，资本和劳动将在区域内反向流动并达到动态均衡（杨吾扬，1997）。不均衡发展理论包括增长极理论和循环累积因果理论。增长极理论强调依靠政府和社会经济投资形成发展增长极，循环累积因果理论认为社会各要素是以一种循环累积方式运行的（杨龙岗，2014）。

生态学派就城乡关系做了进一步探讨。英国学者霍华德提出了“田园城市”理论，认为城乡是一个统一整体，强调一个田园城市是一个城乡有机结合体，不是城市与乡村简单的混合。芬兰建筑师沙里宁针对城市过度集中所产生的弊端，认为城市与乡村是一个整体，城市结构不应脱离乡村自然环境，而是应当通过规划和产业重构实现城乡分工协作的发展模式。美国学者刘易斯·芒福德从保护人居系统中的自然环境出发，认为城与乡的重要性是一致的，不能将两者分割对待，两者应该有机地结合在一起，强调了乡村在城乡关联中的特殊重要意义。美国城市学家亨利·赖特提出在一个地区性农业方格网中将城市重新分配以形成一个较大的“区域统一体”。赖特思想的实质是通过寻求合理的“区域城市”或“城镇群”的发展模式，达到城乡区域的协调发展目的。日本学者岸根卓郎提出“城乡融合系统设计”概念，强调农工-复合社会协调、城乡融合（岸根卓郎，1990）。此外，还有学者提出了区域网络战略、城乡连续体模型、城乡相互作用理论等新的城乡发展观，为城乡发展机制与地域模式研究奠定了理论基础（Douglass，1998）。

2.2.2 城乡互促发展的基础理论

由于西方发达国家较早步入城市化进程，西方有关城乡互促发展的研究也相对较早。早期城乡发展理论主要有空想社会主义，以及马克思、恩格斯的“城乡融合”理论。随着发展中国家城市化进程的推进，从 20 世纪中期起，城乡发展的研究热点逐渐转向发展中国家。城乡关系相关理论主要分为经济和空间两个范畴，即经济二元理论与空间二元理论。

20 世纪 80 年代以来，针对发展中国家城市与农村的发展失衡状态日益突出的问题，国内外相关学者研究提出了城乡均衡发展、城乡一体化发展、城乡区域网络发展等理论，以研究解决发展中国家的城乡二元结构问题，推动城乡关系和城乡互促研究的进一步发展。同时，也有以乡村发展问题为导向，着眼于区域乡村转型、城乡发展转型、新型城镇化、乡村振兴等前沿理论（刘彦随，2018），为中国乃至世界各国研究破解乡村衰退难题和问题奠定了重要的理论基础（表 2.2）。

表 2.2 国外城乡发展理论

时期	城市偏向	城乡联系	乡村偏向
20 世纪 50 年代前		空想社会主义学说 西方早期城市理论 马克思主义城乡发展观	
20 世纪 50 年代	增长极 核心-边缘模型	城乡分离	
20 世纪 60 年代	刘易斯-拉尼斯-费景汉模型 乔根森模型 托达罗模型 城市偏向理论	城乡分离	农村综合发展
20 世纪 70 年代	自上而下发展 次级城市战略	城乡分离	新农村运动
20 世纪 80 年代	大都市区 大都市伸展区 巨型城市	城乡融合系统 城乡联系与流	自下而上发展 选择性空间封闭
20 世纪 90 年代		Desakota 模式 区域网络战略 城乡相互作用	可持续的农业与农村发展（sustainable agriculture and rural development，SARD）
2000 年	城镇化	统筹城乡发展	“三农”问题、新农村建设
2010 年	新型城镇化	城乡一体化 城乡发展转型	村镇化、乡村振兴

资料来源：根据王华和陈烈（2006）、刘彦随（2007，2018）等相关文献梳理

1. 早期西方空想社会主义关于城乡互促的美好构想

工业革命促进了西方城市的高速发展,但是乡村与城市之间的差距越来越大,城乡矛盾日益突出。空想社会主义派的学者提出了许多城乡一体化的初步构想,以莫尔的“乌托邦”、傅立叶的“和谐制度”与“法郎吉模型”、欧文的“新和谐公社”模式为主要代表。虽然莫尔、傅立叶等提出的这些构想只是城乡一体化初步构想的萌芽,甚至有些构想只是一种空想,难以实现,但是他们的思想开创了城乡互促发展理论。

2. 马克思主义关于“城乡融合”的理论

马克思、恩格斯将城乡关系演变划分为以下几个阶段:城乡混沌—城乡分离—城乡对立—城乡关联—城乡统筹—城乡融合。他们认为,城乡统筹发展的实现,在于城市经济发展带来的规模效应和集聚效应。马克思指出,生产力发展水平决定了城乡关系,当生产力高度发达时,“城市和乡村之间的对立也会消失,从事农业和工业劳动的将是同样一些人,而不是两个不同的阶级”。恩格斯指出,城乡关系发展最终会走向城乡融合的状态。马克思还在《共产主义原理》中提出了实现城乡融合的途径:“通过消除旧的分工、进行生产教育、交换工种、共同享受大家创造出来的福利,以及城乡的融合,使全体成员的才能得到全面的发展。”

3. 关于城乡关系的经济二元理论

1950 年以来,大批学者对发展中国家城乡关系进行了系统的研究,先后提出了刘易斯二元经济模型、拉尼斯-费景汉二元经济模型、乔根森模型、托达罗模型等(表 2.3)。

表 2.3 城乡关系经济二元理论

理论模型	基本观点	意义	不足
刘易斯二元经济模型	由于发展中国家农业中存在边际生产为零的剩余劳动力,农业剩余劳动力的转移能逐渐打破二元经济结构的壁垒	第一个较为系统地论述二元经济结构及其转换问题的理论模型	片面地强调城市工业部门的扩张,轻视了农业部门对经济发展的贡献,没有揭示发展中国家经济结构转换实质
拉尼斯-费景汉二元经济模型	农业部门同时为工业部门提供必要的劳动力和农产品剩余,主张用工农业平衡发展实现二元结构转换	将工业部门和农业部门同时发展结合起来	没有考虑到农业劳动者的工资水平与农业生产率之间的关系,没有考虑到工业部门可能会存在劳动力缺乏的问题
乔根森模型	农业是整个国民经济的根基,农业剩余劳动力转移的前提是农业剩余。农业剩余的增长速度及工业部门技术进步决定了农业剩余劳动力转移速度	提出农业总产出与人口增长相一致的假设,并提出农业剩余规模决定工业部门的发展和农村剩余劳动力转移	忽略发展中国家城市工业部门可能存在的失业问题

续表

理论模型	基本观点	意义	不足
托达罗模型	城乡实际工资差距及获得工作机会的大小是影响预期收入的重要因素，而预期收入又影响着农业剩余劳动力向城市工业部门转移的决策。注重农业农村自身的发展，建立农村工业，增加农村就业机会是解决发展中国家人口失业、缓解就业压力的有效途径	首次提出预期收入的概念，启示了发展中国家的经济发展	提出通过人为操控缩小城市与乡村的劳动收入差距，以此减少农村剩余劳动力向城市的转移，不符合城乡协同发展的客观规律

4. 关于城乡关系的空间二元理论

城乡关系空间二元理论的相关研究成果主要有田园城市理论、地理二元结构理论、不平衡发展理论、增长极理论、核心–边缘理论，以及城乡融合体理论和乡村地域多体系统理论（刘彦随，2018）（表 2.4）。

表 2.4 城乡关系空间二元理论

理论名称	基本观点	城乡偏向
田园城市理论	城市和乡村各有优缺点，城市与农村属于同一个系统，二者并存，在规划与发展中应同时考虑城市与农村	城乡协调
地理二元结构理论	在市场作用下，商品、资本、人员等要素向城市流动，在这种循环累积作用下，城乡之间的不平衡关系逐渐加重。当达到一定的城市化水平后，城市通过扩散效应将各种资源流向农村，从而缩小城乡差距	城市偏向
不平衡发展理论	增长的不平衡是增长本身不可避免的前提条件，国民经济的发展应先培育增长极。在经济不平衡发展的过程中将产生极化效应与扩散效应	城市偏向
增长极理论	社会中普遍存在支配关系，经济发展是支配与被支配相互作用的不平等、不平衡的动态过程，因此地区发展必先出现增长极，然后通过扩散带动整个地区的经济发展。增长极在技术创新与扩散、资本集聚与输出中发挥重要作用，并能产生凝聚经济、产生规模经济等效益	城市偏向
核心–边缘理论	城市是区域经济发展的中心，通过交通、信息、商品、流通、金融等系统把它与边缘地区联系起来，带动周边城镇和农村的发展	城市偏向
城乡融合体理论	城乡融合体是城镇地域系统和乡村地域系统相互交叉、渗透、融合而成的一个城乡交错系统，具体由中小城市、小城镇、城郊社区及乡村空间等构成	城乡融合
乡村地域多体系统理论	乡村地域系统是人文、经济、资源环境相互联系、相互作用下构成的，具有一定结构、功能和区际联系的乡村空间体系。包括城乡融合体、乡村综合体、村镇有机体、居业协同体	乡村振兴

5. 关于城乡互促均衡发展的理论

1）利普顿–科布纳基的“城市偏向”批判理论

利普顿指出“城市偏向”的城乡关系主要表现为以下三点：首先，城乡差距过大；其次，城乡利益矛盾突出；最后，政府的发展政策偏向于城市。他认为，发展中国家城乡发展差距过大，主要是城市集团通过政策偏向把资金、劳动力等要素吸引到城市地区，从而使农村地区资源要素外流，导致城乡发展差距逐渐拉大，出现富人更富、穷人更穷、农村内部不平等的现象。科布纳基认为，城乡关系是阶级关系、政治制度等社会基本结构作用的结果，依附于其他的社会进程。他指出“城市偏向”问题的关键在于一系列不利于农村发展的价格政策和投资战略，以及由此引起的乡村地区基础设施建设落后。利普顿的“城市偏向”观点也存在几点不足之处：第一，将城乡关系放大地上升到城乡政治对立；第二，城市和农村均存在内部差别，利普顿忽略了城市穷人和农村富人的存在；第三，政治概念过于简单化。

2）斯多尔-朗迪勒里的城乡平衡发展理论

斯多尔、朗迪勒里等西方学者提出城乡平衡发展模式，这在城乡发展关系研究中具有重要意义。斯多尔认为，以农村为中心的“自下而上”的城乡发展模式，是缩小城乡发展不平衡的关键。这种模式是以区域资源利用最大化为基础，在农村发展和城乡平衡方面具有重要的推动作用。同时，他还提出自下而上的城乡发展模式，需要以下四点保障措施：一是增加农村地区的自主权；二是调整价格体系促进农村发展；三是提高农村经济活力；四是加强村与村之间的联系。

朗迪勒里虽然也主张自下而上的发展模式，但是他指出这种自下而上的发展模式应当与城市发展相结合，脱离城市的自下而上发展模式是不切实际的。农村的农业投入、医疗、教育等基础设施服务由城市提供，同时农村剩余农产品及剩余劳动力也需要投入到城市之中。

3）麦基的城乡一体化发展理论

随着经济社会的快速发展，许多发展中国家出现城市与农村界限逐渐模糊现象，如中国、泰国等。加拿大学者麦基通过对以上地区的研究发现，城市与乡村之间的联系日益密切，城市与乡村之间出现一些兼具城市与农村特点的地域组织，区域内农业与非农业部门并存。麦基将该类城乡发展模式定义为 Desakota 模式，意为城乡一体化。他认为，Desakota 空间形态是城市系统和乡村系统这两大地理系统相互影响、相互作用的产物，与传统的城市、农村不一样，Desakota 模式兼具这两大系统的特征。

Desakota 概念的提出促进了城乡关系理论的发展，城乡地域组织研究也由城市和农村转为城市、农村和城乡边缘区，为城乡空间形态研究提供了新的视角。

4）道格拉斯的区域网络发展理论

乡村系统与城市系统在人、生产、商品、资金和信息等方面发生相互联系，从而改变乡村系统结构与发展，并展现出多种空间联系模式和利益趋向。根据城乡这种空间联系模式，道格拉斯提出区域网络模型："网络（network）的概念是来自许多聚落的簇群（clustering），每一个都有其特征和地方化的内部关联，而非为某一大城市作为综合性中心。"区域网络模型注重提高城乡基础设施条件、城乡之间的连接度及居民的生活质量。

5）城乡相互作用理论

21世纪以来，发展中国家人口的快速增长和移动所带来的城乡可持续发展问题成为学术界研究的热点与难点。目前，城乡关系理论研究更多地注重城乡之间的"联系"与"流"。20世纪80年代，昂温首先提出了城乡之间的相互作用、相互联系及要素流动等观点，并构建了城乡关系分析框架。20世纪90年代末，道格拉斯在实证研究的基础上，系统分析了城乡之间的相互作用关系。他认为城乡关系可由"结构"和"流"来解释，并构建了城乡联系图表。塔科里和赛特斯威特在总结前人相关研究的基础上，从经济、社会和文化的角度出发，解释了城乡关系变化的机理。并提出了"城乡连续体"的概念，而城乡的区别主要在于"生计"方式的差异。肯尼斯·林奇从资源、资金、人、食物和观念五个方面着手，对发展中国家的城乡关系进行了系统性的研究。他认为，解决发展中国家贫困问题的核心在于揭示各种"流"对城乡相互作用的影响。他还指出，城乡联系是一种复杂的关系网络，需要从"生计战略"和"资源配置"两方面进行综合研究，最后他还提出"城乡动力学"的概念。

6）乡村地域多体系统理论

依据人地关系地域系统理论和"点-轴"理论，刘彦随提出乡村地域系统理论和极化发展战略，乡村振兴战略的实施需重点建设由城乡基础网、乡村发展区、村镇空间场、乡村振兴极所构成的乡村振兴多级目标体系，发展由城乡融合体、乡村综合体、村镇有机体、居业协同体所组成的乡村地域多体系统（刘彦随，2018）。首先，城乡融合体是城镇和乡村两个地域系统相互交叉、相互融合而成的一个城乡交错系统。按照我国的城乡分异格局，城乡融合体包含地域、市域、县域三个层次，主要包括中小城市、县城、中心镇、新型社区等地域空间。在这些地域空间范围内，城镇与乡村通过交通、通信、市政管网等城乡基础网实现相互联系与相互作用。构建城乡融合体，是实现城乡融合发展与乡村转型发展的基本前提，也是实施乡村振兴战略的基础，需要将过去各自为政的城市和乡村两个地域系统，通过交互机制，构建成一个相互融合的城乡地域系统，其核心有三个：城乡战略地位的平等、城乡要素配置的均衡、城乡发展过程的融合。其次，乡村综合体建立在乡村地域系统的理论基础上，由社会、经济、资源、环境等不同子系统相互联系、相互作用，形成具有一定结构和功能的乡村地域系统。由于乡村地域系统呈现出丰富多样的类型，从功能上可划分为村镇社区、农业主导型、工业主导型、商旅服务型等不同类型的乡村发展区，因此，对乡村综合体的识别需要把握差异性和动态性，加强对乡村发展的时空格局、过程机理与地域模式的解析，从而根据不同乡村的地域类型，分类施策、分区推进，从人口、就业、资源、环境、产业、文化、制度等方面实施差异化的乡村转型升级策略，建立乡村振兴的理论体系，探索乡村振兴的实践经验。再次，村镇有机体建立在村镇建设格局的理论基础上，而村镇建设格局指的是乡村地区县城、重点镇、中心镇、中心村（社区）的空间布局、等级关系及其治理体系，包括产业空间、生态空间、文化空间和人居空间。通过建立村镇建设格局，明确不同村镇的定位，强化村镇的空间集聚，进而根据不同类型的乡村发展区，突出特定村镇的中心功能，培育“三生”结合的村镇有机体。因此，村镇有机体是乡村振兴的重要载体，将乡村振兴战略的“五大建设”目标（即产业兴旺、生态宜居、乡风文明、治理有效、生活富裕）落实到村镇层面，促进村镇的产业空间集约化、生态空间文明化、文化空间地域化、人居空间社区化。最后，居业协同体建立在村镇有机体的基础上，指特定村镇凭借优势要素或特色产业，实现居住与就业协同发展，成为乡村发展的振兴极。居业协同是村镇居业融合发展的高级状态，是实施乡村振兴战略的增长极，对周边区域起到扩散作用。由于村镇发展有类型之分，居业耦合也分化为不同的模式，居业协同体的识别需要根据不同村镇或社区的发展条件与特征，判定其是否具备安居乐业的能力和基础，从而精准施策。对于条件较好的村域，应按照三产融合理论，建立宜居宜业社区；对于条件一般、规模较大的村域，应完善公共服务和基础设施，改善居住条件，建立村域中心地；对于条件较差、规模较小的村域，应探索推进迁村并居的模式。

6. 城乡互动发展的作用机制与模式

1）小城镇发展模式

小城镇在乡村地区具有政治、经济、文化中心的功能，费孝通认为，发展小城镇是促进乡村发展、解决乡村剩余人口就业转移的有效途径。小城镇和乡镇企业在城乡之间要素流动和重新组合的过程中发挥着重要作用，可促进城乡产业协调发展，加快城乡一体化。我国苏南地区在小城镇发展方面较为成熟，企业都集中在工业区，职工居住空间分布在城镇，自然村实施空间整合，同时将空废宅基地整治为新增耕地。

2）城乡网络化发展模式

曾菊新认为，城乡之间具有关联性和组织性，且存在多种经济活动主体。这些主体相互关联，构成一个有序化的关联互动系统和运行过程，该过程是一个动态调整过程，可获得最大化的空间组织效应（曾菊新，2001）。城乡网络化模型旨在提高城乡空间网络化水平，促进城乡之间要素流动、产业发展、组织功能完善。

3）城乡发展地域模式

我国国土面积大，地域差异显著，不同地区形成特有的发展模式。我国东部地区主要有苏南模式、苏北模式和温州模式，南部地区主要有珠江三角洲模式。中部地区经济发展水平相对滞后，应从城乡空间差、收入差和文化观念差等方面着手，创新制度保障，促进城乡一体化。我国西部地区属于生态环境脆弱区，经济发展落后，基础设施条件较差。曾菊新认为，西部地区应发展走廊型和区域性城镇网络模式。城乡一体化离不开城镇化，我国城乡一体化应当采取村镇化与城镇化双轮驱动模式，一方面通过城镇化的涓滴效应带动周边农村发展，另一方面通过村镇化吸纳一部分农村剩余劳动力，减缓城市人口、交通、环境压力等问题。

4）城乡发展转型

城乡发展转型是城乡二元结构体制下城市与乡村地域系统相互联系、交互作用方式的转变及其空间形态的演变，是城乡系统由城乡分化、隔离、对立转向城乡融合、一体发展的综合人文过程（刘彦随和杨忍，2012），表现为城乡地域系统的要素转移、战略转变、机制转换，包括以城市群、经济区演进为核心的区域发展格局转型，以及工业化、城镇化影响下的广大农村地区，以资源利用、产业结构、就业结构、消费结构转变为特征的乡村经济社会转型（刘彦随和杨忍，2015）。许学强认为城乡转型是在农村地区发生的由乡村向城市转化、由量变到质变的动态过程，内涵是全方位的，包括经济、社会、人口、景观的转型（许学强，1998）。胡必亮和李玉祥指出城乡转型包含从农业经济转变为工业与服务业经济、从乡村社会转变为城镇社会、从乡村生活方式转变为城镇生活方式，进而从乡村文明转变为城镇文明（胡必亮和李玉祥，2008）。城乡发展转型是一个动态的、综合性的过程，在多重作用力影响下，生产要素的流动与集聚所引发的城乡间在经济、社会、环境等多领域的变化过程。综合以上观点，归纳起来，城乡转型的驱动力包括自上而下的扩散力，即国家投资兴建新城、扩建旧城、开发区建设、郊区化，以及自下而上的集聚力，即城市附近农村经济改革与发展、农村工业化、乡村城镇化（张安录，2000），涉及资源禀赋、区位交通、劳动力素质、产业结构、科技、信息、全球化发展等影响因素（李玉恒等，2014）。其中，新型城镇化是城乡发展转型的主导驱动力，是我国城乡统筹发展的动力引擎（刘彦随和杨忍，2012）。

城乡发展转型为破除城乡二元结构、促进城乡发展一体化的制度与政策环境提供了理论依据，其现实意义在于把控特定区域城乡统筹方向、评判融合程度、优化空间组织、构筑协同机制、创新分区政策、服务规划决策。在当前我国农村人口、土地非农化带来农村人地关系、城乡关系显著变化的情形下，城乡发展转型将会在人地关系、社会结构、增长方式、空间格局的内生系统环境下逐步实现资源节约集约、全面协调发展、建设生态文明、全面建成小康社会的外部目标环境（刘彦随等，2014）。

5）城乡协调发展

城乡关系通常经历城乡分化、城乡分离、城乡对立、城乡融合、城乡一体等几个阶段，不同阶段的城乡协调状况有所不同。城乡协调发展是社会各界关注的焦点问题与发展难题，以人为核心的城镇化，亟须统筹城乡、创新城乡管理体制机制。从内涵来看，城乡协调发展不仅是城镇系统与乡村系统间的关系特征，也包含城乡发展转型过程中要素、结构、功能、政策等的协调。其中，城乡要素流动和空间集聚效应是城乡联系和交互作用的基础，表现为城乡人口、土地、资源、资金、信息、技术等生产要素在城乡之间的流动与重组；结构层是城乡要素组成及重构的反映，包括城乡产业结构、就业结构、土地利用结构、城乡空间体系等方面；功能层是城市与农村参与区域间及城乡间分工与协作的主导功能和定位，主要由其生产部门和服务部门的活动体现，随着生产水平提高及消费需求改变，城乡地域功能内涵发生变化；政策层是与城乡发展适宜的政策体制，包括城乡户籍、土地、就业、社会保障、医疗及教育等方面相关政策和制度。从空间上来看，城乡协调状况具有分异特征，与当地经济水平、城镇化水平、城乡投资、社会需求等密切相关，发达地区与欠发达地区、城市群地区与中小城市地区、不同主导功能地区间城乡发展协调状况差异明显（王艳飞等，2016）。

6）村镇建设格局

村镇建设格局作为城乡关系地域格局的重要组成部分，它置于乡村空间格局和城市空间格局融合而成的复合格局。村镇建设格局是指乡村地区县城、重点镇、中心镇、中心村（社区）的空间布局、等级关系及其治理体系，主要包括村镇人居空间、产业空间、生态空间和文化空间。村镇建设格局是城乡关系发展到特定阶段、城乡要素流动达到一定程度、乡村经济转型达到一定水平时呈现出的城乡地域空间重构表现形式，既反映了城乡地域空间在时间和过程上的延续与交互，也体现了城乡地域空间在功能服务和要素流动上的协同与平等（刘彦随等，2009）。构筑村镇建设新格局是夯实农村发展基础、搭建统筹城乡发展平台的需要，是集聚乡村人口产业、促进城乡要素平等交换的需要，是优化乡村空间重构、推进城乡公共资源均衡配置的需要，是培育乡村创新能力、加快乡村治理能力现代化的需要，是优化城乡地域系统、实现“城市病”和“乡村病”两病同治的需要。构筑村镇建设格局是发展中国国土空间格局理论、优化生态文明建设战略的重要内容。村镇建设格局是一个多层次、多目标的空间形态和战略体系，也是一个跨学科、综合性的理论问题。面对复杂多样的村镇土地、环境、灾害等问题，亟须推进理-工-管多学科交叉研究，发展土地资源工程学，创立村镇建设格局构建的工程技术体系，进一步明确面向村镇建设战略需求的地理学理论创新内容与方向（刘彦随等，2014）。

7）城乡一体化

城乡一体化是城乡关系的高级阶段，是区域内城乡关系演化的最终目标，是指城市与乡村之间通过资源、资金和劳动力等生产要素的合理流动、相互协作、城乡互促，实现城乡资源优化配置及城乡经济社会的持续协调发展（曾菊新，2001）。其内涵主要体现在以下方面：一是城乡在地理空间上的融合，即城市和乡村两个空间实体融合成为一个连续统一的“区域综合体”；二是城乡在功能结构上实现互补，中心经济与外围经济两者相互依赖；三是城乡基础设施的共享，使得城乡之间的联系更加紧密；四是城乡人口、资金、技术等要素可以自由流动；五是城乡生态环境协调，城乡居民生活水平共同提高（黄国胜等，2009）。从城乡关系角度出发，城乡一体化是指城市和乡村通过要素的流动和人的参与，成为一个统一的整体，达到经济一体化和空间融合的系统最优状态（杨培峰，1999）。从系统论的角度来讲，城乡一体化是指城乡系统中，人、物、信息等要素自由合理地流动，城乡经济、社会、文化相互影响、高度融合，各种时空资源得到高效利用，是包含社会、经济、生态环境、规划建设等领域的复杂的系统工程（朱志萍，2008）。

8）城乡等值化

城乡等值化概念的提出最早可以追溯到20世纪50年代开始的德国巴伐利亚州的城乡等值化试验，该试验提出的城乡等值化发展并不意味着城乡差别完全消失，也不意味着整个社会活动区域由非均质空间演变为一种绝对的均质空间，而是城乡之间的社会经济发展水平、基础设施与公共服务水平、生态环境质量及公民生活品质等方面的差距逐渐缩小，从而使得城乡发展更趋协调（毕宇珠等，2012）。

国内地理学者对于城乡等值化提出了比较全面的解释。刘彦随（2011a）认为城乡等值的内涵和价值包括三个方面：第一，城乡等值化具有地域性、阶段性、层次性，践行城乡等值化，须立足实际、因地制宜、长远规划；第二，城乡“等值”包括四个发展的含义，从构建城乡发展的理念均等到实现等值的公共设施配置，再到实现平等的社会福利和权利，最后到在城乡之间实现均等的个人财富和社会地位，需要立足城乡地域系统的交互性与动态性，推进工业与农业、城市与农村的良性互动，推行城乡同地同价、同工同酬、基本权益均等化（Liu et al.，2013）；第三，城乡等值化并非城乡“等同化”和“一样化”，在我国当前阶段，城乡等值化理念更强调一种城乡平等的理念，推进政策与公共服务等向农村配置倾斜，追求城市更像城市，农村更像农村。陈菊根（2007）在研究中提出城乡等值化是指通过消除城乡之间的差别，促进农村经济发展与社会发展像城市一样得到重视，并最终匹配城市的发展水平，提升农村居民的整体生活质量，最终使城乡生活的舒适性一致。通过大力推进农村户籍制度、社会保障制度、农民医疗教育文化制度等方面改革，消除城乡差距，最终达到城乡不同类但等值的理念。城乡等值化本质上是统筹城乡发展的一种新理念、新机制。因此，城乡关系的科学认知，城乡平等是前提、城乡协调是过程、城乡等值化是目标。城乡等值化是建立在城乡融合、一体化发展基础之上，成为和谐城乡关系的高级层次，也是城乡发展一体化努力实现的理想目标。

2.2.3　城镇化对农业农村发展影响的研究进展

在有关城乡发展研究的众多文献中，探讨城镇化对我国农业农村发展影响的研究较少，其主要集中在以下几个方面。

1. 城镇化对农村经济的影响

城乡系统的内存关联性决定了城镇化与农村发展的相互依靠、相互作用的密切关系。城镇化进程中加快农民收入增长是破解我国“三农”问题的核心。我国农民收入增长问题主要表现在收入增幅趋缓，其实质是农民就业不充分及与之相联系的农业剩余劳动力转移问题。过去增加农民收入的主要途径皆因城镇化发展能力而受阻。究其原因，主要是中华人民共和国成立以来所实行的城乡二元体制和非均衡经济发展战略导致农村劳动力长期未能充分流动，农村人口和劳动力比重过高，城镇化发展滞后，致使农民增收动力不足（宋元梁和肖卫东，2005）。因而快速城镇化发展有助于转移农村剩余劳动力，为调整农村人口结构、就业方式和增加农民非农经济收入奠定坚实基础。

城镇化促进农民增收的作用机制主要体现在四个方面（王鹏飞和彭虎锋，2013）：一是转移农村剩余劳动力，创造更多就业机会，直接增加农民人均收入。二是缓解人地矛盾，实现土地规模经营，提高劳动生产率，从而促进农民增收；农业劳动生产率的提高是农民增收的重要源泉，土地规模经营是提高农业劳动生产率的有效途径之一，而实现土地规模经营的前提是减少农业人口。三是拉动农产品的有效需求，改变农产品价格疲软，进而增加农民收入。四是城镇化辐射带动农村经济发展从而增加农民收入。城镇化使得各种生产要素在城市集聚，使城市逐渐成为区域发展的增长极，进而通过辐射效应带动周边乡村地区的发展。

城镇化对农村经济的发展影响表现为正负两方面。一方面，积极作用：①城镇化提高了农村人口的就业率，促进农业劳动力非农化，带动了农村经济转型发展；经济发展状况越好的地区，乡村发展水平、农村经济水平越容易受城镇化的影响，农户生活水平普遍受城镇化影响较大（刘自强等，2018）。②城镇化促进城市内需，给城市市场带来新的活力，也给农村带来更先进的生产技术，带动农村经济增长与农民收入水平的提高。③城镇化优化农业结构，使原先单一、分散的农业结构趋向集约化、规模化。④城镇化使农村人口集聚，更有利于实现人力资源的优化配置，这有利于区域的长期发展。另一方面，消极作用：①耕地面积日益减少，粮食安全保障受到挑战。由于体制、规划不合理，城镇化过程中占用大量耕地，土地利用粗放、效率低下，土地集约利用的总体水平不高。城镇化发展中，农村空心化问题日益突显，亟须加快创新城乡土地配置与管理制度，全面构建村镇建设新格局，深化城乡发展转型体制机制改革，营造中国城乡平等、协调、一体发展的内生机制及外部环境（刘彦随等，2016a）。②农村资源流失，生态环境恶化。城镇化快速发展对农村资源的需求增加，而资源的不合理利用导致农村生态环境的恶化；同时随着城镇化进程的推进，农民进城务工，农村“四化”（农业生产要素快速非农化、农民主体过快老弱化、农村建设用地日益空废化、农村水土环境严重污损化）等引发了日趋严重的“乡村病”（刘彦随，2013b）。③城镇化进程中土地征占导致失地农民增加，农村劳动力转移减少，农业生产“有地无人耕”的问题日益严峻（刘彦随，2015）。

还有研究者发现，城镇化对农民增收的带动作用存在一定的区域性差异，表现为城镇化对中部地区农民收入的带动作用大于东部和西部地区（王鹏飞和彭虎锋，2013）。我国农村居民收入与城镇化水平显著正相关，城镇化有利于促进农村居民纯收入和各项收入构成的增长，但其作用程度与地区城镇化发展水平、城镇化的动力源泉及城镇空间组织模式密切相关。总体而言，城镇化初始水平较低的地区城镇化发展对农村居民收入增长的贡献相对较大。

2. 城镇化对城乡收入差距的影响

当前我国经济社会体制建设中最突出的矛盾仍是城乡二元结构，城乡收入差距过大仍是全面建成小康社会的重要制约因素。现有城镇化研究主要强调城市规模报酬递增的特性，侧重于分析城镇化、产业集聚与经济增长之间的关系。城乡二元结构体制和户籍制度限制了我国城乡和地区之间劳动力的流动，从而导致长期以来我国的城镇化水平滞后于经济发展水平和工业化进程（蔡昉等，2001），也滞后于同等发展水平国家或同样发展阶段的城镇化水平（简新华和黄锟，2010）。城镇化水平是产业结构升级、缩小城乡收入差距的核心作用机制，滞后的城镇化水平成为产业结构升级难以发挥缩小城乡收入差距的重要原因（龚新蜀等，2018）。城镇化水平滞后除具有历史必然性外，还具有深刻的制度性和社会性因素。从农村劳动力转移的视角来看体现在四个方面：一是农村劳动力“候鸟”型转移模式从根本上降低了工业化成本；二是高成本城镇化抑制了农民向城镇迁移的空间；三是对农民工的歧视性制度安排减缓了农民工市民化进程；四是社会排斥加大了农民市民化的难度（张红宇，2011）。

城镇化影响城乡收入差距的作用机理表现在两个方面：一是城镇化通过吸纳农村剩余劳动力使其进城务工，增加非农收入，有利于缩小城乡差距；二是如果人口城镇化影响了农业生产或有文化、有能力、富有的那部分农民先城镇化，短期内城镇化可能会进一步扩大城乡差距（欧阳金琼和王雅鹏，2014）。

20 世纪 50 年代中期，有学者认为随着经济的发展，城乡之间的收入差距呈现出先扩大后缩小的倒“U”形变动轨迹（Kuznets，1955）。在城镇化初期，农村剩余劳动力进城务工，短期内扩大了城乡收入差距；此后，随着农村进城人口的增多，农村劳动力的相对稀缺性加剧，增加了农业报酬，城乡收入差距缩小。研究表明，改革开放以来，我国农村居民收入差距的扩大速度有所减缓，但仍呈持续扩大趋势（唐平，2006）。城乡收入差距对城镇化的影响力度，会受到市场化程度的正向调节，市场化能够促进城镇化，市场化程度的提高能够强化市场化对城镇化的促进作用，市场化对城镇化的影响力度，也会受到城乡收入差距的正向调节（许文静和方齐云，2018）。城镇化的加速推进使得由城乡人口流动导致的收入差距于 2001 年开始缩小，同时，城镇化促使我国农村内部收入差距拉大的速度有所放缓（周云波，2009）。在这种情况下，出现城镇化水平滞后、城乡收入差距扩大现象的主因在于城市偏向型经济和社会政策（陆铭和陈钊，2004）。从历史视角来看，政府的重工业优先发展战略是中国城乡收入差距居高不下的根源，影响我国城镇化进程的一系列制度安排和政策措施都内生于这一发展战略。也有研究认为，城镇化并不会必然缩小城乡收入差距，其与城镇化所处阶段及城乡差距的大小有关；在时间上城镇化对城乡差距的作用会经历先缩小后扩大再缩小的变化过程；在地区差异上，经济发达、城镇化水平较高、农业劳动力丰富的地区城镇化的进一步推进可能会缓解城乡收入差距，而欠发达地区城镇化则可能会进一步扩大城乡差距（欧阳金琼和王雅鹏，2014）。

然而，现阶段我国居民收入表现出两个重要特点：一是居民收入在国民收入分配中的比重呈不断下降的趋势；二是居民之间的收入差距有不断扩大的趋势（李尚蒲和罗必良，2012）。按照刘易斯二元结构理论，伴随着工业化和城镇化进程，农业劳动力的非农转移将导致工农部门城乡收入差距逐渐减小，二元结构向一元结构转变（李尚蒲和罗必良，2012）。然而，现实却是我国大力推进城镇化的同时，城乡收入差距却不断扩大。据统计，我国的城乡居民收入比从1978年前的2.36∶1扩大到2012年的3.10∶1（李尚蒲和罗必良，2012），究其原因可能是由于改革开放以来实施以偏重大中城市为主要特征的城镇化模式，扩大了城乡收入差距。同时，虽然总体上城镇化有利于人力资本的流动，但由于我国大多数地区仍然实行城乡二元户籍制度，使得城镇化发展对城乡收入差距具有正负两方面的影响。

3. 城镇化对农村就业和产业结构的影响

城镇化是农村人口不断向城镇转移，第二产业、第三产业不断向城镇集聚的过程。城镇化对产业结构和就业结构有重要影响。改革开放后中国的城镇化进程，对转移劳动力的就业意义重大（李克强，2012）。大多研究认为城镇化是缓解就业压力的重要途径（李文，2001）。城镇化过程中失地女性的失业问题是城镇化政策的“副产品”之一，是在原本城镇失业现象十分严峻的情况下，农村女性从土地上退出，却无法成功进入城镇劳动力市场所致（孙良媛等，2007）。随着城镇的发展和服务业、旅游业等产业的兴起，劳动供给与就业可能会随之变化（丁守海，2014）。从长期来看，我国的城镇化与产业结构升级存在着稳定的均衡关系，并推进农民工市民化、提高城镇土地使用效率、引导房地产业健康发展，有利于更好地发挥城镇化对产业结构升级的作用（李春生，2018）。随着新型城镇化的不断推进，农村三次产业结构的调整路径呈现出阶段性，且经济发展城镇化、居民生活城镇化、公共服务城镇化、基础设施城镇化、资源环境城镇化对农村产业结构调整的影响各有不同，总体上，对农村第一产业、第二产业占比的影响路径是倒“U”形的，而其对农村第三产业占比和农村产业结构偏离的影响路径是“U”形的，且这些影响路径在不同经济区域呈现一定的差异性（杨钧和罗能生，2017）。我国东部沿海地区城镇化的快速推进，对农村劳动力转移的带动作用逐渐增强，劳动力转移规模与比重不断增大，其阶段性、区域差异性特征明显（王国刚等，2013）。当前我国城镇化进程中，应对农村劳动力转移的内部结构特征给予更多的关注（张红宇，2011）。

农村城镇化即农村人口向城镇转移、集中及由此引起的产业-就业结构非农化的一系列制度变迁的过程（孔祥云和王小龙，2013）。随着城镇化进程的推进，产业发展转型和人口转型之间已经建立起比较完善的互馈作用机制，且两者之间的互馈作用将逐步增强。丁守海的研究表明，乡村城镇化会面临更为迫切的产业支撑问题，在此情况下，实现工业化带动城镇化、城镇化反推工业化的良性互动是解决好农村就业问题的必要途径（丁守海，2014）。因此，在探讨城镇化与就业结构非农化间基本关系的过程中，分析其地域差异性特征及其成因是揭示中国城镇化基本规律的一个有效途径（樊杰和田明，2003）。

4. 城镇化对农业可持续发展的影响

城镇化对农业可持续发展的影响主要体现在耕地、农村劳动力、农业结构、农业经营规模等方面。关于城镇化对耕地的影响，学界存在两种认识：其中主流观点认为城镇化是我国耕地减少的主因之一（封志明和李香莲，2000）；另一种观点主张城镇化有利于提高土地利用集约度，相对农村住宅减少用地而言，城镇化可以缓解耕地减少速度。不同城镇化发展模式对耕地的影响各异，快速城镇化中“三留人口”难以支撑现代农业发展（刘彦随，2013b）。

城镇化对农业可持续发展的影响有两面性。农业是自然再生产与经济再生产过程的统一，快速工业化、城镇化、信息化进程影响着中国农业生产结构、地域功能、格局动态和发展趋向（刘彦随，2018）。城镇化主要通过转移农村剩余劳动力、农业适度规模经营、调整和优化农业结构和促进农民增收对农业发展产生积极影响。与此同时，城镇化的快速发展会造成耕地减少、农业比较效益降低及城市污染向农村蔓延和转移，从而给农业发展带来负面影响。农业发展的社会经济条件地域差异显著，农业地域类型的形成与演变受自然资源禀赋、人口变化、经济增长、技术革新和政策体制等因素的综合影响，但各时期的主导驱动机制有所差别。研究表明：县域城镇化有助于农业发展，而“候鸟”型农村劳动力向大中城市的转移，不可避免会出现土地撂荒和粗放耕作，不利于农业发展（蔡昉，2008）。

推进工业化、城镇化和农业现代化同步发展是国家“十二五”期间的一项重要任务（陈锡文，2011）。城镇化对农业现代化发展的影响主要体现在三个方面：一是城镇化发展推动着农业现代化的发展水平，通过吸引农村剩余劳动力，提高了生产效率。二是城镇化发展促进了农业产业结构优化调整。城镇化进程中我国以“小农”为特征的粮食生产模式发生了深刻的变革，而粮食生产模式的转型是我国乡村转型发展进程中变化最为显著的部分。三是城镇化发展为农业现代化发展提供了技术和资金支撑。

5. 城镇化对我国粮食安全的影响

粮食安全是关系到我国国民经济发展、社会稳定和国家自立的全局性战略问题。2014 年中央一号文件强调，工业化、城镇化快速发展对同步推进农业现代化要求更为紧迫，保障粮食等重要农产品供给与资源环境承载力的矛盾日益尖锐。城镇化的发展会从粮食需求和粮食生产两个方面影响我国粮食安全（许高峰和王运博，2013）。近年来乡村的发展与整个经济发展形成了明显反差，在实现农业现代化，加快新型城镇化建设，确保粮食安全，构建现代农业产业体系、生产体系、经营体系和农业社会化服务体系等方面都面临诸多亟待解决的新问题（杨新荣等，2018）。人口持续增长会导致口粮及饲料用粮显著增加，导致粮食需求大幅提升，而城镇化的快速推进则主要通过改变居民消费结构影响粮食需求（许高峰和王运博，2013）。通常，城镇化的快速进程会导致城镇建成区扩展、非农建设用地增加、耕地和农业水资源被占用、粮食播种面积减少、农村劳动力数量减少和素质下降、农民种粮积极性下降，对粮食生产和粮食安全构成威胁（陈欣和吴佩林，2015）；城镇化与保障粮食安全是相得益彰的，如果农地政策调整得当，中国人不但能够养活自己，还能够为全世界的粮食安全做贡献，因此，耕地保护要以发挥耕地生产力比较优势为原则；农地政策的调整以农业规模化经营为目的（罗翔等，2016）。而县域尺度城镇化研究结果表明，县域城镇化对粮食安全具有显著的正向作用，中部、西部地区县域人口城镇化能够提高粮食安全水平，而东部地区的正向作用不明显（杨志海和王雅鹏，2012）。城镇化对我国粮食安全产生的不利影响，主要体现在粮食生产和粮食需求两个方面（许高峰和王运博，2013）。

其一，粮食生产方面。主要体现在耕地资源的减少和生产主体的缺失。快速城镇化占用大量优质耕地，直接导致耕地面积的减少和质量的下降，农地非农化、非粮化趋势正在加速和加剧，进而危及现代农业与粮食安全战略。此外，农村劳动力大量流入城市，造成农业生产主体结构性短缺；农村空心化导致农地撂荒、闲置现象日益凸显（冷智花和付畅俭，2014）。

其二，粮食需求方面。城镇化进程的加快带来了持续增长的人口和粮食需求，粮食生产地区的结构也受到影响。2005 年以来，我国从“南粮北调”转变为“北粮南运”，虽然在短期内为华东和华南沿海地区实现工业化腾出了发展空间，但从长远角度考虑，北方水资源短缺的现状将会限制未来粮食生产的发展空间（国家发改委产业经济研究所课题组等，2006）。

城镇化进程中，不断扩大的城乡收入差距日益成为吸纳农村劳动力大规模转移的主要动力，年均增长近 1300 万名农民工。随着人口老龄化和人口城镇化的推进，人口结构变迁均导致粮食价格上涨、进口依赖度增加及人均粮食占有量下降，在人口结构变迁的背景下，进一步消除劳动力在行业间流动的障碍是保障粮食安全的有效途径（涂涛涛等，2017）。与工业相比，农业的比较收益偏低，导致农民种粮意愿不足；我国中西部的一些水稻种植主产省（自治区、直辖市），“双季稻”变“单季稻”、农田季节性闲置或永久性种树，以及变相撂荒和农转林、农田设施养殖问题突出（冷智花和付畅俭，2014）。

6. 城镇化对农村基础设施的影响

农村基础设施是为农村经济、社会、文化发展及农民生活提供公共服务的各种要素的总和。近年来，新型城镇化的快速推进对增加经济收入、加快产业结构转型升级、减少贫困和缩小城乡差距做出了积极贡献（国务院发展研究中心和世界银行联合课题组，2014）。新型城镇化视阈下推进新农村建设的路径选择，应把新农村建设纳入新型城镇化总体布局，着力从建立以现代农业为主的产业体系、完善基础服务设施、提升基本公共服务、改善生态人居环境等四个方面系统推进（杨佩卿，2017）。农村基础设施的完善和建成为农民增收和实现农业现代化及农村可持续发展提供了物质基础（骆永民和樊丽明，2012）。坚持新型城镇化发展道路，着力实现农民工市民化，规范新型村镇化和美丽乡村建设的实施，重点完善农村基础设施，扶持农村产业发展，增强农村发展的内生动力。然而，近年来，虽然农村城镇化过程中对我国农村基础设施建设的投资略有增长,但与城市相比，农村基础设施依旧处于劣势。据统计，1981~2000 年我国农村基础设施投资占全社会总投资的比重基本恒定在 2%左右，2003 年农村基础设施投资的比重增加到 4.21%，随后略有下降，总体保持平稳状态。新增农村基础设施建设仍不能满足农村经济发展、农民增收和全面建成小康社会的需求（周君和周林，2014）。长期以来，由于农村基础设施投资具有潜在的高风险、农业自我积累能力弱、二元财政供给体制等原因，我国农村基础设施供给能力严重滞后于农业现代化、农村可持续发展的需求（周君和周林，2014）。

7. 城镇化对农村教育发展的影响

农村基础教育在城镇化进程中得到了不断的改善和发展，但同时农村教育也出现了一些新问题。我国城镇化大概经历了土地城镇化、劳动力城镇化和家庭城镇化几个阶段；受城市拉力和乡村推力双重作用的影响，农村教育城镇化已是大势所趋。随着城镇化进程的加快，农村人口不断向城镇集聚，学龄人口和优质教育资源不断向城镇集中，城镇化给农村教育带来办学效率、教育公平和教育质量等方面的困境（虞小强等，2011）。一方面，随农民工父母进城的适龄儿童及被城市优质教育资源吸引的部分家境较好的农村学生，给城镇学校容量带来了较大压力；另一方面，由于农村子女随亲进城，农村大量校舍被空置，教学资源浪费严重。同时城镇的引力造成了农村地区生源和师资的大量流失，加剧了农村教育衰落。在城镇化背景下，农村教育的发展呈现出三种较为典型的发展路径：一是利用城市优质教育资源带动农村教育发展的以城带乡之路；二是结合本土资源，开门办学，走特色化发展之路；三是撤并乡村学校，扩大城镇教育资源的乡村教育直接进城之路（刘秀峰，2016）。农村教育仍然是我国基础教育的大头，教育城镇化增速放缓，农村教育始终不可或缺（秦玉友和曾文婧，2018）。总体而言，当前城镇化进程中，农村基础教育的发展存在政府投资不足、城乡教育差距扩大、基础教育功利化倾向突出、初中后教育资源短缺、辍学现象严重、师资问题突出、留守儿童教育质量下降等诸多突出问题。新型城镇化背景下，农村义务教育转型需要主动结合城镇化进程进行通盘考虑，以人为本的新型城镇化是指导农村义务教育转型的出发点（李潮海和于月萍，2017）。

8. 城镇化对资源消费与碳排放的影响

作为未来中国经济发展的引擎之一，城镇化过程涉及农村人口向城市转移，随之而来的经济转型和产业结构升级，必然会带来城市基础设施建设的大规模投资，进而导致大量能源消费，排放更多的污染物，给资源、环境和生态带来巨大压力。随着城市化进程的推进、人民生活水平的提高和城市基础设施投资的增加，导致能源消费及钢铁、水泥、玻璃等高碳排放产品消耗的迅速增加。目前，城镇化影响能源消费和碳排放主要有两种观点：一种观点是城镇化过程中更多基础设施的建设及建筑和交通工具的使用增加能源消费，从而导致碳排放增加（Poumanyvong and Kaneko，2010）。另一种观点则主张城镇化产生集聚效应提高能源利用效率，减少能源消费和碳排放（Chen et al.，2008）。普遍认为城镇化的推进对能源消费和碳排放有正向影响（Poumanyvong and Kaneko，2010；O' Neill et al.，2012）。

我国正处于快速工业化、城镇化进程之中，以重化工产业为主导的工业化进程不可避免会消耗大量的能源和资源，表现出前所未有的资源与环境压力。城镇化对我国能源消费的净效应表现为正。对能源消费或居民生活能源消费的影响以中部地区最大（樊静丽等，2015）。城镇化进程中城镇居民收入、人口结构、人口密度和人力资本等因素的变化，使得城镇化并非表现为线性发展规律，最终导致用水量呈现阶段性增长特征（秦腾等，2017）。面对经济增长、城镇化发展和碳排放增加的困境，我国需在城市化进程中控制碳排放增量，在保证 GDP 增长的前提下，控制城市化速度、发展低碳经济、降低能源强度和改善能源结构以实现能源-环境-经济的协调发展（Bai et al.，2012）。

城镇化进程的快速推进对生活能源和二氧化碳排放均会产生不同程度的影响。研究表明：城镇化过程中人口结构变化和居民消费水平提高亦导致了碳排放的增加（Zhu and Peng，2012）。生活碳排放与城镇化间存在门槛效应，当居民收入小于门槛值时，城镇化增加生活碳排放，反之亦然；中国的城镇化进程对碳排放存在正向影响，但是城镇化会通过人力资本积累和清洁生产技术推广来抑制这种不利影响（张腾飞等，2016）。我国生活碳排放与人均收入存在“U”形非线性关系；城镇化发展对生活碳排放的影响具有显著地域差异。老龄化及家庭规模在城镇化过程中对家庭生活基本能耗和碳排放的影响有不同的作用。消费水平、经济水平、消费结构、城乡消费比重等因素对我国城镇居民人均生活碳排放的影响均大于对农村居民人均生活碳排放的影响（曲建升等，2014）。此外，城镇化整体降低了我国农业碳排放，其对农业碳排放的影响由西部到东部地区逐渐减弱（武春桃，2015）。

9. 城镇化助推农业农村发展的模式与机制

学界对城镇化助推农业农村发展的模式与机制开展了许多有益的探索。张富刚和刘彦随（2008）基于农村发展的动力将农村发展模式分为工业化、城市化外援驱动主导型模式和农村自我发展主导型模式。房艳刚和刘继生（2015）基于多功能农业和多功能乡村理论，认为新时期我国农业农村发展目标是包括粮食与食品安全、保护生态环境、保障社会公平、提供发展空间在内的多元目标，并提出了中国农业农村发展的区域差异化路径。冯巍仑等（2018）以河南省获嘉县楼村为例，通过构建平原农区农村发展评价指标体系，简述了研究区农村建设转型的发展历程，探讨了新型农村建设的内生性和外源性机理。刘自强等（2008）在分析我国乡村地域系统功能多元化及城镇化过程中乡村地域系统职能失调和空间发展失序等问题的基础上，提出城郊型、农产品基地型、特色产业型、生态保育型和文化价值型五种职能明晰的新农村建设模式。李博和左停（2016）对京津冀区域 A 镇城镇化建设的分析表明，将农业与农村融入城镇化的过程中有助于探索形成包容性的城镇化路径。此外，城镇化还可以通过工程技术推进农业农村发展，包括土地整治技术、环境治理技术、信息化技术等。例如，土地整治技术已经空心化村庄整治与新农村建设、黄土高原沟壑区治沟造地、毛乌素沙地砒砂岩与沙复配成土等方面取得了显著成效，为改善当地的人地关系，促进生态、生活、生产发展做出了突出贡献（龙花楼等，2014）。

总体而言，我国农业农村发展的模式梳理可分为基于动力要素的发展模式和基于组织管理的发展模式两大类。基于动力要素的发展模式侧重于推动农村发展的动力要素（如产业发展、城镇建设、劳务输出等），这类农村发展模式主要有工业企业带动型、城镇建设带动型、劳务输出带动型、特色产业发展型、生态旅游发展型等。基于组织管理的发展模式侧重于整合农村土地、产业等要素的管理方式创新方面，如新苏南模式、南街村模式和郑各庄模式、培田模式（王松良，2012）等。在驱动机制方面，基于动力要素的发展模式主要通过产业发展、城镇建设等动力要素吸引资金向农村汇集，改善农村生产和生活条件，促进农民增收，如生态旅游发展模式。基于组织管理的发展模式主要通过对土地、产业、资金等发展要素的重新组合形成乡村发展的集聚、规模效应，如新苏南模式、平原农区新型社区化模式等（刘彦随等，2014）。

关于城镇化进程中如何有效推进农业农村发展的对策建议。根治当前我国日趋严峻的“乡村病”，重点在于破除城乡二元结构，逐渐构建城乡一体的土地制度、社会保障制度、财税制度及其相关政策体系，着力完善区域政策、城乡规划、转移支付和价格政策（李冰，2013）。专家学者通过分析制约农村发展的因素和作用机制，提出了推进农业农村发展的建议与对策：①推进农村综合改革，破除农村发展壁垒，创新土地经营机制，提高土地利用效率。②扶持新型农业经营主体，发挥其在带动农村发展中的作用，推进农业现代化发展（刘彦随等，2014）。③完善农村社会保障机制，促进城乡要素平等交换和公共服务均等化。④着眼于城乡融合、一体化发展，推进农业农村现代化和乡村极化发展战略（刘彦随，2018）。

2.3　国内外城乡发展的实践启示

2.3.1　各国或地区农业农村发展的实践经验

不同国家或地区农村发展的实践经验，可为研究解决我国农村发展面临的诸多问题、创新农村发展理论提供良好借鉴。

1. 美国

作为工业化发展较早的国家之一，美国在解决城乡发展问题方面有较好的实践经验。首先，始终将农业农村发展置于重要地位，发展和完善相关的制度政策，支撑农业的良好发展；其次，十分重视农村的基础设施建设和公共服务业，加大对农村基础设施建设的投资，为农村经济发展奠定了坚实的基础，此外，注重农民素质的提升，通过多样化的职业教育，培养适应现代化农业生产的高素质农民。2010年，美国环保署、国际城市管理协会（International City Management Association，ICMA）共同发布了《关于乡村地区实行精明增长战略的报告》，提出了如何通过精明增长的方式发展乡村，以及不同类型的乡村社区如何实现精明增长，指出支持乡村景观维护、保护公共设施投资、构建活力社区吸引年轻人是实现乡村精明增长的重要手段。

2. 英国

英国是世界上较早推进城镇化的国家，其城镇化模式具有一定的典型性。一是乡村工业与小城镇协调发展。英国的城镇化起源于乡村工业的发展，乡村农闲时从事工业的人口增多，推动了乡村农业和工业的分化，工业与人口逐渐集聚成工业村。随着时间的推移，部分工业村演变成了城镇。二是注重通过行政手段和法律制度规范城镇化发展。二战以后，随着工业化和城市化进程的加快，乡村人口不断减少，为了振兴乡村，政府开展了大规模的“发展规划”，出台多种措施以建设中心村，促使乡村地区的资源集中发展。目前，英国已形成由中央、区域和地方政府组成的三级城市规划管理体系，对城镇化建设起到了很好的指导和规范作用（周彦珍和李杨，2013）。

3. 韩国

20 世纪 70 年代初，为了解决工农业失调带来的一系列社会问题，韩国政府发起了“新村运动”，其目的在于振奋国民精神，改善农村生存环境，重视培养社区居民依靠自己的力量从事开发活动的能力（表 2.5）。

表 2.5　韩国新农村发展阶段特点描述

发展阶段	目标	具体措施
基础建设阶段（20 世纪 70 年代初期）	以思想启蒙为先导，培养内生动力	政府为调动农民积极性，成立新村培训院，官民结合，培养新村领袖，强调精神培养
扩散阶段（20 世纪 70 年代中期）	改善农民基础生活条件	多渠道筹资，修建村民会馆，改善农村住房条件，加强基础设施建设和兴办农村文化事业，缩小城乡差距
充实提高阶段（20 世纪 70 年代末期）	促进农村经济发展	组织农民发展畜牧业、种植经济作物，建立新农村工厂，开展灵活多样的职业技术培训，大力开展农业机械化
国民自发运动阶段（20 世纪 80 年代）	增加农村社区收入	重视农村社区建设，调整农业结构，大力发展农村金融业，继续提高农民收入
自我发展阶段（20 世纪 80 年代至今）	强调国民伦理道德建设、共同体意识教育和民主与法制教育	倡导全体公民自觉抵制各种社会不良现象，开展各种伦理道德和法制教育活动

具体操作方式为：一是政府主导。在整个运动过程中，从目标的确立、政策制度的推进到资金的筹措安排，政府的宏观调控都在发挥着主导作用。二是村民自治。通过村民大会进行集体决策，由村民大会选举产生新村领袖，调动新村运动骨干的积极性。三是分类激励。根据各村农民出资情况、农业生产力、相互配合能力等的差异，将国内乡村划分为三种类型，包括基础村、自助村和自强村，各类型村的新村运动侧重点不同，不同发展阶段下对应不同的农村发展目标，采取差异性的政策手段。总体来看，通过将自上而下的政策支撑与自下而上的农民互动结合，韩国的新村运动成了全民参与的民间社会运动，达到了全面激发的目的（杨贤智等，2006）。

4. 日本

日本的农村建设经历了漫长的探索历程（表 2.6）。从日本的农村发展建设经验看，其农村现代化有两个显著特点。一是注重城乡一体化发展。城市和乡村作为整体，由政府统一管理。随着乡村基础设施的完备，城乡已经成为混居化社区。二是农村劳动力转移加快，农民收入迅速提高。政府通过财政补贴和工业反哺农业，促进农业现代化（张利庠和缪向华，2006）。

表 2.6　日本新农村发展阶段特点描述

发展阶段	目标	具体措施
传统小农经济发展阶段（1946~1960 年）	实现耕者有其田，巩固和维持小规模农户经营组织形式	1946 年颁布《自耕农创设特别措施法方案》和《农地调整法修改方案》，政府从地主手中收买土地，低价卖给农民，在财政、金融和价格方面支持与保护自耕农的小规模经营。制订并实施一系列国土综合开发计划，对农村发展给予宏观指导
以农业现代化带动农村发展阶段（1961~1999 年）	解决农村劳动力大量外流，缩小工农和城乡差距	20 世纪 60 年代开始推行工业化政策，对工业重新布局，将大城市的一些工业向农村小城镇扩散，促进农业现代化（张利庠和缪向华，2006）
农村与农业并行发展阶段（2000 年至今）	关注农村建设问题，振兴农村，实现农业和村民的同步发展	制定《山区振兴法》《景观法》等配套法律，明确振兴农村的目标，加大对农村基础设施的投入。通过财政补贴和工业反哺农业，促进农业现代化。注重提高劳动者素质，鼓励发展非农产业，吸引城市工商业向农村延伸。改革农协组织，提高管理效率，增强服务功能

5. 欧盟

为了应对来自美国等其他地区的优质廉价农产品的国际竞争压力，1962 年欧洲共同体建立了共同农业政策（国家发改委产业经济研究所课题组等，2006）。这是欧盟实施的第一项共同政策，开启了欧盟农村建设的篇章（王雅梅，2009）。20 世纪 90 年代后，随着农产品供求形势的变化，过高的农产品补贴带来的财政压力和产品过剩问题日趋严峻，欧盟对共同农业政策实行了系列重大改革（表 2.7）。这些改革一方面转变了对农业的价格支持方式，使农业政策更加市场化，另一方面确立了农村发展的重要地位，实现农业和农村全面协调可持续的发展成为欧盟农业政策的核心目标（王雅梅，2009）。

表 2.7　欧盟新农村发展阶段特点描述

发展阶段	目标	具体措施
以农业生产为中心阶段（1962~1991 年）	调整农业结构，鼓励农业生产，保障共同体粮食安全	建立共同农业政策，采取价格支持手段限制外部廉价农产品进口，实施落后地区发展补贴
向关注农村发展过渡阶段（1992~1999 年）	减轻高额补贴带来的财政负担，保护生态环境和粮食安全	改革共同农业政策，降低价格支持水平，把过去以价格支持为基础的机制过渡到以价格和直接补贴为主，完善农业结构调整政策

续表

发展阶段	目标	具体措施
农村与农业共同发展阶段（2000~2009 年）	注重农业在农村发展中的多功能性，强调保护生态环境，促进农村、农业全面协调可持续发展	1999 年通过《欧盟 2000 年议程》，提出将农村发展作为共同农业政策的第二支柱，支持农业多功能发展。将农业补贴与环境保护、食品安全挂钩，不再按产量分配农户的补贴数额（王雅梅，2009）
知识嵌入性乡村精明增长阶段（2010 年至今）	将精明增长作为一个知识背景，加大对乡村地区创新、教育、研究等方面的政策支持	2010 年，欧盟在“欧洲 2020 战略”中采用了“精明”的发展概念，指出欧洲地区的乡村具有嵌入性、关联性、连通性，即一个地区应有明确的发展部门和技术，并形成自身的竞争优势，配套相应的地方政策来实现乡村的精明增长。强调在全球化的背景下，既要借助于全球化所带来的知识共享优势，又要注重自身独特的发展特色来实现知识嵌入性、连通性精明增长

6. 国内外农业农村发展的经验借鉴

纵观各国或地区的农业农村发展模式，可以发现即使国情不一，各国在农业农村发展的经验也有许多共同之处，对我国推进新农村建设、城乡统筹发展和乡村振兴有重要参考价值。第一，完善的政策制度体系是农业农村良好发展的保障。根据国外农村发展的经验，城乡协调发展是一个国家工业化和现代化的重要内容，必须在科学发展观的指导下，科学定位规划，厘清发展思路，完善政策体系，保障农村的全面发展。第二，明确政府的主导地位，加强资金引导。在解决农村发展不平衡问题上，政府在政策制定、组织实施、资金筹措、人员调配等方面发挥着主导作用，因此，必须坚持党和政府的主体地位，深化改革。统筹城乡发展关键要发挥好政府“四两拨千斤”的引领作用，积极引导城市企业资本、人力资源、社会资金“下乡”，培育农业农村发展的内生机制和持久动力。第三，因地制宜，区别对待。各个国家在农村建设过程中，都必须尊重本国的实际，我国幅员辽阔，各地区资源环境分异明显，经济发展水平不一，村镇建设将会出现多种模式。应该根据各地实际情况，形成各具特色的发展道路。第四，尊重民意，注重发挥社会力量的作用。农民是农村行为的主体，必须注重尊重农民意愿，维护农民利益，激发广大农民的内生动力，加强职业技术培训，提升劳动力素质，转变发展观念。此外，充分调动地方及民间力量参与，共同促进落后地区和农村发展，是各国常用的办法。

2.3.2　城乡协调发展的典型案例

1. 德国巴伐利亚州：城乡等值化

德国的巴伐利亚州在城乡等值化方面为我国的城乡统筹发展提供了借鉴。

该区域不仅有高度发达的制造业和服务业，而且拥有现代化的农业和繁荣发展的农村。纵观巴伐利亚州关于城乡协调发展的路径，主要是围绕“城乡等值化”的战略目标，通过城乡空间规划体系设计、基础设施建设、财政转移支付、产业结构调整、土地综合整治等措施来实现。20 世纪 60 年代，该州出台了《城乡空间发展规划》，旨在使城乡居民具有同等的生活条件。不仅保持大城市的经济实力，而且在农村地区建造小城镇中心，实现城乡公共服务设施的均衡配置。同时，加快基础设施建设，使道路交通网络覆盖各个城镇，从而实现了城乡交通通勤的均等化。该区域还针对欠发达地区实施了交互地方税制度，用财政转移支付的方式缩小地区间的人均财政支付能力。在产业结构调整方面，政府通过土地及税收优惠措施，鼓励企业和高校搬迁到乡村地区，这大大增强了乡村地区的经济和文化活力。此外，通过村庄土地整治，包括农地合并、农业生产设施改善、土地开发复垦和居民点建设等，盘活了土地资本，拉动了乡村投资和消费，促进了农村地区的经济发展。更重要的是，通过鼓励民众参与，增强了其公共责任意识，越来越多的年轻人也回到乡村。因此，巴伐利亚州在城乡等值化方面的经验，对我国城乡统筹的发展具有借鉴意义。

2. 巴西里贝朗普雷图市：农业现代化

里贝朗普雷图市是巴西农牧业的主产地，拥有世界最大的乙醚和糖的生产基地、拉丁美洲最大的灌溉农业生产区和花卉生产区。该市以农业为主导产业，食品和医药加工业及机械修理业是仅存的工业形式。2004 年，全市人口 50 万人，农业生产的基本形式是农场，大多数为 500 公顷左右的家庭小农场，机械化耕作率达到 100%。种植业中，甘蔗占全市种植面积的 70%，主要用于生产汽车替代燃料——乙醇。通过农业的发展，2004 年该市人均纯收入达到 4000 美元，在巴西位居前列。

该市现代化农业的发展，除了与当地气候温和、雨量充沛、土地平坦的自然地理条件有关，更离不开政府为推动农业发展的一系列举措。整个市政府机构为农业发展提供服务，具体包括：在贷款方面，提供优惠贷款服务，包括一定额度的法定农业专项低息利率贷款和低于一般商业贷款利率的农业一般贷款；在农机服务方面，市政府每年举办世界最大规模的农机展销会，包括农业生产需要的所有机械，价格低且品种齐全；在便农服务方面，农机商店和修配厂遍布全市，甚至可以送机械和技术上门；在科技支农方面，农牧业研究公司直属于市政府，负责农作物新品种的研制和开发，还有配套的农牧业技术推广公司负责向农民推广新的耕作技术和新种子等；在农业培训服务方面，该市有四所农业技术学校，为青年农民培训农业知识和技术。在政府的农业配套服务下，里贝朗普雷图市的农业和农产品加工业得到了快速发展，农业形成规模化，农民收入也得到了稳步提升，城市成为支撑农业的服务中心，实现了城乡统筹发展。

3. 日本北海道：城镇化背景下的农业发展

北海道位于日本最北端，是日本第二大岛屿，面积占日本国土总面积的 22%，耕地面积占日本总耕地面积的 25%，气候寒冷，人口稀疏，北海道人口仅占日本总人口的 5%。目前，北海道是日本最大的农作物种植基地，粮食自给率居日本第一，多种农作物和畜牧产品也居日本全国之首，包括小麦、荞麦、马铃薯、四季豆、玉米、甜菜、芦笋、牛奶、牛肉等，该地区农户平均收入达到其他地区的 5 倍。事实上，在二战以后，随着北海道城镇化的进程，耕地面积和农业劳动力双重减少，曾经制约了区域农业的发展。但是，政府、农协、农户克服了种种障碍，共同促进了该区域农业的持续快速发展。首先，政府制定了《农业、农村振兴条例》，提出多样化农业的发展方向，并在农业出口、技术支撑和农业改良等方面提供支持。为适应日本国内对安全、优质农产品的需求，政府又出台了关于粮食的安全、安心条例，大力减少农药和化肥的使用，推广无害、安全的粮食生产和蔬菜栽培技术。其次，组建了农协组织，致力于农民生产、生活条件的改善和社会地位的提高，为农民提供非常全面的农业服务，包括市场交易、购销、信用服务和金融贷款等，该组织由农户出资设立，农户参与率达到 99%以上。最后，针对农村青壮年劳动力流失的问题，建立起一套面向大众的现代农业接班人培养体系，重点向青年务农人员提供专业的务农培训、生产技能和资金支持服务，从而为农业持续发展培养人才。这些措施对于我国目前城镇化快速发展和农业现代化具有一定的启发意义。

4. 法国：领土整治和一体化农业综合发展

法国同中国很相似，是传统的农业大国。二战之后，法国百废待兴，其城市化进程也由此开始，与之相伴随的是大量农民持续外迁，农村空心化、人口老龄化、城乡人口失衡的问题越来越严峻，乡村危机显现。自此，法国不得不通过各种政策干预来寻求新的乡村可持续发展之路，也因此使其乡村逐步摆脱了困境，走向了复兴。

1955 年，为缩小日益扩大的东西部贫富经济差距，法国正式实施以“均衡化”为目标的领土整治运动，经济欠发达地区的乡村发展，国家会通过法律法规的方式实现农村社会资源的优化配置，包括山地、河流和海岸的治理及生态环境的保护等。在领土整治过程中，中央政府高度重视，根据不同发展阶段，分别在 20 世纪 50~90 年代采取了产业均衡、城市均衡、城乡均衡和振兴老工业基地、分权改革、人与自然均衡策略，实现了渐进式的综合开发。

随着农业机械化程度和农业生产专业化程度的不断提高，法国的农业发展呈现出中小农场和家庭劳动居主导地位、土地租赁经营方式开始占优势地位和农业商品率不断提高的特点。在“一体化农业”中，与农业相关的其他部门和机构在资金与技术指导方面带动农业建设、支持和反哺农业。例如，法国农会为农场提供包括规划区域、明确定位、设计研发、发展策略、促销策略等一条龙服务，通过农会的打包宣传，化解了个体农场的策划运营难题。

5. 中国台湾：农业综合发展

我国台湾与大陆的农村发展面临着诸多相似的问题，如工业化、城市化快速发展和工商业资本快速积累，促使农业人口对城市不断加压，以及农业自身的萎缩、农村社会文化倒退等。总结分析我国台湾地区解决农村发展问题的宝贵经验（表 2.8），对指导当前大陆地区农村发展问题具有重大的意义。

表 2.8　台湾农业发展的阶段性特征及相关措施

发展阶段	特征	具体措施
恢复阶段（1945~1952 年）	主要提供大量农业初级产品，形成以稻米和甘蔗为主的单一农业生产形态	实施土地改革，进行“三七五减租”，1948 年全面推行“公地放领”政策
快速发展阶段（1953~1968 年）	主要向工业提供廉价劳动力与原料，属于“以农养工”阶段	开发农业资源，增加农业生产，拓展农产品外销，采取“肥料换谷”“田赋征实”“随赋收购”等措施，支持非农业部门的发展
停滞阶段（1969~1973 年）	工商业建设快速发展，农村劳动力流失严重	
“以工促农”阶段（1973 年至 20 世纪 90 年代中后期）	从过去注重农业生产与提高粮食自给水平转为“三农”生活的全面发展，农业进入转型期	实施“加快农村建设重要措施”，1980 年修正公布“农业发展条例”；1982 年公布“提供农民所得，加强农村建设方案”；1984 年制订“加速基层建设，增进农民福利方案”；1985 年提出“加速农业升级重要措施，改善农业结构，提高农民所得方案”；1990 年提出“农业零成长”口号，制订“农业综合调整方案”，将农业从量的发展转向质的提高
高水平发展阶段（20 世纪 90 年代中后期至 21 世纪初）	农业产值在地区生产总值中比重较小，结构优化。农村人口比重下降，农民生活水平大幅改善，进入维持发展阶段，城乡差别不大	实施“跨世纪农业建设方案”和“迈进二十一世纪农业新方案”，建立安全而均衡的粮食生产制度，发展政策导向的产业科技，持续的农业经营，增强农民信心，兼顾人文和自然；直接给付支持农业，健全农产品运销机制，生产特色农产品，多结构共同发展，加强农业资源保护，加强专业社区、基础设施、文化医疗等农村建设，构建农民社会安全体系，培育农业人口与再造农民组织，创新农业科技等
农村振兴阶段（2010 年至今）	昔日老旧社区实现华丽转身，毁坏的山林池塘得以恢复，流失的传统技艺得以传承，凋敝的农村社区得以兴旺，出去的青年农民得以回归	2010 年 7 月台湾地区立法机构通过“农村再生条例”，以“条例”的形式有序推动农村再生建设。“农村再生条例”以农村小区为中心，相关机构引导和农民自主参与相结合，以人力培育为主题，在农村文化传承、保护自然生态、农村简陋环境改善、发展农业生产等方面给予支持

6. 中国成都“五朵金花”：城乡统筹发展

锦江区是成都市 11 个市辖区之一，锦江区的农村地处城市通风口绿地，按规划不能用作建设用地，其土质呈酸性，农业和工业发展受到限制。为防止“城中村”现象出现，从根本上解决城乡二元结构问题，锦江区利用三圣乡花卉种植的优势和地处通风口与背靠大城市的优势，因地制宜，打造了花香农居、幸福梅林、江家菜地、东篱菊园、荷塘月色“五朵金花”，探索出来一条农民就地转市民、城乡一体化的路子。

在运作模式方面，锦江区根据城市建设标准，适度打造景观，采取“农户出资、政府补贴”的方式进行农房就地改造，建成了一幢幢风景楼。同时对开发土地进行集约化管理，盘活土地资源。通过品质打造品牌、文化提升产业、项目促发展和旅游致富等发展方式，锦江区对“五朵金花”进行文化润色、产业支撑，实现可持续发展。锦江区为保证农民离土不离乡，采用就地市民化的一系列措施，包括构建农村保障体系（全民医保）、城乡教育体系（义务教育阶段“一免两补”）、农民教育体系（劳动就业保障网络、小额贷款和创业平台）和农村发展体系（发展产业化）。

投融资方面，锦江区政府为发挥市场化配置资源的基础性作用，鼓励各类资本广泛参与，形成政府主导、社会参与、多元投入、市场运作的机制。最终，多渠道投入使得“五朵金花”每平方公里[①]仅投入 1500 万元就实现了景观化打造和城市化建设。

值得关注的是，“五朵金花”探索出了建设社会主义新农村的路子，打破了城乡二元结构。不同于传统的农业生产方式，“五朵金花”创新性地将文化产业与农业相结合，从而实现农业生产经营的规模化、产业化和工业化。锦江区因地制宜地以市场化配置资源，实现了农村就地变城市、农民就地变市民，探索出农民又一条现代化的途径。一方面，农村也有了类似城市就业、保障、救助、教育等政策和制度，使得农民失地的同时，利益、就业、权利得到一定的保障；另一方面，促进了城乡人口的相互渗透。城市的理念、文明传到农村，农民加速向市民转化。

7. 中国辽宁西柳镇：以镇域经济促城乡统筹

辽宁海城市西柳镇地处辽东半岛北端，位于辽宁沈阳经济区和沿海经济带的交会节点，是东北地区的商埠重镇。全镇行政区划面积 64.8 平方公里，辖 14 个行政村，2015 年常住人口 6.9 万人，日流动人口 8 万~10 万人。

1979 年，西柳镇东柳村农民丁岐山的第一条“商品裤子”使得“高产穷乡”的

---

① 1 公里=1 千米。

西柳镇发生了翻天覆地的变化（周一星和张军，1996）。敢为人先的西柳人开拓发展了闻名全国的西柳服装市场，改写了“西柳自古无集市”的历史。以服装市场为龙头，西柳镇社会经济迅猛发展。2015 年，全镇地区生产总值增至 56.9 亿元，年均增幅 15%；地区公共财政预算收入达到 1.7 亿元，年均增幅 70%；国地两税收入增至 2.4 亿元，年均增幅 28.7%；农民人均年纯收入达到 2.35 万元；城镇化率由 2013 年的 34.3%增至 2015 年的 55.4%，西柳镇成为国家级宜居小镇。

为加速推进海城西柳纺织服装产业转型升级和集群化发展，在辽宁省和鞍山市主要领导的高度重视下，海城市委、市政府按照行政区划向经济区划调整转变的工作思路，科学整合开发区、西柳、感王、中小等镇区产业资源，全新规划辽宁西柳服装城“一区三园”经济综合体项目。如今，“一区”中的西柳专业市场集中区的西区市场集群已建成，其 2015 年交易额实现 510 亿元人民币，日客流量 10 万人，产品以纺织服装类为主，东区市场产品品种以日用消费品为主。主要辐射东北三省、内蒙古及华北、西北、中原等部分省区市，并通过订单和边贸打入国际市场。镇区内 2015 年各种商业网点 600 多家，可供 1.5 万人住宿就餐，有医疗设备先进的医院及 50 余家诊所昼夜为患者服务，娱乐服务设施极为完备。一个设施配套、功能齐全、辐射力强的新型城镇已经形成。

西柳镇从农户家庭经营着手，以私有经济为主体，小城镇建设为纽带，以专业市场作为核心，以纺织、印染、服装加工作为实业依托，通过政府的管理并借助乡村社区自身的力量，达到了调整乡村产业结构、推动乡村经济和社会全面进步的目标。近年来，西柳镇获得了全国小城镇建设示范镇、全国文明村镇、国家卫生镇、全国宜居乡镇和国家美丽乡村等多项荣誉。

8. 中国浙江安吉县：乡村生态发展模式

安吉模式旨在探索内生型、新型的城乡协调发展模式，建立人与人、人与自然、经济发展与生态环境之间平衡共生的和谐社会，总体思路是以当地政府的支持为基础，配套必要的基础设施，通过“以惩代补”，引导当地社区生态可持续发展。安吉模式把发展生态作为核心，以县城中心为“门户”，以中心镇服务农村腹地为枢纽，以乡村旅游和绿色农业食品加工为经济主力，同时发展生态友好型的工业，在城市服务的理念下，打造一个从生产到市场再到消费的新型网络。一个可持续的生态发展城乡体系一定是交通便利的城乡体系。安吉的公交线路将县城中心区及各乡镇、村庄连接起来，大大缩短了县城中心区、乡镇及村庄的空间心理距离，同时也进一步促进了当地劳动力向第二产业、第三产业的转移。随着美丽乡村建设形成的乡村旅游，安吉县的乡村旅游在促进农村经济和生态发展的同时，也进一步加强了城市与农村的联系，政府对农村的补贴不仅有助于农村基础设施、公共设施的建立，也在一定程度上提高了农村各类型资本和经济的发展水平，同时也为农村内生型发展创造了空间。以空间、利益社区为基础的网络和社会潜能刚刚被释放,需要通过更加可持续的方式来发展经济和促进生产力的增长，以完成村庄社区的自我生存发展的目标，使得每个村都有自己独特的经济定位和品牌，从而形成百花齐放的态势。

9. 国内外城乡协调发展的经验借鉴

总结国内外城乡统筹发展的成功经验，立足当前快速城镇化背景，完成我国乡村发展研究与规划建设的初步探索，促进城乡互补与协调发展。

1）完善基础设施建设提高乡村空间质量，促进城乡基础设施一体化

基础设施从城市到农村的延伸，是在不改变乡村文化风情的前提下，提高乡村生活品质和质量。20 世纪六七十年代起，英国、法国、美国等西方发达国家便十分重视农村基础设施建设，为了满足农村居民的基本需求，提高其物质生活水平，开展了一系列改造升级水、电、通信等的工程性项目。在社会发展的过程中，良好的基础设施不可或缺，因此要加快农村基础设施建设，尽快补齐短板，从而消除城乡间基础设施差异。

2）加快产业调整优化，吸引生产要素向乡村流动

改变过去“以农补工”的做法，坚持“以城带农，以工带农，金融支农”。逐步调整工农关系和城乡关系，加强农村金融服务建设，推广农业科学技术，加强农业经营管理，有效转变农业发展方式。当下，我国的现代农业示范园、休闲农庄等越来越多，结合当地农村特色，吸引城市资金、技术和人才流向农村，提高农业现代化水平，打造城乡生产要素共生平台。

3）因地制宜开展适宜产业，综合带动城乡协调发展

因地制宜、实事求是，在判断区域发展阶段的基础上，充分依托自身优势资源和特色资源。对于工业化发展较快的城市，应重视劳动密集型制造业的发展，在城镇推动发展能吸纳普通劳动力、连接城乡的制造业和农产品加工业，在乡村鼓励发展现代农业、乡村旅游业、康养业等特色产业，促进农业三产融合发展。以传统农业为基础，通过农业休闲和高附加值农产品加工业，打造产业聚集、多方位发展的农村。在传统农业的产业链节点上融入文化、体验、加工制造等内容，形成现代新农业。创造条件让农民积极参与，使农民得到合理的回报，积极推动农业转移人口和能人回乡，吸引市民到农村中去，确保农业农村朝着生态环保的可持续方向发展。

2.4　新时期城镇化、农业农村发展的理论框架

2.4.1　多学科的系统思维

城乡发展研究正在逐渐成为跨地理学、人口学、经济学、社会学和资源环境等学科、前沿交叉的热点领域，目前，我国学者从多学科的视角解析中国城乡发展的过程及主要问题。

经济增长、结构转换是城乡发展的重要经济基础与社会背景。新古典经济学理论认为，完全市场竞争条件下的生产要素从低收益部门流向高收益部门，市场机制作用下实现资源的最优配置。城乡二元经济理论提出劳动力在比较工资收益差距下由乡村传统部门转向城市现代部门，以实现经济增长和经济结构一体化，反映了城乡要素流动和转换的系统过程。市场机制的建立和完善促使生产要素在城乡产业、城乡空间再配置，以工业化驱动的经济增长，明显依赖于廉价的农村劳动力。在经济新常态背景下，我国经济增长速度、经济结构及增长动力也在发生变化，适应新常态、发展新战略亟须调整产业结构、增长动力和社会制度（余斌和吴振宇，2014）。一方面，依靠能源、资源和土地空间的粗放发展模式难以为继，亟须提升创新与创业能力，增强新兴服务业、高新技术产业等对经济增长与就业的带动作用，提高国内市场消费、内需拉动能力；另一方面，中国经济进入刘易斯拐点期，劳动力的低成本红利逐渐消失，亟须改革户籍管理制度，推动社会保障、公共服务均衡配置，有效推进职业培训和高等教育发展。

经济增长在推动城乡发展的同时，其不平衡性也会拉大城乡发展差距。已有研究从增长方式、政府战略与制度视角，剖析了城乡差距的成因，尤其是鼓励资本密集型的重化工业优先发展战略，造成了城市部门就业需求相对下降，农村居民不能向城市有效转移，导致城乡收入差距扩大（陆铭和陈钊，2004）。随着市场经济体系的建立和完善，通过农业剩余来支持工业化、城镇发展的比重越来越低，通过新型农民工、乡村融资、村镇建设、土地整治与配置支持工业化、城镇化，将成为促进城乡协调发展的新要素、新动力（武力，2007）。

1. 基于人口分化的社会视角

农民主体分异、农村家庭分化，是乡村社会重构和治理体系重建的重要原因。随着农村人口向非农产业和城镇转移，乡村农户阶层分化加快。乡村地区人口流动、经济话语权提升、社会活动空间加大等对于村集体经济、邻里关系、乡风民

约、社会价值等形成了巨大冲击。农村青壮年劳动力的迁移进城，致使乡村地区生产生活主体趋于老弱化，进一步增大了乡村社会治理难度。适应新型城镇化发展，乡村地区亟须重视改革乡村民主、乡镇机构，统筹城乡治理体系及重构农村合作组织（温铁军和杨帅，2012）。

由于城乡发展一体化的长效机制尚未健全，我国乡村人口的双向流动与就业成为普遍的生计方式选择。但受城乡二元结构体制的约束，城乡户籍群体在劳动力市场会出现一定分异，在部门进入、职业获得和收入保障等方面存在明显差异（李骏和顾燕峰，2011）。城乡分割、土地分治、人地分离成为转移劳动力融入城市社会及城乡融合发展的主要阻力。农民工流动经历、身份认同、性别差异、社区管理等日益成为社会关注的焦点。随着新生代农民工成为城镇化人口转移主体，如何适应新型农民工市民化规律和需求，深化人口、土地、产业与社会保障综合改革，有效促进城乡社会结构变革，成为根本转变“城乡双漂”人口流动局面的重要途径（石智雷和杨云彦，2012）。

2. 基于区域差异的空间视角

地域是特定地理环境和人类活动交互作用的空间组织形态，地域系统演化与空间分异是地理学研究的核心问题之一。地理学研究城乡发展主要集中在乡村转型、城乡关联及其机制、城乡发展模式等方面。城镇和乡村之间具有多要素、多部门的内在关联性，以及土地利用配置的复杂性与冲突性，城乡要素、结构、功能及其空间形态随着快速城镇化与城乡经济社会发展发生了明显变化（李同升和库向阳，2000）。尤其是城乡要素转换促使城乡空间呈现“小集中、大分散”的空间格局，平原地区与山地丘陵地区的分异有所区别（刘彦随和杨忍，2015）。城镇化核心地区城乡协同转换效率与关联性强，而偏远乡村地区城乡地域相互联系较弱。在城乡土地产权制度差异及土地财政驱动影响下，土地城镇化与产业、人口城镇化之间尚未建立起良性互动关系，导致区域人-业-地要素协同的空间差异明显（曹广忠等，2011）。

面向新型城镇化发展战略，地理学者基于“过程-格局-机制-效应”的研究范式，针对不同乡村地区开展了大量实证研究，如农村空心化与空心村整治、新农村建设模式、农业与乡村发展综合研究等内容（刘彦随等，2011b）。当前中国乡村转型发展主要受到工业化、城镇化转型的影响，是乡村内部因素和外部驱动的综合反映，人口、土地、空间、粮食生产和文化传承等领域面临多种挑战，亟须乡村地区经济社会转型重构和城乡地域空间的优化重塑（张富刚和刘彦随，2008）。

3. 基于城乡发展的综合视角

城乡发展涉及人口、土地、产业、就业、文化、制度等多个方面，是城乡地域系统演化与经济社会发展变化的综合表征。要素边际收益最大化是驱动生产流动和空间集聚的基础，经济增长和城镇化加快了城乡人口流动，改变了传统乡村文化、聚落空间及土地利用方式。这些变化对城乡社会治理体系、土地资源持续利用模式提出了新挑战，中国基于城市和乡村划分形成的制度与政策设计难以适应城乡经济社会发展一体化的现实需求。同时，在自然地理环境、经济基础和制度政策存在显著差异的背景下，不同地区的城乡发展问题及其协调路径也互不相同。因此，推动城乡协调发展，应当重视揭示不同地区城乡转型机理，解析各子系统问题及传导机制，依据城乡经济社会变化态势，创新城乡发展转型战略、体制机制及治理体系。

2.4.2 研究的主导方向

长期以来，我国农业与农村发展研究围绕可持续发展主题展开。然而，随着工业化和城市化的快速推进，农村发展所面临的外部环境已发生了根本性转变。诚然，当前我国农村发展问题正逐步趋于多元化和复杂化，但从本质上来说，社会主义新农村建设仍是农村可持续发展体系的进一步演进和升华。借鉴农村可持续发展研究的理论和方法体系，结合新时期农村发展特点，寻求农村发展的模式与途径，将是今后农村发展相关研究的主导方向。

（1）在国家新农村建设战略的背景下，有关新农村的内涵、途径及其面临的问题等方面的研究较多，但更多是停留在国家政策解析和对策建议的层面上。当前，我国农村发展问题的复杂性和差异性特点，要求必须融合经济学、社会学、农学等多学科视角，发挥各自学科优势，相互弥补、相互补充。地理学具有的综合性、区域性的学科优势，可以成为新农村建设研究的重要力量。在人地关系地域系统的理论框架下科学定位农业与农村发展研究的创新方向；在面向国家和地方战略需要实践中，地理学要确立为解决“三农”问题服务的宗旨，依据中长期的发展定位把握短期性的农村问题，加强学科建设、专业机构和人才队伍建设，强化理论、方法与实践结合，为中国新农村建设发展的规划和决策提供持续的科技支撑与服务。

（2）结合新时代背景条件，明确研究任务与目标。我国农业和农村正处于转型发展阶段，主要表现为农民生活水平从“温饱”向“小康”转变、农业土地的经营方式从粗放向集约转变、农业和农村从被工业化“剥夺”向工业和城市“反哺”转变、从城乡差别相对固定向城乡壁垒逐步被冲破转变、从封闭的小农经济向世界经济一体化转变。同时，我国也正处于经济结构调整阵痛期，农村产业升级面临困境、农民收入持续增长难度加大、农业转型发展困难重重、农民就业压力日趋严重等一系列新的问题呈现在面前，既给我国农村发展提出了严峻的挑战，也为改革长期以来制约农村发展的各种根本制度和体制，进而创新农村发展路径提供了难得的机遇。因此，应该充分考虑城乡转型发展特征，结合全球经济危机的整体环境，明确农业与农村发展功能和定位，集成农业资源、生态、技术、经济和政策等多元化问题，重点关注农业经济、村镇发展，推进农业与农村发展功能区划分，以及区域战略规划等综合性研究，聚焦农村保障体系、农村户籍、土地产权、农民增收、农村生态等核心议题。

（3）重视农村发展系统性和前瞻性领域研究，面向国家中长期农业与农村发展的重大战略需求。2008 年 9 月之后全球性金融危机的爆发，深刻地影响着中国实体经济的发展，极大地改变了农村发展的外部环境；中国政府推行“扩内需、保增长”政策，新农村建设成为最大的内需。着眼于区域地带性规律和不同空间尺度［全球、全国、省（自治区、直辖市）、市（县）、乡（镇）、乡村］差异性，透过现象剖析深层次问题，重点探索区域农村发展分异格局与规律、农村优势资源及优化利用、乡村发展战略与规划、城乡转型过程及效应，创新农村发展的长效机制，因此，以典型区域研究和典型示范区建设为切入点，及时发现新问题、创新路径，逐步推广应用，带动面上发展，成为现阶段中国人文地理学特别是乡村地理学创新研究的重要命题和任务。

（4）拓展农村发展的基础理论，创新农村发展研究的方法论体系。长期以来，人们侧重城市问题研究，而忽视农村问题研究，由此导致农村发展的理论创新步伐十分缓慢。一些原有的理论知识已经不能完全满足指导新时期农村发展的现实需要，亟须创新农村发展理论。例如，转型期农村发展的演化形态类型及其特征、农村空心化及空间重构、农村发展内在机理与动力机制等。此外，农村发展研究的方法论体系也有待进一步完善，创新应用各种遥感与地理信息系统（geographic information system，GIS）科技手段、专家决策和数学模型方法等定性与定量方法，拓宽农村发展研究方法论，并进行科学集成和应用，成为今后农业与乡村地理学理论发展的一个重要方向。

2.4.3　构建城镇化对农业农村发展影响的理论框架

城镇化是人口、经济与产业、土地与景观、社会与生活方式的“城市性”日益增强的过程，该过程中，对农业生产的影响，一方面体现为对农业部门的投入、产出、效率与粮食安全的影响，另一方面体现为农户的农业生产积极性、种粮积极性等意愿的变化；对农村发展的影响，主要涉及对资本积累、资源开发、技术进步、经济增长、社会发展、生态环境的正向和负向影响；城乡一体化是城镇化和新农村建设的主导目标，城镇化对农业农村发展的影响会促进或制约城乡一体化进程，具体反映在城乡设施差距、收入差距、消费差距、福利差距和保障差距等方面。为综合审视城镇化对农业农村发展的影响，还应检验城镇化进程对农业农村的多功能转型、现代化转型和可持续转型的影响。具体分析框架如图 2.1 所示。

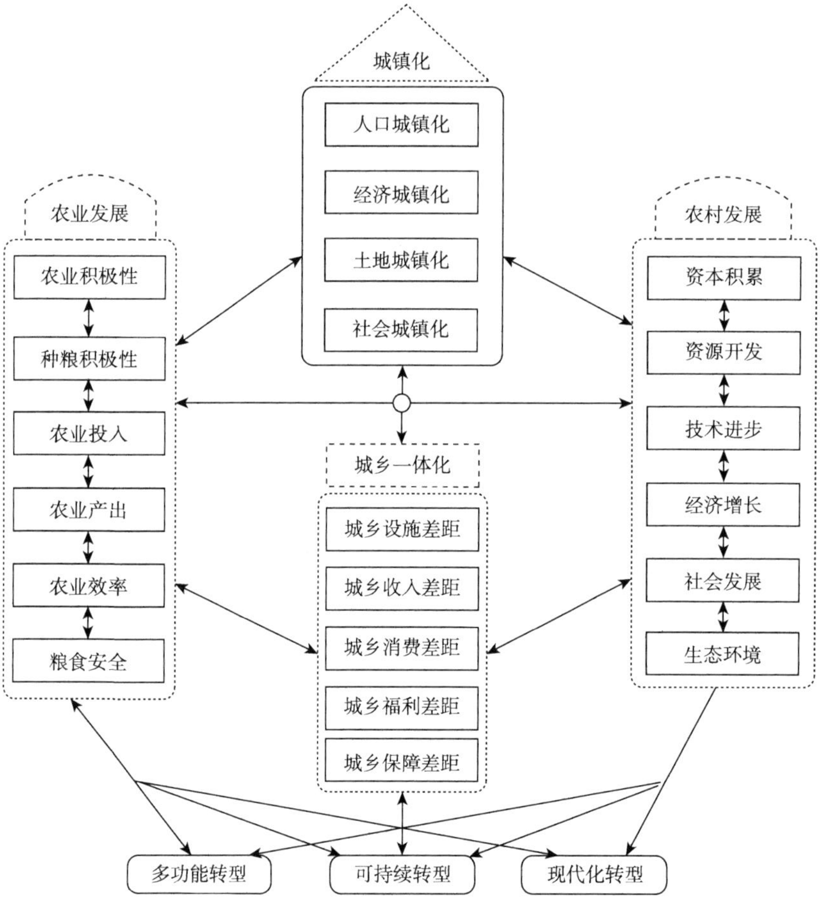

图 2.1　城镇化对农业农村发展影响的分析框架

我国幅员辽阔，受自然地理条件、社会经济基础、历史文化特质等因素的作用，城镇化对农业农村发展的影响的复杂性、强弱度、稳定性和风险性等方面均存在明显的差异性，因此需要注重对不同类型区域问题的深度剖析。特别是要基于理论解析和模型定量分析结果，深入研究和提出不同区域、不同阶段以城镇化助推农业农村发展的障碍因素、薄弱环节，梳理提炼不同区域、不同阶段城镇化对农业农村发展的驱动力和制动力，提出新型城镇化与农业农村现代化的融合发展机制及其科学途径。因此，本书侧重乡村地域系统的诊断与分析，基于不同学科的视角，以格局、过程、机理、效应为逻辑主线，系统揭示城镇化过程、农业农村发展的时空格局、演化特征及动力机制，诊断分析不同时期城镇化、农业农村发展的主要问题及其产生机理和根源，为形成中国新型城乡关系和城乡融合发展新认知、加快创建城乡转型与乡村振兴新模式提供基础理论与方法论支撑。

第 3 章　农业农村发展的时空演化与问题诊断

3.1　中华人民共和国成立以来农业农村发展政策的演进特征

3.1.1　农业农村发展的阶段

中华人民共和国成立以来，农村经历了土地改革恢复发展期、社会主义改造期和人民公社化低速增长期、农村体制改革波动增长期、新农村建设快速增长期等不同发展阶段。中国政府在实践中探索出了一条具有中国特色的农村改革和发展之路（刘彦随，2011b）。随着家庭联产承包责任制、农产品流通体制、乡镇企业产权制度、农村税费制度、统筹城乡发展战略等的改革和实施，中国农村经济基础、政策制度、功能关系等发生了重大变化（宋洪远等，2012），中国农业农村制度安排从被动调整转为主动设计（孔祥智，2012）。以农业经济和农业就业部门为主体的经济社会形态逐渐被多种经济、功能形态所取代（刘彦随，2007）。但在全社会要素资源、公共支出明显倾向城市建设和工业化发展战略与政策背景下，农业和农村的发展始终滞后于工业化、城镇化步伐，出现农民收入增长乏力、农村内生发展动力不足、农业竞争力低下等日益严峻的“三农”问题。改革开放以来，中国农业农村发展大致经历了以下四个发展阶段。

农村经济加速发展期（1978~1988 年）。中共十一届三中全会拉开了农村改革的序幕。此后实行的家庭联产承包责任制极大激发了农民积极性，保障了农产品供给的同时，也促使农村大量富余劳动力显化。城乡劳动市场分割的背景下，乡镇企业异军突起，农业劳动力“离土不离乡，进厂不进城”（蔡昉，2008）。同时，农产品收购价格等收购制度改革、五个中央一号文件有力地推动了农村改革和农业发展。这一时期，农业生产快速发展，农民收入水平不断提高、生活日益改善。

农村经济缓慢发展期（1989~1998 年）。20 世纪 80 年代中后期开始，中国改革的重点进入城市领域。1992 年邓小平南方谈话后，沿海地区对外开放加快，“三资”企业（中外合资经营企业、中外合作经营企业、外商独资经营企业的统称）和外向型制造业的飞速发展，催生了大规模人口的跨区域流动。20 世纪 90 年代，乡镇企业发展不景气使乡镇企业就业岗位相对减少，吸纳农村劳动力能力逐渐减弱。1993 年设市标准调整及 1997 年小城镇户籍管理制度改革试点进一步打开了农村人口向城市迁移的大门。这一时期，农业机械化水平及粮食产量不断提高，但农村经济增长缓慢，城乡差距拉大，农村经济和社会生活凋敝，农村空置、闲置宅基地开始大量出现（龙花楼和邹健，2011）。

农村经济结构调整期（1999~2003 年）。20 世纪 90 年代后期，中国农业生产结构性矛盾突出，加快农业结构调整和全面提高农产品质量成为农业增效、农民增收、农村发展的必然选择（刘彦随和陆大道，2003）。农村经济结构持续变化，农村非农产业比重持续上升，大农业向种植、养殖并重的多元化结构转变，农村非农就业比重明显上升，尤其在东部沿海地区形成了“一半农民离开土地、一半耕地不种粮食”的生产局面（刘彦随，2007）。这一时期，农村经济社会结构快速调整，但面临农民收入增长缓慢、城乡差距继续扩大、农村宅基地空置和废弃等问题（刘彦随，2013b）。

农村经济发展新时期（2004 年至今）。中国农村发展进入转型时期，中共十六届三中全会首次提出“统筹城乡发展”①，2004~2015 年中央一号文件持续聚焦农业农村，党的十八届三中全会提出“健全城乡发展一体化体制机制”②，该机制为统筹城乡发展、破解城乡二元结构提出了基本的方向与战略设计，保障了“工业反哺农业、城市支持农村”③。这一时期，农产品供给总量平衡，农村居民收入快速增长，城乡居民收入差距由扩大向缩小转变。伴随着农村劳动力持续向城镇尤其大城市转移，流动人口和农民工群体日益受到关注，农村居民点用地“外扩内空”，村庄“空心化”现象加剧（刘彦随等，2011a）。

尽管在新时期中国的农业农村有了长足的发展，但由于长期以来形成的城乡二元结构体制和薄弱的农村经济社会基础，城乡之间与区域之间的发展差距客观存在。2012 年以来，“补短板”成为新时期中国农村发展的重要指导思想。为解

---

① 引自《中共中央关于完善社会主义市场经济体制若干问题的决定》一文，http://www.gov.cn/test/2008-08/13/content_1071062.htm，2008 年 8 月 13 日。

② 引自 2013 年 11 月 16 日《人民日报》第 1 版要闻《中共中央关于全面深化改革若干重大问题的决定》。

③ 引自《2005 年中央一号文件：中共中央 国务院关于进一步加强农村工作提高农业综合生产能力若干政策的意见》，http://www.gov.cn/test/2006-02/22/content_207406.htm，2018 年 3 月 25 日。

决城乡及区域不均衡发展导致的“乡村病”问题，党的十八大以后，中国政府在政策层面强调机制转型与发展方式的转变，进而提出精准扶贫战略，重点扶持连片特困地区，夯实农村发展基础。与此同时，一些专家学者指出伴随着城市化发展而产生的乡村衰退问题同样值得关注，需要政府引导推行村镇化战略，采用大数据、土地工程等科学方法与技术等手段振兴乡村。2017 年，中国共产党第十九次全国代表大会提出乡村振兴战略，着力破解城乡发展不平衡、农村发展不充分等突出问题，致力于弥补全面建成小康社会的乡村短板。

3.1.2　不同时期农业生产相关政策梳理

农业是农村发展的重要组成部分，中华人民共和国成立以来，伴随着农业生产效率的逐步提高，农民生活水平的不断改善，中国农村经济的发展也取得了显著成效。与此同时，农业生产和农村发展的有关政策也在实践中不断推陈出新，以土地改革、家庭联产承包责任制、农业供给侧结构性改革、精准扶贫、乡村振兴等政策为典型代表，具有鲜明的阶段性特征（图 3.1）。

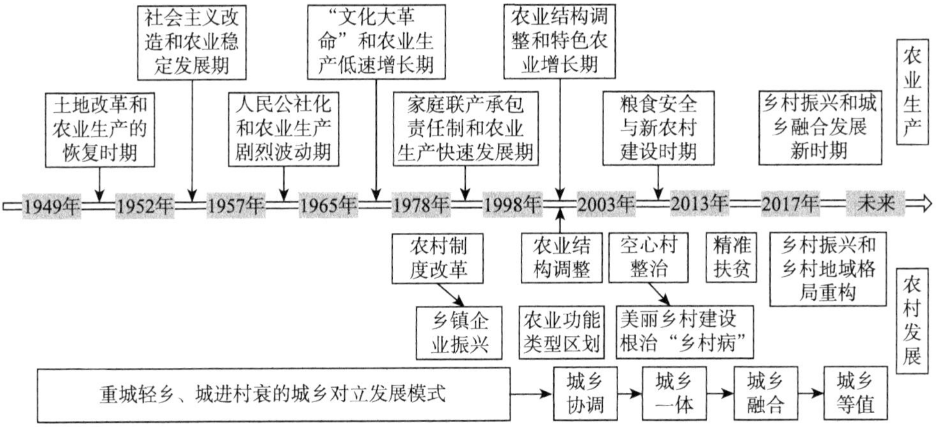

图 3.1　中国农业生产与农村发展政策演进

1. 中华人民共和国成立初期的土地改革

中华人民共和国成立之初（土地改革与农业合作化阶段），中国尚有约 3 亿农民尚未进行土地改革，农具还是古老的，耕耘靠人力和畜力，无力采用农业机械化和新的耕作制度，收获量低，不能很快地扩大耕地面积和提高产量（中国共产党中央文献研究室，1982）。落后的农业生产基础和当时的社会环境致使农业生产水平落后、产能低、粮食紧张。土地是农业生产问题的重中之重，1950 年中央人民政府讨论并通过了《中华人民共和国土地改革法》，开始全国范围进行大规模土地改革。土地改革也是中华人民共和国成立后首次针对农业的改革措施，实现了“耕者有其田”的农业政策目标。

2. 农业合作化与人民公社化

从 1953 年土地改革基本完成到 1978 年中共十一届三中全会确定改革开放道路，在此期间，农村土地政策完成了从“个体所有、个体经营”向“个体所有、集体经营”发展，再向“集体所有、集体经营”转变的过程。这一演变过程有一定的历史必然性，但也在某种程度上体现了为追求生产力发展而急于转变生产关系的盲目性。

1953 年起，中国开始实施第一个五年计划，开始了以工业化为重心的发展道路。在此期间，工业规模有了长足发展，而农业增长相对滞后，土地改革形成土地私有、个体经营的农地政策促进了农民个体经营的发展，但这与城市和工业发展对粮食和工业原材料不断增长的需要相矛盾（胡穗，2007）；另外，私有化的个体经营某种程度上引起了新的贫富差距。诸多问题的出现不仅不利于农业生产，而且制约了工业化发展。为了克服这些困难，满足工业化的需求，1953 年 12 月，中共中央做出了《中国共产党中央委员会关于发展农业生产合作社的决议》，提出了较明确的农业合作化的道路，将农业上升到与工业相仿的地位，希望通过农业合作化提高农业生产率，为工业化提供有力支撑。

与此同时，鉴于“一五”期间重工轻农而产生的矛盾，中国在 1956 年通过了《1956 年到 1967 年全国农业发展纲要（修正草案）》，正式对农业发展的目标、措施等进行了规定，这也是中华人民共和国成立后针对农业发展的第一份正式规划文件。

为追赶工业化进程而操之过急的合作化导致了人民公社化运动，1958 年的北戴河会议上，通过了《中共中央关于在农村建立人民公社问题的决议》（以下简称《决议》），使人民公社化运动由理论走向实践。《决议》指出将农民自留地变为集体经营，在所有制上是由集体所有制向全民所有制的过渡过程，在分配政策上允许改行工资制。至 1958 年末，农民的参社率达到 90.4%，基本实现了人民公社化（黄道霞，1992）。

人民公社化本身具有超越社会发展阶段的理想化与过度强调平均主义，违背了社会发展规律。土地集中经营并没有带来规模效益，相反却使农业生产能力连续下降，打击了农民的生产积极性。在发现问题之后，党开始了以“调整、巩固、充实、提高”为中心的政策调整，1962 年通过的《农村人民公社工作条例（修正草案）》一定程度上遏制了“大跃进”的不良风气，减少了广大农民的损失，改变了农业生产总值连年下降的局面。随后直到 1976 年，“文化大革命”期间，中国的农业发展一度停滞不前，农业政策变化不大。

3. 家庭联产承包责任制

中华人民共和国成立初期（1953~1978 年），受发达国家的影响，中国在寻求促进经济增长的道路上，提出了以“唯工业化、唯资本化、唯计划化”为特征、以物质财富最大限度增长为中心的发展观（称为传统发展观）。在传统发展观的指导下，受历史因素与当时的国内外政治、经济情况影响，中国政府“优先发展重工业”，并以西部“三线”建设为重点的政策趋向性明显。

而农业政策的确定取决于经济发展战略的选择，为了服务于城市与工业发展，中华人民共和国成立后，中国政府制定了以农产品统购统销和人民公社化集体体制为主的一系列农业政策，农业政策的不稳定与连年的自然灾害严重打击了农民的生产积极性，不利于农业的长期稳定发展。党的十一届三中全会制定了《中共中央关于加快农业发展若干问题的决定（草案）》和《农村人民公社工作条例（试行草案）》两个重要文件，在中国的农业农村发展史上具有深远意义，自此农业政策开始鼓励和支持农村搞家庭副业，并建立农业生产责任制，包工到组和包产到组成为农村农业生产责任制早期的普遍存在形式。

随后的一段时间中国进一步肯定和完善了家庭联产承包责任制，并逐步进行法制化。1984 年中共中央发文规定土地的承包期一般应在 15 年以上，1993 年又在《中共中央 国务院关于当前农业和农村经济发展的若干政策措施》中规定耕地承包期到期后再延长 30 年不变的政策，并首次提出允许土地使用权依法有偿转让。2002 年，《中华人民共和国农村土地承包法》公布，从法律层面稳定了农村土地的承包经营权。至此，中国农村的家庭联产承包责任制趋于完善。

4. 农业现代化

农业是国民经济的基础，但其在国民经济中长期处于“净流出”的地位（尹从国，2002）。尽管改革开放后这种情况有所改变，但是农村劳动力就业仍然面临各种制约。家庭联产承包责任制的创新性推动了土地制度创新，为进一步推进农业现代化打好了基础。

2004 年的中央一号文件将改革开放初期确定的“工业反哺农业”道路写入官方文件，而在随后历年的中央一号文件中不断填补农业现代化发展的政策空白，从现代化的装备，到现代科学技术，再到现代产业体系与经营方式，一步一步明确了中国农业现代化的发展路径与目标，在 2013 年首次提出建立“农产品供给保障机制”，构建中国特色农业现代化。2015 年中央一号文件再次强调农业现代化，并着重描绘了农业信息化的发展前景。

5. 土地流转

2004 年，国务院颁布《国务院关于深化改革严格土地管理的决定》，其中提及“农民集体所有建设用地使用权可以依法流转”。2005 年 3 月，农业部推行《农村土地承包经营权流转管理办法》（农业部令第 47 号），规范了农村土地承包经营权流转行为，维护流转双方当事人合法权益，目的在于促进农业和农村经济发展。但由于流转程序烦琐、手续严苛及农民观念传统等方面的制约，土地流转的规模不大，对于农业生产的促进有限。

到 2014 年，随着农业生产环境与主体发生变化，中共中央办公厅、国务院办公厅印发了《关于引导农村土地经营权有序流转发展农业适度规模经营的意见》，要求各地大力发展土地流转和适度规模经营，五年内完成承包经营权确权。土地流转逐渐成为提高土地利用效率与农业生产效率，实现农业规模化、产业化，并最终现代化的有力途径。

6. 农业供给侧结构性改革

随着中国经济发展进入“新常态”，2015 年以来，党和政府提出供给侧结构性改革的经济发展调整方针。而农业作为经济的重要基础，党和政府也相应提出了农业供给侧结构性改革，旨在通过农业自身的结构性调整，使农民生产的农产品在质量和数量上符合消费者的需要，实现农产品产地与消费地的无缝对接。过去的农业政策偏向于通过政策补贴的形式刺激消费，但是这种刺激政策，会导致某个产业产能过剩，以至于消耗过度，污染加重。农业供给侧结构性改革不同于过去的国家宏观调控政策，重点在于从生产端调整，改善农产品供给结构与质量，使之与消费者自身提高的消费观念相匹配，引导农民调整种植结构，多生产绿色有机食品，以满足消费者的需求来提升经济效益。具体来讲，在“十三五”期间，农业供给侧结构性改革的重点是调减玉米种植面积，调整生猪、牛羊、渔业生产布局，巩固提升粮食产能，推动粮经饲统筹、农牧渔结合、种养加一体、一二三产业融合发展。

综合来看，中国农业政策从单纯的提高农民个人收入与农产品产量，趋向促进农业发展与现代化建设，再向统筹城乡发展、改善农业与农村环境、提高农产品质量的方向发展，从政策层面上看是一条不断摸索、充满波折但最终逐渐明确的农业发展路径，在这一过程中也为农业现代化打牢了基础、营造了良好的环境、注入了强大的动力。

3.1.3　不同时期农村发展相关政策梳理

1. 中华人民共和国成立初期至改革开放

中华人民共和国成立初期，农村政策多围绕农村土地制度改革与农业组织形式而展开，从最开始的三大改造，到农业合作化与人民公社化，再到“大跃进”，一些不符合社会发展阶段的农业农村政策带来了一定的成果，但是对农村发展产生了一定阻碍。

早期农村的粮食统购统销与三大改造，本质上是使农村服务于城市与工业发展而制定的，保证传统的农村社会剩余向现代城市与工业流入，以行政手段分割城乡之间的等价交换，限制要素流动，以抽取农村剩余价值作为工业化发展的原始资本积累，这也是当时农村政策的主要倾向。

随后到 1956 年左右,党中央意识到以农村的牺牲而带来的工业化给当时的农村环境与农民生活带来了较大的伤害，不利于维护农村的稳定发展。因此，1956 年通过的第一份农业规划《1956 年到 1967 年全国农业发展纲要（修正草案）》对重工轻农的政策倾向进行了修正。在随后几年里，全国各地的农村环境与农业生产条件建设兴起，农业与农村的发展被提到同工业与城市发展的同等高度。

然而，矫枉过正的农村政策催生了“大跃进”现象，人民公社化运动未能按照预想改善农村的农业生产水平，反而进一步压榨了农村资源。1958 年 3 月通过的《中共中央关于把小型的农业合作社适当地合并为大社的意见》《关于农业机械化问题的意见》等三十余项文件旨在通过人民公社化运动整合农村资源、改善农村组织形式、优化生产关系，但是对于三大改造与人民公社化的超前性认识不明确，反而造成了组织制度与生产力水平的脱节。事实证明，在当时的条件下，仅仅依靠调整农村内部的组织形式与经济体制来提高农业与农村的发展水平是很难实现的。而随后的三年困难时期与“文化大革命”更是让农村的发展雪上加霜，相关的农村政策没有较大的变化。

2. 改革开放以后

从 1978 年确定改革开放开始，中国农村发展进入改革与突破时期。1978 年中共十一届三中全会明确提出“全党目前必须集中主要精力把农业尽快搞上去”“调动我国几亿农民的社会主义积极性”[①]。1979 年 9 月中共十一届四中全会通过的《中共中央关于加快农业发展若干问题的决定》指出，应把调动农民的生产积极性与加强国家对农业的物质与技术支持结合起来，并依据这种思想提出了一

① 引自 1978 年第 4 期《实事求是》中的文章：《中国共产党第十一届中央委员会第三次全体会议公报》。

系列农村经济政策，相应地催生了一些地方农民自发的包产到户等农村生产经营方式。

到1980年，党和国家认识并肯定了包产到户在调动农民积极性、改善农村经营模式中的作用，1980~1984年，中共中央、国务院相继印发和转发《关于进一步加强和完善农业生产责任制的几个问题》的通知、国家农业委员会《关于积极发展农村多种经营的报告》的通知、《全国农村工作会议纪要》、《关于实行政社分开，建立乡政府的通知》、《中共中央关于一九八四年农村工作的通知》等相关政策文件，肯定了包产到户的农村组织经营形式，在农村逐渐构建了“乡政村治”的社会政治模式，并将以包产、包干到户为主要形式的家庭联产承包责任制在全国推广开来。

从1985年开始，随着家庭联产承包责任制的普遍实行，党和国家的农村工作重心从生产组织形式转移到农村市场构建与保障上来。重点是推动农村商品经济改革，扶持、引导乡镇企业的发展，优化调整农村经济与产业结构等。1984年中共十二届三中全会通过的《中共中央关于经济体制改革的决定》，确定了经济体制从计划经济向商品经济的重大转折，到1987年1月，中央的《把农村改革引向深入》将经济体制改革引向农村，并开始从多方面探索农村市场的完善路径。随着《中共中央 国务院关于进一步活跃农村经济的十项政策》《国务院关于进一步搞活农产品流通的通知》《中共中央关于进一步加强农业和农村工作的决定》等相关政策文件的出台，中国取消了三十多年来的统购统销制度，开放各类农产品的经营，打破地区封锁，促进乡镇企业发展，逐步建立和完善农村的市场体制。

1991年党的十三届八中全会通过的《中共中央关于进一步加强农业和农村工作的决定》首次提出建设有中国特色社会主义的新农村，肯定了改革开放十多年来的农村经济体制改革的成果。

1992年邓小平的南方谈话和中共十四大的召开，进一步明确了仍要进行经济体制改革，并建立社会主义市场经济体制。1998年中共十五届三中全会通过了《中共中央关于农业和农村工作若干重大问题的决定》，将农村改革与城市改革放在一起，全局考虑，并确定了城乡统筹的农村政策发展新思路。在具体政策上，一方面继续完善和稳定以家庭联产承包责任制为主要组成的农村经营体制，相继出台了《中共中央 国务院关于做好2001年农业和农村工作的意见》《中华人民共和国农村土地承包法》等相关法律与中央文件；同时，为加强培育乡镇企业与小城镇，优化农村产业结构，相继制定了《关于引导乡镇企业适当集中连片发展和加快乡镇企业小区建设的若干意见》和《中共中央 国务院关于促进小城镇健康发展的若干意见》。另一方面，为进一步完善农村市场与经济建设，逐步建立农村社会保障体系，切实改善农村环境与农民生活水平，还相继制定了《国务院关于进一步深化粮食流通体制改革的决定》、《中共中央 国务院关于进行农村税费改革试点工作的通知》

和《中共中央 国务院关于进一步加强农村卫生工作的决定》等政策文件。

2002年以后，随着农村税费改革的继续推进，中国的农村政策也正式进入统筹城乡发展，着力提高农民收入与生活质量的新阶段。作为2004年中央一号文件的《中共中央 国务院关于促进农民增加收入若干政策的意见》的颁布，标志着"多予、少取、放活"的主体思想成为下阶段中国农村政策的主要方向。近年来，围绕这一主题思路，采取了一系列综合改革措施，主要包括：①放开粮食收购价格，放开粮食购销市场，并将间接的粮食补贴转为直接补贴。②采取减免农业税、取消除烟叶以外的农业特产税并增发种粮补贴、良种补贴、购置农机具补贴的政策措施。③实行保护耕地制度、加大农业投入、控制农业生产资料价格上涨、采取粮食最低收购价格四项措施，为农村发展提供政策新保障。④保障进城就业农民的合法权益，《国务院关于解决农民工问题的若干意见》中对农民工培训、薪资、社会保障等进行了规定。

在上述政策的基础之上，2005年中共十六届五中全会提出的"十一五"规划建议，把建设社会主义新农村作为首要任务，赋予了社会主义新农村"生产发展、生活宽裕、乡风文明、村容整洁、管理民主"的新内涵和目标要求。中国的农村发展进入新阶段。

3. 新时期的农村政策

2004年，国务院颁布《国务院关于深化改革严格土地管理的决定》，其中关于"农民集体所有建设用地使用权可以依法流转"的规定，强调"在符合规划的前提下，村庄、集镇、建制镇中的农民集体所有建设用地使用权可以依法流转"。同时，在广东省、浙江省、天津市等地的农村地区，开展建设用地使用权流转试点工作，逐步发展出了农地入股、农地出租与小产权房改革等多种地方模式。2008年发布的《中共中央关于推进农村改革发展若干重大问题的决定》，突出了土地整理的重要性，为农村土地流转与产权制度改革奠定了基础。同时，由于农村土地空废化、污损化等"乡村病"的问题日益凸显，各地先后出台空心村改造与污损土地治理等相关政策。2013年李克强总理专门邀请两院院士和有关专家到中南海，听取城镇化研究报告，提出"新型城镇化要突出统筹城乡，根本前提是要尊重农民意愿、保护农民利益、保障粮食安全"[①]，肯定了农村发展在新型城镇化中的重要性。2013年，中央正式通过《中共中央关于全面深化改革若干重大问题的决定》，允许农村集体经营性建设用地在符合规划和用途管制前提下出让、租赁、入股，实行与国有土地同等入市、同权同价。该决

① 引自《李克强听取中科院、工程院城镇化研究报告并座谈》一文，http://www.gov.cn/guowuyuan/2013-09/07/content_2586697.htm，2018年3月25日。

定突出了农村土地的资产与资本功能，是打破城乡壁垒，促进城乡等值化的重要一步。

2012 年以来，“补短板”成为新时期中国农村发展的重要指导思想。2013 年 11 月，习近平到湖南湘西考察时首次做出了“实事求是，因地制宜，分类指导，精准扶贫”的重要指示①。2014 年，中共中央办公厅详细规制了精准扶贫工作模式的顶层设计，推动了精准扶贫思想落地，随后国务院及各相关部委相继出台金融扶贫、产业扶贫、健康扶贫、资金整合、异地搬迁、政府工作成效考核等相关办法与意见，并于 2016 年通过了《“十三五”脱贫攻坚规划》与《关于建立贫困退出机制的意见》，形成了一系列政策文件，激发各地农村尤其是贫困地区农村的发展活力，使其实现脱贫与稳定发展。在 2017 年与 2018 年的中央一号文件中，精准扶贫战略也被重点提及，要求坚决打好精准脱贫这场对全面建成小康社会具有决定性意义的攻坚战。

随着精准扶贫政策的不断推进，中国农村发展的“短板”逐渐被补长，为 2020 年实现现行标准下的全面脱贫并全面建成小康社会的战略目标，2017 年党的十九大审时度势，创新地提出中国特色社会主义进入新时代，中国社会主要矛盾转化为人民日益增长的美好生活需要和不平衡不充分的发展之间的矛盾，首次在国家层面正式提出乡村振兴战略，做出农村发展要最终实现“产业兴旺、生态宜居、乡风文明、治理有效、生活富裕”的目标。2018 年中央一号文件《中共中央 国务院关于实施乡村振兴战略的意见》对实施乡村振兴战略进行了全面部署。2018 年 7 月，中共中央、国务院正式印发《乡村振兴战略规划（2018—2022 年）》，进一步细化、实化乡村振兴的工作重点和政策举措。新时代乡村振兴，是破解特定时期乡村发展的主要社会矛盾和突出问题，激活乡村人口、土地、产业等要素活力和内生动力，提升乡村地域系统可持续发展能力和竞争力，实现农村全面、稳定发展的重要战略。

3.1.4　农业农村发展政策总结

综合来看，中国的农业与农村发展政策的演变过程是一个资源配置与利益调整的过程，是农业与工业、农村与城市、中央与地方之间利益关系（朱四海，2005）相互协调的过程。

---

① 引自《深入学习习近平总书记“破解深度贫困问题”新思想》一文，http://cpc.people.com.cn/n1/2017/0810/c187708-29463391.html，2018 年 3 月 25 日。

1. 农业与工业的利益关系

从资源配置的角度上讲，保持各部门的平衡发展是实现经济稳定发展的重要条件之一。但现实中，部门之间的发展差异客观存在。尤其是欠发达地区和国家，其普遍面临资源短缺的现实问题，决策者只能将有限的资源集中用于优先发展的部门。在中国的农业农村发展历程中，工业部门与农业部门之间的发展始终处于非平等地位。在中华人民共和国成立初期，中国政府采取重工业优先发展战略，而农业则成为发展工业的“牺牲品”。在改革时期，这种“产业优先序”调整为轻工业优先发展的战略，农业的地位也得到了相应的提高。这一时期，借助一系列惠农的政策，显著改善了农业与农村资源被剥夺的现象。在新时期，随着中国经济发展步入工业化中期，开始提倡以“工业反哺农业”为核心的农业政策，工业资源也通过再分配促进农业的发展。

2. 农村与城市的利益关系

城市与农村也是国家经济发展的两个主体。但在发展初期，由于资源的有限性，两者难以兼顾，城市与农村的发展在中华人民共和国成立后的早期处于失衡的状态。通常情况下，农村与城市利益关系是由农产品价格和国民收入再分配的政策选择来协调的。

农产品价格反映的是农产品生产者与消费者之间的矛盾，中华人民共和国在成立初期曾依赖行政手段控制农产品（特别是粮食）价格，从而支持城市消费。到了改革开放初期，粮食补贴也是以补贴城市居民为主。这种带有“城市倾向”的局面，直到 2002 年中国开始对粮食直接补贴进行试点才得以被打破。

国民收入再分配反映的是城乡之间的直接利益冲突，从中华人民共和国成立直到改革开放初期，中国的财政支出都明显向城市地区倾斜，造成的直接结果就是城乡居民收入差距的持续扩大，农民与市民贫富差距悬殊，农村经济与城市经济相距甚远，甚至引发了一系列社会经济问题。直到 2000 年以后，切实可行的城市支持农村的相关政策才正式出台，以期通过调整新时期农村与城市的利益关系，促进农村生产力的发展。

3. 中央与地方的利益关系

财政关系是中央与地方利益关系的重心。在中国自上而下的行政体制条件下，地方与中央之间的利益关系显著。在中华人民共和国成立初期，经济利益以国家利益为主。改革开放以后，由于分税制的实行，地方政府才真正具备了相对独立的主体地位。对于地方政府而言，发展农业的经济效益相对较低，对于财政的贡献也低，使得国家制定的利农政策难以被各地政府全盘接受并实施。

3.2 省域农业农村发展水平的时空格局演变

3.2.1 指标体系

结合中国农业发展的实际情况与数据资料的可获取性，以农村发展状态的一般性评价指标体系为基本依据，从农业生产状况、农民生活水平和农村生态环境三个方面，选择了 17 项指标，构建中国省域农业农村发展状态的指标体系（表 3.1）。

表 3.1 中国省域农业农村发展状态综合评价指标体系

指标		指标计算	权重
农业生产状况	人均耕地面积 x_1	耕地总面积/区域总人口（公顷/人）	w_1
	单位面积机械化总动力 x_2	农业机械总动力/区域总面积（千瓦/公顷）	w_2
	农业劳动力比重 x_3	农业劳动人口/区域总人口（%）	w_3
	人均粮食产量 x_4	粮食总产量/区域总人口（吨/人）	w_4
	人均农业产值 x_5	农业总产值/区域总人口（元/人）	w_5
	粮食生产结构 x_6	粮食产量/农作物总产量（%）	w_6
	人均肉类产量 x_7	肉类总产量/区域总人口（千克/人）	w_7
农民生活水平	农民人均纯收入 x_8	农民人均纯收入（元）	w_8
	人均社会消费品零售总额 x_9	社会消费品零售总额/区域总人口（万元/人）	w_9
	人均财政收入 x_{10}	财政总收入/区域总人口（万元/人）	w_{10}
	万人拥有医疗床位数 x_{11}	区域总床位数/区域总人口（张/万人）	w_{11}
	义务教育在校生比重 x_{12}	义务教育在校生/区域总人口（%）	w_{12}
	人均公路里程 x_{13}	区域公路里程/区域总人口（千米/万人）	w_{13}
农村生态环境	单位面积农药投入量 x_{14}	农药化肥投入总量/耕地总面积（吨/公顷）	w_{14}
	单位面积工业废水排放量 x_{15}	工业废水排放总量/区域总面积（吨/公顷）	w_{15}
	单位面积废气排放量 x_{16}	废气排放总量/区域总面积（米 ^{3}/米 ^{2}）	w_{16}
	自然灾害受灾面积比重 x_{17}	农业受灾面积/耕地总面积 （%）	w_{17}

农业生产状况主要包括农业生产条件与农业产出情况。其中，农业生产条件用耕地面积、农业劳动力、机械化水平和农业资本的投入等方面表示。农业产出情况用粮食产量、肉类产量、粮食结构和农业产值等方面表示。这些指标均为正向属性，对农业生产发展具有积极影响，指标水平越高表示农业生产的状况越良好。具体包括了人均耕地面积、单位面积机械化总动力、农业劳动力比重等七项指标。

农民生活水平主要包含经济生活水平与社会生活水平两个方面。经济生活水平是指农民的收入、非农就业状况和消费水平。社会生活水平是指农民享受的医疗、教育、社会保障、交通等服务设施的状况。这些指标均为正向属性，对农民的生活水平具有促进作用，指标值越大表示农民的生活水平越高。用农民人均纯收入、人均社会消费品零售总额、人均财政收入、万人拥有医疗床位数、义务教育在校生比重和人均公路里程六项指标表示。

农村生态环境反映了农村的资源与环境状况，适宜的生态环境表明农村良好的发展状态，用农药、化肥的使用、工业产生的废气废水及自然灾害等方面表示。这些指标均为负向属性，其数值越高，代表评价地区的农村生态环境越差。具体包括了单位面积农药投入量、单位面积工业废水排放量、单位面积废气排放量和自然灾害受灾面积比重四项指标。

以省域为尺度，包含全国31个省级行政区（港澳台地区除外），研究1985~2014年以近10年为间隔的四个时间截面，分别为1985年、1995年、2005年和2014年。采用Z-score标准化方法对全部四期数据进行标准化处理，得出各项指标的标准化值x_i，再采用层次分析法确定权重w_i，进而得到各省区市不同时期的农业生产状况、农民生活水平和农村生态环境的评价值，以便于横向、纵向的比较。

$$l_p=\sum_{i=1}^{7} x_i \cdot w_i \tag{3.1}$$

$$l_l=\sum_{i=8}^{13} x_i \cdot w_i \tag{3.2}$$

$$l_e=\sum_{i=14}^{17} x_i \cdot w_i \tag{3.3}$$

式中，l_p为农业生产状况；l_l为农民生活水平；l_e为农村生态环境。

3.2.2　不同省区市农业农村发展综合水平的时空演变

1. 省域农业生产状况的演变

1985年，全国农业生产状况水平普遍较低，省际没有明显差异。仅吉林、江苏2省相对较高，处于（0.15,0.30]范围，其余绝大部分省区市的l_p值处于（−0.15,0]范围，辽宁、北京、上海、福建、广东、海南6省市处于最低水平。1985~1995年，全国农业生产状况未发生显著变化，整体水平依然较低。期间，黑龙江发展水平提升至（0.15,0.30]范围，内蒙古、河北及山东提升至（0,0.15]范围，其余大部分省区市处在（−0.15,0]阶段，而北京、上海2市的农业生产状况处于最低水平，排在全国末两位。1995~2005年，全国农业生产状况的整体水平有了较为明显的提高，省际差距也开始拉大。这一时期，内蒙古、黑龙江和吉林已迈入（0.30,0.45]范围，处于（−0.15,0]阶段的省区市数量明显减少，但是处于最低发展水平的省区市数量却有所增加，除北京、上海2市之外，福建和广东又重新回到低发展水平的阶段。至2014年，全国农业生产状况显著提高。除了北京、上海和广东的发展水平偏低，处于低水平发展阶段，其余绝大多数省区市的农业生产状况水平较过去均有一定提升，此时处于最高发展水平的有黑龙江、内蒙古、吉林和河南 4 省区。

综合来看，1985 年和 1995 年全国农业生产状况水平普遍偏低，其中达到高、较高水平的省区市数目为 0。至 2005 年，全国的农业生产状况水平有了明显的提高，此时内蒙古、黑龙江、吉林 3 省区已达到较高水平，占所有有数据省区市数目的 9.68%，其他大部分省区市的农业生产状况水平也较前面 20 年有了一定提高。2014 年，农业生产状况水平达到高、较高水平的省区市数目明显增多，占所有有数据省区市数目的 22.58%，农业生产状况水平高的集中在东北、西北、华东地区。总体而言，1985~2014 年，全国省域农业生产状况水平大致呈现北方高于南方、东部高于西部的格局（表 3.2）。

表 3.2　1985~2014 年全国省域农业生产状况分等及其变化

分等阈值	年份			
	1985	1995	2005	2014
低水平 ≤-0.15	上海、福建、海南、广东、辽宁、北京	上海、北京	上海、北京、广东、浙江、福建	北京、上海、广东
较低水平 （-0.15,0]	广西、江西、湖北、天津、云南、贵州、山东、河南、湖南、山西、浙江、四川、重庆、安徽、陕西、青海、河北、宁夏、新疆、黑龙江、内蒙古	海南、广东、广西、陕西、福建、四川、辽宁、江西、云南、贵州、宁夏、天津、山西、重庆、浙江、安徽、湖南、湖北、西藏、青海、河南、甘肃、新疆、江苏	青海、陕西、海南、山西、江西、辽宁、广西、天津、重庆、湖北、西藏、江苏、甘肃、贵州	浙江、天津、福建、江西、青海、山西
中低水平 （0,0.15]	甘肃、西藏	山东、河北、内蒙古	云南、四川、湖南、安徽、新疆、河北、山东、河南	广西、重庆、陕西、四川、江苏、西藏、海南、湖南、湖北、云南、贵州、辽宁
中高水平 （0.15,0.30]	吉林、江苏	吉林、黑龙江	宁夏	河北、甘肃、山东
较高水平 （0.30,0.45]	无	无	吉林、黑龙江、内蒙古	安徽、宁夏、新疆
高水平 >0.45	无	无	无	河南、吉林、内蒙古、黑龙江

2. 省域农民生活水平的演变

1985 年，全国农民生活水平总体较低，省际差距也比较大。仅新疆、青海 2 省区达到（0.15,0.25]水平，西藏次之，处于（0.05,0.15]范围，除高水平阶段外其他各个发展阶段都有省区市分布。其中，处于最低发展水平的省区市有 3 个，分别是浙江、广东和广西。整体而言，全国农民生活水平呈现西北优于其他地区的格局。1985~1995 年，全国农民生活水平有下降的趋势，省际差距逐渐缩小。仅北京、上海、新疆及海南处于（0.05,0.15]阶段，其余大部分省区市处在（-0.15,0.05]

阶段，处于最低发展水平的省市数量有所增加，共有 5 个，分别是甘肃、四川、重庆、河南及安徽。1995~2005 年，全国农民生活水平没有明显的提升。仅北京、上海和新疆处于（0.05,0.15]区间，其余大部分省区市较过去没有明显变化，整体生活水平依然较低。2005~2014 年，全国农民生活水平有了明显的提高。其中，农民生活水平最高的省市集中在东部沿海地区的山东、江苏、上海、浙江，以及华北地区的北京、天津。农民生活水平处于（0.15,0.25]及高水平的省区市以河南为横轴，以宁夏、陕西、重庆、贵州为左翼，以山东向南直至海南的东部沿海 7 个省市为右翼，呈“H”形分布，其他农民生活水平处于（0.15,0.25]及高水平的省区市分别为内蒙古、新疆、青海、辽宁、北京和天津。

总体来看，1985~2014 年全国农民生活水平呈现出先下降后明显提升的趋势。1985 年，农民生活水平处于较高水平的省区市占所有有数据省区市数目的 6.45%，而处于较低及以下水平的省区市占比为 54.84%。到了 1995 年和 2005 年，位于最高两个水平的省区市数目降至 0，而位于最低两个水平的省区市数目占比分别为 67.74%（1995 年）、61.29%（2005 年），反映全国农民生活水平有所下降。2014 年，全国农民生活水平有了明显提升，已经没有了位于较低水平和低水平的省区市，位于最高两个水平的省区市数目占比也已经达到 58.06%，占所有有数据省区市的一半以上（表 3.3）。

表 3.3　1985~2014 年全国省域农民生活水平分等及其变化

分等阈值	年份			
	1985	1995	2005	2014
低水平 ≤-0.15	浙江、广西、广东	重庆、四川、河南、甘肃、安徽	四川	无
较低水平 （-0.15,-0.05]	河北、山东、江苏、天津、安徽、河南、福建、贵州、甘肃、上海、湖南、北京、陕西、云南	贵州、江苏、浙江、江西、湖南、云南、山东、广西、湖北、福建、河北、陕西、内蒙古、宁夏、黑龙江、广东	云南、江西、广西、湖南、重庆、安徽、河北、黑龙江、贵州、山东、内蒙古、江苏、吉林、湖北、河南、青海、福建、甘肃	无
中低水平 （-0.05,0.05]	海南、重庆、湖北、江西、辽宁、内蒙古、山西、吉林、黑龙江、宁夏、四川	山西、青海、吉林、西藏、天津、辽宁	西藏、陕西、浙江、辽宁、山西、宁夏、海南、天津、广东	无
中高水平 （0.05,0.15]	西藏	海南、新疆、上海、北京	新疆、北京、上海	甘肃、安徽、广西、湖南、云南、四川、西藏、江西、河北、黑龙江、山西、吉林、湖北
较高水平 （0.15,0.25]	青海、新疆	无	无	陕西、内蒙古、重庆、海南、青海、河南、贵州、宁夏、福建、新疆、广东、辽宁
高水平 >0.25	无	无	无	天津、江苏、浙江、上海、北京、山东

3. 省域农村生态环境的演变

1985 年，全国农村生态环境水平整体较高，且省际差距不大。其中，西部地区的新疆、西藏和甘肃 3 省区的农村生态环境水平较高，其 l_e 值分别为 0.21、0.18 和 0.18。上海的农村生态环境水平最低，其 l_e 值为−0.59。此外，北京、天津、辽宁和吉林 4 省市的农村生态环境水平也较低，其 l_e 值处于中低及以下水平范围。总体而言，全国 1985 年的农村生态环境水平呈现北方高于南方、西部优于东部的格局。1985~1995 年，全国农村生态环境水平整体下降，省域尺度的东西差距逐渐显现。北京、天津等省区市的农村生态环境水平有所提升。至 1995 年，全国农村生态环境水平呈现出较为显著的“东南−西北”差异，西北部省区的生态发展水平显著优于东部沿海地区。1995~2005 年，全国农村生态环境水平有升有降，具体表现为“东南−西北”分界线的西北部有所提升，而东南部有所下降。整体空间格局趋于更为明朗的“东南−西北”差异，其分界线与“胡焕庸线”较为接近。2005~2014 年，全国农业农村发展的生态环境水平有所下降。除了浙江、江西、广西、海南、重庆、四川、江苏、云南、吉林 9 省区市的生态水平有所提升，其他省区市的水平值均不同程度地下降至更低水平的范围。“东南−西北”的分异格局也呈现逐渐向西北方向偏移的趋势。至此，全国农业农村发展的生态格局基本形成，东部地区经济相对发达的省区市，相较于西部地区经济发展程度相对落后的省区市劣势明显，形成了以京津冀、长三角和珠三角等若干个城市群为首的低农村生态环境水平集聚区。

综合以上分析，全国的农村生态环境水平逐年下降，省际差异逐渐拉大，“东南−西北”差异显著，整体上东南低、西北高的空间格局与经济发展水平格局恰好相反（表 3.4）。

表 3.4 1985~2014 年全国省域农村生态环境分等及其变化

分等阈值	年份			
	1985	1995	2005	2014
低水平 ≤−0.15	上海	上海	上海、海南、江苏、浙江	上海
较低水平 （−0.15,−0.06]	北京	湖南、湖北、浙江、广东	湖北、福建、天津、安徽、北京、重庆、广西、山东、广东、湖南	天津、江苏、北京、广东、河北、山东、河南、安徽、海南、福建、浙江、湖南、湖北
中低水平 （−0.06,0.03]	天津、辽宁、吉林	江苏、重庆、福建、四川、山东、北京	河南、江西、陕西、四川	辽宁、广西、陕西、山西
中高水平 （0.03,0.09]	福建、重庆、四川、湖南、贵州	辽宁、江西、天津、陕西、山西、甘肃、青海	山西、辽宁、宁夏	宁夏、重庆

续表

分等阈值	年份			
	1985	1995	2005	2014
较高水平 (0.09,0.15]	安徽、河南、广东、海南、山东、江苏、陕西、江西、内蒙古、山西、黑龙江、广西、河北、浙江、湖北	贵州、吉林、宁夏、安徽、海南、河南、广西、内蒙古、河北	河北、甘肃、云南、贵州、吉林	江西、贵州、新疆、甘肃
高水平 >0.15	云南、宁夏、青海、西藏、甘肃、新疆	云南、黑龙江、西藏、新疆	内蒙古、黑龙江、新疆、青海、西藏	吉林、云南、四川、内蒙古、青海、黑龙江、西藏

3.3 市域农业农村发展水平的时空格局演变

3.3.1 指标体系

结合中国农业发展的实际情况与数据资料的可获取性，以农村发展状态的一般性评价指标体系为基本依据，从农业生产状况、农民生活水平和农村生态环境三个方面，选择了 9 项指标，构建中国市域农业农村发展状态的指标体系（表3.5）。

表 3.5 中国市域农业农村发展状态的指标体系

一级指标	二级指标	指标说明
农业生产状况	人均耕地面积	区域耕地面积/区域总人口（公顷/万人）
	单位面积农业机械化总动力	农业机械化总动力/耕地面积（万千瓦/千米^2）
	人均粮食产量	粮食总产量/区域总人口（吨/万人）
农民生活水平	农民人均纯收入	农民人均纯收入（元）
	农村人均用电量	农村用电量/乡村人口（千瓦/人）
	农村人均住房面积	农村人均住房面积（米^2）
农村生态环境	单位面积化肥施用量	化肥施用量/耕地面积（吨/万公顷）
	单位面积工业废水排放量	工业废水排放量/区域总面积（万吨/千米^2）
	单位面积工业二氧化硫排放量	工业二氧化硫排放量/区域总面积（吨/千米^2）

农业生产状况反映了农村的农业发展状况，主要包括农业的生产条件与农业产出情况，生产条件通过耕地面积、农业劳动力、机械化水平和农业资本的投入等方面表示；农业产出情况通过粮食产量、肉类产量、粮食结构和农业产值等方面表示。指标均为正向属性，对农业生产发展具有积极影响，指标水平越高，表示农业生产的状况越良好。具体包括人均耕地面积、单位面积农业机械化总动力、人均粮食产量等 3 项指标。

农民生活水平反映了农民在农村的生活水平，主要包含经济生活水平与社会生活水平两个方面。经济生活水平是指农民的收入、非农就业状况和消费水平；社会生活水平是指农民享受的医疗、教育、社会保障、交通等服务设施的状况。指标均为正向属性，对农民的生活水平具有促进作用，指标值越大，表示农民的生活水平越高。具体包括农民人均纯收入、农村人均用电量和农村人均住房面积等 3 项指标。

农村生态环境反映了农村的资源与环境状况，适宜的生态环境表明了农村良好的发展状态，通过农药、化肥的使用、工业产生的废气废水及自然灾害等方面表示。具体包括区域单位面积化肥施用量、单位面积工业废水排放量和单位面积工业二氧化硫排放量等 3 项指标。

以市域为尺度，包含横截面为 441 个地级市、自治州、盟及直辖市各区县等。城镇化及农业农村发展水平数据来自 2001~2013 年《中国统计年鉴》《中国区域经济统计年鉴》《中国城市统计年鉴》及各省区市统计年鉴。研究 2001~2013 年的四个时间截面，分别为 2001 年、2005 年、2010 年和 2012 年。采用极值标准化方法对全部四期数据进行标准化处理，得出各项指标的标准化值 x_i，再采用层次分析法确定权重 w_i，进而得到各市区不同时期的农业农村发展状态综合水平，便于横向、纵向的比较，具体公式如下：

$$\alpha=l_p+l_l+l_e \tag{3.4}$$

式中，α 为农业农村发展状态综合水平；l_p 为农业生产状况，$l_p=\sum_{i=1}^{3}x_i\cdot w_i$；$l_l$ 为农民生活水平，$l_l=\sum_{i=4}^{6}x_i\cdot w_i$；$l_e$ 为农村生态环境，$l_e=\sum_{i=7}^{9}x_i\cdot w_i$。

3.3.2 不同市域农业农村发展综合水平的时空演变

1. 全国市域农业农村综合发展格局演化评价

2001~2013 年中国农业农村整体发展速度较快，整体呈现东南高、西北低的趋势。以胡焕庸线为界，东南部分地区农业农村发展水平及速度均显著高于西北部分地区。2001~2005 年中国的农业农村发展水平整体较低，没有显著的区域差异。2005~2010 年环渤海、东北区、甘新区及东南沿海地区农业农村发展速度较快，显著高于其他地区。东部沿海京津冀、长三角和珠三角三大城市群地区农业农村发展水平最快，这得益于这些地区经济发展较快、城镇化水平较高，对周边农业农村的发展具有较大的辐射带动作用。甘新区、东北区及部分平原农区耕地开垦规模较大，农业发展水平不断提高。2010~2013 年，随着城镇化的持续推进，东北区、甘新区及东部沿海地区农业发展水平依旧较高。与此同时，黄淮海平原农区、长江中下游地区、川渝区、青藏区的农业农村发展水平也得到了快速提高。随着城镇化的持续推进，农村人口大量进城、农业机械投入持续增加、农民收入快速增加，农业生产、农民生活水平也得到了快速提高。

2. 全国市域农业生产状况的时空演变

2001~2013 年，农业生产水平得到了快速的提高，且整体呈现平原盆地地区高、山地丘陵地区低的格局。2001~2005 年，中国东北平原、黄淮海平原、长江中下游平原、川渝区、甘新蒙藏等地区的农业生产水平较高，人均耕地面积、机械化投入水平及人均粮食产量较其他地区更高。2005~2013 年，随着新型城镇化的快速推进及国家对农业发展投入的持续增加，黄淮海平原、长江中下游平原、东北平原、甘新区、青藏区及部分东南丘陵区农业生产水平持续提高。该类地区属于传统平原农区，普遍以平原、盆地地貌为主，人口流动较大，人口总量多，经济发展速度较快，属于中国粮食主产区、人口聚集区，农业机械化水平较高。东北平原和新疆西北地区农业生产水平提高的主要原因在于大面积的农田开垦使得耕地面积迅速增加，粮食产量提高。据研究，2000~2010 年，这两大地区新增耕地面积所占比例分别高达 1.85%和 8.05%。

3. 全国市域农民生活水平的格局演变

2001 年中国市域农民生活水平整体偏低，地区间的相对差距较小。其中，西部与中部、东北部的绝大多数城市农民生活水平较低，仅有珠三角的东莞市、深圳市、中山市，长三角的嘉兴市、苏州市，以及辽东地区的延边朝鲜族自治州 6 个城市（自治州）的农民生活水平达到了较高水平。东南部“江苏—浙江—福建—广东”4 省的沿海城市，得益于优良的地理区位条件与资源禀赋，农业农村发展起步相对较早，从而形成了较高农民生活水平的带状分布。

2001~2005 年，中国市域农民生活水平的空间分异变化不大，西部地区整体落后于东部地区。其中，西北部自内蒙古的包头市、呼和浩特市，向西与青海省的酒泉市、嘉峪关市，新疆的乌鲁木齐市、巴音郭楞蒙古自治州、阿勒泰地区等形成了较高农民生活水平的分布带，打破了西部地区普遍偏低的格局。与此同时，东部沿海高水平、较高水平农民生活水平分布带呈现逐渐向西、向北延伸的趋势，胶东地区、长江中下游平原地区城市群的农民生活水平逐渐提升至较高水平范围。

2005~2010 年，中国市域农民生活水平大幅提升，地区差距逐渐拉大。其中，东部沿海以自北向南的辽东南地区、京津冀地区、胶东地区、长三角地区、海西经济区、珠三角地区的城市群形成了一条完整而连续的农民生活水平高值聚集区。此外，长江中游城市群、内蒙古中南部的呼包鄂榆城市群，以及新疆西北部的塔城、阿克苏地区等农民生活水平整体提升，达到较高水平。另外，东北部与中部多数城市的农民生活水平逐渐提升。

2010~2013 年，中国市域农民生活水平进一步提升，区域差距有所缩小。其间，东部地区高水平农民生活水平分布带逐渐向西北、东北部蔓延，东、西部的分界逐渐被打破。至 2013 年，农民生活水平普遍提升至较高水平，仅甘肃的陇南市、青海南部的个别自治州（自治县）、新疆和田地区等 9 个城市（自治州）生活水平较低。其余城市（大多）已迈入较高的农民生活水平阶段。

综合上述分析，2001~2013 年中国市域农民生活水平逐渐提升，地区间的差距经历了“逐步拉大，缓慢缩小”的变化过程。西部地区社会经济发展起步晚，农业农村发展的底子较弱，但后发势头强劲。研究期间，西部地区迎头赶上，逐步缩小了同东部地区的差距。东部沿海城市的城镇化与农业农村发展起步较早、优势显著，农民生活水平始终处于较高阶段，并保持这一优势进而引领全国农业农村发展水平的整体提升。

4. 全国市域农村生态环境的格局演变

2001~2013 年，全国市域农村生态环境格局的时序变化不大，整体呈现微弱的下降趋势。其空间格局呈现西高东低、北高南低的特征。其中，拥有较高农村生态环境水平的城市主要分布在中国的西北和东北部，代表地区有新疆的和田地区、克孜勒苏柯尔克孜自治州，西藏的日喀则市、昌都地区，黑龙江的齐齐哈尔市、黑河市等。这些地区多位于中国的内陆与边境地区，偏远的地理区位，以及人才、资本、劳动力等要素的缺乏，使得这些地区社会经济发展水平相对落后，其受到快速城镇化与工业化带来的负面环境影响尚小，农村生态环境水平值较高。此外，东部的东南丘陵区、长江中下游平原区的部分城市农村生态环境水平值一直较高，说明这些城市在社会经济发展的同时，生态环境保护也取得了较好的成绩。值得关注的是，研究期间东部沿海与中部少数城市的农村生态环境水平值呈现下降的趋势。这一现象同中东部地区城镇化的快速发展及不合理资源环境开发利用密不可分，理应引起重视。

3.4 长江经济带农业农村发展的时空特征

3.4.1 农业农村发展状况

长江经济带是中国实施国家发展战略的重要区域之一。它涵盖了上海、江苏、浙江、安徽、江西、湖北、湖南、重庆、四川、云南、贵州等 11 个省市，面积约 205 万平方公里。该区域位于亚热带季风气候区，气候湿润，平均年降水量超过 1000 毫米；地形地貌多样且差异较大，涵盖平原、盆地、丘陵、山地、高原等多种类型；大部分区域适合发展农业生产。2013 年区域总人口为 5.82 亿人，占全国的 42.77%。城镇人口 3.08 亿人，城镇化率为 53.02%，与全国平均水平相当。各省市间的城镇化发展水平差异较大，上海、江苏、浙江分别高达 89.61%、64.11%、64.01%，而贵州、云南分别低至 37.8%和 40.47%。2013 年长江经济带地区生产总值为 25.95 万亿元，占全国的 45.62%，人均地区生产总值为 44 623 元，同样与全国平均水平相当；人均地区生产总值排在前三位的省市分别是上海、江苏、浙江，后三位的是安徽、贵州、云南，上海是贵州的 3.9 倍。2013 年长江经济带农民人均纯收入 8981 元，比全国平均高 85 元，其中上海市最高（19 595 元），是最低的贵州省（5 434 元）的 3.6 倍；城镇居民人均可支配收入 27 596 元，比全国平均水平高 641 元，其中上海市最高（43 851 元），是最低的贵州省（20 667 元）的 2.1 倍；城乡居民收入的相对比值为 3.07∶1，绝对差值为 18 615 元，均略高于全国平均水平（分别是 3.03∶1 和 18 059 元）；从省市差异来看，发达省市城乡居民收入相对比值较低，绝对差值较高，欠发达省市的相对比值较高，绝对差值较低。长江中上游地区是中国贫困人口的集中区和贫困高发区，2013 年仍有国家级贫困县 342 个、贫困村 4.7 万个，贫困人口超过 4000 万人，减贫与发展的任务艰巨。总体来看，长江经济带自然地理、地域文化、区域发展的差异均极为显著，其东、中、西差异格局是中国东、中、西差异格局的集中体现。

1. 主要农产品产量稳中有增，仍是中国最重要的农业生产区域之一

2000 年以来的快速工业化、城镇化进程中，长江经济带主要农产品产量稳中有增（表 3.6）：①粮食产量稳步增加，但占全国的比重持续下降，部分省市粮食供需平衡难度加大。长江经济带粮食产量由 2000 年的 20 679 万吨增加到 2013 年的 22 483 万吨，但占全国的比重由 44.74%持续下降到 37.35%。2013 年的稻谷产量高达 13 276 万吨，占全国的 65.20%。2013 年长江经济带人均粮食产量为 387

千克，仅为 442 千克全国平均水平的 87.56%；只有安徽、江西的人均粮食产量超过全国平均水平，分别为 544 千克和 468 千克；人均粮食产量最低的前三个省市是上海、浙江和贵州，分别仅 47 千克、134 千克和 294 千克，该区域的粮食供需平衡具有较大的对外依存度。②农业结构调整持续推进，非粮型主要农产品生产功能尤为突出。2000~2013 年的棉花产量基本稳定在 130 万吨，但占全国的比重快速下降，由 2000 年的 27.39%下降到 2013 年的 20.56%。与此同时，肉类、奶类、禽蛋产量明显增加，至 2013 年占全国的比重分别稳定在 43.51%、8.48%和 30.70%左右。此外，油料、烟叶、水果、水产品产量不断增加，占全国的比重有所上升，分别由 2000 年的 28.05%、63.19%、21.38%和 36.36%上升到 2013 年的 45.14%、69.53%、27.53%和 39.24%。2013 年油料、烟叶、油茶籽、猪肉、淡水产品产量占全国的比重都在 45%以上。总体来看，长江经济带仍是中国最重要的农业生产区域之一。

表 3.6　2000~2013 年部分年份长江经济带主要农产品产量及其占全国比重的变化

农产品种类	产量/万吨				占全国的比重/%			
	2000 年	2005 年	2010 年	2013 年	2000 年	2005 年	2010 年	2013 年
粮食	20 679	20 019	21 345	22 483	44.74	41.36	39.06	37.35
谷物	18 264	17 563	19 238	20 204	45.07	41.06	38.76	36.55
稻谷	12 745	12 333	12 945	13 276	67.82	68.29	66.13	65.20
小麦	2 738	2 479	3 158	3 496	27.48	25.44	27.42	28.67
玉米	2 390	2 411	2 933	3 192	22.55	17.30	16.55	14.61
豆类	620	664	597	614	30.82	30.76	31.50	38.51
薯类	1 796	1 792	1 509	1 665	48.73	51.68	48.46	50.02
棉花	121	136	145	130	27.39	23.72	24.40	20.56
油料	405	1 451	1 444	1 588	28.05	47.15	44.69	45.14
烟叶	161	181	213	235	63.19	67.39	70.78	69.53
水果	1 331	4 356	5 865	6 909	21.38	27.02	27.41	27.53
肉类	2 704	3 275	3 458	3 714	44.15	42.29	43.62	43.51
猪肉	2 044	2 485	2 552	2 752	50.69	49.59	50.33	50.10
牛肉	118	153	146	158	22.23	21.56	22.30	23.48
羊肉	68	97	87	90	25.00	22.33	21.90	22.08
奶类	131	255	310	310	14.21	8.90	8.27	8.48
禽蛋	676	839	841	883	30.12	29.13	30.45	30.70
水产品	1 556	1 908	2 093	2 422	36.36	37.36	38.96	39.24
海水产品	514	531	530	607	20.23	18.70	18.94	19.34
淡水产品	1 042	1 377	1 563	1 815	59.91	60.69	60.70	59.83

注：表中数据来自 2001~2014 年《中国统计年鉴》

2. 农业经济产出总量增加、比重下降，结构调整力度大于全国同期

2000 年以来，长江经济带第一产业增加值持续增加，由 2000 年的 6379 亿元增加到 2013 年的 23 109 亿元，但增幅较全国同期低 18.85%；第一产业增加值占地区生产总值的比重由 2000 年的 15.66%降低到 2013 年的 8.90%，而同期全国的比重由 15.06% 降低到 10.01%，降幅高于全国同期。长江经济带第一产业增加值占全国的比重由 2000 年的 42.68%降低到 2013 年的 40.57%；农林牧渔总产值由 2000 年的 1.04 万亿元，增加到 2013 年的 3.80 万亿元，占全国的比重由 41.73%下降到 39.14%；从内部结构来看，2000~2013 年期间，农业和牧业比重略有下降，而林业和渔业有所增加，农业结构变化率为 5.17%，高于 4.16%的全国同期水平，反映出长江经济带农业结构调整力度大于全国同期。从种植业内部的结构调整来看，主要由种植粮食作物调整为经济作物。11 个省市中有 8 个省市的粮食播种面积占农作物播种面积的比重下降，但基本都能保持在 50%以上，各省市蔬菜、瓜果播种面积所占比重均有所增加。从长江经济带农业生产的总量和结构特征来看，仍处于农业结构渐进式调整及多样化生产的早期阶段。

3. 农产品加工业快速发展，但滞后于其他工业门类、全国平均水平

农产品加工是提高农业综合竞争力、增加农业生产附加值的重要途径。2000~2012 年，长江经济带农产品加工业快速发展，产值从 9731 亿元增加到 78 069 亿元，增长了 702.27%，但其占全国的比重由 45.90%持续下降到 37.71%，反映出长江经济带农产品加工业发展仍相对滞后。采用农产品加工业总产值与农业总产值之比、农产品加工业总产值与工业总产值之比、农产品加工业区位熵三项指标来反映区域农业品加工业的发展水平，结果发现：①长江经济带农产品加工业总产值与农业总产值的比值由 2000 年的 0.94 增加到 2006 年的 1.71，并进一步增加到 2012 年的 2.20，反映出农产品加工业相对于传统种养业已经有明显发展；②农产品加工业总产值占工业总产值的比重由 2000 年的 27.11%降低到 2006 年的 21.29%，并进一步降低到 2012 年的 20.37%，反映出相较于其他工业门类，农产品加工业发展相对缓慢；③以人口数量为基线计算农产品加工业区位熵，2000 年为 1.053，2006 年减少到 1.002，2012 年进一步减少到 0.883，表明本区农产品加工业发展水平、竞争能力在全国层面的影响力在下降，其农业生产条件优越、区域工业化水平相对较高、城乡消费市场巨大的综合优势尚未充分发挥。就各省市而言，上海、江苏、浙江的农产品加工业相对发达，农产品加工业区位熵大于 1，然而 2000 年以来普遍呈下降态势，但农产品加工业总产值远高于农业总产值；其他省市明显滞后，且从区位熵的视角来看，普遍缺乏规模优势，但发展态势向好。整体来看，长江经济带农产品加工转化能力

仍较薄弱，在全国层面的竞争力、影响力仍有待进一步提升。

4. 农产品国际贸易快速发展，出口额和占全国的比重均呈增长态势

农产品国际贸易量特别是农产品出口额是反映区域农业国际竞争力的重要方面。长江经济带地理类型多样、农业资源丰富，农产品出口在全国占据重要地位。长江经济带农产品出口额在 2005 年、2010 年和 2013 年分别为 65.45 亿美元、125.95 亿美元和 182.84 亿美元，占全国的比重分别为 24.07%、25.77%和 27.25%，呈现良好递增态势（表 3.7）。在江苏、浙江、上海出口增长趋缓的情况下，安徽、湖北、云南等内陆省市显现出较好增长势头，占全国的比重明显上升，表明内陆地区特色化、优质型农产品的国际竞争力逐渐增强。整体来看，若能进一步开发利用好山川、江河、湖泊、海域等农业资源，长江经济带农产品出口仍具有较强增长后劲和较大发展空间。

表 3.7　2005 年以来长江经济带农产品出口情况

省市及全国	出口额/亿美元			占全国的比重/%		
	2005 年	2010 年	2013 年	2005 年	2010 年	2013 年
上海	8.9	14.89	18.01	3.27	3.05	2.68
江苏	10.42	25.22	31.62	3.83	5.16	4.71
浙江	24.51	36.67	51.86	9.02	7.5	7.73
安徽	3.33	6.89	11.24	1.23	1.41	1.68
江西	1.31	2.58	4.78	0.48	0.53	0.71
湖北	3.08	10.85	18.89	1.13	2.22	2.82
湖南	2.78	5.41	8.84	1.02	1.11	1.32
重庆	1.17	1.7	3.7	0.43	0.35	0.55
四川	4.43	6.82	6.89	1.63	1.39	1.03
贵州	0.69	1.85	2.69	0.25	0.38	0.40
云南	4.83	13.07	24.32	1.78	2.67	3.62
长江经济带	65.45	125.95	182.84	24.07	25.77	27.25
全国	271.84	488.83	670.96	100	100	100

注：数据来自商务部发布的相应年份最末月《中国进出口月度统计报告（农产品）》

5. 耕地面积和农业从业人数减少，其他农业生产要素投入强度不断加大

2000~2013 年，长江经济带农业从业人数不断减少，但减幅低于全国平均水平，在耕地面积减少的情况下，农作物播种面积不降反升，复种指数持续提高，但增幅略低于全国平均水平（表 3.8）。农业机械总动力和有效灌溉率均不断提高，

但增幅均低于全国平均水平。化肥施用量持续增加，农药施用量整体也在增加，但 2013 年的农药施用量较 2010 年略有下降，长江经济带单位耕地面积的化肥和农药施用强度整体呈增长态势，施用强度均高于全国平均水平，与全国平均水平的比值呈快速下降态势，但仍是美国、欧盟化肥使用强度的两倍以上。整体而言，长江中下游地区在产业、土地和人口的非农化进程中，其他农业生产要素的投入不断增加，通过要素替代确保了农业的稳产、高产，但农用化学品投入过量问题突出。从《长江流域及西南诸河水资源公报》可见，点源污染是长江干支流污染的罪魁祸首，而农业面源污染则是流域湖泊水体富营养化的主要原因。

表 3.8　农业生产要素投入变化

评价指标	数值				占全国的比重或与全国平均的比值/%			
	2000 年	2005 年	2010 年	2013 年	2000 年	2005 年	2010 年	2013 年
耕地面积	4520 万公顷	4300 万公顷	4270 万公顷	4800 万公顷	35.27	35.19	35.07	35.07
农业劳动力	1.62 亿人	1.49 亿人	1.31 亿人	1.26 亿人	45.06	44.67	47.01	49.07
农作物播种面积	6600 万公顷	6430 万公顷	6590 万公顷	6740 万公顷	42.19	41.38	42.19	40.92
农业机械总动力	1.67 亿千瓦	2.2 亿千瓦	3.21 亿千瓦	3.51 亿千瓦	31.85	32.15	34.57	33.79
有效灌溉率	45.53%	48.21%	51.36%	54.91%	108.48	106.95	103.59	105.29
复种指数	145.8%	149.76%	154.51%	157.83%	119.63	117.59	120.32	116.69
化肥施用量	1700 万吨	1880 万吨	2100 万吨	2170 万吨	41.05	39.45	37.77	36.78
农药施用量	61.81 万吨	68.71 万吨	78.63 万吨	76.41 万吨	48.31	47.06	44.72	42.41
化肥施用强度	376.3 千克/公顷	437.7 千克/公顷	492.2 千克/公顷	509.4 千克/公顷	116.38	112.1	107.72	104.88
农药施用强度	13.7 千克/公顷	16 千克/公顷	18.4 千克/公顷	17.9 千克/公顷	136.98	133.72	127.54	120.93

6. 农业发展的新业态不断涌现，多功能、现代化农业发展粗具规模

长江经济带具有多样的地理类型、丰富的农业资源和巨大的消费市场。加之具有较好的经济基础和浓厚的商业文化，农业发展走在全国前列。费孝通先生在《江村经济》中就曾介绍江南地区发达的农业和手工业，而当代中国的家庭联产承包经营制度创新、都市农业发展模式创新等均与本区域有关。近年来，长江经济带内农业发展的新业态不断涌现，多功能、现代化农业发展粗具规模。涌现出大量以乡土取胜的农家乐、以规模取胜的种养大户、以技术取胜的现代农业园区、借网络旺销的“互联网+”农业，这些与传统小农经济、高原特色农业、山地精品农业、平原粮食生产、江湖养殖捕捞等一起，构成了长江经济带多样的农业图景。为新时期的农业发展方式转变、模式转型积累了经验。

7. 农业综合生产能力不断提高，但增幅偏低，占全国比重略有下降

农业综合生产能力是考察区域农业生产的重要参照。根据其概念内涵，分别从自然资源保障能力、固定资本拥有能力、可变要素供给能力、实际经营产出能力四个维度选择 19 个指标，构建全国分省区市的农业综合生产能力评价指标体系。收集整理 1996~2013 年全国分省区市的相应统计数据，进行极差标准化，然后基于专家打分法加权汇总得到各省区市、四大政策区域及长江经济带不同维度、不同时期的农业综合生产能力指数。①各区域农业综合生产能力均呈增长态势，2000 年以来全国农业综合生产能力指数平均增长 38.08%，东、中、西、东北四大板块分别增长 20.22%、33.06%、53.76%、71.48%，而长江经济带增速低于全国平均水平，仅增长 28.33%，略高于东部地区；②从农业综合生产能力指数占全国的比重来看，2000 年以来西部和东北地区分别上升 3.27 和 2.23 个百分点，东部和中部地区分别下降 4.51 和 0.99 个百分点，长江经济带也下降了 2.89 个百分点，但仍占全国的 38.03%；③对长江经济带的农业综合生产能力指数进行分解，发现固定资本拥有能力占全国的比重基本稳定，但自然资源保障能力、可变要素供给能力和实际经营产出能力占全国的比重分别下降 1.00、4.30 和 3.84 个百分点。新时期长江经济带的农业生产需要进一步提高自然资源保障能力、优化可变要素供给能力、着力提升实际经营产出能力。

8. 工资性收入取代家庭经营性纯收入成为农民收入的主体和动力源

2013 年，长江经济带农村居民家庭人均纯收入为 8981 元，较全国平均水平高 85 元。从收入结构来看，由于外出务工、兼业化生产越来越普遍，就业结构分化导致收入结构分化，工资性收入已经取代家庭经营性收入成为农民收入的主体和动力源。目前工资性收入的占比已接近 50%，较 2000 年和 2008 年分别上升了 13.38 和 6.58 个百分点。家庭经营性收入占比由 2000 年的 58.90%降低到 2008 年的 48.59%，并进一步快速降低到 2013 年的 39.78%。财产性收入和转移性收入的比重相对较低，比重增加也相对缓慢。尽管如此，家庭经营性收入依然是农民纯收入的主要组成部分，其稳定增长对于发展能力相对较弱的低收入群体而言依然是十分重要的，仍应引起足够重视。

3.4.2　农业农村发展现状的整体研判

快速工业化、城镇化进程中，长江经济带农业劳动力的非农化、兼业化特征明显，为保障农产品的产量和效益，替代要素如化学品、农业机械等生产资料的

投入水平和集约化水平明显提高，但近年来总体呈增速下降甚至总量略减的态势。从产品类型及其空间分布来看，长江经济带农业发展的新业态不断涌现，与传统小农经济、高原特色农业、山地精品农业、平原粮食生产、江湖养殖捕捞等一起构成了农业生产的混合图景，多样化、多功能的农业转型特征初显。从经营主体及其参与形式来看，资本下乡日益普遍，新型经营主体不断出现，农户从传统农业经营者逐渐向涉农企业经营者、农业工人等角色转变，但整体而言，农户在农业转型过程中的参与程度仍处于较低水平，由于资本积累不高，其能动性尚难以充分体现。从政府的相关制度安排与政策设计来看，稳产量、调结构、优布局是主线，自上而下的政策作用力依然较强，农户在新型农业生产模式中的创造力在局部地区得到提升，但总体仍较弱。

由此，长江经济带的农业生产一方面仍处于强调专业化、集约化、增产稳产的生产主义阶段；另一方面，其对过度集约化农业生产的负面环境效应也产生了较多关注，而与此同时部分地区处于农业结构渐进式调整及多样化生产的早期阶段，农业生产的多功能性正逐渐显现。在与农业生产密切相关的乡村发展方面，仍以外在力量驱动为主，内生式发展正逐渐受到重视，参与式乡村发展的理念正逐渐影响政府、企业的农业生产经营。总体来看，长江经济带农业和乡村发展大体处于生产主义范式和外生式发展模式的后期阶段，后生产主义、多功能农业及内生式发展与混合型发展的理念正逐渐影响着主体行为。借鉴农业和乡村发展范式演化的经验与教训，多功能农业发展范式（Wilson，2001；Wilson，2007），以及内生外生相结合、自上而下与自下而上相结合的混合型、网络化乡村发展范式更适合新时期、新常态下的长江经济带农业与乡村发展。“十三五”时期，长江经济带应充分利用农业生产与乡村发展转型升级的内外部环境，引导农业生产的多功能转型和乡村发展的网络化转型。

新时期长江经济带农业发展面临的机遇主要体现在：①全球化和内需刚性决定了长江经济带国内外市场潜力依然较大，特别是“一带一路”倡议和“长江经济带”战略背景下农产品国际贸易潜力被进一步挖掘，城乡居民膳食结构改善与消费需求转型也为区域内多功能农业的发展带来了机遇；②人口外出务工为土地流转、适度规模经营提供了重要前提；③“大众创业、万众创新”、土地制度改革等也可助力长江经济带农业升级，在加强引导、严格准入、强化监管的前提下，“资本下乡”可能为农业发展带来资金、管理、技术等稀缺要素；④将农产品质量安全纳入县乡政府绩效考核也可能为长江经济带优质、特色农业发展带来制度红利。

长江经济带农业发展面临的挑战主要包括：①生产资料价格快速上涨带动生产成本整体上涨以致成本“地板”抬升，一些农产品的市场价格已冲出国际市场到岸价格的“天花板”；②农业生产补贴遭遇 WTO 规则的“黄箱”政策的“红灯”；③长期以来偏重投入、忽视管理、漠视环境的粗放式发展模式导致水土资源、生态环境的“硬约束”越来越大；④农业发展主体老弱化，产业化和精深加工能力不强。总体来看，农业发展面临“上下夹击、左右约束、内功不强”的问题日益突出，并有常态化的趋势。

长江经济带农业农村发展正处于转型升级的关键期。基于国内外农业发展新情况、新特点和区域自身禀赋，本区域农业发展目标可定位为“三区一带”：①切实稳定粮食生产，建成中国粮食生产核心区。长江经济带内的长江中下游地区是中国重要的粮食主产区，粮食生产功能是该区域的主体功能之一，应优化生产布局、稳定播种面积、提高投入效率，为保障区域和国家粮食安全做出应有贡献。②积极发展现代农业，建成中国现代农业发展先行区。充分发挥长江经济带发展现代农业的资源优势、资本优势、技术优势、市场优势和区位优势，在稳定粮食生产的同时，大力发展现代化、生态型农业和都市农业，加快推进标准化生产和品牌化经营，着力打造现代农业发展先行区。③大力发展精深加工，建成中国农产品加工优势区。围绕大宗和特色农产品，提高农产品龙头企业的辐射带动能力，重点培育一批中小型农产品加工企业，做大做强储运、加工环节，提高农产品附加值。切实扭转当前本区域农业生产能力强但加工能力弱、附加值不高的局面。④着力提升特色农业，建成中国特色农业产业带。充分发挥山地、丘陵、高原、河流、湖泊的特色农业资源优势，大力发展以草食畜牧业、河湖绿色养殖业等为代表的特色生态农业，促进乡村旅游、休闲农业的发展，形成特色农业产业带。

3.5　典型区域农业农村发展的可持续性评价

3.5.1　指标体系

结合中国农业的发展状态与数据资料的可获取性，依据系统可持续发展评价指标体系，从人口、经济、社会、资源和环境等五个方面，选取了 30 项指标，构建了不同区域农业农村可持续发展评价指标体系（表 3.9）。

表 3.9　农业农村可持续发展评价指标体系

准则层	指标层	指标计算
人口系统	农村人口自然增长率（%）	（当年农村总人口−上年农村总人口）/上年农村总人口 × 100%
	农村劳动力人口变动率（%）	（当年农村劳动力−上年农村劳动力）/上年农村劳动力 × 100%
	农村人口老龄化比重（%）	农村 60 岁以上人口/农村总人口 × 100%
	农村劳动力人均受教育年限（年）	农村劳动力受教育年限之和/农村劳动力总人口

续表

准则层	指标层	指标计算
经济系统	农业产值增长率（%）	农业产值增长值占上一年产值比重×100%
	农业劳动生产效率（吨/人）	农业产量/农村劳动力总人口
	单位面积粮食产量（万吨/千米^2）	粮食总产量/耕地总面积
	农业产值占地区生产总值比重（%）	农业产值/区域总产值×100%
	农机总动力水平（千瓦/千米^2）	农业机械总动力/区域耕地面积
	农民人均纯收入（元）	农民人均纯收入
	人均社会消费品零售总额（元/人）	社会消费品零售总额/区域总人口
社会系统	城乡居民收入差额（元）	城镇居民人均收入-农村人均纯收入
	农村居民恩格尔系数	农村居民恩格尔系数
	每万农业人口拥有的农业科技人员数(人)	农业科技人员/农村总人口×10000
	乡村每千人拥有的医生和卫生人员数(人)	乡村医生和卫生员总人数/农村总人口×1000
	农村百户拥有固定电话机数（台）	农村固定电话户数/乡村总户数×100
	区域城市化水平	城镇人口/区域总人口
	人均区域公路长度（千米/人）	公路总长度/区域总人口
资源系统	区域人均耕地面积（米^2/人）	耕地总面积/区域总人口
	区域人均水资源量（米^2/人）	淡水资源总量/区域总人口
	土地复种指数	年播种面积/耕地总面积
	年均大于0℃积温天数/天	年均大于0℃的累积天数
	年均降水量（毫米）	年均降水量
	耕地有效灌溉率（%）	有效灌溉耕地面积/耕地总面积×100%
环境系统	单位面积区域废水排放量（万吨/千米^2）	工业废水排放总量/区域总面积
	单位面积区域废气排放量（万吨/千米^2）	工业废气排放总量/区域总面积
	森林覆盖率（%）	林地面积/区域总面积×100%
	农药使用强度（万吨/千米^2）	农药投入总量/耕地总面积
	化肥使用强度（万吨/千米^2）	化肥投入总量/耕地总面积
	自然灾害受灾面积比例（%）	农业受灾面积/耕地总面积×100%

人口系统反映了农村人口的发展状况，人口是农业农村发展系统主体，其农业劳动力比重、人口的变动情况严重影响了系统的结构与稳定性。本书从农村人口的增长、农业劳动力的结构、农业人口的教育素质和农村人口的迁入迁出情况等方面呈现人口系统的可持续发展状态。具体包括农村人口自然增长率、农村劳动力人口变动率、农村人口老龄化比重、农村劳动力人均受教育年限等4项指标。

经济系统是农村发展的重要保障，反映了农村的经济发展状态与潜力，主要包括农业投入、产出水平、农业经济收入水平等，各项指标对经济发展均具有促进作用，指标值越大，经济系统水平越高。具体包括农业产值增长率、农业劳动生产效率、单位面积粮食产量、农业产值占地区生产总值比重、农机总动力水平、农民人均纯收入、人均社会消费品零售总额等 7 项指标。

社会系统反映了农村的公共服务与基础设施水平。公共服务设施包括医疗、教育、社会保障、科技服务等方面，基础设施包括交通、水利、电力、网络信息等，公共服务与基础设施服务条件越好，社会系统水平越高。具体包括城乡居民收入差额、农村居民恩格尔系数、每万农业人口拥有的农业科技人员数、乡村每千人拥有的医生和卫生人员数、农村百户拥有固定电话机数、区域城市化水平、人均区域公路长度等 7 项指标。

资源系统反映了农村发展的潜力水平与资源状况，包括土地、水资源、气候等方面，是衡量农民生活、农业生产的重要指标，具体包括区域人均耕地面积、区域人均水资源量、土地复种指数、年均大于 0℃积温天数、年均降水量、耕地有效灌溉率等 6 项指标。

环境系统反映了农民的生活环境、农业的生产环境、农村的生态环境等方面，用工业废水、废气、森林覆盖情况，以及农药、化肥的使用情况与土地受灾面积等表示。具体包括单位面积区域废水排放量、单位面积区域废气排放量、森林覆盖率、农药使用强度、化肥使用强度、自然灾害受灾面积比例等 6 项指标。

选取京津冀地区、传统平原农区和黄土丘陵沟壑区三个典型区域，对其农业农村发展的可持续性进行评价，进而诊断不同区域存在的问题。由于不同年份、不同区域的指标可获取性不同，在不同尺度的分析过程中，所采取的指标有所调整。

3.5.2　京津冀地区农业农村可持续发展评价

1. 农业农村子系统发展状况

根据农业农村可持续发展评价指标系统，本小节从人口、经济、社会、资源、环境等五个方面，通过农业农村的发展程度与协调度来衡量京津冀地区农业农村的可持续发展状况。利用四分法，将各子系统与农业农村发展程度划分为低等发展水平、较低发展水平、中等发展水平和高等发展水平等四种情况，以深入分析在不同情况下的空间分布特征。

1）人口子系统

2000~2014 年，人口子系统的发展水平由中高等发展水平向低等发展水平演变：2000 年中高等发展水平的县市占所有县市总数的 91.84%，2005 年为 74.83%，2010 年为 29.25%，到 2014 年下降到 21.09%，说明农业农村人口子系统在逐渐趋于稳定，变化逐渐趋于平稳。在空间上，京津冀南部地区人口子系统发展水平明显高于北部地区。2000~2014 年，南部地区从中高等发展水平转为中、较低等发展水平，而北部地区从中低等发展水平转为低等发展水平。这也反映出，几年来农业农村人口的变化趋势主要集中在京津冀地区的南部，而其发展的重点也分布在南部。

2）经济子系统

2000~2014 年京津冀地区农业农村的经济系统变化较大，波动性也较大。从总体发展水平来看，2000 年较差，2014 年经济子系统发展最好。2000 年达到高等发展水平的县域占总数的比例仅为 2.04%，2005 年为 9.52%，2010 年为 54.42%，2014 年为 74.83%。说明农村的经济发展水平逐渐提高。由于第二、第三产业的逐步兴起，第一产业产值所占比重逐渐下降，在农业中的主产值也在发生变化。在空间上，经济子系统变化的南北差异性相对较小，但是不同阶段中部地区县域的发展程度较高，尤其是北京和天津周边的经济子系统长期处于中高等发展水平，在大城市的带动下，经济发展水平实现稳步提升，农村经济发展水平也会高于其他地区。

3）社会子系统

在时间上，社会子系统与人口子系统变化规律相反，2000~2014 年，农业农村社会子系统的发展水平逐渐提高：2000 年中高等发展水平的县域数量占总数的 1.36%，2005 年为 3.40%，2010 年为 47.62%，2014 年中高等发展水平的县域已基本实现全覆盖。随着经济的发展，社会发展水平也在不断提高，农村的道路、水利等基础设施和教育、医疗、文化等服务设施水平逐渐提升，为农村发展和农民生活带来了便利。在空间上，农业农村的社会子系统发展也具有差异性，但是京津冀北部地区要高于南部地区。虽然经济发展水平相对较低，但是对社会发展带来的影响较大，在相对落后地区，同等程度的投入带来的变化比发达地区大。

4）资源子系统

2000~2014 年京津冀地区资源子系统总体发展表现为稳定性增长：2000 年中高等发展水平县域占总数的比重为 48.30%，2005 年为 59.86%，2010 年为 69.39%，2014 年为 62.59%。在空间上，京津冀南部地区的资源子系统发展水平要明显高于北部地区，尤其位于京津冀地区的承德市、张家口市，其所辖区内的农业农村资源子系统一直处于低等或较低发展水平。主要原因是这些区域山地较多，地面坡度较大，地势相对较高，耕地资源少，且缺少良好的农业设施，水资源不足。

5）环境子系统

2000~2014 年京津冀地区环境子系统的发展水平逐渐降低，2014 年略有回升：中高等发展水平的县域占总数的比重分别为 52.38%（2000 年）、28.57%（2005 年）、21.09%（2010 年）和 36.05%（2014 年）。在空间上，京津冀北部地区的环境子系统发展水平略高于南部地区，尤其是张家口市与承德市等地区位于山区，生态环境条件好，受人为干扰程度小，工业、农业欠发达，因此产生的废弃物较少，对当地农业农村生态环境产生的破坏程度低。而石家庄、保定、邢台等京津冀南部地区，工业发展相对较快，产生的废气、废水等污染物排放量大，农村环境保护的压力较大。

6）农业农村发展度

根据获取的人口、经济、社会、资源、环境子系统的时间变化规律与空间分异特征发现，在时间上各子系统变化明显，空间上南北差异较大。因此研究利用层次分析法，对评价系统的指标赋予不同的权重，综合线性加权处理获取了农业农村的发展度变化（图 3.2）。从时间上看，京津冀地区的农业农村发展状况呈现起伏增长的趋势，2000~2014 年中高等发展水平的县域分别占总数的 8.84%（2000 年）、12.24%（2005 年）、28.57%（2010 年）和 45.58%（2014 年），2014 年的发展水平最高。在空间上，农业农村的发展度也具有较大差异，京津冀南部地区发展度高于北部地区，尤其是北京、天津与石家庄等城市的周边县域农业农村发展度要高于其他地区。

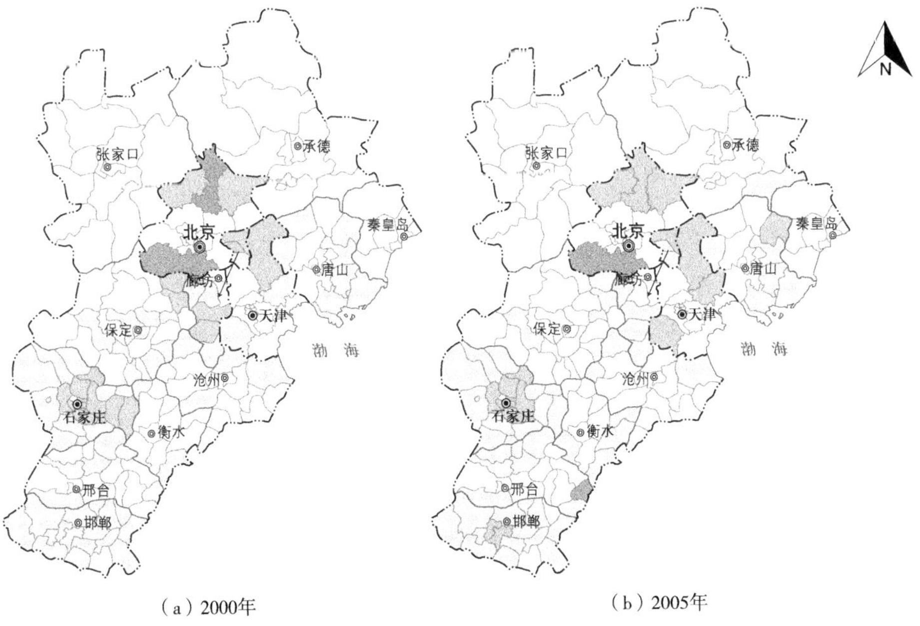

（a）2000年　　（b）2005年

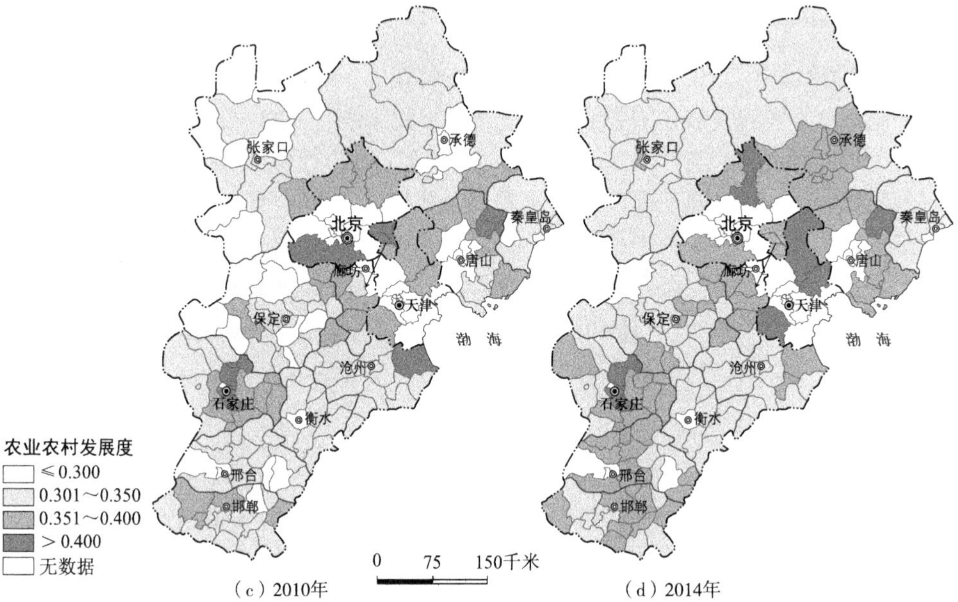

（c）2010年 （d）2014年

图 3.2 京津冀地区农业农村发展度变化

综合分析京津冀地区人口、经济、社会、资源、环境与农业农村发展系统的时空变化情况发现，时间上，人口子系统发展水平逐渐降低，经济子系统波动性降低，社会子系统发展水平逐渐提高，资源、环境子系统发展趋于稳定，农业农村发展水平逐渐提高。空间上，京津冀地区表现出明显的南北差异性：南部地区人口、经济、资源子系统与农业农村发展度高于北部地区，北部地区的环境、社会子系统发展水平高于南部地区。

2. 农业农村子系统协调发展分析

在测度京津冀地区农业农村发展度的同时，对各子系统之间的协调性进行测算，利用协调性、发展度、各子系统之间的耦合关系，系统分析京津冀地区农业农村发展的可持续性。研究发现，京津冀地区农业农村可持续发展的协调性维持在 0.4~0.8，且随着农业农村的发展，其协调性呈波动性变化。由此分为协调降低低水平发展（A）、协调波动低水平发展（B）、协调上升中水平发展（C）、协调下降高水平发展（D）四种类型。

（1）协调降低低水平发展（A）。此阶段农业农村发展度为低等水平（0~0.300），人口、经济、社会、资源等子系统均处于较低水平，环境子系统处于较高水平。但是随着农业农村发展水平的提高，人口、经济、社会、资源等子系统水平会逐渐提高，而环境子系统水平将逐渐降低。其中，人口、资源子系统变化趋势与农业农村发展同步，对农业农村发展的作用明显。但是，此阶段各子系统之间的协调性呈波动性下降，协调发展水平逐渐降低，区域的农业农村发展可持续性较低。

（2）协调波动低水平发展（B）。此阶段农业农村发展度为较低等水平（0.301~0.350）。随着农业农村发展水平的提高，人口、社会子系统呈波动性变化，经济、资源子系统水平缓慢提高，而环境子系统仍呈现逐步降低趋势。此阶段，经济和资源子系统与农业农村发展变化相似，对农业农村发展的影响程度较大。但是各样本的协调性波动较大，高低水平差异明显。

（3）协调上升中水平发展（C）。此阶段农业农村发展度为中等水平（0.351~0.400）。经济、社会、资源子系统水平随着农业农村发展度的提高而上升，人口、环境子系统发展水平逐渐降低，说明此阶段农业农村的发展对经济、社会和资源的影响较大，尤其是资源子系统的变化趋势与农业农村发展度变化相近。农业农村发展的协调性呈波动上升趋势，大部分样本处于高度协调水平，由此可以推断，此阶段的农业农村发展可持续性较好。

（4）协调下降高水平发展（D）。此阶段农业农村发展度为高等水平（0.400~1）。人口、社会子系统的水平迅速提高，经济、资源子系统水平缓慢提升，而环境子系统的水平持续降低。因此，可以推断，人口、社会对农业农村发展度快速提升的贡献较大。而此阶段农业农村发展的协调性却呈现下降趋势，说明农业农村发展的持续性水平在逐渐降低，各子系统水平的差距逐渐拉大，不能适应农业农村的快速发展。

3. 农业农村可持续发展存在的问题

综合农业农村发展度与各子系统协调性之间的分布关系发现，经济、资源子系统对各阶段的农业农村发展具有较大的促进作用，而环境子系统水平随着农业农村的发展逐渐降低，说明京津冀地区农业农村的发展给环境带来了严重的影响。同时，各阶段农业农村子系统之间的协调性也呈现波动变化，与农业农村发展不一致，除去中等发展水平外，其他农业农村发展水平的持续性较低。通过 2000~2014 年京津冀地区的县域农业农村可持续发展水平集聚，将其划分为低等持续发展水平、较低等持续发展水平、中等持续发展水平、高等持续发展水平。

京津冀中部地区农业农村属于中高等持续发展水平，主要包括北京、天津、石家庄及其周边地区，社会经济发展水平较高，人口密度大，但是生态环境水平相对较低；京津冀东南部地区属于中低等持续发展水平，主要包括衡水、邢台、邯郸、沧州等地区，人口、经济、社会子系统发展水平一般，资源子系统发展水平较高，环境子系统发展水平较低；京津冀西北地区属于低等持续发展水平，主要包括张家口、承德等地区，人口、经济、社会、资源子系统发展水平较低，环境子系统发展水平较高。

3.5.3　传统平原农区农业农村可持续发展评价

1. 农业农村子系统发展状况

整体来看，2000~2014 年的 15 年间，传统平原农区（部分）的农村可持续发展水平有所改善，2000 年、2005 年、2010 年和 2014 年的评价平均值分别为 0.260、0.279、0.291 和 0.298，且区域差异略有缩小，四期的变异系数分别为 0.100、0.092、0.092 和 0.092，并在此研究期内逐渐形成了郑州—石家庄沿线的农村发展优势区，其特点是靠近大城市，区域经济条件相对较好，受城镇化的影响较大，依托便利的交通、区位条件，依靠新农村建设、美丽乡村等优惠政策，形成了相对较好的农村可持续发展模式。

1）人口子系统

人口子系统的评价指标包括农村人口自然增长率、农村劳动力人口变化率、农村户均人口与中学生在校生率。单从农村系统的角度考虑，人作为农村与农业的主体，是两者发展不可或缺的主要单元。

从时间变化看，15 年间传统平原农区人口子系统变动趋于平缓，四期平均得分分别为 0.119、0.122、0.105 和 0.087，人口子系统的变化速率在降低，2000~2005 年为人口子系统变动最强烈的时期，农村家庭规模、人口与劳动力的增长等达到研究期内的最大值。随着时间推移，四期变异系数分别为 0.140、0.109、0.114 与 0.230，第四期的变异系数显著升高，区域之间的农村人口子系统变动差异显著，部分地区的农村人口变化更加活跃，这与 2014 年新常态背景下大规模的农村人口回流有关。

而从空间变化层面来看，人口子系统的整体活跃程度呈现西高东低的趋势，河南、河北的农村人口规模较大，且城镇化水平较低，农村人口比重较高，农村人口的自然增长率和劳动力比重相对较高，而随着城镇化的快速进行，河南、河北地区农村人口快速减少，人口子系统可持续发展能力降低且逐渐趋于稳定。江苏北部地区自 2000 年以来一直是农村人口子系统的低值区，2010 年之后苏北农村人口规模与劳动力占比甚至出现负增长。

2）经济子系统

从时间层面来看，研究期内经济子系统得分快速升高，四期平均值分别为 0.037、0.045、0.057 和 0.067，平均值与增长幅度均有所增加，与城镇化呈正相关。其中，2005~2010 年为农村经济子系统得分增长最快的时期，在此期间中国取消了农业税，提出了建设社会主义新农村，为农村经济注入了新活力，促进了农村经济的发展，尤其是主要从事农业生产的传统平原农区。

从空间层面来看，四期变异系数分别为 0.228、0.187、0.163 和 0.170，随着经济的增长，区域差异有减小的趋势，且逐渐形成了北京—石家庄—郑州的 107 国道沿线与江苏北部的农村经济优势区，河南大部分地区的经济子系统得分增长速度相较于其他地区更快。这一格局与城镇化和经济实力有较强的一致性，可以判断区域综合经济实力的提升对农村经济子系统的发展具有显著的正向作用。

3）社会子系统

社会子系统与经济子系统的区域变化格局相似，四期平均值分别为 0.041、0.047、0.064 和 0.081，四期变异系数分别为 0.355、0.380、0.287 和 0.276，区域差距逐渐缩小。社会子系统与经济子系统具有强烈的相关性，经济实力的增强必然会带来社会服务水平的提高，一方面经济水平提高，会使居民收入提高，并使其物质生活条件得到改善，会使其产生更高的社会服务需求；另一方面政府会有更充裕的财政收入来推动基础设施建设与提供公共服务，从而促进农村发展，缩小城乡差距。

4）资源子系统

对于农村而言，资源子系统评价的主要方面是其耕地资源，尤其对于传统平原农区而言，其耕地是重中之重。从时间上来看，资源子系统四期平均值分别为 0.034、0.034、0.035 和 0.036，相对较稳定，15 年间没有显著的升高或降低。但从空间层面看，四期变异系数分别为 0.290、0.277、0.254 和 0.265，资源的区域差异在缩小，河北的大部分地区与河南东部地区整体资源子系统得分较高。在平均值基本不变的条件下，区域差异缩小，这说明传统平原农区内部的部分地区资源优势在逐渐减弱，主要的耕地资源在少数地区集中，大部分区县的资源子系统逐渐趋于相同水平，而这些区县也是近期城镇化相对较快的地区，如保定市的大部分区县。

5）环境子系统

环境子系统四期平均值分别为 0.029、0.030、0.032 和 0.029，从时间尺度来看整体变化不显著。四期变异系数分别为 0.373、0.310、0.321 和 0.344，区域差异比较明显，整体从空间格局上来看，环境是逐渐变差的。河南东南部与安徽北部地区环境子系统得分在研究期内均比较高，原因是这些地区农业生产比重较高，而农业生产对于环境的破坏相对较小，但河北与江苏的大部分地区由于快速的城镇化与工业化发展，尽管经济社会系统发展态势良好，但第二产业对于环境造成的压力较大，当地环境子系统受到了较大的影响。

2. 农业农村子系统协调发展分析

引用耦合度模型与协调度模型，综合反映农村可持续评价各子系统之间耦合作用程度的强弱及各自的发展水平，计算得出的耦合度与协调度数值介于[0，1]，其值越大，则表明各子系统之间耦合程度越高（协调程度越高）。计算结果显示，2000 年、2005 年、2010 年和 2014 年人口、社会、经济、资源及环境五个子系统的耦合度分别为 0.854、0.864、0.897 和 0.900，整体上耦合度较高，说明各个地区五个子系统之间相互作用较强，且随着时间的推移及城镇化发展，各子系统之间的耦合度稍有提高，但在 2000~2014 年，提高幅度降低，整体耦合度趋于稳定；五个子系统的协调度分别为 0.471、0.491、0.511 和 0.518，整体协调度不高，说明传统平原农区农村可持续发展各个子系统之间的协调程度仍然处于较低水平，但整体发展水平与协调水平在逐渐提高，正向高耦合的良性方向发展（图 3.3）。

从空间格局来看，农村可持续发展协调度相对较高的区域首先出现在大城市周边，如图 3.3 中 2005 年的环京津地区、南京周边、石家庄周边，且随着时间的推移，逐渐带动更远的地区协调发展，到 2014 年研究区范围内大部分区县的各

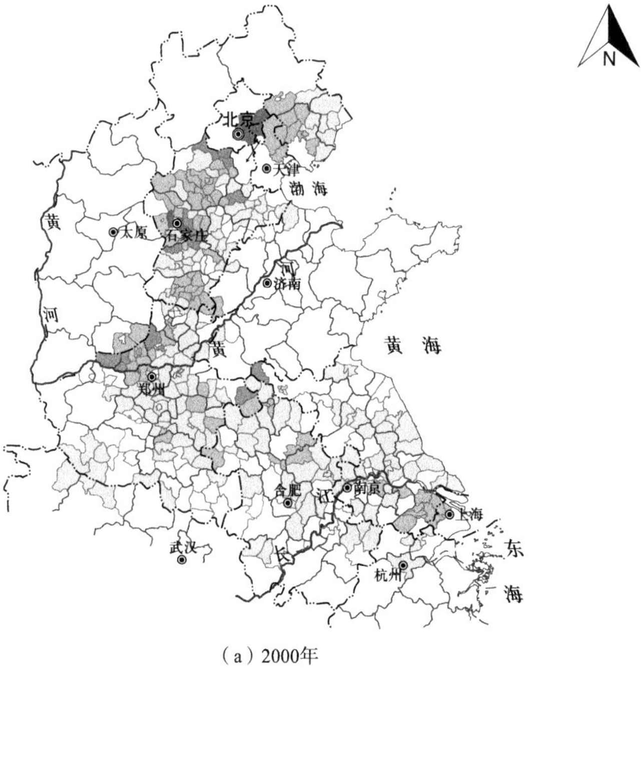

（a）2000年

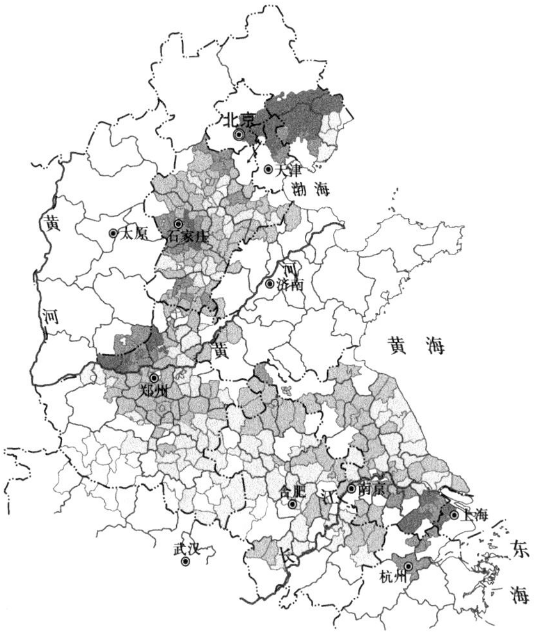

（b）2005年

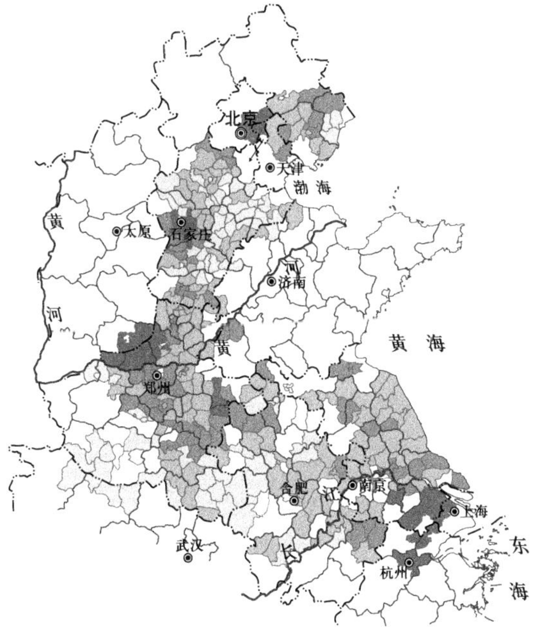

（c）2010年

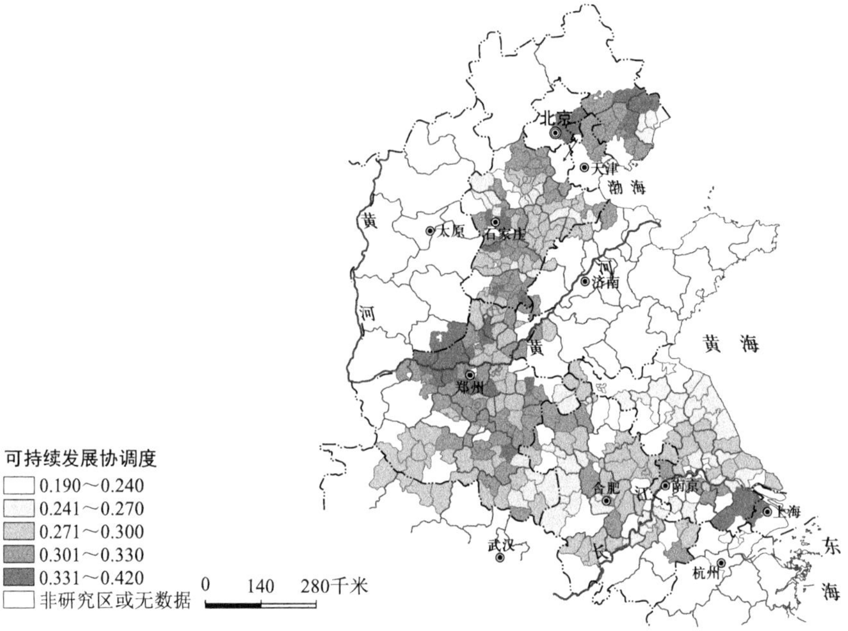

（d）2014年

图 3.3　2000~2014 年传统平原农区（部分）农村可持续发展协调状态

系统协调发展程度有显著提高，仅江苏北部地区提升不明显。以江苏北部为例，2010 年其协调发展程度也达到了较高水平，但到 2014 年其协调发展程度不升反降，结合各系统分析发现主要是因为其人口系统与环境系统的较大波动造成了协调度的降低，这可能与新常态下的经济结构调整及进城务工人员返乡“回流”有关。但总体上可以看出，传统平原农区的大部分地区虽然目前农村整体协调发展水平不高，但发展模式是良性的。

3. 农业农村可持续发展存在的问题

综合来看，研究区范围内的农村可持续发展程度是在不断提高的，且区域之间的差距在逐渐缩小，但在这一发展过程中仍存在如下问题。

（1）农村人口子系统波动较大，在 2000~2014 年，农村人口尤其是青壮年劳动力流失的情况较为显著，15 年间农村人口子系统的平均得分有较明显的降低，其主要原因是快速城镇化过程吸引了大量的农村劳动力进城，而产生的后果也很明显，造成了目前农村主体的老弱化、土地空废化和要素的快速非农化。

（2）尽管传统平原农区农村的经济社会系统发展态势良好，形成了石家庄—郑州的 107 国道沿线的农村经济优势区，但仍存在区位优势相对较差，发展缓慢的乡村“洼地”，如河北南部、河南西南部及安徽北部的部分区县，产粮大县是财政穷县的怪现象仍没有得到根本的扭转，为中国粮食安全做出巨大贡献的粮食主产区的经济社会发展受限的不平衡现象依然存在。

（3）在经济社会发展的同时，大部分地区农村的资源与环境子系统承受着更大的压力。

（4）传统平原农区农村发展的整体协调度不高，说明其各子系统目前处于较低的耦合发展水平，农村要素的非农化速度与人口的城镇化和农村经济发展速度不协调，农村资源流失较快，环境变差，这并不是一种可持续的发展模式。近些年这一现象有所改善，各子系统之间的协调度有所提高。

3.5.4　黄土丘陵沟壑区农业农村可持续发展评价

1. 农业农村子系统发展状况

随着区域工业化与城镇化的快速推进，黄土丘陵沟壑区农村非农产业快速发展，驱动着农村人口非农化速度加快，非农业人口比重及非农业劳动力占农村劳动力的比重均大幅度上升，拓宽了农民收入的渠道，农民收入不断提高。与此同时，耕地资源日益减少，传统的单一以种植业为主的农业向农、林、牧、渔全面发展的现代农业逐渐转变，劳动生产率有所提高。但仍然面临着农业生产劳动力资本流失、基本农田建设滞后，以及农药等生产要素投入不足等现实问题。

1）人口子系统

人类社会活动本身具有两面性，一方面，借助各种生产经营活动，不断改造自然界，以满足自身生存发展的需要；另一方面，发挥自身的主观能动性和创造力，运用各种工程技术手段，引导区域系统走向良性循环。人们参与整个社会生产的能力主要取决于劳动力的规模与质量，充裕的农村劳动力资源成为农村劳动力密集型产业发展的重要依托，高素质的劳动力资本是区域农村产业向高效化方向转型提升的基本要求。

就时间层面来看，2000~2014 年的四个阶段中，黄土丘陵沟壑区人口子系统的可持续性整体呈现上下波动趋势。前期逐渐升高，由 0.47 上升至 0.49，随后 2010 年逐渐递减至最低值，为 0.469。然后在 2010 年以后又逐渐恢复至 0.47。前期子系统可持续性提升在于农村劳动力短暂增加，以及户均人口数逐年增加。而随着国家及当地政府对教育基础设施的投入，在校中学生所占比例也呈现逐年增加态势，基本达到全普及状态。

就区域层面来看，人口子系统得分较高的地域主要分布在黄土丘陵沟壑区的东北、西南及西北地区，包括大同、太原、延安及吕梁部分地区。这些地区经济条件普遍较好，农村人口及劳动力增长较快，农村人口可持续性较强。而中部地区地理位置一般，难以形成较好的经济发展基础，因此人口子系统评价得分普遍较低。

2）经济子系统

农村经济子系统评价主要反映农村经济发展水平高低状况，包括农村经济发展水平和社会效益状况两个基本内容。其一，农村经济发展水平状况，主要围绕农村产业产值和农村收入状况展开。农业产出是农村经济的基础构成，尤其在农业结构调整过程中，林、牧、渔业产值不断增加，成为农村经济发展的主要增长点。此外，随着农村非农产业的迅速发展，非农产业越来越成为区域农村经济发展的主导部分。其二，当前，和谐社会建设成为人类文明进步的标识，人们追求效率的同时，对社会公平的需求越来越强烈。其指标主要包括农业产值增长率、农业劳动生产效率、单位面积粮食产量、人均肉产品产量、农业产值占地区生产总值比重、农机总动力水平、农民人均纯收入、人均社会消费品零售总额。

区域社会经济的不断进步为农业和农村发展提供了重要外部支撑，是农村发展能力的主要构成部分。现代农业生产技术、生产资料的推广应用成为当前农业生产发展的决定性力量，农业与农村发展逐步突破了自身范畴，融入社会经济发展整体系统中，形成了农业、工业及各种服务业等产业体系相互融合的局面。在经济实力的有力支撑下，农村发展能力的培育与塑造力度加大，资源开发利用、教育资源配置、生态环境治理等方面的投资力度稳步加大，体现出人类社会活动对区域农村发展强大的正向反馈作用，可引导农村经济步入持续、健康发展的轨道。

就时间层面来看，2000~2014 年黄土丘陵沟壑区农村经济子系统整体保持稳步增长的发展态势，可持续性较强。2000~2010 年，随着国家对农业农村发展工作的逐渐重视，以及农业现代化、新农村建设相关政策方针的实施，农村的整体发展状况得到了稳步改善，农业产值及农民收入得到了较快的增长，农业机械化水平及农民的生活水平也得到了快速的提高，经济子系统的得分由 2000 年的 0.15 逐渐增加至 2010 年的 0.19。2010 年后，经济危机逐渐向农村蔓延，同时中国农业农村发展逐渐进入转型阶段，黄土丘陵沟壑区农业农村发展面临质量及数量的双重提升困境，农业农村的经济子系统面临一定的挑战，但与此同时依旧维持较快的增长率。

就空间层面来看，黄土丘陵沟壑区农业农村经济发展的区域差异性较大，并呈现一定的东西高、中部低的整体局势。其中，延安、榆林、大同等区域及内蒙古各县区的经济发展整体条件较好，农村发展的可持续性也较强。榆林、清水河、准格尔旗等地区的农业机械化水平、农民人均收入及农村发展状况都处于较高的水平，这与当地较好的资源禀赋、地理区位等有较大的关系。

3）社会子系统

社会子系统主要涵盖了城镇化水平、交通、医疗和通信四个方面，用以刻画地区基础设施建设发展情况。黄土丘陵沟壑区社会子系统评价值呈现逐年增加态势，且地区间差异呈现缩小态势。2000 年、2005 年、2010 年和 2014 年社会子系统评价值分别为 0.136、0.186、0.246 和 0.242；变异系数分别为 0.470、0.425、0.296 和 0.390，说明黄土丘陵沟壑区社会子系统水平整体有所提高，且地区之间差异在缩小。在空间分布上，以 2014 年评价结果为例，高值区主要分布在延安市的吴起县、志丹县、甘泉县，临汾市的永和县、大宁县、蒲县，榆林市的吴堡县、神木市，太原古交市，忻州岢岚县，鄂尔多斯市准格尔旗。低值区主要分布在吕梁市临县，该地区地处吕梁山区，是山西省最大的贫困县，生产和生存条件恶劣，基础设施条件有待提高。

4）资源子系统

资源子系统主要包括区域人均耕地面积、耕地复种指数和单位造林面积 3 个指标，用来反映农村地区耕地资源禀赋、耕地资源利用强度及生态林恢复强度。黄土丘陵沟壑区资源子系统时空差异显著。从时间层面来看，黄土丘陵沟壑区资源子系统评价值呈先减小后增大的趋势。2000 年、2005 年、2010 年和 2014 年资源子系统评价值分别为 0.241、0.180、0.237 和 0.271，变异系数分别为 0.367、0.367、0.369 和 0.450。2005 年资源子系统评价值较 2000 年降低 25.3%，年均降低 5.1%；2010 年较 2005 年提高 31.7%，年均增长 6.3%；2014 年较 2010 年提高 14.3%，年均增长 3.6%。而变异系数呈增大趋势，说明地区之间资源子系统差异呈增大态势。2000 年资源子系统高值区主要分布在北部的准格尔旗、托克托县、和林格尔县、清水河县、右玉县、左云县、偏关县和神池县，以及南部的定边县、吴起县和永和县。2014 年资源子系统高值区主要分布在东北部、东南部及西南少部分地区。准格尔旗人均耕地面积逐年减少，吴起县耕地复种指数逐年降低、造林面积减少，导致地区资源子系统评价值降低。而岚县、静乐县、宁武县和天镇县通过提高耕地复种指数从而提高了资源子系统评价值。

5）环境子系统

环境子系统包括单位面积区域废水排放量、单位面积区域废气排放量和化肥施用量，用此来刻画区域环境和农田系统受污染程度。黄土丘陵沟壑区的环境子系统评价值整体上呈逐渐降低的趋势。2000 年、2005 年、2010 年和 2014 年黄土丘陵沟壑区环境子系统评价值分别为 0.179、0.131、0.102 和 0.076。2005 年环境子系统评价值较 2000 年降低 26.8%，年均降低 5.4%；2010 年环境子系统评价值较 2005 年降低 22.1%，年均降低 4.4%；2014 年环境子系统评价值较 2010 年降低 25.5%，年均降低 6.4%。2000 年黄土丘陵沟壑区环境子系统较好的区域为西部及西南部各区县，主要在陕西省境内。在 21 世纪初期，由于该地区工厂相对较少，加之退耕还林、还草政策的影响，该地区是环境子系统较好区域。但随着城镇化的快速推进，乡镇企业在陕北地区逐渐兴盛起来，工业废水、废气排放量增加，导致区域环境子系统质量降低。2014 年区域环境子系统质量整体下降幅度较大，仅南部的延长县、延川县、子长县、安塞县、甘泉县、志丹县和吴起县及北部的准格尔旗、宁武县相对较高。

2. 农业农村可持续发展综合评价

由图 3.4 可知，黄土丘陵沟壑区农业农村系统的综合评价得分整体呈增加趋势。2000 年、2005 年、2010 年和 2014 年黄土丘陵沟壑区农业农村系统的综合得分值分别为 0.238、0.225、0.250 和 0.261。2005 年综合得分值较 2000 年降低 5.5%，年均降低 1.1%；2010 年较 2005 年上升 11.1%，年均上升 2.2%；2014 年较 2010 年上升 4.4%，年均上升 1.1%。2000 年，综合得分值高值区主要在南部的延川县、延长县、子长县、安塞县、甘泉县、志丹县和吴起县。2014 年的综合得分值较 2000 年上升 9.7%，综合得分高值区主要在北部的准格尔旗、府谷县、清水河县、偏关县、神池县、宁武县、岢岚县、右玉县和怀仁县，以及南部的靖边县、定边县和甘泉县（图 3.4）。

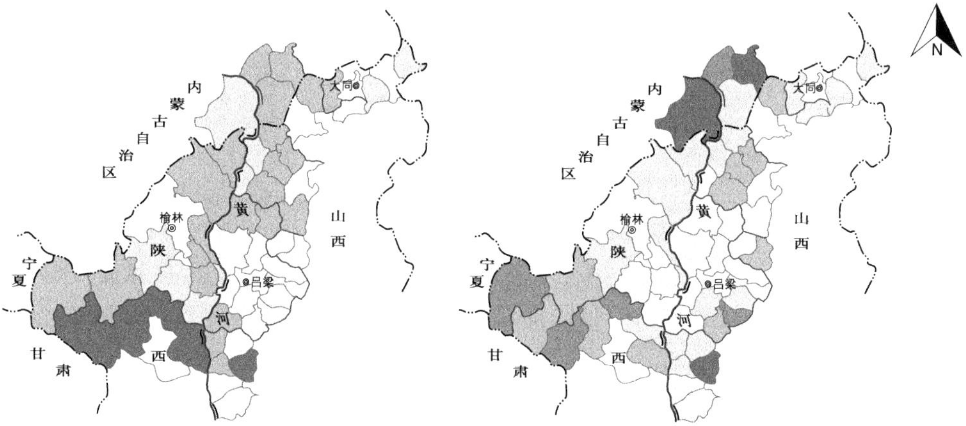

（a）2000年　　（b）2005年

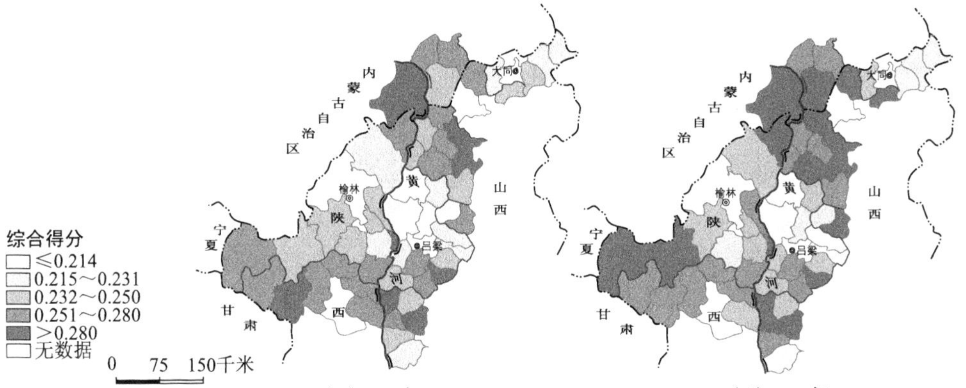

(c) 2010年　　(d) 2014年

图 3.4　黄土丘陵沟壑区综合评价时空变化

3.6　农业农村发展的驱动机制分析

3.6.1　农业农村发展驱动力系统

农村发展是世界性的重大区域问题。在当前全球能源短缺背景下，一些落后国家或地区，林木的过度砍伐带来了一系列农村生态环境问题，严重制约着农村经济的可持续发展。土地集约利用是提高农业生产率的主要手段，成为有效缓解农村发展问题的重要途径。农村非农产业的蓬勃发展，既能够解决农村劳动力就业难题，又能拓宽农民增收渠道。随着时间的推移，农业和非农业部门的互动均衡发展，有益于推动农村地区迈入平衡与快速发展的轨道。

中国农村问题研究经历了一个长期而曲折的过程。中华人民共和国成立至 20 世纪 80 年代末期，农村发展研究一直处于起步阶段。农业区划、农村聚落、土地资源开发利用等问题研究进一步深化，推动了农村问题研究的系统化；20 世纪 90 年代以来，进入农业与农村可持续发展研究阶段。区域农业与农村可持续发展的战略选择、发展机制与途径成为研究重点，强调区域资源、环境、社会、经济、文化伦理等综合要素的作用。但与城市问题研究相比，农村发展问题研究仍略显滞后；进入 21 世纪，城乡统筹发展、构建和谐社会及社会主义新农村建设等一系列战略决策相继实施，标志着农业与农村发展进入到一个新的转型阶段。

从系统论角度来看，深入分析区域城乡系统的要素组成、结构特征，揭示农村发展的动力机制，对拓展农村发展理论体系及指导当前中国新农村建设，具有重要的意义和价值。

1. 区域城乡系统

依据系统论原理，区域城乡系统由乡村系统和城镇系统两大子系统构成。其中，乡村系统主要包括村庄、中心村（社区）、集镇、中心镇等村镇空间体系；城镇系统主要包括大都市、中等城市、小城市及城郊社区等城市等级体系。两个子系统之间相互融合、交互叠加，形成一个独特的城乡交错系统，包括小城镇、城郊社区、农村等城乡融合体系。区域城乡系统是一个连续的城乡统一体，不存在明显的空间断裂点。在水平尺度下，由城镇系统到城乡交错系统再过渡到乡村系统，区域城乡系统的乡村性逐步增强，城市性逐步减弱。

基于距离衰减效应与扩散模式的理论基础，乡村系统和城镇系统两者之间相互作用、相互联系，城乡之间的物质流、能量流和信息流在空间上的流动形成点与面、点与点、面与面之间的各种力量模式。乡村系统、城乡交错系统与城镇系统分别通过农村城镇化、城乡一体化和区域城市化的战略途径，实现各种要素流在空间上由分散到聚集再到两者的动态平衡，从而推动区域系统的运行和发展。乡村系统为城镇系统输入大量的人力、食物、原材料等，支撑城镇系统的良性运转。后者则反馈给前者相应的资金、技术、信息及管理等。区域发展的实质就是城乡地域系统内部各子系统之间相互作用、相互胁迫，由低级协调共生向高级协调发展不断上升的过程。

2. 区域农村发展系统要素与结构

农村发展系统是一个多层次、多要素综合作用的庞大系统，具有复杂性、开放性、非线性等特点。区域农村发展系统由农村发展内核系统和农村发展外缘系统组成，其核心是由农村本体系统和农村主体系统耦合而成的农村发展内核系统，两者之间相互耦合作用的效果直接决定着农村发展系统能否可持续运转。农村本体系统由包括土地、水和生物等在内的自然资源及各种生态环境要素组成，属于基础支撑系统。农村主体系统包括农村经济系统和农村社会系统，其运行受特定的农村经营体制、机制和管理水平的直接影响。

农村发展外缘系统是一个由影响和制约农村发展的诸多外部性因素条件组成的复杂系统，并由其本身所特有的尺度空间效应异质性决定。例如，在全球尺度下，农村发展外缘系统涉及全球经济一体化进程、国际贸易政策等方面。在国家尺度下，农村发展外缘系统包括某一国家的社会制度、经济体制、文化风俗习惯等。区域农村发展外缘系统主要包括区域发展政策、工业化和城市化发展阶段、发展模式等方面。随着区域农村发展系统开放程度的逐步提高，农村发展越来越受到其外部环境的影响和制约。

农村发展内核系统内部各相关子系统之间，及其与农村发展外缘系统之间，不断进行物质流、能量流和信息流的交换，系统耗散结构功能不断增强，形成了区域农村发展的驱动力，从而推动农村社会系统、经济系统、生态环境系统及农村聚落系统不断演变，从而构成了农村发展的整个过程。

3. 农村发展系统动力机制

农村发展系统的状态是农村发展内核系统与农村发展外缘系统之间相互作用、相互协调的综合结果。在一定区域尺度下，农村发展内核系统是否具有活力，直接表现是区域农村自我发展能力的强弱。农村发展外缘环境对农村发展的影响是多元的，但主要通过影响区域工业化和城市化的方向、进程来体现。因此，农村发展系统演进的状态，主要取决于农村自我发展能力的强弱，以及工业化和城市化外援驱动力的大小。农村综合发展能力、工业化和城市化的外援驱动力、农村自我发展能力三者均是一个矢量概念。其作用力方向分别代表着农村发展的战略导向、工业化和城市化的驱动方向、农村内源性发展功能导向。

总之，从系统论的角度出发，农业农村发展的驱动力系统主要由农村发展内核系统与外援系统组成，而农村本体系统中的自然系统、生态系统及农村主体系统中的社会系统、经济系统构成了农业农村发展的内核系统，工业化、城镇化等外在驱动因素构成了农业农村发展的外缘系统。农业农村发展的外缘系统可通过城镇化对农业农村的影响进行反映。因此，本书仅对农业农村发展的内核系统受哪些因素驱动，从而影响农业农村的整体发展进行理论性揭示。

3.6.2　农村自然生态系统驱动机制

1. 资源要素驱动机制

1）土地资源

土地资源对人类至关重要，土地是人类赖以生存和发展的物质基础。农村土地资源尤其是农村耕地资源在农村发展中至关重要，随着人口的不断增加，土地资源已成为制约社会经济发展的重要因素，在此背景下，国家把“十分珍惜、合理利用土地和切实保护耕地”作为基本国策。

土壤质量是反映农村土地情况的重要指标，也是农村土地资源研究的核心内容。1984 年美国土壤学会将土壤质量定义为，土壤质量是来源于土壤特征或间接观测的土壤固有属性（如紧实度、侵蚀度和肥力）。从土壤质量的概念产生来看，其更多关注于土壤的生产能力。随着时代的发展和认识水平的提高，20 世纪末，包括肥力质量、环境质量和健康质量在内的综合土壤质量概念被提出。

土壤肥力是土壤质量的核心指标，也是影响农业农村发展的关键因素。土地肥力质量的概念在 20 世纪 90 年代对土地持续利用的研究中被广泛利用并持续发展，其在粮食安全、环境保护和资源可持续利用过程中的影响日益受到重视（周健民，2015）。国外土壤肥力质量评价主要从应用的视角评价不同管理方式、不同土地利用类型对土壤肥力的影响，关注作物耕作模式及水肥管理等对其的影响和调控措施。国内的研究主要以土壤的物理指标和化学指标的构建、量化及提出改善意见为主，对管理措施及针对性土壤改善措施研究相对较少（刘婵，2014）。

土壤肥力的一般影响因素包括：①产权稳定性。稳定的产权有助于激励农户增加对土地的投资从而提高土壤肥力。②土地交易权。市场环境条件好，土地交易权完善，市场信息公开透明，会增强土地投资动力，提高土壤肥力。③地块产权类型。在现有土地所有制下，承包田产权不稳定，流动性大，会影响经营者对土地的投入。④非农就业机会成本。当非农就业收入较高时，可能导致大量的农民流向非农产业，从而导致对土地投入的降低。⑤耕地资源禀赋。在人地关系紧张的地区，耕地养活人口的压力较大，从而加大了耕地压力，导致土壤退化。⑥绿肥种植和秸秆还田有利于土壤肥力的提高。⑦肥料施用有利于土壤养分的补充和积累，从而提高土壤肥力（俞海，2002）。

2）其他资源

（1）农业农村（农产品）资源对农业农村的影响。农村地理标志农产品（特色农产品）是农业农村资源的典型代表，是推动农村发展的优势资源和重要资源。地理标志农产品具有明显的区域优势，能够整合相关的经济资源，具有很强的集聚作用，能够促进区域农业产业的形成，带动农村经济发展。该模式带动农村经济发展主要通过两种途径实现：第一种为通过特色产品形成产业集聚，从而整合各方资源，快速形成具有竞争优势的产品；第二种为区域优势特色农产品本身就具有一定的品牌效应，所在区域农户可通过品牌溢出效应提高自身收入。地理标志农产品的集聚效应和品牌效应提高了当地农业发展水平和竞争力，从而促进了农业农村的发展（陈荣，2016）。

（2）自然灾害对农业农村的影响。自然灾害往往会引起物质和社会经济的损失，物质方面的损失包括人员伤亡和财产损坏，社会经济方面的损失可以通过金钱来衡量。世界银行评估出 1970~2008 年自然灾害造成的总损失大约是 2.3 万亿美元。已有学者评估了风暴、洪水、干旱三种灾害对越南乡村居民福利和贫困的影响，并评估了不同家庭应对灾害时的弹性能力，指出处于工作年龄的人口多、受教育程度高的家庭受灾恢复弹性更高（Arouri et al.，2015）。

（3）特定地区自然资源对农业农村的影响。不同的区域呈现出不同的自然资源特性，而这种特定的自然资源本身就会对农业农村产生影响。例如，在沙漠边缘地堑带，地堑形态受地质作用、地质结构历史、河流、气候、人类活动的影响，地质构造和火山运动能够导致边缘地堑带消失；而人类活动能够影响沙漠地区边缘地堑带的水平衡，过度利用会导致边缘地堑带消失，更重要的是城镇化发展与其消失有重大关联性。在这种特定的自然资源条件下，形成了特定的农业农村人地关系：①该地区短暂的洪水被称为“生命洪水”，洪水水源通过重力作用被带到地堑带底部的农业区域，形成洪水灌溉系统，可提高当地的农业产量。②边缘地堑带形成的平坦平原可进行农业机械化生产。③湿地是边缘地堑带的生产单元，可以提高当地的社会经济效益。④地下水通过不同的水转移方式来补给地下水层，通过滴灌、洒水车灌溉等方式，大大提高了水资源利用效率。

（4）农业农村资源破坏的主要原因。农业农村资源的破坏一方面受整体环境条件（如气候等）的影响；另一方面受人类活动的影响。短期内整体环境条件的改变很小，因此，短期内其深层原因更多为人类活动的影响。农业农村典型资源的破坏主要包括农村自然资源破坏，涉及主要的农、牧业资源；农村环境资源破坏，包括因污染物处理不当导致的水体和土壤污染，以及采掘业在生产过程中带来的环境影响等；农村人力资源破坏，包括自然环境资源破坏导致的人身健康、福利等直接损失和人力资源流失的间接损失。从深层次的人为因素来看，可从微观、中观、宏观三个层面进行解读：①微观层次上，农户和乡镇企业是农村资源的直接利用者，他们对资源的不当利用会直接导致农村资源的破坏；②中观层次上，农村资源组织自身的问题和市场失灵、政府失灵的存在间接造成了资源的破坏；③宏观层次上，农村资源破坏源表现为政府资源管理行为的不合理（赵敏娟，2001）。

2. 农村资源型贫困化

中国 14 个集中连片贫困地区发展均面临类型多样、程度不等的区域性制约因素（刘彦随等，2016b）。由于自然地理、生态环境、历史进程、民族文化、经济区位等原因，贫困地区与生态脆弱区、限制或禁止开发区、少数民族集聚区、边境地区和革命老区呈现空间上的高度叠合（王瑜和汪三贵，2015）。贫困人口多分布在深石山区、高寒区、高原区和地方病高发区，人地矛盾突出，资源环境承载能力弱，其中山区、丘陵地区、限制开发区多为贫困人口最为集中的区域（刘彦随等，2016b）。据分析，14 个集中连片贫困地区的缓坡（坡度介于 15°~25°）、陡坡（>25°）面积所占比例分别高达 20.8%和 17.1%。从约束条件来看，农村贫困区与水资源短缺重点区在地理空间分布上具有高度一致性（张春玲等，2013），受水资源、土地资源约束的国家级贫困县分别占 20.44%、24.96%，受水土资源共同约束的贫困县占 8.5%；南方乌蒙山区、武陵山区、罗霄山区等主要受土地资源约束，而六盘山区、燕太片区等地区的贫困县主要受水资源约束（周侃和王传胜，

2016）。另外，已有不少研究发现贫困区与生态脆弱区具有高度的耦合性。研究认为，贫困直接或间接导致生态环境恶化（张亮晶等，2011），生态环境恶化反过来使得贫困人口的生存条件进一步恶化（董锁成等，2003）。赵跃龙和刘燕华（1996）运用脆弱生态环境成因指标划定了中国脆弱生态环境的分布范围，并对脆弱环境与贫困进行了相关分析，指出在经济发达的东南沿海地区脆弱生态环境与贫困的相关性不明显，在经济和发展条件相对落后的西部地区脆弱生态环境与贫困呈高度正相关，二者几乎互为因果。周毅等（2008）根据生态脆弱性和贫困因子的相关性建立数学模型，得出生态脆弱带与贫困县分布、土地面积和人口 3 个因子的关系式，揭示了贫困与生态脆弱带之间的定量规律。

3. 生态系统驱动机制

农业生态环境是促进农业持续发展的基本条件和重要保障。中国学者关于生态环境对农业生产、农村生活的影响进行了很多研究。刘千枝和王辉（1996）在分析景电灌区脆弱的生态环境的基础上，阐述了干旱、风沙、土壤次生盐渍化、暴雨、干热风、霜冻对农业生产的危害，直接影响着灌区农业生产的发展和粮食作物的高产、稳产。刘林奇和杨新荣（2014）基于生态经济学视角、基于可持续发展视角和环境保护理论解释了生态环境对农业发展影响的理论基础，又对洞庭湖区湿地生态环境对农业发展的影响进行了实证分析，结果表明从长期看，农业实际总产值与平均气温、水位落差和总氮浓度等存在协整关系。丁金枝等（2011）发现荒漠化极大地影响着包括毛乌素沙地在内的干旱、半干旱区的土壤呼吸及碳固持潜力，从而影响农产品的产量和质量。但是，生态林建设有利于改善农田小气候、改良土壤，还可以防风固沙和保持水土，促进作物的生长，提高农作物产量，并且可以净化空气，改善大气环境，提高农民生活质量。

3.6.3 农业农村社会系统驱动机制

1. 农民收入

1）土地流转

土地流转是指土地使用权流转，即拥有土地承包经营权的农户保留承包权，转让土地经营权（使用权）。Reardon（1997）运用实证研究对非洲的非农劳动力市场进行分析，研究表明从土地流出者的角度来说，土地流转可以通过其他途径增加收入。薛凤蕊等（2011）运用双重差分模型对内蒙古自治区鄂尔多斯市进行实证分析，结果表明，土地流转后参与农户与未参与农户相比，人均纯收入显著增加。秦山平等（2012）采用重点与随机抽样、参与式农村评估、皮尔逊系数等方法，从微观尺度定量分析了永川区青峰镇农村集体建设用地流转与农户收入结构的关系，研究发现农村土地的流转对农户增收的影响较为显著，但是农民从村集体土地使用权流转中获得的收益始终保持在较低水平。

2）教育程度

对人力资本最核心的投资是教育，大部分的研究都认为农民收入与受教育程度呈正相关。刘万霞（2011）认为技能培训对提高进城务工人员收入具有积极促进作用，进城务工人员的教育收益率与受教育程度呈倒“U”形曲线。陈贤银（2004）认为教育对农民增收作用是显著的，并且农民增收的持续性和稳定性随着受教育年限逐步提高。辛岭和王艳华（2007）认为中国农民受教育水平是农民收入变动的原因，农民收入和农民受教育水平之间存在着长期的、稳定的均衡关系。国外学者的研究注重刻画教育对农民收入的提升程度。例如，Todo 和 Takahashi（2013）发现参加农民田间学校培训的农民收入每年大约增加 60~160 美元。Kan 等（2006）研究发现，农户受教育程度的提高对非农收入的增加具有正向促进作用，但是这种正向作用对农业收入的影响却是消极的。

3）政策财政

Briggeman 等（2010）采用美国农业相关数据进行研究，结果表明，农民收入很大程度上依赖于政府政策，政府的补贴对提高农场收益具有促进作用。国内关于制度对农民收入影响的研究主要着眼于政策的倾斜。

廖红丰和杜长乐（2004）指出，公共财政通过提供农村公共产品改善农民的生产、生活和外部环境条件，有利于发展农业生产，从而直接或间接地增加农民收入。罗东和矫健（2014）采用协整分析和似不相关回归模型主要分析了 1978~2012 年中国农民人均纯收入与财政支农支出的关系，研究表明从长期来看，国家财政支农支出对农村居民收入有显著影响。汗海洋等（2014）分析了中国财政支农的现状，并在建立结构式向量自回归模型的基础上考察了财政支农支出的各类支出与农民收入增长之间的动态相关性。研究结论表明，各项财政农业支出在促进农民收入增长中的贡献度和影响力有着显著差异，并且存在着一定的作用时滞。朱湖根等（2007）认为，财政农业支出确实有利于农民增收，但其对缩小城乡居民收入差距的效果并不明显，主要是因为财政农业支出在促进农民增收的同时还带来了城镇居民收入的同步甚至更快速增长。

4）金融发展

诸多理论和实证研究探讨了农村金融对农民收入的影响，由于选取的指标和研究方法不同，众学者得出的结论也不同。

有的学者认为金融发展对农民收入有负向影响。温涛等（2005）从实证角度分析了 1952~2003 年中国整体金融、农村金融与农民收入三者之间的关系，认为中国金融发展对农民收入增长有负面作用。朱德莉（2014）运用 1978~2013 年数据，研究中国农村金融发展对农民收入增长的影响，也表明农村金融发展对农民收入具有负效应。余新平等（2010）认为在 1982~2008 年，农业贷款和乡镇企业贷款在一定程度上抑制了农民收入的增长，农村金融发展并未对农民收入产生积极影响。

而一些学者则持相反意见。王虎和范成来（2006）认为在 1980~2004 年，金融发展与农民收入呈正相关，但是金融发展也对拉大中国城乡收入差距具有显著影响。赵永红（2011）通过对中国整体和东、中、西部的样区进行回归分析，揭示了农村金融发展水平对农民收入的影响存在地区差异，东、中部地区为正向效应，而西部地区则不显著。

还有学者认为金融发展对农民收入有双向作用。孙玉奎和冯乾（2014）从理论角度提出，农村金融发展与农民收入差距的关系呈“U”形；而实证结果则表明中国在 1980~2011 年,农村正规金融发展与农民收入分配的关系更倾向正相关，非正规金融对农村收入分配不具有显著的影响，总体来说，农村金融与农民收入的关系处于倒“U”形曲线的左侧。而杨雯（2007）则认为农村金融发展与农民收入并不是单向的因果关系，二者相互影响，互为因果。

从上述研究可以看出，不同学者从不同视角出发，研究农村金融发展与农民增收两者的关系，得到的结论不同。这与研究选取的指标有关，大多数学者只从农村金融规模这一角度衡量农村金融发展水平，而并未将农民收入结构考虑在内。

5）城镇化

从时间的视角来看，城镇化对于农民增收影响显著。宋元梁和肖卫东（2005）描述了城镇化发展与农民收入增长之间的动态相关性，研究表明：中国城镇化发展与农民收入增长之间存在着较强的正向交互响应作用，而且其长期的响应作用程度更显著、更稳定。李美洲和韩兆洲（2007）揭示了城镇化、工业化和农民收入具有长期协整关系，工业化政策对农民增收会产生较好的短期效应，而城镇化政策对农民增收的作用从长期看来更为显著。

从空间的视角来看，城镇化对于农民增收的影响存在区域性差异。王鹏飞和彭虎锋（2013）在分析城镇化对农民收入影响传导机制的基础上，运用中国 1999~2011 年的省级面板数据，构建变截距模型分析了城镇化进程对农民收入水平的影响所存在的区域性差异，结果显示，城镇化水平提高可以有效提高农民收入，但是这种带动作用存在较大的区域性差异。具体而言，城镇化水平的提高对中、东、西部地区农民收入的带动作用依次递减。

此外，从收入结构的角度分析，城镇化发展对农民不同收入来源的影响程度也不尽相同。

除了上述因素之外，农业科技、气候、粮食收购价格（李志红，2007）、农业机械化（周振等，2016）、农业保险（周稳海等，2014）、农业投资、公共物品供给等也对农民收入有着重要影响。

6）综合因素

张秀生和卫鹏鹏（2004）认为，农民收入既受宏观因素影响，如城镇化水平和农村土地制度等，也受农民面临的现实因素的影响，如农民不合理负担过重等。王凤（2005）借用国民收入核算理论，通过对农民收入函数的分析，得出单位农产品增加值、农产品总量和农业人口是影响农民收入的三大重要因素。张占贞和王兆君（2010）认为农民人均工资性收入不仅受农民文化程度、农民人均交通和通信支出比重、农村人均固定资产投资额和财政支农支出额等因素较强的正向作用的影响，而且受农村人均乡镇企业贷款额等因素较弱的负向作用的影响。郭燕枝和刘旭（2011）认为农村非农产业劳动力、农业用电量和有效灌溉面积等要素对农民收入影响显著。

2. 农村居民点

众多研究发现，城镇化、政策制度、人口增长、经济水平、交通条件、农村工业化等因素成为农村聚落空间演变的重要驱动力，自然地形地貌因子为农村聚落演变的基础因子（Carriónflores and Irwin，2004；房艳刚和刘继生，2009；张建等，2010）。

1）自然环境因素

自然环境是农村居民点形成和发展的基础，影响居民点空间布局的自然环境因素主要包括地形、河流和资源禀赋。焦贝贝等（2013）以兰州市七里河区的农村居民点为研究对象，发现黄土高原低山丘陵区的农村居民点分布格局受到高程、坡度坡向、地形起伏度、地表粗糙度、坡度变率、坡向变率、地表切割深度、地形高程变异系数等因子影响，并总结了这些地形因子对于农村居民点选址的优势地形位范围。张霞等（2012）以重庆市石柱土家族自治县鱼池镇团结村的农村居民点为研究对象，指出喀斯特槽谷地区的不同地形因子如高程、坡度、坡向、地形起伏度、地表粗糙度及剖面曲率和平面曲率的农村居民点优势地形位的取值范围。刘仙桃等（2009）采用 GIS 查询统计与 Voronoi 图 CV 值相结合的分析方法，以北京市昌平区为研究对象，发现地形是影响农村居民点空间分布的主导因素，公路交通是影响农村居民点空间分布的重要因素，河流对农村居民点分布也有一定影响，距离河流越远，农村居民点密度越低。河流对居民点的影响既要考虑生产生活用水的便利性，还要顾及洪水线对生命财产的威胁（刘明皓等，2011）。关小克等（2013）对北京农村居民点布局进行了分析，将其分为近中郊、远郊、山区三个圈层,并探讨了不同圈层农村居民点在承接大都市空间扩展中的不同策略。姜广辉等（2006）研究表明，北京农村居民点的空间分布具有生产取向，与水浇地、灌溉水田、旱地及果园具有较强的空间趋同性。倪永华等（2013）实证揭示，山区村庄布局调整应充分考虑生产半径、出行时间和出行速度的影响。

2）社会经济因素

社会经济因素主要指的是交通条件、区位、政策等因素。

公路作为农村的重要交通廊道，其可达性对农村空间发展具有较明显的制约作用，可达性好的小城镇更容易吸引较大规模的农村聚落在其周边集聚（宋明洁等，2013）。在城镇化和“村村通”的驱动下，距离道路的远近日益成为决定农村居民点分布面积与扩张方向的关键因素（刘晓清等，2011；朱雪欣等，2009）。区位因素是影响农村居民点布局的另一关键因素（海贝贝等，2013），大部分区域的居民点数量和规模与城镇距离呈负相关（王志杰和何立恒，2013）。

农村空间格局的演变过程不仅受到地形等自然环境条件的制约，经济发展、社会结构演变、城镇化、村民传统观念变革及国家政策引导等社会经济条件产生的影响也不容忽视（吴文恒等，2008）。

此外，农村人口规模（车明亮等，2010）、农民生计方式等（吴旭鹏等，2010）农村自身的因素也会对农村居民点的布局产生影响。

3）综合因素

刘彦随等（2009）运用推拉理论，将收入、投资、非农就业等看作离心力，把乡土观念、邻里关系等看作向心力，揭示了农村空心化的形成机理，认为农村空心化是城乡系统间要素流动及乡村系统要素结构演变的综合反映。龙花楼等（2009）从全国尺度进行分析，指出影响空心村演化的因素主要涉及经济、自然、社会文化及制度与管理四个方面。周国华等（2011）在深入分析各类因素对农村聚落演变影响的基础上，将驱动力分为延续传统农村聚居特征的基础因素、促进农村聚居转型的新型因素和带来农村聚居环境变化的突变因素三类。任平等（2014）研究发现，农村居民点布局除了受地形因素影响外，还与国家级风景名胜区、世界文化遗产区等保护政策，农村土地综合整治和灾后重建等规划因素密切相关。贺艳华等（2013）结合样点分析和样带分析，发现中部地区农村聚居空间分异受到自然地理条件、经济发展与收入水平、城镇化与城乡关系、地域文化环境及国家政策与制度调控等多种因素的综合作用。冯文勇和陈新莓（2003）通过实地考察，得出聚落扩展是人口和家庭因素、社会经济与收入因素、交通因素、农村工业化，以及其他因素如农村土地政策、保障制度等共同作用的结果。

农村居民点布局由于长期缺乏必要的规划引导与增长控制，表现出严重的生存性不合理、功能性不合理、规模性不合理、结构性不合理和体制性不合理等现象（阮荣平，2012）。例如，在城镇化过程中，农村人口转移未与居民点用地缩减相挂钩；农村居民点外部扩张与内部空心化并存（Long et al.，2012）。

3. 农村贫困化

1）社会经济因素

a. 制度因素

Williamson（1980）从制度层面揭示了贫困的根源，认为制度本身、制度缺失、制度政策的失误或不当的政策导向等都会造成不平等现象进而导致贫困。在制度方面，学者从不同的制度角度分析了中国的农村贫困现象。赵乐东（2006）通过对中国户籍制度和土地制度变迁的分析，指出要解决中国农村的贫困问题，制度有待进一步变迁。

b. 交通因素

康继军等（2014）指出了影响区域经济发展及城乡收入差距的两种效应：一是引导贫困人口就业，直接提高贫困人口的实际收入水平；二是加大交通基础设施建设投资，通过“涓滴效应”，间接提高贫困人口收入。冯宗宪和张红十（1992）认为贫困地区交通落后的实质在于交通的结构与功能存在严重缺陷，并由此产生出对经济发展的 X-负效应，具体体现在对商品流通的抑制，对生产发展的阻碍及对贫困的诱发等三个方面。李文（2008）运用匹配法评估了道路建设对改善贫困的影响，研究表明道路建设对不同农户群体带来的效应不同，且贫困户受益更为明显。

2）环境因素

许多学者研究后发现，贫困地区的自然环境一般较为恶劣（辜胜阻，1991）。自然灾害通常与贫困呈正相关关系（王国敏，2005）。魏众和古斯塔夫森（2000）对大样本农村住户调查数据进行分析，指出家庭居住的区域及地貌特征是中国农村贫困的决定性因素。曲玮等（2012）利用基于 2000~2006 年甘肃省 51 个扶贫开发重点县的面板数据进行实证分析，结果表明自然地理环境制约仍然是导致贫困的重要因素之一，而经济社会发展只能在一定程度上降低不利的自然环境造成的负面影响。Bird 和 Shepherd（2003）对津巴布韦半干旱地区的研究表明，地理位置偏远与长期贫困关系密切，接近城市有助于收入的多样化和贫困改善。

3）自身因素

贫困农民的文化水平一般较低，这是导致农民贫困的重要原因之一。孙雪霞和刘桂玉（2007）等指出尽管由多种因素共同作用导致了农村贫困，但是打破农村贫苦的重要突破点在于农村教育。

囿于区位、交通及生活环境，贫困地区农村的文化封闭，贫困人口视野狭窄，封闭的生产生活方式使其难以摆脱贫困状态。钟超认为思想不解放是贫困地区贫穷的关键因素，具体表现为“靠天、靠政府”的依赖思想、“出门百般难，在家千般好”的胆怯思想、“宁愿一块穷，不愿个人富”的平均主义思想、“鸡犬之声相闻，老死不相往来”的自给自足的自然经济思想、“天不变、道也不变”的故步自封、因循守旧的落后观念、“男勤于耕、女勤于织”的温饱即安的自满自足思想（钟超，2005）。有学者提出，农村贫困地区多表现为精神贫困，即思想意识落后、安贫守穷、听天由命、市场意识落后，脱贫的根本在于精神脱贫（陈浩和赵君丽，2001）。

4）综合因素

中国农村贫困是由自然、经济、社会、历史等多方面原因造成的，贫困系统内各因子之间相互作用、相互影响。自然环境恶劣、区位条件差、基础设施落后、区域发展不均衡及前期扶贫开发政策精准性不够等，是中国农村持续贫困的主要症结（刘彦随等，2016b）。因此，很多学者通过定性或定量分析来探索中国农村贫困的影响因素。

高星等（2016）认为西藏农牧民贫困的主要原因有恶劣的生态环境、公共基础服务设施建设不足、生产经营方式落后、人口受教育水平低、部分群众安于现状，缺乏致富意识。热比古丽·热杰普（2016）认为新疆南疆三地州贫困的根源在于人均耕地少且耕地质量差；财政自给率低，自我积累和发展能力薄弱；产业结构单一、层次低；生态环境极其脆弱；人口增长过快、整体文化素质较差、人口缺乏流动性。

曹小曙等（2014）以行政村与乡村住户为研究尺度，探索影响广东省连州市乡村空间和乡村群体贫困的因素，结果表明，对于行政村而言，地形起伏度和非农建设用地比重对乡村贫困率有显著作用；对于乡村住户而言，影响其陷入或脱离贫困风险的重要因素是家庭居住地区、家庭职业阶层、社会公平评判。罗庆等（2016）以秦巴山区 11 县为研究区域，对贫困空间分布的影响因素进行定量分析，认为政策因素、自然地理特征、地理区位特征、公共服务设施的可达性对贫困空间分布都有显著作用，同时，作用大小和作用方向随时间呈现显著差异。韩林芝和邓强（2009）采用灰色关联分析方法，在对贫困原因进行定性分析的基础上，就致贫因子间的影响程度及因子对主行为的贡献进行定量研究，结果显示，农村义务教育、人均水资源、耕地面积、自然灾害、农业机械化、财政支农等对贫困贡献度最大。刘彦随和李进涛（2017）以河北省阜平县为典型案例，运用地理探测器、多元线性回归等模型方法，研究发现影响农村贫困化分异的主导因素包括地面坡度、人均耕地资源、到主要干道距离、到县城中心距离等，不同类型区域农村贫困化的分异机制存在明显的差异，通常归纳为自然环境约束型、资源丰度约束型、交通区位约束型、经济区位约束型等四大类型，而农村贫困化分异的主要影响要素应当包括自然环境、资源禀赋、交通区位、经济发展、技术水平等多个层面。

3.6.4　农村经济系统驱动机制

农村经济系统包含农村一产、二产和三产，农村的一产主要指农村的农业生产，其中粮食生产是其重要内容，农村二产主要是指属于村集体的工业等二次产业，农村三产主要为乡村旅游业。这三者是农村经济系统的组成部分，可通过探讨每类产业的驱动机制来展现农村经济系统对农村发展的驱动机制。

1. 农村一产

1）农业

农业是国民经济的基础，农业发展水平关系到国民经济的发展，关系到社会运行的稳定。当前，中国农业虽取得了举世闻名的成就，但也面临着巨大的挑战（黄季焜，2013）。一定经济发展阶段中，农业发展受自然、经济、社会的交互影响，其中，政策、技术、市场、区位、劳动力、自然资源是主要的影响因素（唐华俊和罗其友，2008），在农业区域的形成及演变过程中，以不同方式、不同途径，不同程度地发挥着作用（田维波，2012）。

农业发展受内部因素和外部因素的影响。内部因素：①自然资源因素。农业生产中农产品生长、发育和繁殖的过程，都受到了周围光、热、水、土等条件的制约和影响（陶怀颖，2006）。②劳动力资源因素。农业是劳动密集型产业，在农业生产由传统农业向现代化农业转变的时期，劳动力素质的提高对农业区域经济增长的作用表现得尤其明显，并且决定了一个地区未来农业的发展前景（张宁和陆文聪，2006；朱启臻和杨汇泉，2011）。外部因素：①市场因素。市场对农产品需求总量的增加有助于农业规模的扩大（任修霞和周忠新，2015）。②区位因素。贸易区位因素和交通区位因素是重要的因素，尤其是交通区位对农业发展起着重要的作用（杨国胜，2002）。③技术因素。农业技术的进步对农业发展至关重要，同时农产品生产、储运、加工、销售等技术都对农业发展有重要影响（王荣和王培志，1993）。④政策因素。政策因素主要通过营造制度环境来影响农业发展，合理的政策是市场公平竞争的催化剂。

2）粮食产量

粮食安全关乎国计民生，保证区域粮食生产是保障国家粮食安全的基础，保障国家粮食安全首先要稳定区域粮食产量，尤其是粮食生产大省。从中国粮食生产空间层面看，在资源禀赋、发展阶段等多种因素的影响下，各省区市粮食生产的比较优势出现了显著差异，可分为粮食主产区、产销平衡区、主销区三种主导类型（陈秧分等，2013）。近年来粮食投入产出状况及影响因素研究受到了国内外学者的广泛关注，粮食播种面积、化肥施用量、劳动力、农业机械总动力和灌溉等有形要素被认为对粮食产量的影响较为显著（周志刚和郑明亮，2015）。国外学者在研究发展中国家影响粮食生产的因素时，认为土地、气候、水资源、劳动力、科技投入等要素均为制约发展中国家粮食生产的重要因素（Faisal and Parveen，2004；Konde，2005）。

也有部分学者对气候影响粮食生产的机理进行了研究，认为气候变化对作物生产的影响可以归为四个方面：①温度的变化会影响农业的地域分布。②大气中二氧化碳的浓度增加有利于提高作物的水分利用效率和光合作用效率。③水分状况是决定很多地方农业生产的重要因素。④气候的整体趋势会影响未来农业，其中极端气候对农业的影响很大（翁玲玲，2012）。

2. 农村二产

乡村工业的发展带动了乡村社会经济的全局发生变革（顾琳，2009）。乡村工业主要散布在农村，这是由于农村较之城市有许多优越的条件。首先，手工业在城市中规模有限，受限较多，而在农村这些方面的限制较小；其次，农村的劳动成本比较低，农民以从事农业为主，可充分利用农闲时间接受雇佣（陈晓庆和孟健，2010）。

在乡村工业的发展过程中，乡村经济主体的能动性是基础，思想观念解放是先决条件，同时国家政策在乡村发展中起着重要的作用（于秋华，2009）。同时，乡村工业的发展需要各方面的资源和保障：①人才保障。人力资源是发展乡村工业的人力资本（徐妍等，2008）。②资金保障。能否获得稳定、充足的资金供应，一方面关系到乡村工业的生存问题；另一方面，充足的资金也是发展壮大乡村工业的重要基础。③基础设施。完善的基础设施能够保证与外界顺畅地进行沟通及物资的运送，是乡村工业得以发展的基础（赵连阁，2000）。④产业基础。乡村工业要想实现持续、稳定的发展，必须依托良好的区域产业基础才能得以实现（唐亮，2006）。

3. 农村三产

农村一、二、三产融合是现代化建设的必然要求。乡村旅游发展的创新驱动是乡村旅游转型与可持续发展的主要动力。乡村三产融合发展取决于乡村地域多种驱动力间相互协调、相互作用、相互影响的程度（郝丽丽，2015）。从乡村旅游的发展主体来看，可分为政府驱动型、企业驱动型和社区农户驱动型（邓黍心，2017）。

总体来看，已有研究较多关注单一因素对乡村旅游的驱动因素研究，尤其是驱动机制的区域差异、乡村企业与乡村旅游、乡村资源与乡村旅游等。Park 和 Yoon（2009）以韩国乡村旅游为例，从乡村游客的旅游动机角度，探讨了不同乡村旅游目的地动力机制的区域差异。Komppula（2014）从实证角度探索了旅游企业对乡村旅游发展的影响，建议加强乡村小企业之间的协力合作以促进乡村旅游发展。Chin 等（2014）分析了砂拉越州某乡村地区特色长屋民宿的环境资源，发现文化遗产景点和自然资源是乡村旅游目的地发展的主要影响因素。

第4章　城镇化发展时空格局与综合效应

4.1　改革开放以来城镇化有关政策的演进过程

虽然世界各国城镇化发展的起步时间、发展速度及目前的城市化水平各不相同，但总体来说，城镇化的发展过程呈现出“S”形的发展规律（Northam，1979），并且发展阶段与其经济发展水平相符合。我国的城镇化发展和城乡关系大致经历了三个阶段：①恢复和初步发展期（1949~1956 年）；②调整和曲折发展期（1957~1978 年）；③改革和加速发展期（1978 年至今），城乡关系也从城市偏向到城乡二元对立，再到城乡协调发展（康春鹏，2013）。

4.1.1　不同时期城镇化相关政策

改革开放以来，我国城镇化发展大致经历了两个阶段（图 4.1）。

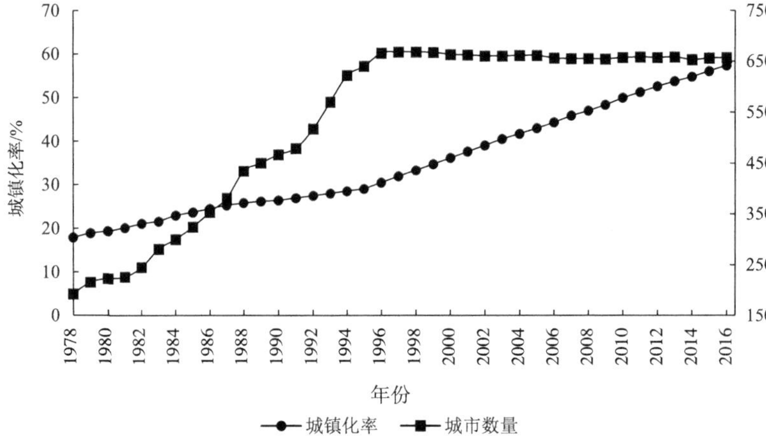

图 4.1　改革开放以来我国城镇化进程（1978~2016 年）

（1）1978~1995 年为城镇化稳定发展阶段。这一阶段城市数量增长快于城市人口的增长。其中，城市数量从 193 个增长至 640 个，年均增长 7.31%；城市人口由 17 245 万人增长至 35 174 万人，年均增幅 4.28%；相应的城镇化率也由 17.92% 上升至 29.04%，年均增长 2.88%。

（2）1996~2016 年为城镇化急剧发展阶段。在这期间，城市人口数量加速增长，城镇化发展速度加快，但城市数量有所下滑。具体表现为，城市数量以微弱趋势下滑，由 1996 年的 666 个减少至 2016 年的 657 个；城市人口由 37 304 万人增长至 79 298 万人，年均增幅 3.84%；与此同时，城镇化率由 30.48%上升至 57.35%，年均增幅 3.21%。以 1995 年为界，阶段二（1996~2016 年）城镇化率的年均增幅是阶段一（1978~1995 年）的 1.1 倍。

为深入分析影响城镇化发展的政策因素，下面分别梳理改革开放以来，先后两个时期我国城镇化政策的发展演变（图 4.2）。

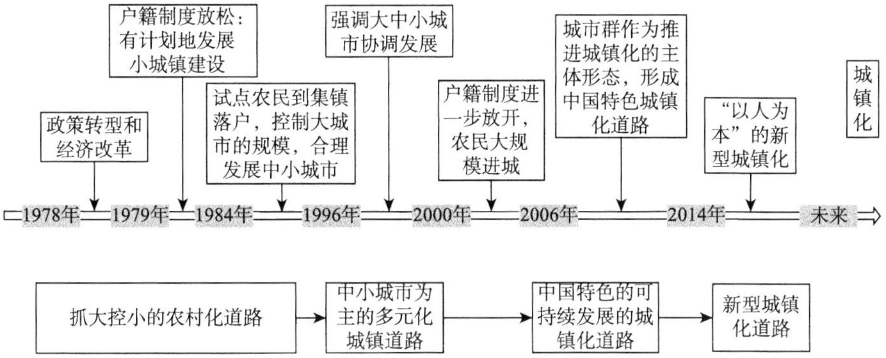

图 4.2　改革开放后我国城镇化政策演化进程

1. 城镇化平稳发展阶段有关政策梳理（1978~1995 年）

1978 年中国共产党十一届三中全会的召开，拉开了中国社会主义现代化建设的序幕，国民经济与社会发展各项事业百废待兴。特别是开创性地推行农村家庭联产承包责任制，在很大程度上实现了对农村剩余劳动力的解放、实现了对生产力发展的有效推动。随着改革开放的不断深入，城乡建设持续推进，为创新城市规划建设与管理提出了新目标、新要求，并引发了社会经济多个领域的重大变革，催生了城镇化发展的相关法律、法规和方针、政策，促进了城市规划、城镇体系和城镇化问题的深入研究。

（1）重视开展城市规划的编制和实施研究。1980 年国务院转批《全国城市规划工作会议纪要》（国发〔1980〕299 号），强调了城市规划工作的重要性，指出要"正确认识城市规划的地位和作用""根据城市的特点，正确地确定城市的性质”“加强城市规划的编制审批和管理工作”等。1984 年国务院颁布《城市规划条例》，对城市规划的编制和实施做出明确规定，“必须集中领导，统一管理”“省、自治区、直辖市和市、县、镇人民政府的城市规划主管部门，负责本行政区域的城市规划管理工作”。此后，1987 年国务院颁布《国务院关于加强城市建设工作的通知》（国发〔1987〕47 号），再次强调“搞好城市规划，加强规划管理”，并指出“提高对城市和城市建设重要性的认识，坚持城市建设与经济协调发展”“建立合理的城镇体系，走有计划发展的道路”等。

（2）鼓励城市规模的扩张和城市数量的增长。1983~1997 年全国掀起了大规模的“撤县设市”工作，导致城市数量剧增。其间，最高峰时的“撤县设市”数量达 445 个，许多地方盲目地追求“县改市”，造成市区农业人口比重过大、城郊比例失调等一系列问题。因而，1997 年国务院暂停了这项实施了 14 年的政策。与此同时，随着改革开放力度的不断加大，城镇化发展逐渐进入稳步发展阶段，城市规划工作开始兼顾大规模城市集群的建设。例如，1980 年我国决定设立 4 个经济特区，包括厦门、深圳、珠海和汕头。1984 年进一步开放了包括上海、广州、天津、大连、温州、秦皇岛、烟台、青岛、连云港、南通、宁波、福州、湛江和北海在内的 14 个沿海港口城市。1985 年中共中央、国务院批转《长江、珠江三角洲和闽南厦漳泉三角地区座谈会纪要》，决定建设三大沿海经济开放区，包括珠江三角洲、长江三角洲和闽南厦漳泉三角地区。1988 年国务院发出《国务院关于扩大沿海经济开放区范围的通知》（国发〔1988〕21 号），新列入 140 个市县的沿海经济开发区，其中包含杭州、南京、沈阳 3 个省会城市；同年增设海南经济特区。此后，1992 年设立浦东新区等。

（3）以“限制大城市、鼓励小城镇”为特征的城镇体系建设。1979 年中共中央出台《中共中央关于加快农业发展若干问题的决定》，强调要“有计划地发展小城镇建设和加强城市对农村的支援”。次年，《全国城市规划工作会议纪要》进一步提出“控制大城市规模，合理发展中等城市，积极发展小城市”的方针。1982 年，《中华人民共和国国民经济和社会发展第六个五年计划（1981—1985）》再次强调“认真执行控制大城市规模，合理发展中等城市，积极发展小城镇的方针”，并指出“新建大中型工业项目，一般不要放在大城市，尽量放到中小城市或郊区”“特大城市和部分有条件的大城市，要有计划地建设卫星城镇”等。1984 年国务院转批民政部《关于调整建制镇标准的报告》，指出“为适应城乡经济发展的需要，适当放宽建制镇标准，施行镇管村体制，对于加速小城镇的建设和发展，逐步缩小城乡差别，进行物质文明和精神文明建设，具有重要意义”。1996 年《中华人民共和国国民经济和社会发展“九五”计划和 2010 年远景目标纲要》明确指出要统筹城镇建设，逐步形成规模适度、布局和结构合理的城镇体系。

2. 城镇化快速发展阶段相关政策梳理（1996 年至今）

20 世纪 90 年代以来，随着我国社会主义市场经济体制的确立与深化发展，城镇化进程进入了一个快速发展的阶段。这一时期，城乡户籍制度的改革是继家庭联产承包责任制后又一次“解放”农民的革命。农业人口和非农业人口户籍界限打破，不仅进一步促进农村人口向城市转移，也大大加速了城镇化进程。此外，土地制度创新及城镇体系规划的不断完善，也为这一时期城镇化的健康发展奠定了制度基础。

（1）城乡户籍制度改革促进人口城镇化。为便于城乡人口流动与自由择业，1994 年以后我国取消了户口按照商品粮为标准划分农业户口和非农业户口的“二元结构”划分法，确立了分别以常住户口、暂住户口、寄住户口的三种不同管理形式为基准的登记管理制度。1994 年，公安部发布《公安部关于启用新的户口迁移证、户口准迁证的通知》（公通字〔1994〕62 号）规定“凡跨市（系指市区，下同）、县范围的户口迁移；同一市、县范围内，由一般地区迁往国务院或者省级人民政府批准建立的经济特区、经济技术开发区、高新技术产业区等特定地区；由农村迁往城镇；由大中城市郊区迁往市区，一律使用户口准迁证”。1997 年，国务院批转公安部《小城镇户籍管理制度改革试点方案》和《关于完善农村户籍管理制度的意见》，对在小城镇办理城镇常住户口的条件做出明确规定，并指出“在小城镇落户的人员享受当地原有居民同等待遇”。2000 年国务院颁布《中共中央国务院关于小城镇建设有关政策》（中发〔2000〕11 号），对小城镇的建设用地、户籍管理制度、经济和社会管理职能等做出了明确规定，“对进镇落户的农民，可根据本人意愿，保留其承包土地的经营权，也允许依法有偿转让”。2001 年 10 月起，我国在两万多个试点小城镇重点推行户籍制度改革，在小城镇拥有固定住所和合法收入的外来人口均可办理小城镇户口。2013 年《中共中央关于全面深化改革若干重大问题的决定》指出“创新人口管理，加快户籍制度改革，全面放开建制镇和小城市落户限制，有序放开中等城市落户限制，合理确定大城市落户条件，严格控制特大城市人口规模”。2014 年备受关注的《国务院关于进一步推进户籍制度改革的意见》（国发〔2014〕25 号）正式公布，意见指出“建立城乡统一的户口登记制度。取消农业户口与非农业户口性质区分和由此衍生的蓝印户口等户口类型，统一登记为居民户口”，标志着我国实行了半个多世纪的农业和非农业二元户籍管理模式将退出历史舞台，同时城乡分割的户籍制度将不再是城镇化的阻碍。

（2）以大中小城市合理演化为特色的城镇化相关政策。《中共中央关于制定国民经济和社会发展第十个五年计划的建议》提出“要走出一条符合我国国情、大中小城市和小城镇协调发展的城镇化道路”[①]。2001 年《中华人民共和国国民经济和社会发展第十个五年计划纲要》指出“走符合我国国情、大中小城市和小城镇协调发展的多样化城镇化道路，逐步形成合理的城镇体系。有重点地发展小城镇，积极发展中小城市，完善区域性中心城市功能，发挥大城市的辐射带动作用，引导城镇密集区有序发展”[②]等。次年，中共十六大报告要求“逐步提高城镇化水平，坚持大中小城市和小城镇协调发展，走中国特色的城镇化道路”[③]。

（3）提升小型城镇功能水平，着重发展城市群。在 2006 年，《中华人民共和国国民经济和社会发展第十一个五年规划纲要》提出“要把城市群作为推进城镇化的主体形态”[④]。在 2007 年，十七大报告指出“以增强综合承载能力为重点，以特大城市为依托，形成辐射作用大的城市群，培育新的经济增长极”[⑤]。在 2010 年 2 月，住房和城乡建设部城镇体系规划课题组所编制的《全国城镇体系规划（2010-2020 年）》，确定了北京、天津、上海、广州、重庆 5 个国家中心城市。2012 年中共十八大报告提及“科学规划城市群规模和布局，增强中小城市和小城镇产业发展、公共服务、吸纳就业、人口集聚功能”[⑥]。在 2013 年，中央城镇化工作会议中明确提出“要优化布局，根据资源环境承载能力构建科学合理的城镇化宏观布局，把城市群作为主体形态，促进大中小城市和小城镇合理学分工、功能互补、协同发展”[⑦]。在 2014 年，《国家新型城镇化规划（2014—2020 年）》进一步指出“以城市群为主体形态，推动大中小城市和小城镇协调发展”。2016 年，国家先后印发了《成渝城市群发展规划》《促进中部地区崛起“十三五”规划》指导文件，明确提出成都要以建设国家中心城市为目标。支持武汉、郑州建设国家中心城市。2017 年，根据国务院批复的《沈阳市城市总体规划（2011—2020 年）》，沈阳由原来的“东北地区中心城市”调整为“东北地区重要的中心城市”。2018

① 《中共中央关于制定国民经济和社会发展第十个五年计划的建议》，http://www.people.com.cn/GB/shizheng/252/4465/4466/20010228/405439.html，2001 年 2 月 28 日。

② 《中华人民共和国国民经济和社会发展第十个五年计划纲要》，http://www.gov.cn/gongbao/content/2001/content_60699.htm，2001 年 3 月 15 日。

③ 《全面建设小康社会，开创中国特色社会主义事业新局面——在中国共产党第十六次全国代表大会上的报告（5）》，http://www.chinanews.com/2002-11-17/26/244509.html，2002 年 11 月 17 日。

④ 《中华人民共和国国民经济和社会发展第十一个五年规划纲要》，http://www.gov.cn/gongbao/content/2006/content_268766.htm，2006 年 3 月 14 日。

⑤ 《胡锦涛在党的十七大上的报告（全文）》，http://www.chinadaily.com.cn/hqzg/2007-10/25/content_6205616.htm，2007 年 10 月 25 日。

⑥ 《胡锦涛在中国共产党第十八次全国代表大会上的报告》，http://cpc.people.com.cn/n/2012/1118/c64094-19612151-4.html，2012 年 11 月 8 日。

⑦ 《中央城镇化工作会议举行 习近平、李克强作重要讲话》，http://www.gov.cn/ldhd/2013-12/14/content_2547880.htm，2013 年 12 月 14 日。

年，国家发展和改革委员会、住房和城乡建设部正式发布《关中平原城市群发展规划》，其中明确提出，建设西安国家中心城市。

4.1.2　我国城镇化政策总结

改革开放以来，与城镇化相关的政策、方针、法律与法规不胜枚举。无论是始终坚持小城镇建设、改革户籍制度以促进人口城镇化、改革土地制度以促进土地城镇化，还是乡镇企业制度创新、城镇规划管理体制改革、城市社会保障制度改进等，都体现了不同时期我国城镇化政策对城镇化进程的不同影响。概括起来，这种影响以改革开放为契机，由限制城镇化发展转变为助推城镇化发展，再至引导城镇化的演化。

1980 年，在国家提出的"控制大城市规模，合理发展中等城市，积极发展小城镇"的方针指导下，全国制定并出台了一系列政策助推城镇化发展。例如，为加速小城镇建设，制定相关政策，放宽建镇标准，实行镇管村体制；为消除农村城镇化障碍，对于户籍管理制度进行松动；对于就业与社会保障制度的灵活变通等。

尽管上述政策有效促进了改革开放初期城镇化的稳定发展，但仍然局限于城镇化的大政方针而缺乏具体的监管。与中华人民共和国成立初期限制城镇发展的政策不同，这一时期大量农村剩余劳动力的解放对城镇的规划与建设提出了更高的要求。尤其是小城镇的发展，其作为农村与大、中城镇的纽带，如果缺乏合理的规划与监管措施，势必会出现一哄而上的无序局面。事实上，各地盲目地"撤县设市"、扩大城市规模而缺乏长远的规划与配套设施，不仅加剧了城镇的压力，阻碍了城镇化的健康发展，也使得小城镇的后继发展能力受限。

1994 年出台的《关于加强小城镇建设的若干意见》（建村〔1994〕564 号）是我国第一个关于小城镇健康发展的指导性文件，标志着政府引导城镇化发展的开端。2000 年，国务院颁布的《关于促进小城镇健康发展的若干意见》提出，"当前小城镇建设中存在一些不容忽视的问题"，如"一些地方缺乏长远、科学的规划，小城镇布局不合理；有些地方存在不顾客观条件和经济社会发展规律，盲目攀比、盲目扩张的倾向"等，并提出小城镇建设要遵循循序渐进、因地制宜、深化改革、统筹兼顾等原则。中共十六大报告提出"逐步提高城镇化水平，坚持大中小城市和小城镇协调发展，走中国特色的城镇化道路"①。党的十八大

① 《全面建设小康社会，开创中国特色社会主义事业新局面——在中国共产党第十六次全国代表大会上的报告（5）》，http://www.chinanews.com/2002-11-17/26/244509.html，2002 年 11 月 17 日。

进一步明确了以人为本的新型城镇化道路，同时强调了城镇化对于乡村的作用，指出“加快完善城乡发展一体化体制机制，着力在城乡规划、基础设施、公共服务等方面推进一体化，促进城乡要素平等交换和公共资源均衡配置，形成以工促农、以城带乡、工农互惠、城乡一体的新型工农、城乡关系”①。事实上，同发达国家相比，我国的城镇化水平仍然偏低。在城镇化发展的实践中，仍需不断创新和完善城镇化政策，努力削弱不利于城镇化发展的体制和政策阻碍，从而引导城镇化的健康发展。

4.2 不同层面的城镇化时空格局

4.2.1 指标选取

城镇化是一个复合系统和动态过程，伴随着人口迁移、土地用途转化、产业结构转变等人文过程，城镇化水平的多维度量成为一个新的理论问题和实践难题。近年来，考虑到城镇化驱动因素及其时空表征的主要特点，通常选择人口、经济、土地等三个维度的指标，以此进行城镇化发展水平的综合度量（表 4.1）。本书基于人口普查数据、年度统计数据（1980~2015 年全国及分省区市的面板数据，2000~2014 年地市面板数据，2000 年、2010 年、2014 年全国分县社会经济数据）、地理空间数据，研究构建了城镇化发展水平综合评价指标体系，进而分别从全国、省域、市域和县域等不同空间尺度，分析并揭示我国城镇化发展的时空格局及其差异。

表 4.1 城镇化发展水平综合评价指标体系

目标层	准则层	指标层
城镇化	人口城镇化	城镇人口占总人口比重（%）
	经济城镇化	第二、第三产业产值占地区生产总值的比重（%）
	土地城镇化	城市建成区面积占总面积的比重（%）

① 《胡锦涛在中国共产党第十八次全国代表大会上的报告》，http://cpc.people.com.cn/n/2012/1118/c64094-19612151-4.html，2012 年 11 月 8 日。

4.2.2　全国层面城镇化时空演变

1980 年以来，中国的城镇化发展历程可以通过三个方面的转变来度量（图4.3）。一是人口的转变，从农业人口转变为非农业人口，并由农村向城镇集中,中国的人口城镇化率逐年提高,即从 1980 年的 19.4%提高到 2015 年的 56.1%。伴随着大量农村剩余劳动力从农村向城镇的空间转移，尤其在 20 世纪 90 年代，特别是 1996 年国家“九五”规划实施以来，人口城镇化率进入快速提升阶段。二是产业结构的转变，从农业向非农产业演变，第二产业和第三产业逐渐向城镇汇聚，我国的经济城镇化率呈现出整体不断上升的趋势，即从 1980 年的 70.4%上升为 2015 年的 91.1%，农业产值的比重逐步下降，2015 年农业产值占 GDP 的比重已经小于 10%，2017 年这一比重已降至 7.9%，首次出现“破八”。三是城乡地域的转变，表现为城镇数量的增加、城镇建设用地规模的扩展，中国城市建成区总面积占国土面积的比重上升，即从 1980 年的 0.07%上升到 2015 年的 0.54%，年均增长率相对于人口城镇化率和经济城镇化率要高一些。这一现象表明，我国的土地城镇化率与人口、经济城镇化率之间存在不协调、不平衡问题。土地城镇化远快于人口、经济城镇化，导致失地农民增多，非农人口比重、非农产业比重的增长速度远缓于土地城镇化的增长速度。

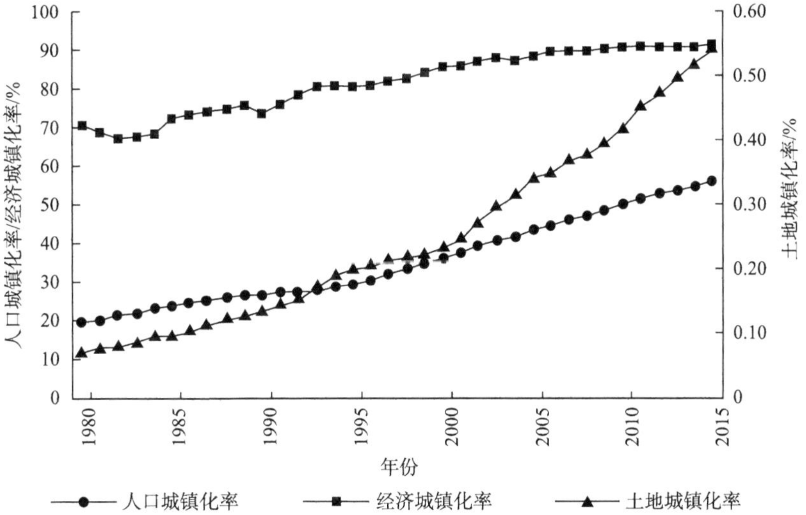

图 4.3　1980~2015 年中国人口、经济、土地城镇化的发展历程

4.2.3　省域层面城镇化时空格局

1. 人口城镇化

我国的人口城镇化在省域尺度上存在显著的空间差异（图 4.4）。1985 年，上海的人口城镇化率最高，达到 63.8%，其次是北京和天津，分别为 57.9%和 55.4%。东北三省和新疆的人口城镇化率在 30.01%~50%，其余省区市的人口城镇化率均低于 30%，属于城镇化起步发展阶段。2000 年，经过改革开放 20 多年的发展，人口城镇化的整体格局发生了一些改变，东南沿海的江苏、浙江、福建和中西部地区的内蒙古、宁夏、山西、湖北等省区市的城镇化率也开始超过 30%。2010 年，上海、北京的城镇化率已经突破 85%，天津、广东、辽宁、浙江、江苏等地区的人口城镇化率也达到了 60%以上，西藏的人口城镇化率在 30%以下，各直辖市和东部沿海地区成为人口城镇化发展水平最高的地区。2015 年，人口城镇化率从东部向中部、西部逐级递减的空间格局进一步凸显，东部沿海地区和北方边境的内蒙古地区城镇化率提高得最迅速，而东北和西部地区人口城镇化发展缓慢，东部、中部、西部地区的差距进一步扩大。

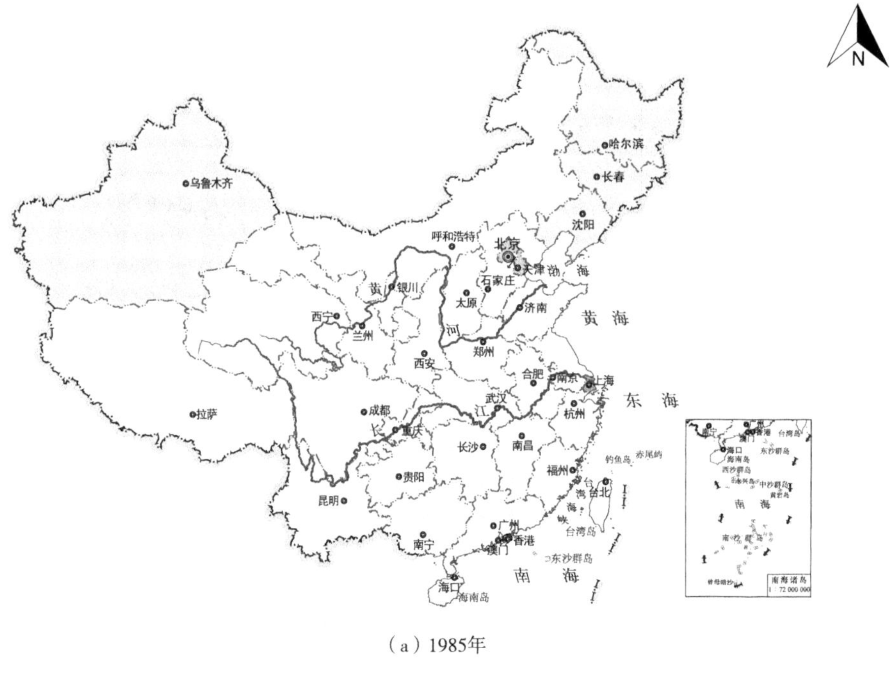

（a）1985年

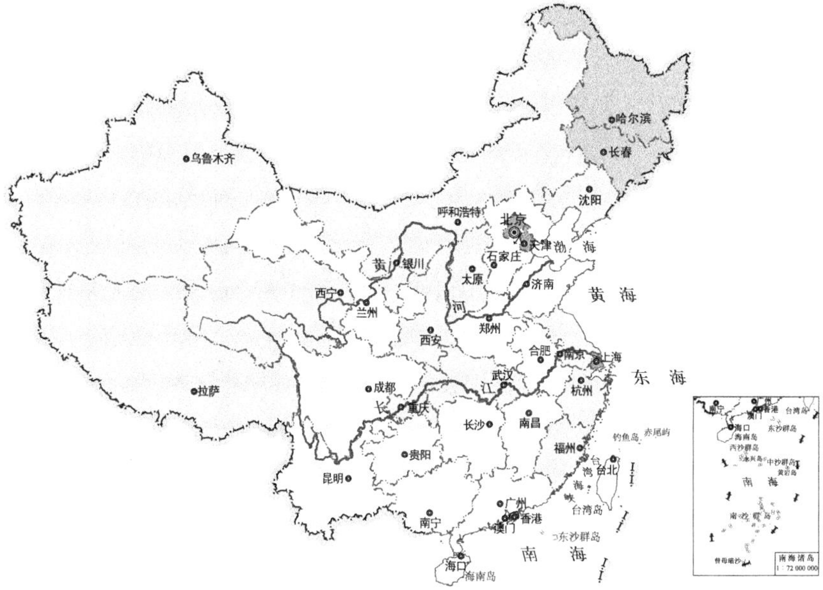

（b）2000年

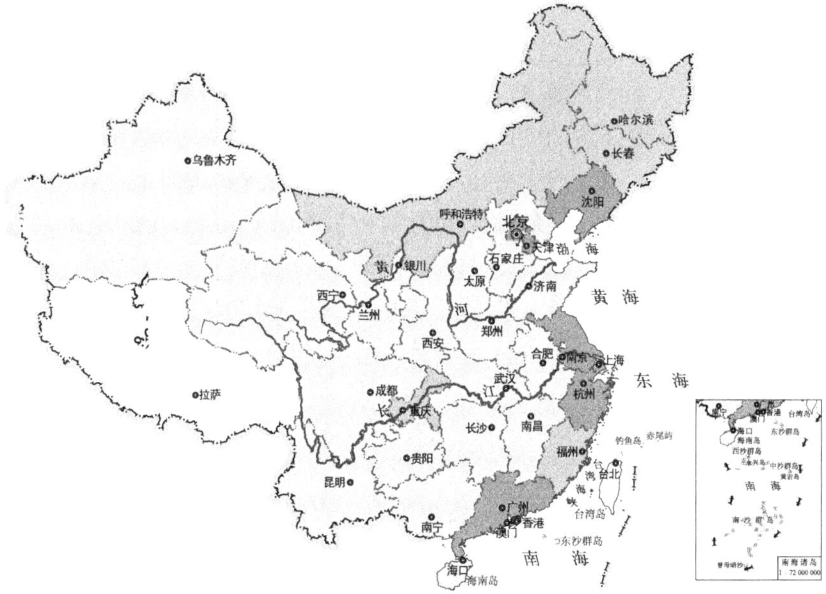

（c）2010年

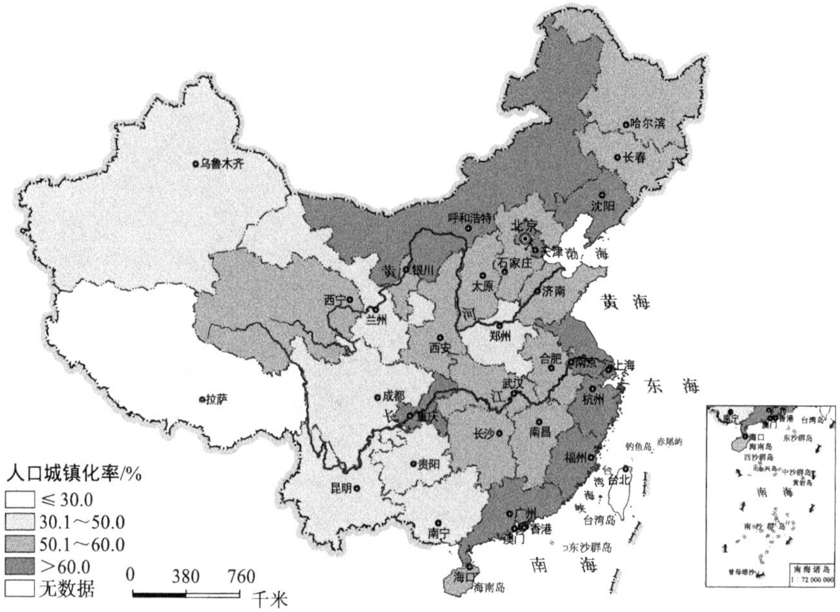

（d）2015年

图 4.4　1985 年、2000 年、2010 年和 2015 年中国省域层面人口城镇化率的空间格局

2. 经济城镇化

1985 年以来，伴随着人口不断向城市集聚，其他生产要素也迅速从农业向非农产业集中，第二、第三产业占 GDP 的比重从 1985 年的 72%上升到 2010 年的 90%以上。但是各个省区市的空间差异仍然突出（图 4.5）。1985 年，上海的经济城镇化率超过 90%，北京、天津的经济城镇化率也在 80%以上，其余省区市中，只有辽宁和重庆超过 70%，其余省区市仍然在 70%以下，低于全国整体水平。2000 年，经济城镇化率在上海、北京、天津、广东、山西等省市相对较高，均在 90%以上。东部沿海地区和部分中、西部省区市的经济城镇化率也在 80%以上，除西藏、海南以外的其他省区市经济城镇化率也超过 70%。2010 年，所有省区市的经济城镇化率均在 80%以上。经济城镇化率在 90%以上的省区市主要包括上海市、北京市、天津市、浙江省、广东省、山西省、江苏省、重庆市、辽宁省、山东省、福建省、内蒙古自治区、宁夏回族自治区、陕西省和青海省。目前，农业产值仍然占有较大比重的省区主要包括海南省、新疆维吾尔自治区、广西壮族自治区、云南省、甘肃省、湖南省、四川省、河南省等。总体来看，各省区市第二、第三产业占地区生产总值的比重在不断上升，不仅在经济较发达的东部沿海地区，而且在中、西部地区也普遍存在农业产值比重迅速下降的现象。表明经济高速发展、工业化快速推进促进了农民进城从事第二、第三产业，从而改变了原有的产业结构和就业结构，

进而推动了城乡转型和经济城镇化的快速发展。

(a) 1985年

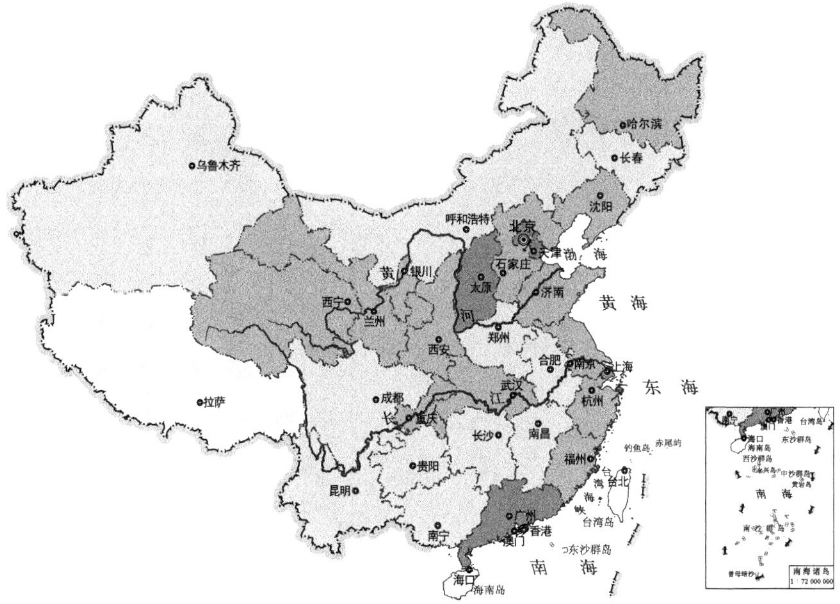

(b) 2000年

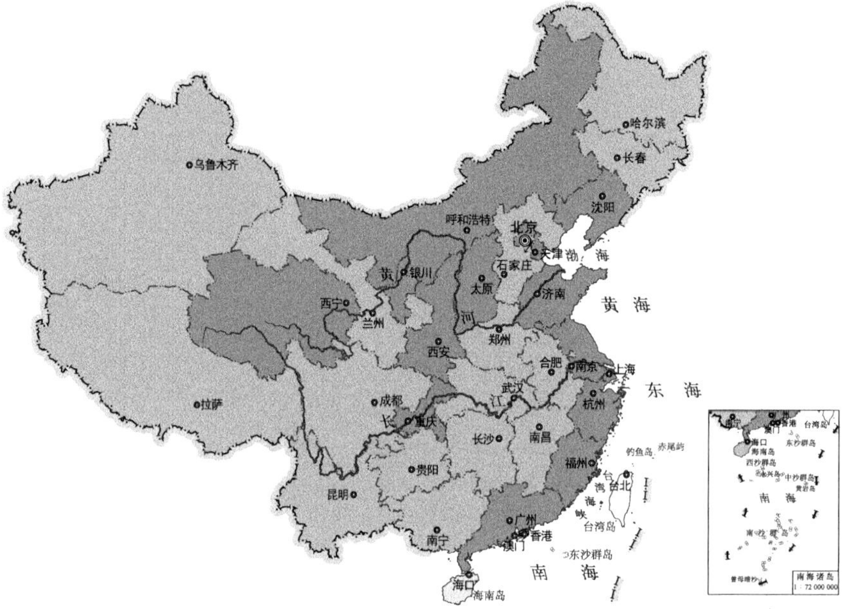

（c）2010年

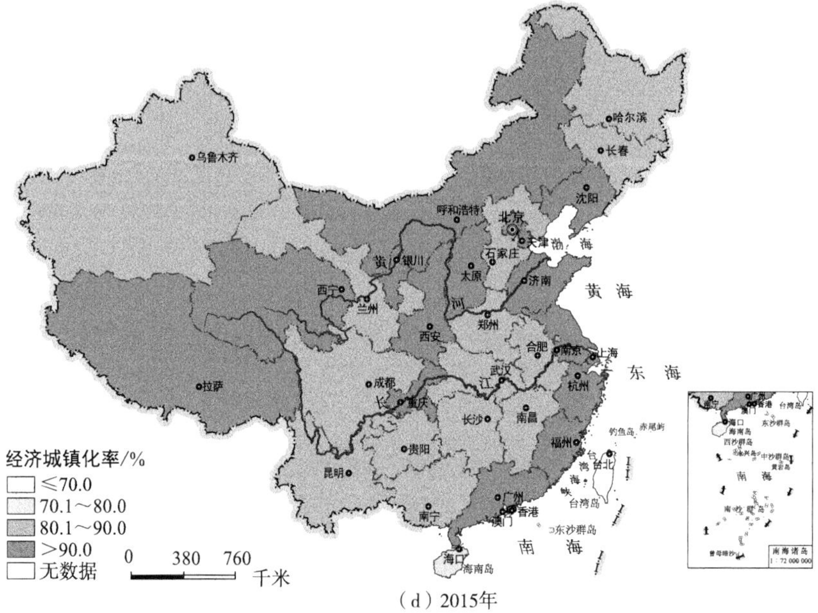

（d）2015年

图 4.5　1985 年、2000 年、2010 年和 2015 年中国省域层面经济城镇化率的空间格局

3. 土地城镇化

土地城镇化反映了城乡地域空间的转换和城镇用地的扩张情况。中国的土地城

镇化呈现出与人口、经济城镇化不同的空间格局（图 4.6）。1985 年，上海、天津、北京的土地城镇化率最高，城市建成区面积占总面积的比重超过 2%，其次是贵州、河北、海南和安徽，中部其他地区也呈现出较高的土地城镇化率。2000 年，上海、天津、海南和北京的土地城镇化率高于 2%，值得注意的是，当时海南的人口城镇化率低于 30%，经济城镇化率低于 70%，均在全国处于较低的水平，呈现出人口城镇化和经济城镇化明显滞后于土地城镇化的状况。另外，海南省在城市建设用地显著扩张的同时，基础设施配套投入所发挥的“吸纳效应”不足，投资密度和产业结构处于相对滞后状态。其余地区中土地城镇化率较高的包括辽宁、江苏、广东、青海和新疆等。2010 年以来，土地城镇化的空间格局呈现出明显的东部、中部、西部依次递减的趋势。2015 年，上海市、北京市、天津市、江苏省、广东省、海南省、山东省、新疆维吾尔自治区的土地城镇化率最高，其次是浙江省、重庆市、辽宁省、安徽省、河南省，土地城镇化率较高地区依旧集中在我国东部沿海地区和中部地区。这些区域土地城镇化率偏高带来的耕地大量减少、生态环境破坏等问题需要引起注意。

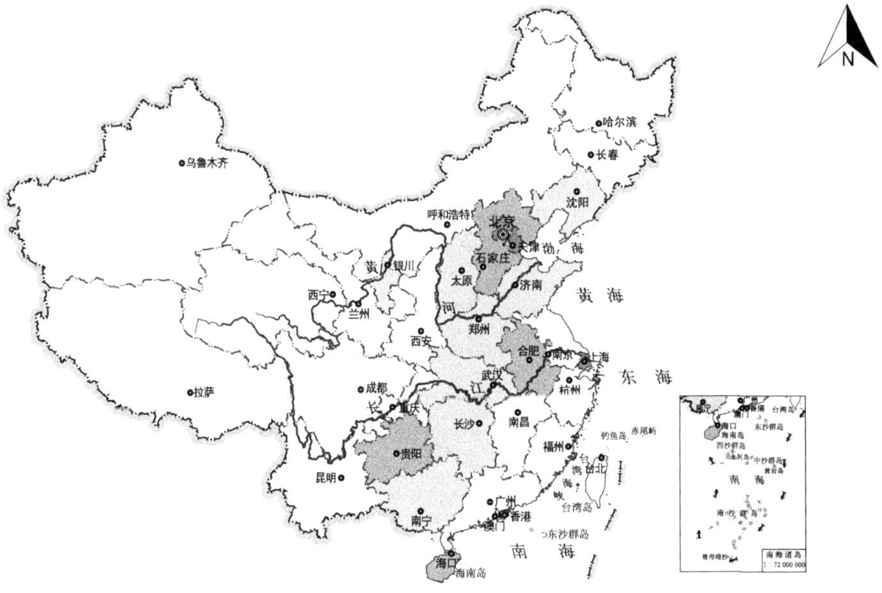

（a）1985年

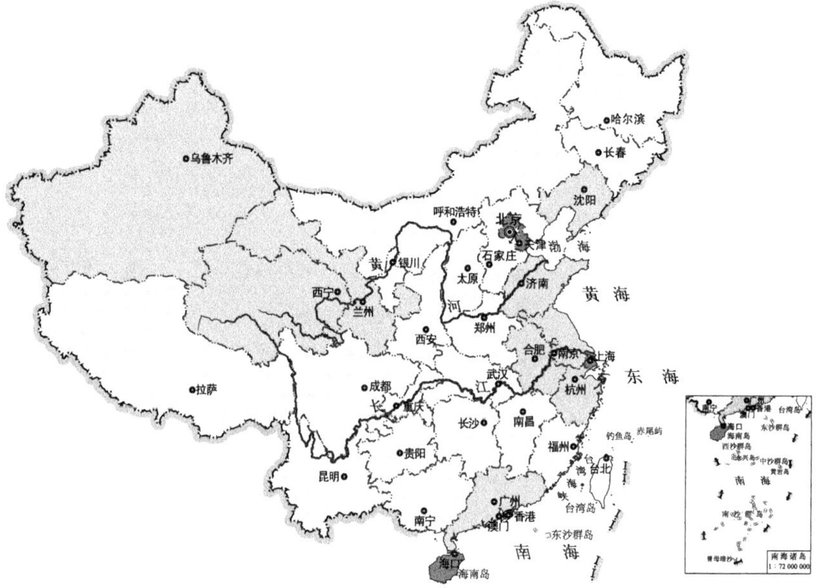

(b) 2000年

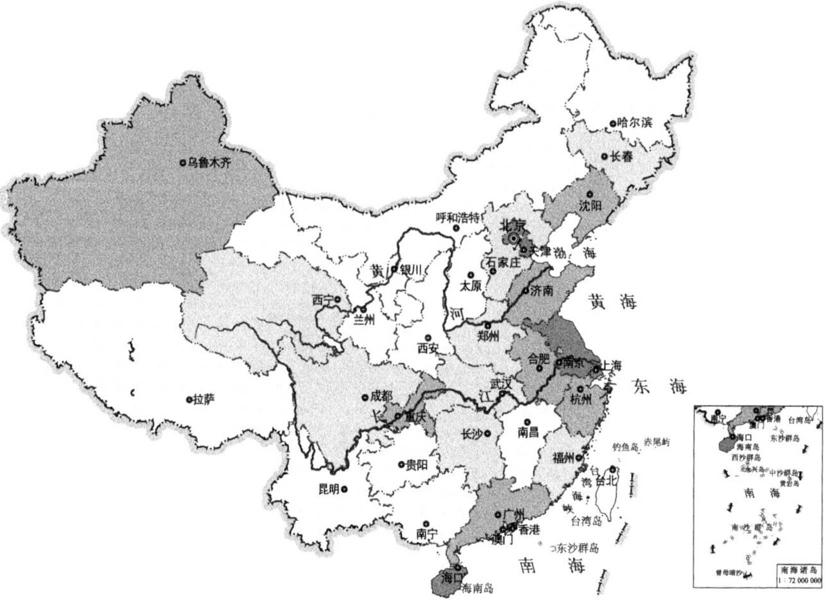

(c) 2010年

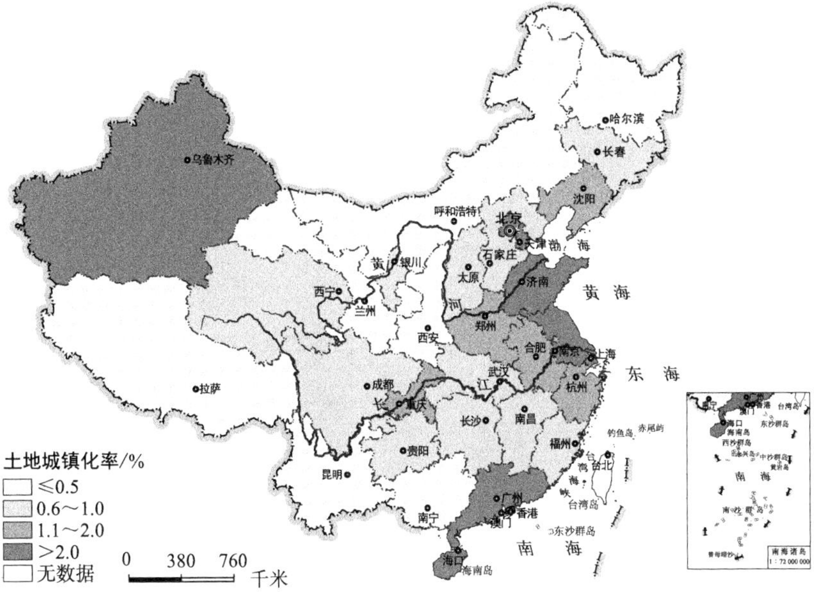

（d）2015年

图 4.6　1985 年、2000 年、2010 年和 2015 年中国省域层面土地城镇化率的空间格局

4.2.4　市域层面城镇化时空格局

1. 人口城镇化

中国人口城镇化率在市域层面呈现出东北地区和各省会城市偏高的空间分布格局（图 4.7）。2001~2013 年，各市的人口城镇化率不断提高。从中国市域人口城镇化率的年均变化来看，城镇化增长率提高较快的城市主要分布在地处东部沿海地区的江苏、珠江三角洲，这些地区从 2010 年以来人口城镇化率主要集中在 30.1%~60%。地处北方边境地区、东北地区的部分城市也维持较高的人口城镇化率，大部分城市的人口城镇化率在 30.1%~60%。从时段上来看，2005~2010 年和 2010~2013 年是中国城镇化大发展的两个时期。尤其是地处珠三角、长三角、京津冀城市群的部分城市，以及成都与陕西北部地区的城市，越来越多城市由低于 30%的人口城镇化率起步阶段，发展到 30.1%~60%的人口城镇化率中期阶段。但是地处西部地区的青海、广西、贵州等地区的大多数城市人口城镇化水平仍然低于 30%。可见，未来中国的城镇化在中西部地区仍然有较大的发展空间。

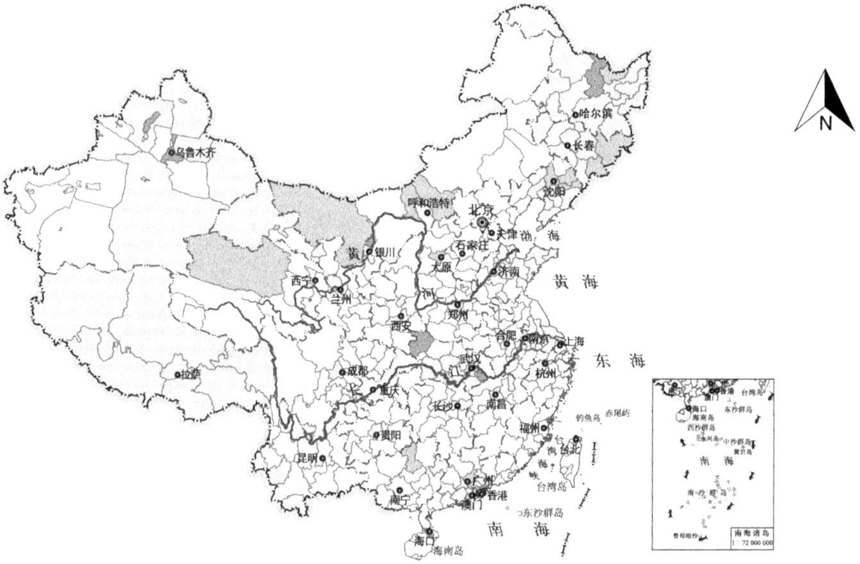

(a) 2001年

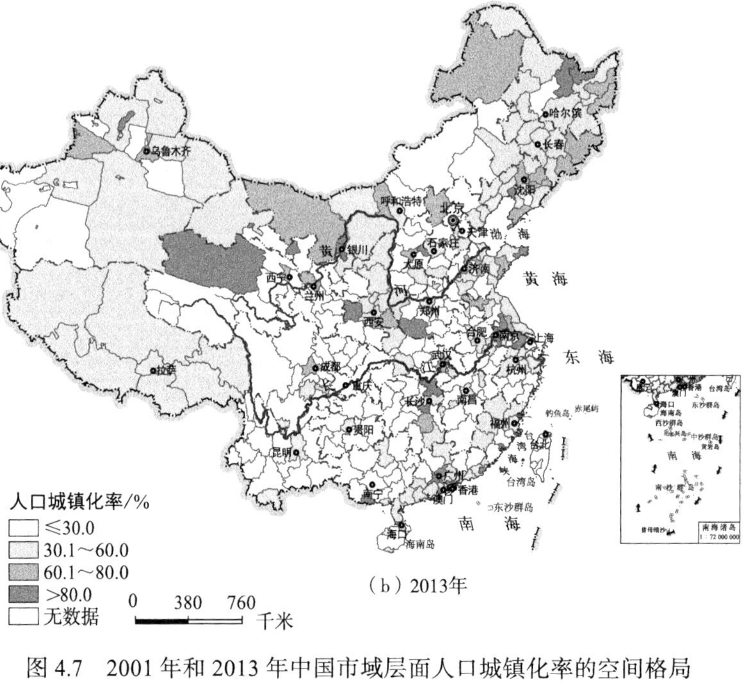

(b) 2013年

图 4.7　2001 年和 2013 年中国市域层面人口城镇化率的空间格局

2. 经济城镇化

2001~2013 年，中国经济城镇化率得到了较大提升（图 4.8）。2001 年，经济城镇化率高于 90%的城市零星分布在各省会城市。从 2005 年开始，内蒙古呼和浩特地区、陕北地区、长三角地区的城市第二、第三产业比重相对较高，并且城市相对集中。2013 年形成了辽东南地区、呼和浩特地区、长三角地区、珠三角地区等经济城镇化较高的区域，辽东南地区和呼和浩特地区的区位条件及资源禀赋较优，地区工业化发展较快，因而促进了农村城镇化发展。长三角地区、珠三角地区的区域经济发达、投资强度大、受中心城市辐射强，因而城镇化水平较高。相对而言，经济城镇化率较低的地区主要集中在一些以农业为主导的地区，如东北三江平原和中部传统平原农区，或是经济发展条件相对落后的地区，如云南西部边境地区、西藏东部地区等。

3. 土地城镇化

以胡焕庸线为分界线，中国的土地城镇化率呈现出明显的东南部高于西北部的空间格局（图 4.9）。2001~2013 年，越来越多的城市土地城镇化率从低于 1%上升到 1.1%~20%。从沿海到黄土高原东部地区、两湖地区、重庆-成都城市群地区都成为该时期土地城镇化率高速增长的区域。土地城镇化率最高的地区汇聚在长三角城市群、珠三角城市群和京津冀城市群，以及山东半岛、重庆-成都城市群等区域。同时，中部省会城市及其周边也呈现出土地城镇化率较高的格局。相对

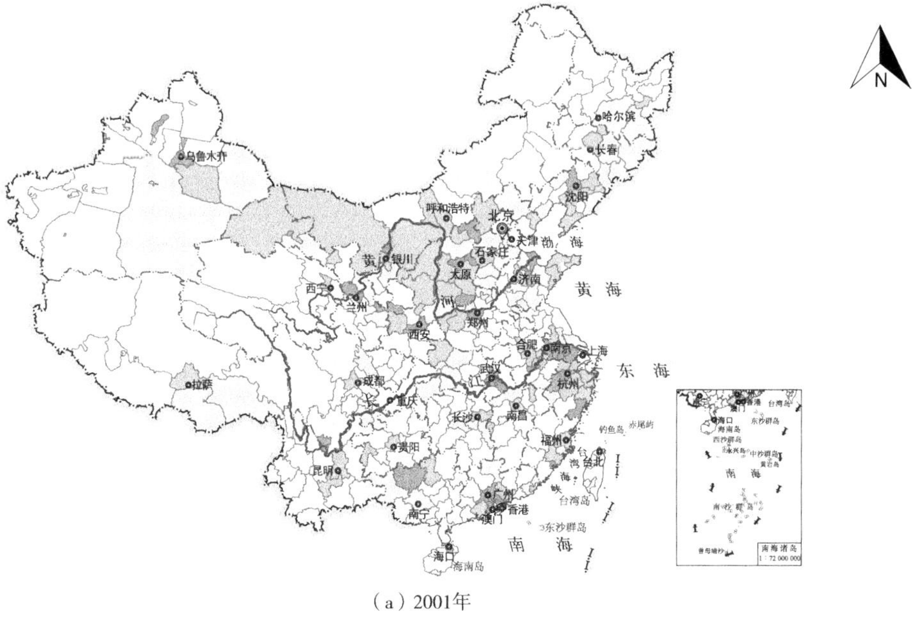

（a）2001年

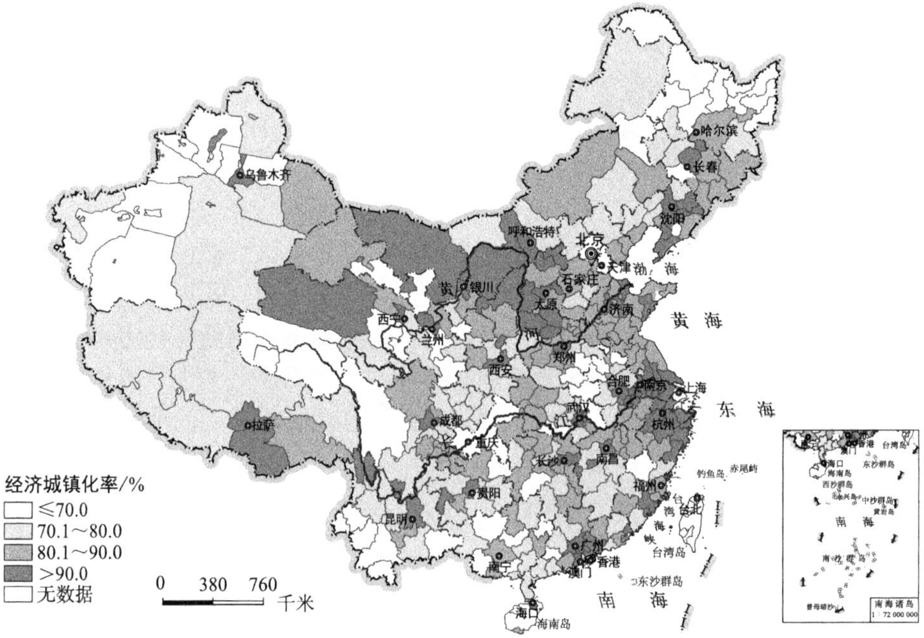

（b）2013年

图 4.8　2001 年和 2013 年中国市域层面经济城镇化率的空间格局

而言，安徽北部、河南传统农区的城镇化增长率较低，西部的广大地区土地城镇化率普遍偏低。然而，随着我国东、中部地区的土地城镇化率快速提高，未来土地资源紧缺的问题将成为制约这些地区城镇化持续发展的一个因素。探索推进城镇化中的人地挂钩、城乡挂钩制度创新，将成为优化区域人地关系、城乡关系的重要途径。

4.2.5　县域层面城镇化时空格局

1. 人口城镇化

2000 年的第五次全国人口普查数据、2010 年的第六次全国人口普查数据，以及 2014 年的各省区市统计年鉴，揭示了我国县域人口城镇化率的空间格局演变过程。2000 年，东部和东北林区人口城镇化率相对较高，中部和西部地区的人口城镇化率较低，已经初步形成了京津冀城市群、珠三角城市群和长三角城市群三个高人口城镇化率地区，以及东三省的林区和以沈阳为中心发展的城镇化地区。另外，各省会城市及其周边地区同样是高人口城镇化率地区，如长沙市、武汉市、成都市、西安市等省会城市及其周边区域（王婧和李裕瑞，2016）。县域尺度的

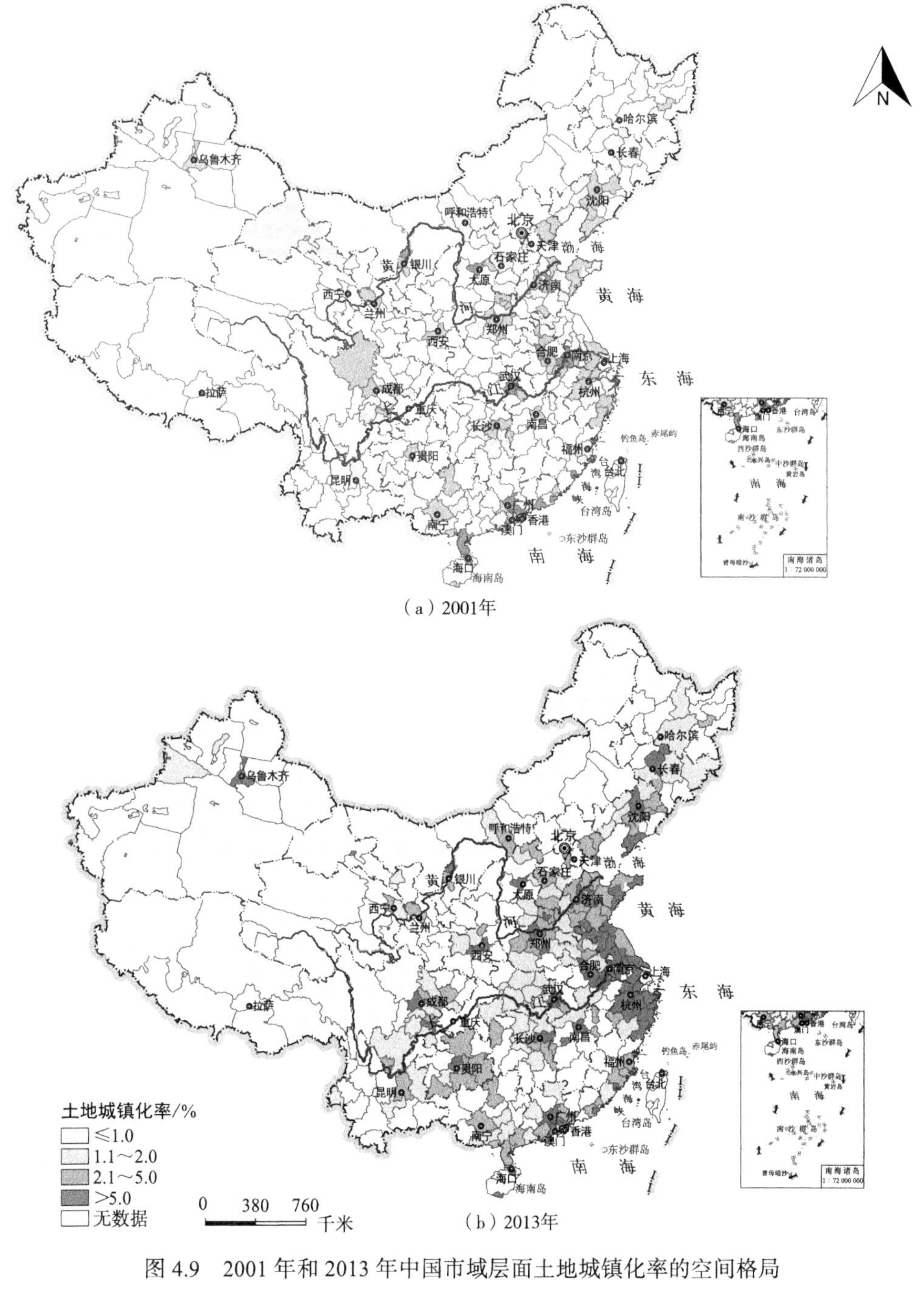

图 4.9　2001 年和 2013 年中国市域层面土地城镇化率的空间格局

人口城镇化率格局，可依照城镇化进程的四个时期进行划分，即人口城镇化率小于 30%的城镇化起步期、人口城镇化率为 30.1%~60%的城镇化中期、人口城镇化率为 60.1%~80% 的城镇化后期和人口城镇化率为 80.1%~100% 的城镇化终期。2000 年，中国县域层面的人口城镇化率普遍较低，大部分县域的人口城镇化水平低于 30%，处于城镇化发展的起步阶段，在空间上主要位于中西部地区。2010 年，县域人口城镇化水平整体提高，中部地区大部分县域的人口城镇化率从低于 30%上升到 30.1%~60%。总体而言，2000~2010 年，中国县域人口城镇化率提高显著，近一半的县域城镇化水平实现跨阶段增长。然而，人口城镇化的总体格局基本保持不变，即东部和东北地区的人口城镇化率较高，中、西部地区的人口城镇化率相对较低，但与东部地区的差距在逐渐缩小。2000~2010 年，中国县域人口城镇化率的增长速度存在明显的区域差异性，珠三角、长三角、京津冀地区、东北地区与各省会城市及其周边仍然是人口城镇化率的高值区。同样，2014 年与 2010 年的格局相类似，并且人口城镇化率的增长速度相对于 2000~2010 年有所放缓。

2. 经济城镇化

在 2000 年，中国绝大部分县域的经济城镇化率仍然低于 70%，经济城镇化率较低的地区主要集中在经济落后的山区、西北干旱缺水地区。其县域城镇化发展受到自然环境与经济发展落后的双重限制，工业化水平和农民人均纯收入较低，受大中城市辐射作用小，城镇化发展投资带动较弱，产业结构处于较低阶段，农村劳动力转移与就业能力有限。但是，2014 年大部分县的经济城镇化率已经上升到 70%以上，甚至一些传统平原农区的县域，也开始以第二、第三产业为主导，产业结构、经济结构出现了明显变化。经济城镇化率的提高，一方面表明我国大部分县域在工业化、城镇化方面呈现稳步发展态势，尤其是中、西部地区，在西部大开发、中部崛起等战略的相继实施下，县域第二、第三产业得到较快发展；另一方面，经济城镇化率的提高对我国农业农村的发展带来了挑战，特别是各种生产要素纷纷向非农产业转移、集聚，引发了农业经济的衰退和农村功能的衰减。2014 年，我国县域经济城镇化率最高的地区集中在珠三角、长三角、京津冀、重庆等地，最低的地区集中在黑龙江、广西、云南、西藏、新疆等地。

3. 土地城镇化

2000~2014 年中国县域土地城镇化率呈现出逐渐提高的趋势。总体而言，东部地区呈高城镇化率的高增长之势，中部和东北地区县域土地城镇化发展则表现为低城镇化率的高增长之势，而西部地区大体为低城镇化率低增长率的双低态势。土地城镇化率较高的地区大体集中在胡焕庸线的东南部，较低的地区主要集中在西藏、青海、新疆、内蒙古等西部地区。同时，即使是同一个省（自治区、直辖市），各个市县的土地城镇化率也并不相同，主要受到区位、社会经济、自然资源等条件的综合影响。未来东部土地城镇化率较高的各县应重点关注土地城镇化带来的资源环境效应，以及土地城镇化与人口城镇化相协调的问题。西部地区则需要关注如何合理开发后备土地资源，探索土地整治工程在乡村减贫和乡村振兴中的作用，实现乡村“三生”（生产、生活、生态）结合和“三产”（第一产业、第二产业、第三产业）融合发展。

4.3 城镇化的驱动机制

城镇化是经济社会发展的必然趋势，是一个国家工业化、现代化非常重要的标志，积极、平稳地推进城镇化是全面建设小康社会，有效解决我国特有“三农”问题、合理发展中国特色社会主义事业的基本途径和重要战略之一。目前我国学者对于中国城镇化的系统研究始于 20 世纪 70 年代末，1979 年吴友仁发表的《关于中国社会主义城市化问题》揭开了我国城镇化研究的篇章。此后，相关研究日益兴盛，并在许多方面取得重要成果，既包含城镇化理论研究，如城镇化的内涵与城镇化特征、城镇化的发展速度与水平，以及城镇化机制与演变规律、城镇化发展质量、城镇化演变历程等，还包含对城镇化相关问题的研究，如人口流动与城镇化研究、非农化与城镇化研究、城镇化与现代化研究、城镇化与可持续发展相关研究、城镇化与新农村建设等相关研究。进入 21 世纪以来，中国的城镇化率以年均 1%的增速发展，至 2015 年已达 56.01%（常住人口城镇化率）。这种“速成”的城镇化模式，在短期内便实现了欧美国家几十年甚至上百年的发展历程，因此，不可避免地产生了诸多的城镇化发展不平衡、不充分的问题。与此同时，推进城镇化进程的动力也发生了巨大的变化。为了适应这种新变化、新态势、新要求，促进城镇化健康、稳定与可持续发展，亟须厘清新时期的城镇化系统要素结构，探究其深层的驱动因子及其优化调控的科学途径，为新型城镇化与乡村振兴的双轮驱动提供参考依据。

4.3.1 城镇化驱动机制的划分依据

从城镇化驱动机制的划分依据来看，较为常用的分类标准是欧向军等（2008）基于江苏省的实证研究提出的“行政力、外向力、市场力、内源力”四分法，分别应用不同参考评价指标，如全社会固定资产投资总额、商品零售额、实际利用外商直接投资额和乡镇工业总产值等，指代影响综合城镇化水平的行政、外向、市场和内源等驱动力的作用大小。此后，陈明星等（2009）、王洋等（2012）在城镇化驱动力分析中均借鉴了该分类方法。该方法将驱动城镇化的动力机制分解为行政制度力量、市场经济运作、外向经济带动和内部经济贡献四个方面，获得了学界较为广泛的认同。

1. 行政制度力量影响下的城镇化

行政制度力量影响下的城镇化通常是指政府对全社会固定资产的投资或者在某个地区利用资金投入、产业布局及配套设施建设间接指引区域的城镇化发展，或从行政区设置上将农村转变为城市直接推动区域城镇化进程。Ma（2002）提出户籍、土地等相关政策制度是推进中国城镇化发展演化最基础、最核心的驱动因子。许学强和李娜（2009）提出农业发展与农村改革均为农村城镇化发展的初始动力，对外开放政策加速了农村城镇化的发展演化进程。另外，国家执行的有关政策制度是实现农村城镇化发展的关键激励因素。黄雪丽（2005）在论证城镇化是交易费用为正的过程的基础上，对中国城镇化的实践进行分析，得出制度政策是中国城镇化发展的重要动力机制，政府的相关政策措施，一方面减少了城镇化的交易成本，节约了组织成本；另一方面通过推进工业化，加快了城镇化的进程。叶裕民（2001）提出制度对城镇化发展的影响包含直接影响，如户籍、就业、土地、社会保障、行政管理等相关制度，以及城镇建设与投融资体制和市镇建设相关法律制度。路永忠和陈波翀（2005）提出创新型的制度降低了城镇化交易成本与系统风险，降低了城镇化势能损失，并扩大了农村剩余劳动力城镇化决策预算约束线的纵截距和斜率，从而促进了城镇化水平和社会福利水平的快速提升。陈聪等（2014）认为我国现行城乡分割的户籍管理、土地管理、社会保障等制度，固化着城乡利益失衡格局，制约着农业人口市民化，阻碍着城乡发展一体化，未来亟须在国家新型城镇化规划的指导下，立足不同类型区，从农区资源禀赋和比较优势出发，构建农区城镇化发展体系，深化城乡发展一体化体制改革与制度创新。

2. 市场经济运作下的城镇化

社会经济的发展将会产生市场，它的基本功能是在区域经济发展演化的进程中实现对资源配置与利用的基础性调控，它要求以市场经济规律为基础对区域各生产要素及地域组合进行合理的配置，进而推动城镇在数量上的快速增长和发展质量上的迅速提高。曹广忠等（2010）在前人研究基础上，研究认为经济市场的全球化只是一种附属的、补充性的外部冲击，中国城镇化发展的本质动力是中国特色的市场经济。陈明星等（2009）从四维分析的视角，利用长时间序列数据，分析挖掘中国城镇化发展演化的动力进程与影响因素，认为中国城镇化发展的主要动力来自行政力、外向力、市场力和内源力，其中市场力是最主要的动力。杨忍（2016）提出城镇化是经济社会发展的必经过程，并具有阶段性标志，传统研究过于注重工业化和经济发展是城镇化的核心驱动力，城镇化演变进程在物质空间上体现为地域类型的乡村性削弱直至消失，最终转换为非农产业和以市场为主导的城市地域空间。

3. 外向经济带动下的城镇化

外向经济是指利用外部资本，推动技术、贸易、产业结构及就业结构的调整，进而加速区域经济发展水平的提升和城镇化水平的稳步提高，它包括进出口贸易的拉动性和外部投资的拉动性。随着全球化力量的逐渐增强，我国个别地区外来资本的汇聚也同样出现了对城镇化演变进程的强大拉力，进一步推动了中国的城镇化进程，相应的研究也随之展开。Shen（2006）利用工业化发展模式、各类经济全球联系等模式对城镇化发展进行解释。薛凤旋和杨春（1997）通过对珠三角地区的 31 个县市进行分析，提出珠三角地区从改革开放至 20 世纪 90 年代中期的主要城镇化发展动力来自外商投资及其所带动的出口。黄娟（2011）研究表明，当外商直接投资额平稳且规模大时，城镇化发展水平受到外商直接投资的促进作用较为明显；当外商直接投资规模小且不稳定时，同时在内资不足的情况下，城镇化发展水平提升将会受到限制。外商直接投资产生的正面效应主要汇聚在我国东部地区，在中西部区域内正面效应并不明显。刘彦随等（2012）研究表明高城镇化县域主要集中在经济发达、投资强度大、受中心城市辐射强、工业化水平较高的长三角、珠三角等地区，这些地区接受香港、澳门、台湾地区的产业转移，通过发展“三来一补”企业，促进了区域工业化，进而带动了城镇化发展。

4. 内部经济贡献下的城镇化

区域城镇化的内部发展动力通常来自基层乡镇政府倡导和农民自主发展的乡村工业，它包括私营经济和乡镇经济。在经济全球化的背景下，Friedmann（2006）提出中国的城镇化虽然同经济全球化进程相互交织，但中国城镇化的发展可能仍然是一个内生过程，这一观点颇受争议。刘彦随（1999）认为政府调控力度逐渐弱化，而城乡之间、产业之间的联系日益密切，凭借经济及交通区位的内在联系，有利于推进区域整体城镇化水平的提高及其带型发展格局的形成。魏冶等（2013）通过建立综合指标的方法，对中国城镇化动力的时空过程展开了时序分析与空间分析，得出伴随我国市场经济体制的逐步建立与完善，相关的民间性、市场性、自发性的内生动力，逐渐成为我国城镇化发展的坚实力量。刘彦随和杨忍（2012）

认为苏南模式、浙北模式、温州模式独具特色的农村工业化、市场化促进了农村城镇化。

近年来，也有学者从供需结构和制度结构双重视角，划分了需求拉动型、供给推动型、外生制度影响型、内生制度影响型四类城镇化驱动机制。马孝先（2014）从要素投入、消费需求、金融深化、空间聚集、人口素质和政府作用六个方面分析中国城镇化的关键影响因素，认为城镇的人口素质和城镇的空间聚集效应等在城镇化进程中发挥了关键作用。此外，随着影响城镇化的作用机制趋向于更为复杂的系统化、多元化，有学者尝试分析单要素的城镇化效应。例如，杨传开和宁越敏（2015）分析人口迁移对城镇化的影响，认为人口的迁移改变了迁入地和迁出地的城乡人口结构，进而通过不同模式促进城镇化率的提高和省际差异的缩小。刘涛等（2015）基于我国人口普查资料，指出规模较大的人口流动会对流出地与流入地的城镇化发展水平提升具有显著贡献作用，同时在很大程度上重构了中国城镇体系的等级规模结构和空间布局模式。

4.3.2 城镇化驱动力的研究方法

从城镇化驱动机制的研究方法来看，常用的分析方法包括简单线性回归、多元回归模型、空间统计分析、地理探测器法、面板数据分析法等。其中，基于多要素分析的多元回归模型的运用较为广泛，如王婧和李裕瑞（2016）利用2000年、2010年中国人口普查分县数据，结合多元回归模型探讨城镇化空间分异的主要影响因素，指出经济发展状况、产业结构特征、人力资本情况、人口集聚水平、公共服务能力、地理区位空间特征均可能对县域城镇化的空间分异表现出显著而稳定的影响作用。另有学者基于偏相关系数测度各类型区的城镇化驱动力，提出市场力和行政力是全国层面县域城镇化水平的两大驱动因素（王洋等，2012）。刘彦随和杨忍（2012）在分析1990年以来中国县域城镇化的形成机理中，运用了地理探测器法，指出县域经济发展阶段、固定资产投资、离中心城市距离，以及第二、第三产业水平、农民人均纯收入、人口密度状况均会对县域城镇化空间分异产生重要影响，与此同时，影响县域城镇化发展水平及发展进程的其他要素还包括粮食生产主导定位、非农业人口统计口径和城镇设置标准等因素。魏冶等（2013）在多元线性回归的基础上，对2000年以来我国城镇化发展的动力机制加以考察，发现了我国城镇化动力机制的内生性、动态性、趋势性和历史依赖性等特点。

4.3.3 城镇化驱动机制的时序演变

促进城镇化发展的动力因素随着社会生产力的逐步提升而不断发展变化，因而城镇化的驱动机制也具有一定的阶段性特征。中华人民共和国成立初期至改革开放前夕（1949~1978 年），我国城镇化建设处于恢复调整阶段。计划经济体制下，支配城镇化发展的驱动力以自上而下的政府决策为主，行政力发挥主导作用。20 世纪 80~90 年代中期，家庭联产承包责任制极大地解放了农村劳动力，使得乡镇企业如雨后春笋般涌现；户籍制度改革促使大量农村剩余劳动力进城务工、经商、兴办服务业，城镇化发展迈入新的阶段，同时受到自上而下和自下而上因素的双轮驱动。1996 年以来，我国城镇化进程步入快速发展阶段，“效率优先、兼顾公平”的发展模式及向社会主义市场化经济体制的转变，使得市场力的作用不断增强，驱动城镇化的动力趋向多元化。例如，许学强和李郇（2009）分析改革开放 30 年来珠江三角洲城镇化的驱动力变化，认为自下而上的农村发展进程是其原始的动力因子，外资的引进是珠三角城镇化进程推进的加速器，而其农村城镇化的关键在于国家宏观政策的调控。魏冶等（2013）研究 2000 年以来我国城镇化发展的动力机制，指出在长时间序列上，内源力作用逐渐提升、行政力作用逐步降低将会成为必然的发展趋势，认为应通过发挥行政力的宏观调控作用和促进城镇化动力的多元化来缓解城镇化的地区发展不平衡问题。李瑶（2015）对四川省凉山 4 县的城镇化驱动力进行分析，认为农业发展是初始动力，工业化是根本动力，第三产业的崛起与发展是目前正处于工业化初期或者中期阶段地区城镇化发展的持续动力，而其外在动力有产业政策、城镇发展政策、相关制度等。

4.3.4 城镇化驱动机制的地域分异

区域城镇化发展受到多种因素的综合影响，不同空间尺度下，不同地区的城镇化驱动机制也有所差异。宁越敏和李健（2009）认为城镇化受多种因素的影响，是一个复杂过程，在分析泛长三角地区城镇化的驱动机制过程中，将该地区城镇化的发展动力机制总结为区位与经济发展水平的影响因子和中心城市集聚影响因子，并提出泛长三角地区上海、江苏、浙江、安徽“一市三省”不同的城镇化发展演化模式。王志强（2005）对江苏省城市化现状特征进行总结，认为工业化是其发展的主动力，辅以外向经济、都市圈经济、民营经济、行政力量等其他类型驱动力量，共同推进江苏省城市化加速发展。唐伟等（2011）分析西藏“一江两河”地区的城镇化动力，认为其城镇化发展主要得益于农业发展、宗教活动、行政机构的设置，以及援藏政策等，其中援藏政策是西藏城镇化的核心动力，而其城镇化水平的提高主要依赖城镇外来人口的机械增长。丁生喜和王晓鹏（2012）关注少数民族地区城镇化的驱动机制，认为特色产业发展是城镇化的重要推动力量，农牧民对生活方式改变的期望、对就业水平提高的期望、对受教育水平的提升意愿成为该区域城镇化发展的新驱动因子，政府相关政策、生态环境等对其也有影响。

此外，也有学者尝试对全国范围内的城镇化驱动机制进行分区分类。例如，王婧和李裕瑞（2016）在探究我国2000~2010年县域尺度城镇化驱动机制的过程中，根据城镇化的格局特征、影响因素、驱动机制等将中国的城镇化区划划分为五大类、20个区域，分别是东部沿海城市群区、东部沿海的其他区域、东北地区、中部地区、西部地区，这一区域划分方案基本体现了我国城镇化发展的地域分异规律，并提出我国新型城镇化发展需按照上述地域分异规律，着重突出地域功能、提高承载能力、坚实产业基础、突出节约集约。

城镇化的驱动机制分析是研究城镇化的核心问题之一。我国的城镇化发展作为一个复杂、开放的巨系统，同时受到自然地理、社会经济、历史文化、方针政策等诸多因素的综合影响，存在较为显著的历史阶段性和空间分异性。从时序变化来看，随着社会经济发展水平的不断提升，我国城镇化的驱动机制从较为单一的自上而下的行政力量驱动，逐步向市场经济运作、外向经济带动、内部经济贡献等多元化驱动机制转变。从空间分异来看，我国城镇化的驱动机制存在尺度差异。其综合驱动力量之间的相互博弈，以及不同发展阶段的主导驱动因子，在不同行政单元区划（全国、省域、市域、县域）和不同地理分区中（东部城市群、中部地区、西部地区、东北地区）不尽相同。因此，在促进城乡融合的时代背景下，为探究我国城镇化的驱动机制，需要借助时间、空间的双重视角，创新其研究方法，打破传统“行政力、市场力、外向力、内源力”四分法，抛开城市单方面驱动因子的桎梏，着眼于乡村城镇化的驱动机制，从细致的微观尺度、更具体的某一要素切入，探究其发生作用的机制机理，及其对城镇化系统、城镇化对农业农村发展产生的综合影响。

4.4　城镇化的主要问题与效应

4.4.1　人口城镇化与土地城镇化的协调问题

继2007年陆大道、叶大年等院士在“关于遏制冒进式城镇化和空间失控的建议”中首次提出中国的土地城镇化问题以来，国内外学者围绕健康城镇化、城乡融合等问题进行了大量研究，对于中国人口城镇化虚高、土地城镇化无序扩张乃至失控的现象达成了普遍的共识。《国家新型城镇化规划（2014—2020 年）》首次将这一问题提升至国家宏观战略层面，强调在城镇化快速发展过程中，存在的土地城镇化快于人口城镇化、建设用地粗放低效等突出矛盾和问题必须高度重视并着力解决。以中国 636 个建制市为例，构建人口与土地城镇化耦合发展系数，可以发现我国人口与土地城镇化协调的空间格局和存在的问题。

1. 研究方法

1）人口与土地城镇化耦合发展关系指数

为刻画城镇化进程中的“人-地”关系，借鉴农村人口与农村居民点用地变化类型划分方法，采用人口城镇化、土地城镇化增减变化的弹性系数（式 4.1）划分人口与土地城镇化耦合发展的类型（图 4.10）。

$$\alpha = \mathrm{DR} / \mathrm{LR} \qquad (4.1)$$

式中，α 为人口城镇化与土地城镇化的关系指数；DR 为人口城镇化水平的年平均变化率；LR 为土地城镇化水平的年平均变化率。根据 DR 与 LR 的增减变化及数值比较，将人口与土地耦合关系划分为 I~VI 6 种类型，分别指代：I“人地同增协调型”、II“人地同增失调型”、III“人减地增失调型”、IV“人地同减失调型”、V“人地同减协调型”、VI“人增地减协调型”。举例说明如下：①若 α 位于 I 区，则 DR 与 LR 同时为正，且前者大于后者，表明人口和土地同时增长，且人口的增长快于土地的增长，土地利用的集约度较高，人口与土地关系趋于和谐；②若 α 位于 III 区，则 DR 为负、LR 为正，表明人口减少而土地继续增长，极可能导致土地资源的粗放利用，人口与土地关系严重失衡。

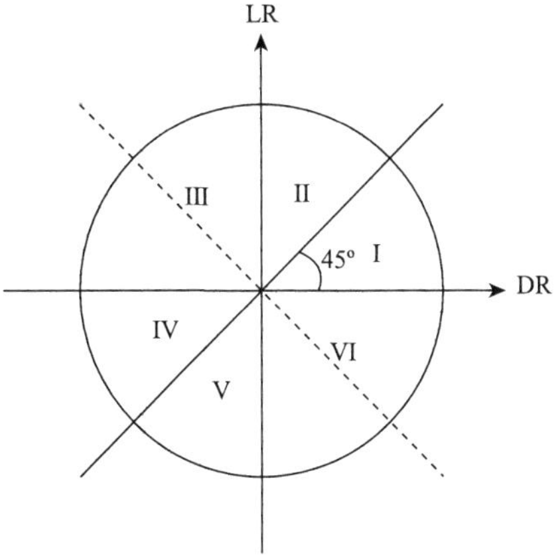

图 4.10 人口与土地城镇化耦合发展类型

资料来源：吴一凡等（2018）

2）基于核密度估计的城镇化格局分析

传统以市域行政区划为图斑单元进行分级制图的空间表达方式，难以兼顾研究期间行政区划边界的变更，具有边界差异不明显、精准性略低、直观性略差的缺点。因此，本书借助 ArcGIS 10.2 软件的核密度空间分析工具，将城市人口与土地城镇化的特征值赋予相应行政单元的中心点，实现了基于点状要素的空间可视化表达。由于市域行政中心的地理坐标相对固定，该方法能有效克服行政区划变更对空间表达精准性的影响。

核密度估计是一种通过移动的窗口估计点或线要素在其周围邻域中密度的非参数估计方法。该方法基于固定的搜索半径和输出单元大小，通过核密度函数计算每个中心点对圆域内各栅格的密度贡献值。每个栅格的密度值为该栅格搜索半径范围内各点对其密度贡献值的累加（式 4.2）。

$$f(x,y)=\frac{1}{nh^2}\sum_{i-1}^{n}k\frac{d_{(x_i,y_i)-(x,y)}}{h} \tag{4.2}$$

式中，$f(x,y)$为点(x,y)的密度值；n 为样本量；h 为搜索半径（$h>0$）；d 为点(x_i,y_i)与样本点之间的距离；k 为表征点(x_i,y_i)的贡献值随距离变化的核密度估计函数。假设在每个点上方都覆盖有一个平滑的曲面，那么该点所在位置的表面值最高。随着与点距离的增加，表面值逐渐减小，在与点的距离等于搜索半径的位置外表面值为 0。

3）人口与土地城镇化耦合发展理论框架与驱动力分析

改革开放以来，城市人口的增减变化和建设用地面积的缩放，始终是伴随城镇化进程的两大矛盾。当前，大多城市在城镇化发展的过程中出现了两种相互背驰的现象。一方面，人口过度地向城市集中，对城市的产业支撑能力、资源环境承载力、基本公共服务供给能力等带来了日益严峻的挑战；另一方面，历史政策导致的城市超前建设现象一度风靡，兴建的新城区、开发区、大学城等侵占了大量的优质耕地，导致城镇周围发展空间失控。已有研究表明，人口与土地城镇化在相互耦合的过程中，受到多种驱动力的综合作用（图 4.11）。为进一步探究形成人口与土地城镇化耦合发展态势的驱动机制，在前文理论框架与相关研究的基础上，不妨做出以下假设：①经济发展是城市土地扩张、人口增长及其耦合变化的重要驱动力，对城镇化格局具有显著影响。②政府决策行为影响不同层级城市之间有限资源的分配，包括公共财政支出、固定资产投资、基本公共服务供给等。以上资源投入越多，地区人口容纳能力越强、建设用地需求越大，在缺乏有效监管的情况下，易产生人口与土地城镇化的发展失衡。③城市的区位条件制约了城市扩张的方向与强度，区位条件与环境较好的城市，更能满足人口集聚与土地扩张的需求。

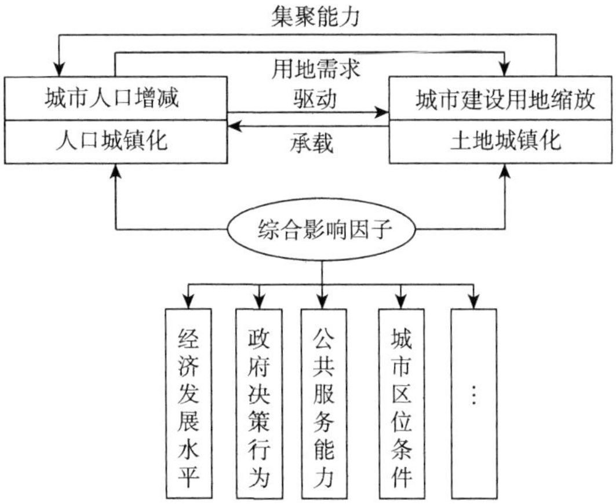

图 4.11　人口与土地城镇化耦合发展理论框架

结合市域尺度数据的可获取性，以测度的人口与土地城镇化水平为因变量，设置经济发展水平、政府决策行为、公共服务能力、城市区位条件四类解释变量（表 4.2）。选取“人均地区生产总值、地均规模以上工业总产值、第三产业增加值占地区生产总值比重”等 3 项指标表示经济发展水平；选取“人均财政支出、地均科技投入、地均房地产开发投资金额”等 3 项指标表示政府决策行为；选取“义务教育阶段生均教师数、每万人医疗卫生机构床位数”等两项指标表征公共服务能力；城市区位条件的评价中，选取城市建成区绿化覆盖率，参考王婧等（2014）对全国人口城镇化格局的研究，设定两个虚拟变量：对城市区位条件较好的省会城市、直辖市、沿海开放城市与经济特区赋 1 值，对其他城市赋 0 值。

表 4.2　人口与土地城镇化耦合态势的解释变量选择

解释变量类型	编号	变量名称	变量解释说明
经济发展水平	V_1	人均地区生产总值（元/人）	地区生产总值/区域年末总人口
	V_2	地均规模以上工业总产值（万元/千米²）	规模以上工业总产值/行政区域土地面积
	V_3	第三产业增加值占地区生产总值的比重（%）	第三产业增加值/地区生产总值×100%
政府决策行为	V_4	人均财政支出（元/人）	当年政府一般公共财政支出/区域年末总人口
	V_5	地均科技投入（万元/千米²）	科学技术支出/行政区域土地面积
	V_6	地均房地产开发投资金额（万元/千米²）	固定资产投资中房地产开发投资/行政区域土地面积
公共服务能力	V_7	义务教育阶段生均教师数（人）	普通中、小学专任教师数/普通中、小学在校生数
	V_8	每万人医疗卫生机构床位数（张/万人）	医院、卫生院床位数/区域年末总人口
城市区位条件	V_9	城市建成区绿化覆盖率（%）	城市建成区绿化覆盖面积/城市建成区面积×100%
	V_{10}	城市虚拟变量	省会城市、直辖市、沿海开放城市与经济特区等，赋值为 1，其他城市赋值为 0

注：地级城市社会经济数据源自《中国城市统计年鉴》中“市辖区”一栏，不包含市辖区以外的辖县、辖市等

2. 结果分析

1）城镇人口与城市建设用地的时序变化

2000~2015 年，全国城镇人口与城市建设用地的绝对数值呈现同步增长的发展趋势（图 4.12）。其中，城市建设用地面积自 221.17 万平方公里增长至 515.84 万平方公里，年均增长 5.81%。全国城镇人口自 4.59 亿人增长至 7.71 亿人，年均增长 3.52%。以 2000 年为基准，测算全国城镇人口、城市建设用地与世界城镇人口的同比增长率。经比较，2000~2015 年全国城镇人口的同比增长速度稳步提高，且明显高于世界城镇人口的同比增长速度。与此同时，城市建设用地面积扩张的波动较大，形成了 2005 年、2009 年两个显著放缓的拐点，致使二者的增幅差距一度缩小，推测是由于国土资源开发利用政策、经济发展速度与土地利用效率等因素综合作用的结果。计算可知，2000~2015 年中国城市建设用地的年平均增长率是城镇人口年均增长率的 1.65 倍，而国际上公认的城市建设用地增长弹性系数（即城市建设用地增长率与城镇人口增长率之比）的合理值为 1.12，数值越大越不合理。由此，可初步推断中国人口城镇化与土地城镇化的发展态势整体失衡，城镇人口的增长速率长期滞后于建设用地扩张的速率。

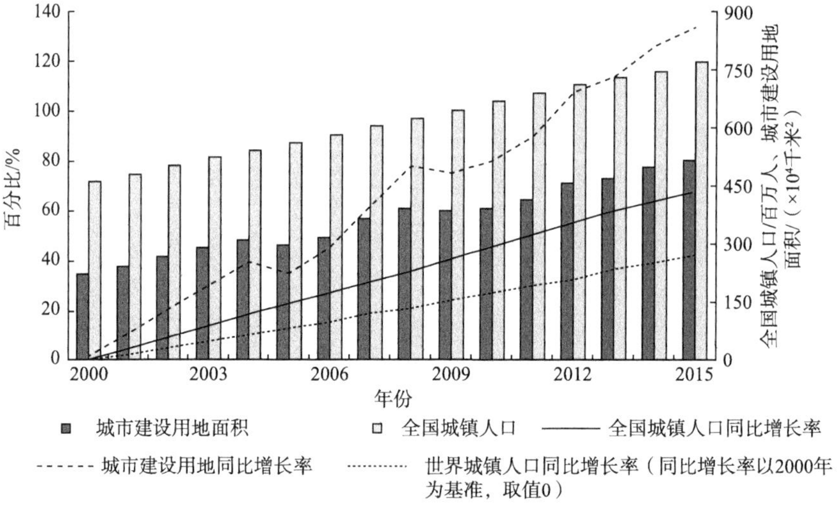

图 4.12　2000 年以来全国城镇人口与城市建设用地时序演变

2）人口与土地城镇化耦合发展的时空特征

2006~2014 年，全国人口与土地耦合关系指数为 0.61，属于“人地同增失调型”。由不同类型的城市数量占比排序可知，43.27%的城市属于“人地同增失调型”，其余依次为“人减地增失调型”（27.43%）、“人地同增协调型”（12.44%）

等。如表 4.3 所示，“人地同减失调型”“人地同增失调型”“人减地增失调型”三种失调类型城市占样本总量的比重为 73.25%，远高于协调类型城市占比（26.75%）。由此可知，全国层面人口与土地城镇化失调的现象不容乐观。其中，类型Ⅱ代表的人口与土地同步增长且土地增长快于人口增长的“同增失调”情况最为突出，表明大部分城市仍处于对外蔓延且吸纳人口的快速城镇化阶段，推测伴随的人口与土地城镇化失调现象也将会在未来的一段时间内持续存在甚至有所加剧。

表 4.3　人口与土地城镇化耦合关系的分类统计　　单位：%

人口与土地城镇化耦合关系		全国	按城市性质		按城市人口规模			
			地级市	县级市	≤50 万人	50 万~100 万人（含 100 万人）	100 万~500 万人（含 500 万人）	>500 万人
协调类型	人增地减协调型	6.30	27.78	27.10	33.81	27.09	23.53	22.22
	人地同增协调型	12.44	7.54	16.27	15.11	13.55	9.63	0
	人地同减协调型	8.01	5.56	6.93	5.76	6.37	6.42	11.11
	小计	26.75	40.88	50.30	54.68	47.01	39.58	33.33
失调类型	人地同减失调型	2.55	11.11	5.72	7.19	7.17	10.16	0
	人地同增失调型	43.27	44.84	42.17	35.97	43.43	47.59	66.67
	人减地增失调型	27.43	3.17	1.81	2.16	2.39	2.67	0
	小计	73.25	59.12	49.70	45.32	52.99	60.42	66.67

为进一步分析各类人口与土地城镇化耦合关系的结构特征，按城市性质与城市人口规模［小城市，≤50 万人；中等城市，50 万~100 万人（含 100 万人）；大城市，100 万~500 万人（含 500 万人）；特大、超大城市，>500 万人］进行初步分类统计（表 4.3）：①按城市性质划分：地、县级市的协调类型均以“人增地减协调型”为主，约占城市样本总量的 1/4。失调类型中人口与土地双增下的“同增失调”情况最为普遍，远高于其他两种失调类型占比。此外，地级市的人口与土地失调情况较县级市更为突出，表现为各失调类型占比均高于县级市。②按城市人口规模划分：中、小城市的协调类型占比高于大城市、特大城市与超大城市。人口在百万以上的城市人口与土地失调情况更为严重，约占该类型样本总量的 2/3。随着城市人口规模的扩大，协调类型城市数量逐渐减少，而失调类型城市数量不断增加。综合以上分析，城市性质与城市人口规模对人

口与土地城镇化耦合关系具有一定影响，其中地级市较县级市的失调状况更为突出，中、小城市的“人-地”城镇化耦合关系较百万人口以上的大城市、特大城市更为理想。

3）人口与土地城镇化耦合的空间格局

规范各类城市的人均建设用地面积是抑制人口与土地城镇化失衡的有效途径之一。《城市建设用地分类与规划建设用地标准（GB 50137—2011）》根据城市所在的气候区和规划人口规模等，制定了一套严格的人均建设用地标准。然而，绝大多数城市人均用地指标已经超过该规定的上限值（杨艳昭等，2013）。本书参照该标准下不同类别城市建设用地指标设定的临界值，结合已有研究（姚士谋等，2010；周艳等，2016）建立不同规模城市对应的人均建设用地理想值，分别为：小城市≤110 米^2/人；中等城市≤105 米^2/人；大城市≤100 米^2/人；特大、超大城市≤95 米^2/人。

以 2014 年 636 个建制市的城区面积与城区人口的比值作为现状人均建设用地值，比较其与理想值之间的差距（现状人均建设用地值与理想值的比值，g）。借助核密度估计的空间分析方法对 g 值≥1 的 622 个城市实际人均建设用地面积与理想值的差距进行分析发现，58.04%的城市人均建设用地值与理想值的比值为 1~5，29.94%的城市 g 值介于 5~10，11.25%的城市 g 值介于 10~20，其余 1.77%的城市 g 值大于 20。核密度空间分析显示，g 值≥0 的城市集中分布在以长三角、珠三角和山东半岛为主的东部沿海地区，内蒙古东北部形成了以额尔古纳、根河、扎兰屯等市为核心的高密度集聚区。整体而言，我国人均建设用地面积超标的现象较为普遍，研究的 636 个建制市中，41.96%的城市现状人均用地值是理想值的 5 倍以上。因而，探明城市人口与土地城镇化失调的类型及其内在机理十分必要。

通过测算超 636 个建制市的人口与土地城镇化耦合关系指数可见：协调类型城市分布较为分散，空间特征不显著，且“人地同增协调型”>“人地同减协调型”>“人增地减协调型”。其中，“人地同增协调型”表现为城镇人口与建设用地的双增长，且城市建设用地扩张的速度缓于人口集聚的程度，此时“人-地”关系处于较为和谐的状态。这类城市以东北林区的伊春、牡丹江，胶东半岛地区的威海，长江中游地区的湘潭、岳阳，及石家庄、海口、拉萨等个别省会城市为代表。“人地同减协调型”指代城镇人口与建设用地均减少，且城市建设用地减少的速度缓于人口分散的程度。这时，城市规模的扩张得到一定控制，而土地城镇化的减缓速度较人口城镇化相对滞后，“人-地”关系达到初步的和谐。这类城市的代表有东部沿海的滨州、盐城、泉州，西南地区的曲靖、宜宾、永州、防城港，黄土高原地区的武威、平凉、渭南等。“人增地减协调型”表现为城镇的人口增长与城市建设用地的减少，实现了最为理想的“人–地”关系和谐。目前这类城市数量较少，仅黄淮海地区的驻马店、徐州、合肥，长江中游地区的十堰、长沙，及广东省的中山市，河北承德、新疆的塔城市等十余个城市。

失调类型城市的空间分布相对集中，城市数量由高至低依次是：“人地同增失调型”>“人减地增失调型”>“人地同减失调型”。其中，“人地同增失调型”几乎遍及所有省区市，表现为城镇人口与城市建设用地双增长，但城市建设用地扩张的速度是城镇人口增速的 1~2.67 倍，“人–地”关系处于较不和谐的状态。这类城市尤以广东东莞、高州，宁夏银川，山西原平，新疆乌鲁木齐 5 市最为显著。“人地同减失调型”城市数量极少，仅占城市总量的 2.8%，因而，其指代的“人–地”失调现象并不显著。“人减地增失调型”指代城镇人口减少而城市建设用地反增的“人–地”关系极不协调状态。该类型在地理空间上形成了较为显著的空间集聚，分别是：以大庆、吉林、通辽等为代表的辽中南以北片区，以保定、衡水、邯郸等为代表的京津冀南缘片区，以郑州、商丘、临沂、青岛等为代表的黄淮海片区，以福州、南平、丽水、台州等为代表的东南沿海片区，以湛江、肇庆、柳州、桂林等为代表的珠三角北部片区等。该类型的空间分布主要处于几大城市群的外围，表现为“人–地”失调程度较城市群中心地区更为凸显的特征，尤以珠三角与京津冀两大城市群最为典型。

4）人口与土地城镇化耦合态势的驱动机制分析

基于多元回归分析模型，分别以人口、土地城镇化水平值为因变量，设置 10 个解释变量（V_1~V_{10}）对人口与土地城镇化耦合态势的驱动因素进行拟合分析（表4.4）。模型 I、模型 II 的拟合优度分别为 60.5%和 56.5%，整体均达到显著水平。经检验，变量的标准化残差概率图均符合正态分布，共线性统计量中容忍度（tolerance）均大于 0.1，方差膨胀因子（variance inflation factor，VIF）均小于 5，表明解释变量之间不存在显著多重共线性，模型设定合理。经比较，模型 I 的拟合结果略优于模型 II，共 6 个变量通过了 5%的显著性检验，分别是人均财政支出、地均科技投入、义务教育阶段生均教师数、每万人医疗卫生机构床位数、城市建成区绿化覆盖率、城市区位。模型 II 中 4 个变量通过了显著性检验，分别是人均地区生产总值、地均规模以上工业总产值、地均房地产开发投资金额、每万人医疗卫生机构床位数。具体分析如下。

表 4.4　人口与土地城镇化耦合发展的驱动力拟合结果

变量	模型 I				模型 II				拟合优度			
	系数	SE	标准系数	t	Sig.	系数	SE	标准系数	t	Sig.	容差	VIF
常量	−0.012	0.026		−0.471	0.638	−0.008	0.028		−0.272	0.786		
V_1	−0.043	0.037	−0.044	−1.140	0.255	−0.161	0.040	−0.163	−4.058	0.000	0.476	2.099
V_2	0.043	0.044	0.041	0.962	0.337	0.251	0.047	0.238	5.374	0.000	0.390	2.564
V_3	0.046	0.032	0.045	1.428	0.154	0.004	0.034	0.004	0.119	0.905	0.704	1.421
V_4	0.028	0.045	0.262	6.321	0.000	0.024	0.048	0.022	0.498	0.618	0.406	2.465
V_5	−0.129	0.058	−0.103	−2.233	0.026	−0.072	0.061	−0.057	−1.185	0.236	0.329	3.037
V_6	0.088	0.048	0.090	1.835	0.067	0.497	0.051	0.501	9.759	0.000	0.290	3.443
V_7	0.105	0.027	0.107	3.823	0.000	−0.048	0.029	−0.049	−1.652	0.099	0.882	1.133
V_8	0.550	0.033	0.551	16.766	0.000	0.268	0.035	0.267	7.734	0.000	0.643	1.554
V_9	0.090	0.029	0.088	3.167	0.002	0.033	0.030	0.032	1.091	0.276	0.904	1.106
V_{10}	0.101	0.033	0.101	3.082	0.002	−0.046	0.035	−0.046	−1.334	0.183	0.647	1.545
R^2	0.605				0.565							
调整 R^2	0.598				0.558							
F	86.927				73.872							
Sig.	0.000				0.000							
DW	1.399				1.908							

注：由于部分统计数据缺失，回归分析的实际观测值为 2014 年 579 个建制市

地区经济发展水平并非人口与土地城镇化耦合关系失调的决定性力量。换言之，城市经济发展水平越高，并不意味其人口与土地城镇化耦合发展的协调性越好。Bai 等（2012）、Bai 等（2014）的研究发现，经济发展水平及其变化的速率同城市人口增长之间无显著的关系。多元回归模型的拟合结果印证了这一观点，经济发展水平解释变量中，模型 I 估计“人均地区生产总值、地均规模以上工业总产值、第三产业增加值占地区生产总值的比重”对人口城镇化水平的影响均不显著。仅模型 II 的“人均地区生产总值、地均规模以上工业总产值”两项拟合结果较为显著。因而，地区经济发展水平与土地城镇化的相关性显然优于人口城镇化（相关性分析表明，在 0.01 置信水平上，地区生产总值增长对城市建设扩张的解释力为 0.77，高于对城镇人口增长的解释力 0.51）。

政府决策行为中的地区倾向可导致人口与土地城镇化发展失衡。城市规划牵涉到多方利益博弈，其中上级政府部门在项目资金、用地指标使用中占据较大优

势。有限的资源往往供不应求，因而通过投融资平台、小产权房、农地出租等政策"擦边球"获取用地指标的现象较为普遍，这种城市间、城乡间略失公平的资源分配形式加剧了城市的无序扩张。多元回归模型拟合的结果显示，"人均财政支出、地均科技投入、义务教育阶段生均教师数、每万人医疗卫生机构床位数"对于人口城镇化水平的影响均显著，"地均房地产开发投资金额、每万人医疗卫生机构床位数"对土地城镇化水平的影响显著。由此推测，资金、技术与教育、医疗资源的投入对地区人口与土地城镇化的耦合发展影响较大。此外，部分城市推动城镇化的路径单一，通过建设城市远郊的新城区、产业园区间接带动周边城镇的"蛙跳-填充"式开发模式很大程度上推动并强化了土地城镇化。

地理区位条件和地区内部差距是制约人口与土地城镇化宏观格局的主要因素之一。地理区位条件制约城市扩张的方向与强度（张利等，2011），中国陆地地貌三大阶梯中，东部平原和丘陵区地势起伏相对和缓，所属的第三级阶梯既是城市数量最稠密的阶梯，也是城市用地扩张速度最快的阶梯，分布着包括北京、天津、上海、广州、厦门等大部分"人-地"关系失衡的直辖市、省会城市与经济特区。回归结果表明，城市区位条件较好的地区，人口、土地城镇化水平较高，与前文预设基本符合。此外，前文分析发现"人减地增失调型"数量仅次于"人地同增失调型"，且失调程度更甚。二者的空间分布与传统的"中心-外围"结构相互背驰，表现为几大城市群外围地区失调程度较城市群中心地区更为严重。推测是由于城市群中心地区土地市场相对饱和而仍然具有较强的人口吸引力，城市群外围地区地价相对低廉易借助"土地城镇"盲目扩张。因而，城镇化的宏观格局一定程度上仍然受制于地理区位条件与地区内部差距。

4.4.2　半城镇化问题与进城务工人员市民化的意愿

改革开放以来，中国经历了快速的城市化进程，农村人口大量流向城市，城镇居民人口比重从 1978 年的 17.9%急剧上升到 2014 年的 54.8%。由于农村存在大量的剩余劳动力，随着农业现代化水平的提高，预计会有更多的年轻、受过良好教育的农村劳动力持续迁入城市（Long et al.，2014）。然而，由于户籍制度的限制，截至 2014 年末全国城镇人口为 7.49 亿人，但是，其中只有 65.5%的人转变为城市户口，其他则是在城市工作、户口仍为农业户口的进城务工人员。我国常住人口城镇化率和户籍人口城镇化率之间的差距不断扩大，2014 年达到 18.9%。有学者认为，中国的"半城市化"阶段可能持续很长时间，这意味着进城务工人员可能处于"城乡双漂"的状态，并未完全城镇化。事实上，进城务工人员并没有被重新认定为真正的城市公民，他们在教育、医疗保健、公共住房和社会保险等城市基本公共服务和社会保障方面都被排除在外。随着中国进入城乡二元结构和城乡社会经济综合发展的转型时期，国家提出了以人为本的新型城镇化发展战略，旨在2020年前后实现约1亿进城务工人员在城市定居的目标。以人为本的城镇化战略与以往的以经济和土地发展为核心的城镇化战略不同，更加重视进城务工人员的福利。因此，为了促进进城务工人员市民化，首先要了解他们在城市定居的能力和意愿。大量学者针对中国的进城务工人员市民化问题进行了研究，特别是出生于20世纪80年代以后的新一代进城务工人员的市民化问题。越来越多的研究分析了进城务工人员在城市定居的意愿，发现经济激励和社会文化条件是决定进城务工人员定居城市意愿的重要影响因素。在中国，进城务工人员完全市民化不仅需要永久定居在城市，而且需要将农村户口转换为城市户口，以确保他们在城市可以获得各项社会公共服务。因此，需要通过了解进城务工人员定居城市和落户城镇的意愿及其原因，进而解决“半城市化”的问题。

基于新古典经济学的理论，Ravenstein（1885）提出“人口迁移规律”，强调经济因素和空间距离在个人定居地点选择上的作用。在此基础上，推拉理论进一步将微观的个人理性选择与宏观的城乡发展不平等因素结合起来，分析城乡人口的迁移。推拉理论认为，迁出地的推力因素，包括贫困、失业、失地、人口快速增长、社会地位低下、婚姻前景不佳，以及迁入地的拉力因素，包括潜在的收入和就业前景、教育、福利、生活条件、环境，都会导致人口的城乡迁移。一些学者还认为，个人因素，如经济地位、生活阶段和个性，也在定居决策中发挥作用，因为不同的人可能会对这些推拉因素做出不同的考虑。同时不能忽略一些干扰障碍的作用，如物理距离、文化障碍和制度障碍等，都会影响定居和迁移决策。此外，新经济学理论强调家庭因素也会影响个人的迁移意愿。总体而言，要了解进城务工人员定居城市和落户城市的意愿，需要考虑多个因素，包括个人和家庭特征、迁出地的推力因素和迁入地的拉力因素及地理特征因素等。

在中国，除了国际理论中提到的影响因素之外，户籍制度也被认为是影响进城务工人员定居城镇的主要因素。户口的设立最初是为了禁止农村人口迁移到城市，然而，1978年改革开放以来，户籍制度在限制农村人口向城市迁移中的重要性逐渐下降（Zhu，2007），城市的就业机会也不再局限于城镇居民。因此，在分析农村人口迁移城市的决定因素时，其他因素可能比户口更加重要。但是，城镇户口与农村户口仍然分别与城市、乡村的福利或财产利益相关联。目前，部分进城务工人员选择长期定居城市，但不落户城镇，从而导致了中国的“半城市化”现象。因此，影响进城务工人员落户城镇的意愿与影响进城务工人员定居城镇的意愿可能并不相同，了解进城务工人员落户城镇的意愿，关键在于了解其如何在城乡户籍福利之间权衡（Chen and Fan，2016）。例如，将户籍从农村户口转变为城镇户口，意味着有机会享受城市福利和便利设施，但有可能牺牲农村土地的经营权（Hao and Tang，2015）。

近年来，越来越多的研究从多学科的角度探讨了中国进城务工人员定居城镇的意愿。其中，经济学研究强调收入的影响，社会学强调社会融合的影响，政治学则强调中国背景下的户籍和土地管理等制度因素。相对而言，对进城务工人员落户城镇意愿的研究较少。事实上，进城务工人员落户城镇的意愿与定居城镇的意愿不同，通常愿意定居城镇的进城务工人员占到 35%~60%的比例，但是愿意落户城镇的进城务工人员比例较低。例如，2012 年全国流动人口调查结果显示，进城务工人员愿意定居城镇的比例为 60.2%，而愿意落户城镇的比例为 50.0%（Tang and Feng，2015）。

基于这些理论，学者们展开了大量实证研究（表 4.5）。虽然 Tang 和 Feng（2015）发现，进城务工人员定居城镇与落户城镇的影响因素一致，但是该研究没有考虑影响户口转换意愿的一些关键因素，如农村土地的相关权益（Hao and Tang，2015）。根据 Zhu 和 Chen（2009）提出的概念框架，需要考虑五类变量，包括个人特征、城市的工作和生活条件、家庭条件、户籍状况，以及迁出地和迁入地的地理特征。Chen 和 Liu（2016）、Hao 和 Tang（2015）进一步考虑了迁出地农村土地权益和社会关系因素。因此，总体来说，影响农民工定居城镇和落户城镇的影响可以归纳为六类。第一类是他们的个人特征，包括性别、年龄、婚姻状况、受教育程度和迁移时间。第二类是城市工作条件，包括就业状况、职业、就业单位、个人收入、工作合同、工作培训和行业。第三类是城市生活条件，如对当地方言的熟练程度、社区网络、与当地人的互动、城市环境和社会保险。第四类是农村资源和社会关系，如农村土地权、务农经历、家乡住房和农村社会保险。第五类是家庭特征，包括家庭收入、家庭迁移情况和城市住房条件。第六类是地理特征，包括迁出地、迁入地和是否省级迁移。

表 4.5　中国进城务工人员定居城镇和落户城镇意愿的影响因素

研究	样本	定居城镇/落户城镇的意愿	影响因素
Zhu 和 Chen（2009）	2006 年福建六市调查的 600 份问卷	定居意愿：是（57.5%）；否（40.2%）；不确定（2.3%）	年龄；性别；婚姻状况；受教育程度；职业；工作合同；家庭月收入；家庭迁移人口比例；城镇住房条件；户口状况；迁出地；迁入地
Yue 等（2010）	2005 年调查深圳进城务工人员的 1598 份问卷	定居意愿：是（41.5%）；否，回家务农（29.9%）；否，回家从事非农产业（28.6%）	年代；性别；婚姻状况；受教育程度；方言熟练程度；最初迁移动机；配偶在家乡；父母健康状况；职业；城镇住房条件；迁出地
Fan（2011）	2008 年北京城中村调研的 888 份问卷	定居意愿：是（38.2%）；否（45.2%）；不确定（16.6%）	迁移经历；家庭迁移情况；参加培训的意愿；收入差别；感觉受到歧视；社交网络；与家乡人的联系程度

续表

研究	样本	定居城镇/落户城镇的意愿	影响因素
Hao 和 Tang（2015）	江苏省 2010 年迁移调查的 7151 份问卷	根据是否拥有农村土地经营权，设置不同的落户城镇意愿情景	婚姻状况；受教育程度；职业；工作年限；住房条件；农村拥有耕地大小；农村宅基地大小；迁入城市的等级；迁出地
Tang 和 Feng（2015）	江苏省 2010 年迁移调查的 7151 份问卷	定居意愿：新一代进城务工人员，是（54.7%），否（45.3%）；老一代进城务工人员，是（47.1%），否（52.9%）	年代；性别；年龄；婚姻状况；受教育程度；职业；工作年限；住房条件；养老保险；迁入城市的等级；迁入地的位置
Tan 等（2017）	2012 年全国流动人口调查的 156 705 份问卷	定居意愿：是（60.2%），否（12.4%），不确定（27.4%）落户意愿：是（50.0%），否（24.4%），不确定（25.6%）	性别；年龄；婚姻状况；受教育程度；居住年限；医疗保险；与当地居民相比的收入水平；行业；工作单位；居住证；住房条件；参与社区活动；参与选举；参与公共服务活动；人际关系状况；对迁入地的态度；幸福感；是否省级迁移；迁出地的区域；迁入地的区域
Cao 等（2015）	2009 年 12 市调查的 1947 份问卷	定居意愿：是（51.74%）；否（48.26%）	是否自雇；性别；年龄；婚姻状况；受教育程度；省内迁移；共产党员
Chen 和 Liu（2016）	2009 年 12 市调查的 1953 份问卷	定居意愿：是（54.56%）；否（45.44%）	性别；婚姻状况；受教育程度；当地方言熟悉程度；与当地居民交流频率；春节是否回老家；家庭的迁移意愿
Liu 等（2016）	2009 年 12 市调查的 1953 份问卷	定居意愿：是（54.56%）；否（45.44%）	性别；婚姻状况；住房条件；与当地居民交流频率；受歧视的经历；春节是否回老家；老家有孩子；家庭的迁移意愿
Guo（2016）	2014 年全国流动人口动态监测数据 163 000 份问卷	定居意愿：是（55.46%），否（13.8%），不确定（30.74%）	年龄；性别；受教育程度；婚姻状况；迁移经历；户口状况；迁移时间长度；市际迁移；就业类型；住房条件
Tang 等（2016）	南京市江宁区调研的 404 份问卷	定居意愿：是（58.2%），否（41.8%）	年龄；职业；住房大小；对城市更好工作机会的预期；对城市更方便生活的预期；对更好的人际关系的预期

从以上研究可以看出，进城务工人员并不是都愿意定居城镇或落户城镇，而影响进城务工人员市民化的因素是非常多样的，并且部分进城务工人员尽管选择在城镇工作、生活，但是不愿意将户口落到城镇，导致了我国的“半城镇化”现象。因此，进城务工人员市民化不仅涉及“农转非”的制度性障碍，也与进城务工人员自身的意愿有关。中国的新型城镇化规划提出，要实现 1 亿农村农民市民化。因此，一方面，要通过改善进城务工人员的生活和福祉来增强他们定居城镇的意愿（Bai et al.，2014），包括提供进城务工人员与当地居民交流的平台，改善城市环境，提供城市就业机会，建立更好的社区环境；另一方面，需要通过制度改革增强进城务工人员落户城镇的意愿，包括取消农村户籍与农村土地权益的直接关联，在保留农民土地权益不变的条件下，将农村房屋和土地纳入土地市场，建立城乡一体化的社会保险制度，为进城务工人员提供更多的福利住房（Lin et al., 2014)。因此，城乡一体化发展对于进城务工人员和以人为本的新型城镇化具有重要意义，特别是要实现人口、产业和土地等城乡资源的优化配置（Liu et al., 2013），需要在户籍政策、农村土地管理政策、社会保险和福利住房政策等方面进行改革。一些学者认为，废除城乡二元户籍制度可以使农村移民能够在城市接受公共社会服务，如住房福利、教育和更多的就业机会（Lau and Chiu, 2013）。但另一些学者则强调实现城乡一体化发展模式，将进城务工人员融入城市生活更为重要（Bai et al., 2014；Chen and Liu, 2016）。事实上，中国户籍改革的根本意义在于强调“以人为本”的战略，以及在人口迁移的空间上实现资源和福利的优化配置。

4.4.3 城镇化的资源环境效应

1978 年改革开放以来，随着国民经济和社会事业的快速发展，中国经历了前所未有的城市化进程（Long et al., 2011；刘彦随和杨忍，2012）。2004 年起，中国的城镇化进程远远超过经济增长速率（Yang, 2013）。长期以来，城镇化与经济发展被视为一个相互关联的过程。中国近几十年经济的快速增长不可避免地导致了二氧化碳排放的快速增加。虽然城镇化在促进我国经济增长上发挥了极其重要的作用，但是同样造成了环境污染问题，对我国的可持续发展造成了巨大挑战（Liu and Diamond, 2005；Liu et al., 2008；Liu et al., 2014a）。

作为世界上最大的发展中国家，中国正面临着国际社会对减少温室气体排放的限制。中国政府制定了具有约束力的“十二五”目标，到 2015 年底，单位 GDP 能源消耗和二氧化碳排放量分别减少 16%和 17%。政府需要探索新的发展道路，实现节能减排目标，同时确保经济发展（Wang et al., 2011）。因此，应特别关注二氧化碳排放量与经济增长间的关系，特别是在中国承诺到 2020 年将减碳 40%~50%的情况下。

有关中国城镇化、经济、环境关系的研究可分为三个方面（Minx et al., 2011；Wang et al., 2011；Zhou et al., 2004）。第一个方面的研究重点关注经济增长与城镇化的关系。基于经济增长与城镇化的正向相关性，一些研究者认为经济增长刺激城市土地扩张，反之亦然。然而，相关性并不意味着因果关系（Bai et al., 2012）。一些研究测算了城镇化和经济增长之间的因果关系。例如，Wang 等（2011）对我国 28 个省区市的二氧化碳排放量、能源消耗情况和经济产出量之间的 Granger 因果关系进行了分析。Bai 等（2014）研究了近几十年来中国省区市城镇化和经济增长间的因果关系，发现城镇化与经济增长之间存在长期双向因果关系。第二个方面的研究则大力探讨了中国二氧化碳排放增长的动力。Zhang 和 Lin（2012）

使用改进的 STIRPAT（人口、资本和技术的随机回归）模型，认为城镇化增加了中国的能源消耗和二氧化碳排放。在地区方面，有学者发现城镇化是北京市二氧化碳排放的主要推动者（Wang et al.，2012）。第三个方面的研究主要集中在经济增长和环境质量关系上，特别关注环境库兹涅茨曲线假说的验证。宋涛等（2007）基于环境库兹涅茨曲线假说研究了三种工业污染物（即废水、废气和固体废物）和中国经济增长间的关系。然而，最近的一些研究有不同的发现。例如，Wang 等（2012）对北京的研究认为没有证据支持环境库兹涅茨曲线二氧化碳排放假说成立。利用中国 29 个省区市 1995~2009 年的面板数据，Du 等（2012）发现经济发展是影响二氧化碳排放的原因之一，但环境库兹涅茨曲线假说并没有得到很强的支持。到目前为止，现有的关于中国经济增长与二氧化碳排放关系的研究结果仍有争议。

鉴于城镇化可能继续成为中国经济增长的重要动力，了解城镇化、经济增长与二氧化碳排放之间的关系对于决策者制定有效的节能减排政策来说有至关重要的作用。现有的大多数研究只关注中国的城镇化、经济增长和二氧化碳排放间的关系，但未考虑各个变量之间的联系及各个区域之间的差异。因此，城镇化发展、经济提升和二氧化碳排放量之间的定量关系亟须深化研究。基于 1997~2010 年中国 31 个省区市的平衡面板数据，本书使用面板协整分析和向量误差校正模型及 Granger 因果检验，从国家和区域层面对城市化、经济增长和二氧化碳排放间的关系进行了实证研究。结果表明，中国的城市化、经济增长和二氧化碳排放存在长期均衡关系，这也得到了白雪梅等研究的支持。长期来看，我国人均实际 GDP 增长 1%，城市扩张 0.66%~0.93%，相应二氧化碳排放量增长为 0.60%~0.94%。反过来，城市建成区扩大 1%，人均实际 GDP 增长为 0.81%~0.94%，二氧化碳排放量增长为 1.15%~1.19%。在区域层面上，土地城镇化进程对经济增长有着显著积极的影响，表现为城市面积扩张 1%，西部地区人均收入增长 1.24%~1.35%，而中部和东部地区分别为 1.17%~1.91%和 0.99%~1.03%。反过来，经济增长也促进了城市建成区的扩张。城镇化不仅对经济增长产生了重大的积极影响，而且对我国二氧化碳排放也有重要影响。这可以通过城市化导致的事实来解释，公共和私人交通的加速发展消耗了更多的能源和排放了更多的二氧化碳（Wang et al.，2012）。随着城镇化的发展，居民生活方式的转变可能会改变消费者的需求和行为，更多的能源消耗导致更多的二氧化碳排放（Feng et al.，2012）。此外，土地城镇化和经济增长也增加了二氧化碳在三个区域的排放量。前者对我国西部二氧化碳排放量的影响大于我国东部地区和中部地区，但是经济提升对我国东部地区二氧化碳排放的增加幅度明显大于其他两个地区。中国经济的快速增长与二氧化碳排放量增加密切相关（Feng et al.，2012）。进一步研究显示，中国经济发展和城市扩张的速度对中国的二氧化碳排放产生了重要的正向影响，但前者对二氧化碳排放的影响大于后者。随着城镇化水平的提高，2012 年东部地区城镇化率已高达 66%，进一步城镇化可能会更加困难，因此其对排放的推动力预计会相对较小。为了减少二氧化碳的排放，应该放弃以往以高污染、高能耗发展路径来换取经济增长的模式。研究结果也表明东部地区应该降低地区生产总值增长率，西部地区应该更加重视城镇化速度。优化产业结构，提高能源利用效率，适当降低第二产业比重，并推动华东高能耗产业升级。对于西部地区，考虑城镇化对二氧化碳排放的影响最大及其丰富的可再生资源（即风能、水能和太阳能），迫切需要开发可再生能源作为传统燃料的替代品。中国中部地区作为高能耗重工业基地，因此推动产业结构调整、利用清洁煤炭技术对于节能减排的成功至关重要。

面板 Granger 因果关系分析结果表明，中国土地城镇化、经济增长与二氧化碳排放之间存在长期双向的因果关系。土地城镇化与经济增长之间的长期双向因果关系也存在于东部和中部地区。这表明土地城镇化确实与经济增长具有因果关系；在中国的各个省区市，城镇化不仅是经济增长的结果，也是经济增长的动力，这意味着减少二氧化碳排放量可能会在一定程度上阻碍经济增长。以牺牲中国经济发展为代价不是减少二氧化碳排放的最可行的措施。相反，对于中国更现实可行的减排二氧化碳的手段就是改善能源结构（林伯强等，2010）。此外，面板 Granger 因果关系分析揭示了长时间序列双向因果关系：从土地城镇化进程到经济增长和二氧化碳排放量的变化。在全国层面上，异质面板 Granger 因果关系检验再次检验了从经济增长到城镇化发展和从城镇化发展（或经济增长）到二氧化碳排放量变化的短时间序列单向因果关系，这与前人的研究一致（Wang et al.，2011）。在区域尺度上，在东部和中部地区，只存在从土地城镇化到二氧化碳排放，从经济增长到二氧化碳排放量变化的短时间序列单向因果关系。研究数据表明，二氧化碳排放量的变化与经济增长呈倒“N”形关系，样本中的经济增长不支持环境库兹涅茨曲线假说。人均 GDP 和二氧化碳排放的两个转折点分别约为 127 元和 10 110 元。2012 年中国人均收入已达 3 万多元，超过左拐点，应该关注未来节能减排时下一个转折点的出现。

城镇化是一个动态和多维的过程，在土地利用、经济结构、生态和环境方面引起了深刻的变化（Bloom et al.，2008；Glaeser，2011；Bai et al.，2012）。要实现城市梦想，中国需要面对三方面的挑战，即土地、人与环境（Bai et al.，2014）。城镇化未来将会是我国经济提升的重要动力。在快速城镇化演变过程中，盲目、过度地土地开发造成了国家耕地的大幅度减少，这引起人们对粮食安全的担忧（Gao et al.，2006；Chen，2007；Wang et al.，2012）。随着城镇化进程的加快，中国平均每年由耕地转化为建筑用地的面积由 1990~2000 年的 130 万公顷猛增至 2000~2010 年超过 200 万公顷，这进一步突出了城镇化和农田保护之间的矛盾（Liu et al.，2014a）。

快速城镇化对劳动力、气候和公共卫生也有重要影响。20 世纪 80 年代初期以来，伴随着工业化和城镇化进程，大多数农民成为进城务工人员。根据中国国家统计局发布的《2012 年全国移民工人监测调查报告》，全国进城务工人员人数达 2.62 亿人，增长率为 3.9%。由于户籍制度，不少进城务工人员不能获得城市医疗保险、教育和其他公共服务，没有足够的社会保障（Bai et al.，2014）。大多数从农村到城市的移民多为男性，家庭中的女性、儿童、老人等成员则被留在农村。据悉约有 5800 万名儿童、4700 万名妇女和 4000 万名老人被留在农村。这三个遗留下来的群体造成了社会的不安稳和留守儿童的心理发展问题（Yang，2013）。此外，快速城镇化也导致中国东南部地区平均表面温度每十年升高 0.05℃，东部地区每十年升高 0.04℃（Zhou et al.，2004；Yang et al.，2011）。因此，应该更加重视快速城镇化的不良后果。

实证研究结果表明，中国的快速城市化和经济增长是二氧化碳排放量快速增加的主导因素，这就意味着在保持城市扩张和经济增长的同时，减少二氧化碳排放是十分困难的。在目前的经济增长模式下，对于中国而言，控制城镇化进程的步伐，贯彻落实有效的环境保护政策是至关重要的。在当前经济新常态发展的背景下，中国的经济增长速度将会放缓，我国应该抓住机遇调整产业结构，提高能源效率，逐步减少二氧化碳排放量。

第 5 章　城镇化对农业农村发展的影响路径与测度

5.1　城镇化对农业农村发展影响的分析框架

城镇化作为现代化建设进程中最基本的人文-经济过程，对农业农村发展的影响具有系统性、综合性、地域性特征。本书侧重从地理学的城乡关系视角，基于城乡地域系统、城乡有机体等相关理论，分析揭示新型城乡融合关系，以及城镇化影响农业农村发展的机理与途径。

特定区域的城乡地域系统包括城镇系统和乡村系统两大子系统，是一个复合的、动态的、多层次的地域系统。其中，城镇系统包括大城市、中等城市、小城市及城郊社区等城镇等级体系；乡村系统包括村庄、中心村（社区）、集镇、中心镇等村镇空间体系。两个子系统相互融合、相互支撑，逐步形成城乡交错系统。区域城乡地域系统本质上是一个连续的城乡统一体，而出现的城乡分离、割裂甚至对立状态往往是城乡地域系统长期失衡、衰减和退化的结果。城镇系统和乡村系统是开放的，二者间的要素是相互流动的，城乡之间物质流、能量流、信息流持续交换。伴随着城镇化发展进程，乡村系统的人口、土地、粮食、原材料等要素大量流入城镇系统，支撑着城镇系统的持续运转；反过来，城镇系统也给乡村系统反馈资金、技术、信息及管理等生产要素。区域城乡发展的根本目标就是实现城乡地域系统内部各子系统之间相互融合、相互作用，并逐步由低级协调、共生转向高级协调、一体发展（图 5.1）。

城镇化的动态格局反映了乡村系统向城镇系统转变的系统过程，其主要表现为人口空间集聚、土地用途转化和产业结构转变等方面。对于农业农村发展而言，一方面，城镇化过程吸纳了农村剩余劳动力，并将城市信息、文化、技术传播到乡村地区，加速农业农村结构调整和布局优化，推动了农业发展转型和农业产业

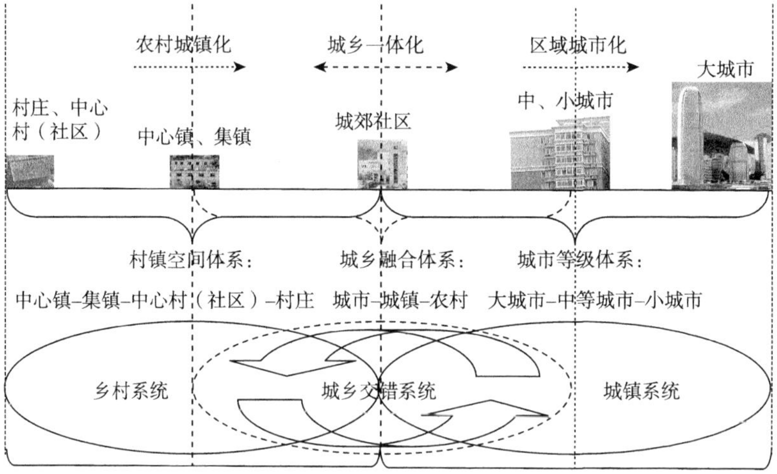

图 5.1　城乡地域系统的等级结构及城乡交错体系

化，提高了农业生产效率和效益，进一步推动农业产出增长和农业综合生产能力的提升。另一方面，不同的方式和程度的城镇化发展也对农业农村发展造成了一些负面的影响。例如，在经济增长和土地扩张的城镇化背景下，城乡发展联动和资源、生态环境被忽略，从而造成耕地被大量占用、环境恶化、农村空心化等问题。

总体而言，城镇化影响农业农村发展具有典型的阶段性和空间差异性特征。就阶段性而言，可以简单划分为两大阶段。第一阶段是城镇系统与乡村系统初步融合，城镇化对农业农村发展的影响，以农业农村要素的快速非农化为主体过程，空间上大部分地区表现为极化效应大于扩散效应。第二阶段是城镇系统与乡村系统互动发展，是城乡融合与一体化的高级阶段，不同等级的城镇之间、村庄与中小城市、小城镇之间的要素流动不断加快和集聚，城镇对农业农村发展的扩散效应开始显现，表现为城乡价值互补、功能耦合与产业互动，部分乡村地域甚至依托稀缺要素或新要素的流入增强现代农业活力和加速新旧要素复合与集聚，从而推进农村地区的产业兴起与内生式发展。就空间差异性而言，不同层次、不同区域的城乡发展，由于自然条件、社会经济、经营体制、管理模式等各不相同，城镇化和农业农村发展的阶段也不相同，因而城镇化对农业农村发展的影响在不同尺度、不同区域范围差异明显。

本书基于城镇化对农业农村发展影响的理论解析，从全国、省域、市域、县域、村域、镇域等不同空间尺度，围绕城乡要素交换、时空集聚、地域效应，梳理了改革开放以来中国城镇化对农业农村发展的影响路径与主要作用机制，明晰了这种作用机制的时空动态及其差异特征（图 5.2）。

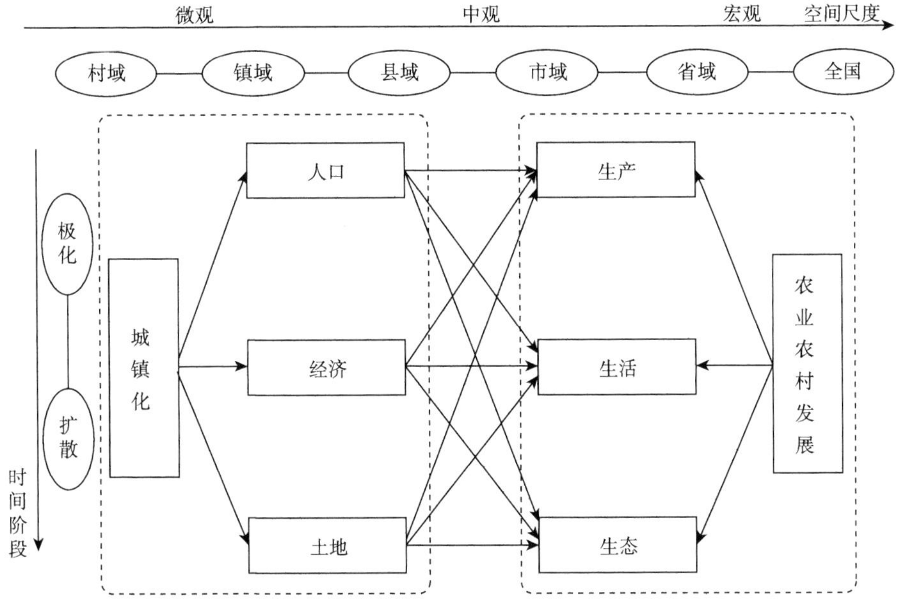

图 5.2　城镇化对农业农村发展影响的时空架构

5.2　城镇化对农业农村发展影响的分析方法体系

经过对时间序列分析、多元回归模型、门限回归模型、空间计量经济分析、地理加权回归分析、通径分析、结构方程模型等定量分析方法进行综合比选，本书建立了定量测度城镇化对农业农村发展影响的分析方法体系（表 5.1）。在这些方法的优选和结合使用支撑下，从全国、省域、市域、县域、村域、镇域等不同空间尺度，结合数据的可获取性和方法的适用性，比选城镇化对农业农村发展测度的便捷和有效方法。例如，全国尺度的城镇化变量与农业农村发展变量为 1980~2015 年的时间序列数据，因而采取时间序列分析方法，量化二者的耦合关系及因果关系；省域尺度和市域尺度的数据为面板数据，因而采取基于面板数据的多元回归模型；县域尺度的数据为 2000 年、2010 年和 2015 年的截面数据，则采取门限回归模型和结构方程模型，综合刻画表征城镇化的多个变量与表征农业农村发展的多个变量之间的作用路径。此外，对于不同典型区的分析，需要涉及耦合相关分析、地理加权回归分析等方法的综合应用。

表 5.1 城镇化对农业农村发展影响的定量分析方法比较

模型方法	方法特性	主要用途
时间序列分析	借助波动特征分析、Granger 因果分析，揭示变量间的耦合关系及因果关系	有助于揭示城镇化指示变量与农业农村发展主要指示指标、综合指标的耦合关系及因果关系
多元回归模型	揭示一种现象或事物的数量依多种现象或事物的数量的变动而相应变动的规律	有助于揭示城镇化指示变量对农业农村发展主要指示指标、综合指标的影响强度、方向及其显著性
门限回归模型	通过确定回归方程中门限变量的取值，将方程划分在不同的区间，每个区间由不同的回归方程来表达	有助于揭示城镇化因素对农业农村发展的影响的非线性、结构性突变特征
地理加权回归分析	通过将地理位置引入回归分析，探索不同位置的因变量与自变量之间的关系，以揭示要素分布的空间差异	有助于揭示不同地区城镇化因素对农业农村发展的影响的空间分异性，并测度作用强度
结构方程模型	探索事物间的因果关系，并将这种关系用因果模型、路径图等形式加以表述，可以同时处理多个因变量	有助于揭示城镇化对农业农村发展的作用路径，并测度其作用强度

5.2.1 时间序列分析

1. 简介

时间序列分析是将时间作为连续自变量所做的响应分析。这种方法是建立在传统数理的统计之上，并结合随机过程理论，以随机序列数据为研究对象的综合方法，既包含谱分析、自相关分析等常见的统计分析，也包含相关统计模型的构建与推导，其核心是对时间序列的优化、调控与预测。相对于传统统计分析研究对象的独立性假设前提，时间序列分析更强调数据间的非独立性、数据依赖性及关联性，其本质是对离散数据的离散性、随机性的分析统计。

2. 基本步骤

构建时间序列分析模型的方法步骤如下。

（1）由抽样、调研，到统计、分析等一系列系统方法取得观测数据的序列动态数据集。

（2）由观测数据的序列动态数据生成统计分析图，由统计分析图反映相关性及变化的周期性和趋势性，并进一步分析变化过程中的异常值点，通常异常值点包括变化显著的拐点和跳点。在具体判断时，要根据变化趋势推断异常值的合理性，如果异常值是观测数据的实际反映，即使是在理想值的区间之外也应纳入建模的过程中。除此之外，对于变化分析中的异常值，要求采用如门限回归模型等不同的模型方法，在不同的区间段分别拟合时间序列。

（3）随机模型的适用性选择。通过随机模型对观测数据进行时间序列拟合，需对模型的适用性进行择优判断，保证模型的适用性，进而确保结果的合理性和准确性。例如，对时间序列值较为平稳的数据，可采用自回归滑动平均（auto-regressive moving average，ARMA）通用模型及其特殊情况的一些自回归模型。特别地，在观测数据超过 50 个时，ARMA 通用模型拟合效果更好。如果时间序列值为非平稳数据，通常需要先做差分运算的预处理，将其转化为平稳时间序列。

3. Granger 因果检验

在时间序列情形下，x、y 两变量之间的 Granger 因果关系为：根据 x 的过去信息预测 y 的将来变化优于只根据 y 的信息来推测自身变化的精度，则认为 x 变量是 y 变量的 Granger 原因。

需要指出的是数据的平稳性是 Granger 因果检验的前提，否则可能会出现伪回归现象，影响结果的判断分析。单位根检验是 Granger 因果关系数据平稳性检验的常用方法。

Granger 因果检验的方法步骤如下。

（1）将当前的 y 对所有的滞后项 y 及其他变量做回归，即 y 对 y 的滞后项 $y_{t-1},y_{t-2},\cdots,y_{t-q}$ 及其他变量，但不包含滞后变量 x，通过此回归得到受约束的残差平方和。

（2）做一个含有滞后项 x 的回归，并得到回归无约束条件的残差平方和。

（3）H0：$\alpha_1=\alpha_2=\cdots=\alpha_q=0$，即滞后项 x 不包含在回归分析中。

（4）用 F 检验进行假设检验，即遵循 F 分布，自由度分别为 q 和（$n-k$）。

（5）Granger 因果判定，若 F 值超过显著水平临界值 F_α 时，拒绝零假设，x 是 y 的 Granger 原因。

（6）同样，为了检验 y 是否是 x 的 Granger 原因，可将变量 y 与 x 相互替换，重复步骤（1）~（5）。

4. 应用范围

1）描述

根据时间序列的曲线拟合，对系统进行客观描述解释。

2）分析

通过时间序列变化的关系分析，剖析其变化的机理。

3）预测

由模型模拟预测未来序列变化值。

4）调控

根据时间序列模型可调整输入变量使系统发展过程保持在目标值上，即预测到系统发展过程要偏离目标时便可进行必要的控制。

5.2.2　面板数据的多元回归模型

1. 简介

面板数据不同于一维的时间序列或截面数据，它是兼具时空的二维空间数据，从横向上看，它是界定某一时刻的截面值，从纵向上看它具有时间序列变化特征。面板数据用双下标变量表示，如 y_{it}，$i=1,2,\cdots,N$，$t=1,2,\cdots,T$，N 表示有 N 个截面，T 表示每个截面单元的观测时期数。如果固定 t，y_i（$i=1,2,\cdots,N$）是横截面上的 N 个随机变量；若固定 i 不变，y_t（$t=1,2,\cdots,T$）是纵剖面上的一个时间序列（个体）。对于面板数据 y_{it}（$i=1,2,\cdots,N$；$t=1,2,\cdots,T$），从横向上看，锁定空间每个个体都有值，从纵向上看，锁定时间每一期都有值，则其为平衡面板数据（balanced panel data）；如果在面板数据中有缺失值，则为非平衡面板数据（unbalanced panel data）。

面板数据的多元回归模型是利用面板数据建立的模型，一般将面板数据分为线性模型和非线性模型，而对线性模型的研究又分为单变量和联立方程模型，但目前较为常用的是线性的面板数据多元回归模型。线性面板数据多元回归模型的优点主要有三个：首先，面板数据多元回归模型可以解决样本容量不足的问题；其次，面板数据多元回归模型可以从多层面分析经济问题；最后，其可以显著地减少难以观测或度量变量带来的问题。

面板数据的变量有三种类型：一是仅随个体不同而异，与时间无关的量；二是仅随时间推移而变化，而与个体无关的量；三是同时与时间和个体有关的双向变量。

面板数据多元回归模型的一般形式可表示为

$$y_{it}=a_i+X_{it}\beta_i+\mu_{it},\quad i=1,2,\cdots,N;\ t=1,2,\cdots,T \tag{5.1}$$

式中，y_{it} 为因变量；X_{it} 为 $1\times K$ 维解释变量向量，K 为解释变量的数目；N 为截面单位的数目；T 为每个截面单元的观测时期数；参数 a_i 为常数项；β_i 为 X_{it} 的系数向量。

在通常的研究中，结合变量性质，按 a_i 和 β_i 的不同，可将模型分为以下三种情形。

情形 1：$a_i=a_j$，$\beta_i=\beta_j$，此时，模型为

$$y_{it}=a+X_{it}\beta+\mu_{it} \tag{5.2}$$

情形 2：$a_i \neq a_j$，$\beta_i = \beta_j$，此时，模型为

$$y_{it} = a_i + X_{it}\beta + \mu_{it} \tag{5.3}$$

情形 3：$a_i \neq a_j$，$\beta_i \neq \beta_j$，此时，模型为

$$y_{it} = a_i + X_{it}\beta_i + \mu_{it} \tag{5.4}$$

2. 基本步骤

步骤一：单位根检验。

检验时间序列是否有单位根，称为单位根检验，若含有单位根则时间序列为非平稳序列。单位根检验以迪基-富勒（Dickey-Fuller，DF）检验法和扩充迪基-富勒（augmented-Dickey-Fuller，ADF）检验最为常见，二者的原假设都是序列具有单位根，即序列不具有平稳性。在进行单位根检验时，先对原序列进行单位根检验，若原序列不能通过检验，则需对原序列进行拆分再进行单位根检验，直至检验通过。

步骤二：协整性分析。

在各变量通过单位根检验且为同阶单整的基础上，进行协整性分析。协整性分析是为了确定多个变量之间是否存在长期关系。该分析选择的方法包括了 Pedroni 检验和 Kao 检验两种方法，原假设为变量间不存在协整关系。

步骤三：模型形式设定与检验。

同时使用截面和时间两个方向的样本数据进行面板模型估算，若模型设定有误，其结果计算将和期望有很大的差距。其设定主要用协方差分析检验，通过 a_i 和 β_i 的情况确定模型形式。

步骤四：模型参数估计。

3. 应用范围

面板数据兼具时间和截面的二维特征，相对于一维的单时间或者单截面，其具有自身的优势，因此常用于研究消费结构、经济增长、技术进步、溢出效益等经济问题的建模实践中。

5.2.3　门限回归模型

1. 简介

传统方法对变量之间非线性关系的研究大多是通过人为分组、加入平方项、交叉项等方式展开，但是这些方法需要人为给定模型的非线性函数形式或者人为给定门限值，并且以上方法大都无法准确计算门限值的置信区间，因此在很大程

度上降低了估计结果的有效性。Hansen（2000）认为门限回归的方法可以弥补以上不足，因为非动态门限回归的方法不需要预先外生地设定模型的非线性形式，而是改由变量之间的关系内生决定，此外非动态门限回归方法可以利用自举法对门限效应的显著性进行检验并且能够准确计算出门限值的置信区间，估计结果更加可靠。通过确定回归方程中门限变量的取值，将方程划分在不同的区间，每个区间由不同的回归方程来表达。

2. 基本步骤

1）模型设置

Hansen（2000）将门限回归模型的基本形式定义为

$$y_i = \theta_1' x_i + e_i, \quad q_i \leqslant \gamma \tag{5.5}$$

$$y_i = \theta_2' x_i + e_i, \quad q_i > \gamma \tag{5.6}$$

式中，x_i为解释变量，是一个 m 维列向量；q_i为门槛变量。Hansen（2000）认为门限变量既可以作为独立的变量门槛，也可以用来解释变量 x_i 中的回归元。根据门限值γ，可将其分为两类。当模型（5.5）和模型（5.6）被结合为单一的方程形式时，需要定义一个虚拟变量 $d_i(\gamma)=\{q_i \leqslant \gamma\}$，其中$\{g\}$是一个指示函数，在此假定集合 $x_i(\gamma)=x_i d_i(\gamma)$，模型（5.5）和模型（5.6）可合并为

$$y_i = \theta_1' x_i + \delta_n' x_i(\gamma) + e_i \tag{5.7}$$

通过引入虚拟变量，将式（5.7）变换为

$$Y = \theta X + \delta_n X_\gamma + e \tag{5.8}$$

进一步引入 $X_\gamma^*=[X\ X_\gamma]$，对 Y 进行回归，回归参数设定为（θ,δ_n,γ），由此得到对应的残差平方和函数

$$S_n(\gamma) = S_n(\theta(\gamma), \delta_n(\gamma), \gamma) = Y'Y - Y'X_\gamma^*\left(X_\gamma^{*\prime} X_\gamma^*\right)^{-1} X_\gamma^{*\prime} Y \tag{5.9}$$

求出使残差平方和$S_n(\gamma)$值最小的门槛值，即为

$$\hat{\gamma} = \arg\min_{\gamma \hat{I} \Gamma_n} S_n(\gamma) \tag{5.10}$$

式中，$\Gamma_n=\Gamma \cap \{q_1,q_2,\cdots,q_n\}$。对每一个观测值选取确定符合式（5.9）的观测值为门槛值，进一步确定其他相应参数值。

2）显著性检验

通过显著检验以确定两组样本是否显著及显著性大小，构建 LM（Lagrange multiplier，拉格朗日乘子）统计量，H0：$\theta_1=\theta_2$为不存在门限值的零假设。

$$L = n\frac{S_0 - S_n(\hat{\gamma})}{S_n(\hat{\gamma})} \tag{5.11}$$

式中，S_0为零假设下残差平方和。因为 LM 统计不服从标准分布，因此，Hansen（2000）认为应通过 bootstrap 的思想来获得渐进分布，进而得到相应的概率 p 值，也就是 bootstrap p 值。该方法的思路是在给定解释变量和门限值的基础上，模拟生成因变量序列，满足 $N(0,e)$，其中 e 是公式（5.8）的残差项。每次获取一个自抽样样本，便可以计算一个模拟的 LM 统计量。模拟产生的 LM 统计量大于公式（5.10）在总模拟次数中所占的百分比即 bootstrap 方法估计的 p 值，当 bootstrap p 值小于 0.01 时，意味着 LM 测试以 1%的显著性级别通过其检验，并相应类推。

3）置信区间

门限值的置信区间是对 H0：$\hat{\gamma}=\gamma$ 的检验，可用似然比统计量（likelihood ratio statistic）表示

$$\mathrm{LR}_n(\gamma)=n\frac{S_n(\gamma)-S_n(\hat{\gamma})}{S_n(\hat{\gamma})} \tag{5.12}$$

Hansen（2000）认为，当 $\mathrm{LR}_n(\gamma)\leqslant c(\alpha)=-2\ln(1-\alpha)$ 时，不能拒绝零假设（α 表示显著性水平）。其中，在 95%的置信水平下，$c(\alpha)$ 等于 7.35。

上述检验只是一个门限值的验证过程，要确定是否有两个或多个门限值，我们应该检验是否已有两个门限值，拒绝 L 表示至少有一个门限值。假设 $\hat{\gamma}_1$ 已被估计，而后寻找下一个门限值 $\hat{\gamma}_2$。在确认有两个门限值之后，继续找下一个门限值，直至不能拒绝零假设为止。

3. 主要用途

门限回归模型充分考虑了预测系统中某些特殊预测因子的突变点对预测的改变作用，在气象、径流量预测等自然科学研究及物价、宏观经济预测等社会科学研究中广泛应用，对处理变量之间的非线性关系具有优势。

5.2.4　地理加权回归分析

1. 简介

地理加权回归（geographical weighted regression）是基于回归的方法，考虑加权局部特征属性，研究地理空间变量关系。其特征是将地理空间位置纳入回归模型，丰富和拓展了空间位置的回归分析，具有十分重要的内涵。

2. 基本步骤

第一步：构建回归基本模型。将地理空间位置纳入回归分析，对参数点基于

二乘法进行估算，其中空间距离函数作为权重参与函数分析。

第二步：选择空间权函数。地理加权回归模型以空间权重为核心，选取空间权函数来表达空间关系，空间权函数可分为距离阈值法、距离反比法、高斯函数法、bi-square 函数法，其决定着参数估计的准确性。

第三步：权函数带宽优化。地理加权回归分析对高斯权函数和 bi-square 权函数的选择并不是很敏感，但对特定权函数的带宽却很敏感。因此，带宽的确定是地理加权回归分析中的关键，主要方法包括交叉验证方法、Akaike 信息准则（Akaike information criterion，AIC）、贝叶斯信息准则。

3. 主要用途

通过地理加权回归分析，可以对空间关系进行建模、检查和探究，还可以解释所观察到的空间模式背后的诸多因素。例如，分析有些地区为什么会持续发生年轻人早逝或者糖尿病的发病率比预期的要高。

通过空间关系建模，可以对一些现象进行预测。例如，对影响大学生毕业率的因素进行建模，从而可以对近期的劳动力技能和资源进行预测；因为监测站数量不足而无法进行充分插值的情况下（沿山脊地区和山谷内，雨量计通常会短缺），可以用地理加权回归法来预测这些地区的降雨量或者空气质量。

5.2.5 结构方程模型

1. 简介

结构方程模型（structural equation modeling，SEM）是一种定量研究多变量交互路径及因素分析的多元统计方法，它的优势在于对多变量间交互关系的定量研究。在近三十年内，结构方程模型大量地应用于社会科学及行为科学领域，弥补了传统的统计方法的不足，可以在面对多个原因、多个结果的关系，或者在碰到不可直接观测的变量（即潜变量）问题的处理上进行多元数据分析。

2. 基本步骤

目前，主要有两大类估计技术来求解结构方程模型。一种是协方差结构分析方法，它建立在最大似然估计之上，相对而言，该方法被称为“硬模型”（hard modeling），较为通用的是 LISREL（linear structural relation，线性结构关系）方法；另一种方法是基于偏最小二乘（partial least squares，PLS）的结构方程模型，被称为“软模型”（soft modeling），以 PLS 方法为代表，这是一种检验观测变量和潜变量、潜变量和潜变量之间关系的多元先验模型。LISREL 方法要求参与结构方程计算的样本符合正态分布，而非正态分布的样本则可用 PLS 方法来求解结构方程模型，从而得到相对稳健的评估。

测量模型描述潜变量 ζ 、η 与观测变量（测量指标）x、y 之间的关系。

$$y = \Lambda_y \eta + \varepsilon \tag{5.13}$$

$$x = \Lambda_x \zeta + \delta \tag{5.14}$$

式中，x 为外生观测变量；y 为内生观测变量；η 和 ζ 分别为标准化的内生和外生潜变量；Λ_x 和 Λ_y 分别为外生和内生观测变量的因子负荷矩阵；ε、δ 则分别为其残差矩阵。

潜变量之间的因果关系描述方程为

$$\eta = B\eta + \Gamma\zeta + \xi \tag{5.15}$$

式中，B 为内生潜变量间的响应效应系数；Γ 为内生潜变量对外生潜变量的响应效应路径系数；ξ 为 η 的响应残差向量。

具体分析步骤如下。

第一步：模型发展。在做结构方程模型的建模分析之前，首先要对问题有一定的理论探讨，明晰各变量之间的关系，这是建模分析的前提。

第二步：模型建立。建立模型的目的就是要能解释问题，并能够应用于具体的数据样本分析中，基于前期经验知识对模型的合理性进行判定，对不合理之处进行必要的修正，以达到能够揭示和解释现象的目的。

第三步：模型识别。模型识别是保证模型准确运用的基础，只有得到唯一的估计值，才能进行下一步的分析。

第四步：模型数据抽样与测量。在建立模型的识别之后，就要根据识别模型设立指标抽样并测量数据。

第五步：模型参数估计。通过缩小样本和模型估计的方差和协方差，提高拟合优度。

第六步：模型估计及修正。模型估计及修正是指拟合观察数据和统计数据，对拟合的程度进行估计，进一步改正模型的适宜程度。

第七步：模型评价。在已有的证据和理论范围内，考察所建立的模型是否能最充分地对观察数据进行解释。

3. 主要用途

在实践应用方面，国外主要集中于指标的构建、相关影响因素的判定及意愿满意度的调查等领域；国内相关研究集中于影响因素、绩效评估等相关领域。

5.3 全国不同尺度城镇化对农业农村发展的影响测度

5.3.1 全国尺度

1. 指标与数据

1）城镇化指标

城镇化是一个综合的过程，伴随着人口转移、土地用途转化、产业结构等多方面的转变，新型城镇化应突出“人口-土地-产业”协调发展，城镇化指标选取应弱化城镇化规模，强化城镇化质量，因此本小节从人口、经济、土地三个维度选取指标，建立城镇化水平评价指标体系（表 5.2），通过熵值法确定权重。

表 5.2　城镇化水平评价指标体系

目标层	准则层	指标层	单位	权重
城镇化	人口城镇化	城镇人口比重	%	0.340
	经济城镇化	第二产业和第三产业产值比重	%	0.243
	土地城镇化	建成区面积	千米 ^{2}	0.417

2）农业农村发展指标

城镇化的快速发展冲击着我国农业农村系统，特别是城乡二元结构体制下，土地非农化、农业兼业化、农民两栖化现象凸显。基于要素-结构-功能视角，将农业农村系统划分为资源、经济、社会三个子系统，其中，农业农村资源子系统主要由人均耕地面积构成；农业农村经济子系统主要以第一产业为主，包括农业总产值比重、农业机械总动力、粮食播种面积比重；农业农村社会子系统涉及农民就业、收入、消费、科教文卫、福利保障等功能，考虑到数据的可获取性与连续性，本小节主要选取农村就业人员比重和农村居民人均纯收入（表 5.3）。

表 5.3　农业农村系统评价指标体系

目标层	准则层	指标层	单位	权重
农业农村发展	资源子系统	人均耕地面积	亩	0.167
	经济子系统	农业总产值比重	%	0.241
		农业机械总动力	万千瓦	0.165
		粮食播种面积比重	%	0.099
	社会子系统	农村就业人员比重	%	0.069
		农村居民人均纯收入	元	0.259

3）中国城乡系统变化趋势

根据图 5.3 和表 5.4 可知，1980~2015 年我国城镇化指数、农业机械总动力和农村居民人均纯收入大体呈逐步增加趋势；人均耕地面积、农业总产值比重、粮食播种面积比重和农村就业人员比重呈波动减少趋势。

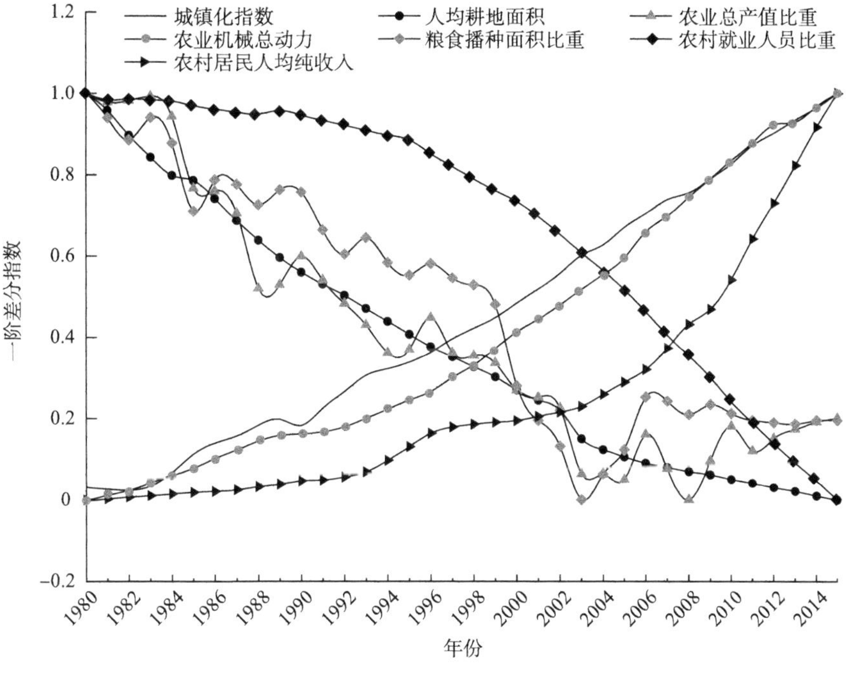

图 5.3　1980~2015 年中国城镇化指数与农业农村系统各指标变化

表 5.4　不同阶段城镇化指数和农业农村系统各指标平均年增速　单位：百分点

指标	1980~1990 年	1990~2000 年	2000~2010 年	2010~2015 年
城镇化指数	1.51	3.00	3.42	3.48
人均耕地面积	−4.40	−2.89	−2.19	−1.02
农业总产值比重	−4.02	−3.29	−0.88	0.40

续表

指标	1980~1990 年	1990~2000 年	2000~2010 年	2010~2015 年
农业机械总动力	1.44	2.46	4.15	3.91
粮食播种面积比重	−2.43	−4.77	−0.68	−0.35
农村就业人员比重	−0.54	−2.12	−4.93	−4.83
农村居民人均纯收入	0.47	1.48	3.46	9.17

其中，城镇化指数在 1980~1990 年增速较缓，平均每年增加 1.51 个百分点；1990~2000 年增速较快，平均每年增加 3.00 个百分点；2000~2010 年，平均每年增加 3.42 个百分点；2010~2015 年平均每年增加 3.48 个百分点。人均耕地面积逐年降低，在 1980~1990 年下降速度较快，平均每年降低 4.40 个百分点；1990~2000 年，平均每年降低 2.89 个百分点；2000~2010 年，平均每年降低 2.19 个百分点；2010~2015 年下降速度减缓，平均每年降低 1.02 个百分点。农业总产值比重在 1980~1990 年、1990~2000 年下降速度较快，平均每年减少 4.02 个百分点和 3.29 个百分点；2000 年以后速度减缓，2000~2010 年，平均每年降低 0.88 个百分点；2010~2015 年农业总产值比重略有增加，平均每年增加 0.40 个百分点。农业机械总动力随着城镇化水平提升，整体上逐年增加：1980~1990 年，平均每年增加 1.44 个百分点；1990~2000 年，平均每年增加 2.46 个百分点；2000~2010 年增速较快，平均每年增加 4.15 个百分点；2010~2015 年，平均每年增加 3.91 个百分点。农业农村经济子系统中的粮食播种面积比重呈波动降低趋势：1980~1990 年，下降速度较快，平均每年降低 2.43 个百分点；1990~2000 年，下降速度最快，平均每年降低 4.77 个百分点；2000~2010 年，下降速度减缓，平均每年降低 0.68 个百分点；2010~2015 年，平均每年降低 0.35 个百分点。农业农村社会子系统中的农村就业人员比重下降速度逐年增加：1980~1990 年，平均每年下降 0.54 个百分点；1990~2000 年，下降速度有所增加，平均每年下降 2.12 个百分点；2000~2010 年，下降速度加快，平均每年下降 4.93 个百分点；2010~2015 年，平均每年下降 4.83 个百分点。农业农村社会子系统中的农村居民人均纯收入增速逐年增加：1980~1990 年农村居民人均纯收入略有增加，平均每年增加 0.47 个百分点；1990~2000 年增加速度较快，平均每年增加 1.48 个百分点；2000~2010 年增速加快，平均每年增加 3.46 个百分点；2010~2015 年农村居民人均纯收入快速增加，平均每年增加 9.17 个百分点。

2. 城镇化对农业农村发展转变的因果关系检验

为了探究城镇化对农业农村系统转变的影响机理，本书通过 Granger 因果关系检验方法，验证城镇化对农业农村系统要素转变的影响，从而揭示城镇化对整个农业农村系统转变的影响机理。

1）时间序列的单位根检验

本书运用 ADF，模型如下

$$\Delta y_t = \alpha + \beta_0 + \beta_1 y_{t-1} + \sum_{t=1}^{m} \delta_t \Delta y_{t-1} + \varepsilon_t \tag{5.16}$$

式中，ε_t 为白噪声；Δ 为一阶差分算子；原假设 H0：$\beta_1 = 0$ 即序列 y_t 有一个非平稳单位根；t 为时间趋势；α 和 β_0 为常数项；δ_t 为变量系数。将检验 ADF 值和 MacKinnon 临界值，大于临界值则序列不平稳。

对中国的城镇化三个子系统和农业农村系统的六个指标进行单位根检验，结果见表 5.5。

表 5.5　单位根检验结果（一）

人口城镇化	经济城镇化	土地城镇化	人均耕地面积	农业总产值比重	农业机械总动力	粮食播种面积比重	农村就业人员比重	农村居民人均纯收入
二阶差分平稳	一阶差分平稳	一阶差分平稳	一阶差分平稳	一阶差分平稳	一阶差分平稳	一阶差分平稳	一阶差分平稳	二阶差分平稳

2）时间序列协整检验

本书采用 Engle-Granger 两步法（EG 检验）。第一步是检验 Y_t 与 X_t 的单整阶，要求 Y_t 与 X_t 同阶；若 Y_t 与 X_t 同阶单整，则建立回归方程

$$Y_t = \alpha + \beta X_t + \varepsilon_t \tag{5.17}$$

第二步是用普通最小二乘法方法建立模型，求得残差估计值

$$\hat{\varepsilon} = Y_t - \hat{\alpha} - \hat{\beta} X_t \tag{5.18}$$

之后对残差估计值做平稳性检验，如果 $\hat{\varepsilon} \sim I(0)$，那么解释变量和被解释变量之间就存在协整关系，否则不存在协整关系。对城镇化子系统和农业农村系统指标进行时间序列协整检验，结果如表 5.6 所示。

表 5.6　城镇化子系统与农业农村系统指标协整检验

城镇化子系统	农业农村系统指标					
	人均耕地面积	农业总产值比重	农业机械总动力	粮食播种面积比重	农村就业人员比重	农村居民人均纯收入
人口城镇化	协整	协整	协整	协整	协整	不协整
经济城镇化	协整	协整	协整	不协整	协整	协整
土地城镇化	协整	协整	协整	协整	协整	协整

3）Granger 因果关系检验

Granger 因果关系检验结果显示（表 5.7），人口城镇化发展是引起人均耕地

面积、农业总产值比重、农业机械总动力、粮食播种面积比重和农村就业人员比重变化的原因，且人口城镇化与各要素的相关系数分别为−0.944、−0.857、0.996、−0.897 和−0.983（图 5.4）。经济城镇化是引起人均耕地面积、农业总产值比重、农业机械总动力和农村就业人员比重变化的原因，且经济城镇化与各要素的相关系数分别为−0.985、−0.962、0.916 和−0.872。土地城镇化是引起人均耕地面积、农业机械总动力、粮食播种面积比重、农村就业人员比重和农村居民人均纯收入变化的原因，且土地城镇化与各要素的相关系数分别为−0.925、0.996、−0.860、−0.989 和 0.962。

表 5.7 各要素 Granger 因果关系检验结果

因果关系假定	滞后阶数	F 统计值	p 值	因果关系假定	滞后阶数	F 统计值	p 值
X_1 不是 Y_1 的 Granger 原因	2	0.464	0.634	X_4 不是 Y_1 的 Granger 原因	1	3.001	0.093
Y_1 不是 X_1 的 Granger 原因	2	4.697	0.002	Y_1 不是 X_4 的 Granger 原因	1	5.723	0.023
X_1 不是 Y_2 的 Granger 原因	2	13.903	6.00×10^{-5}	X_4 不是 Y_2 的 Granger 原因	2	1.416	0.259
Y_2 不是 X_1 的 Granger 原因	2	6.110	0.006	Y_2 不是 X_4 的 Granger 原因	2	0.415	0.664
X_1 不是 Y_3 的 Granger 原因	2	0.104	0.901	X_4 不是 Y_3 的 Granger 原因	4	1.593	0.210
Y_3 不是 X_1 的 Granger 原因	2	5.738	0.008	Y_3 不是 X_4 的 Granger 原因	4	3.622	0.020
X_2 不是 Y_1 的 Granger 原因	2	4.803	0.016	X_5 不是 Y_1 的 Granger 原因	1	1.743	0.196
Y_1 不是 X_2 的 Granger 原因	2	3.950	0.037	Y_1 不是 X_5 的 Granger 原因	1	13.457	0.001
X_2 不是 Y_2 的 Granger 原因	3	1.580	0.218	X_5 不是 Y_2 的 Granger 原因	2	0.964	0.383
Y_2 不是 X_2 的 Granger 原因	3	3.578	0.027	Y_2 不是 X_5 的 Granger 原因	2	4.822	0.016
X_2 不是 Y_3 的 Granger 原因	2	0.642	0.534	X_5 不是 Y_3 的 Granger 原因	2	0.659	0.525
Y_3 不是 X_2 的 Granger 原因	2	0.368	0.695	Y_3 不是 X_5 的 Granger 原因	2	4.268	0.024
X_3 不是 Y_1 的 Granger 原因	1	2.207	0.148	X_6 不是 Y_1 的 Granger 原因	2	0.293	0.748
Y_1 不是 X_3 的 Granger 原因	1	9.415	0.004	Y_1 不是 X_6 的 Granger 原因	2	4.062	0.053
X_3 不是 Y_2 的 Granger 原因	1	0.110	0.742	X_6 不是 Y_2 的 Granger 原因	1	1.910	0.166
Y_2 不是 X_3 的 Granger 原因	1	7.666	0.009	Y_2 不是 X_6 的 Granger 原因	1	0.707	0.407
X_3 不是 Y_3 的 Granger 原因	3	3.493	0.030	X_6 不是 Y_3 的 Granger 原因	2	2.749	0.081
Y_3 不是 X_3 的 Granger 原因	3	6.067	0.003	Y_3 不是 X_6 的 Granger 原因	2	3.872	0.033

注：Y_1 为人口城镇化；Y_2 为经济城镇化；Y_3 为土地城镇化；X_1 为人均耕地面积；X_2 为农业总产值比重；X_3 为农业机械总动力；X_4 为粮食播种面积比重；X_5 为农村就业人员比重；X_6 为农村居民人均纯收入

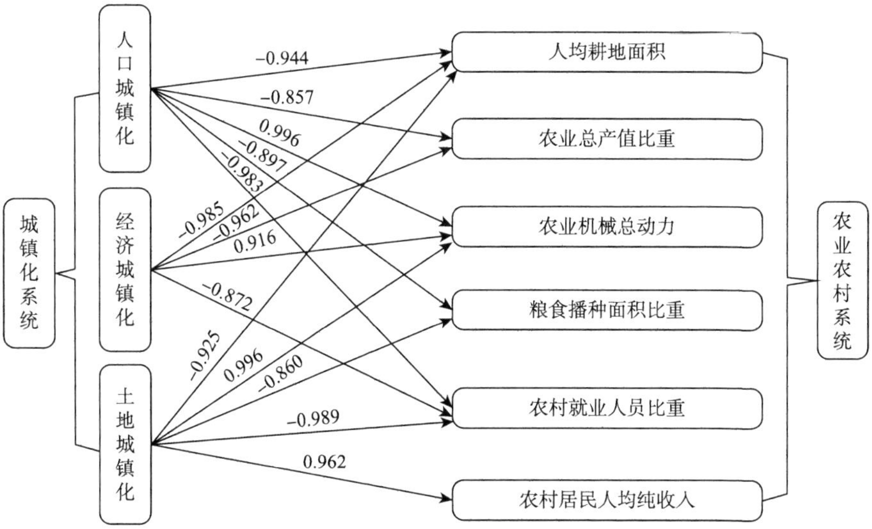

图 5.4　城镇化系统与农业农村系统各指标相关分析

囿于城乡二元结构，以及农业和非农业价格剪刀差的凸显，城镇化的快速发展必然导致乡村劳动力的就业转移，乡村就业人员比重降低。乡村劳动力大量外流，村域内农业劳动力减少，一方面农业从业人员减少导致农业产值降低，另一方面会引起农村大量土地流转，土地规模化经营加强，从而提高农业机械化水平。随着城镇化发展，我国耕地面积逐年减少，而人口逐年增加，从而导致耕地资源紧缺，人均耕地面积减少。

经济城镇化的提高说明我国第二产业、第三产业逐渐成为我国经济发展的主要动力，传统的农业生产逐渐被取代，因此，第二产业、第三产业的发展必然吸引大量农村劳动力的就业转移，引起农村农业生产系统的衰落，导致农村就业人员比重减少、农业总产值降低。另外，农村经济的发展提高了农业生产投入，这对农业机械化水平的提高具有正向作用。

土地资源是我国城镇化快速发展的根本，土地城镇化影响最强烈的地方为城乡接合部。在城镇化发展初期，土地资源利用效率低下，城市的发展与扩张需要占用大量农田，导致耕地资源减少，人均耕地占有量降低。同时，城市周边居民失去耕地而从事非农产业，从而导致农村从业人员比重降低。另外，土地资源的非农化效益远高于传统的农业经营效益，这对农村居民收入具有正向促进效应。城镇化的快速发展提高了农民收入与生活水平，农民收入与生活水平的提高也会促使农民增加农业生产投入，改善住房条件，增加购房需求，从而进一步促进土地城镇化的发展。

5.3.2　省域尺度

1. 模型方法

1）模型构建

根据学者的研究经验，本书选取了城镇化率、产业结构和建成区比重表示城镇化系统，人均耕地面积、农村劳动力比重、农村居民人均纯收入等六项指标表示农业农村系统。城镇化系统指标作为自变量，而农业农村系统通过耦合形成农业农村系统综合发展度并作为因变量。首先，利用层次分析法对农业农村系统各指标进行加权求和，获取农业农村系统综合发展度（图 5.5 和表 5.8）；其次，利用改进的 CD 模型，构建城镇化对农业农村系统发展影响的面板数据回归模型。

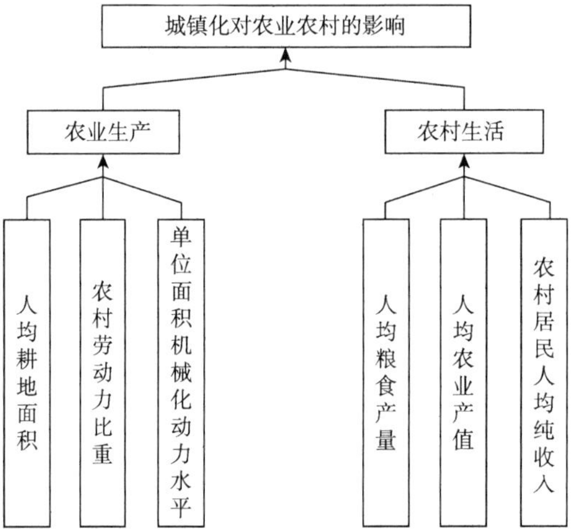

图 5.5　农业农村系统层次模型

表 5.8　城镇化对农业农村系统影响指标体系

准则层	指标层	指标解释	权重
城镇化系统	城镇化率	城镇常住人口数/总人口数	
	产业结构	第二产业、第三产业增加值/地区生产总值	
	建成区比重	建成区总面积/区域总面积	
农业生产	人均耕地面积	区域耕地总面积/区域总人口数	0.1036
	农村劳动力比重	区域农村劳动力人口数/区域总人口数	0.0653
	单位面积机械化动力水平	区域机械化总动力/区域耕地总面积	0.1645
农村生活	人均粮食产量	区域粮食总产量/区域总人口数	0.1305
	农村居民人均纯收入	农村居民人均纯收入	0.3289
	人均农业产值	区域农村的农业产值/区域总人口数	0.2072

CD 扩展模型如下

$$Y_i(t)=A_i(t)K_i(t)^{\alpha_i}L_i(t)^{\beta_i}R_i(t)^{\gamma_i} \tag{5.19}$$

对两边取对数，变形如下

$$\ln Y_i(t)=\ln A_i(t)+\alpha_i \ln K_i(t)+\beta_i \ln L_i(t)+\gamma_i \ln R_i(t)+\varepsilon_i \tag{5.20}$$

式中，$Y_i(t)$为农业农村系统综合发展度；$\ln A_i(t)$为常数项；$K_i(t)$为城镇化率；$L_i(t)$为产业结构；$R_i(t)$为建成区比重；α、β、γ为面板数据模型变量的系数，即城镇化系统中城镇化率、产业结构、建成区比重对农业农村系统影响的弹性系数。根据农村生产函数作用原理，弹性系数小于1属于规模报酬递减，弹性系数大于1属于规模报酬递增，弹性系数等于1属于规模报酬不变，即当得到的系数α、β、γ大于1时，城镇化对农业农村系统发展的影响为递增；当α、β、γ小于1时，其对农业农村系统发展的影响为递减；当α、β、γ等于1时，其对农业农村系统发展的影响不变。

2）单位根检验

本节研究选择了 LLC（Levin-Lin-Chu）、Breitun、IPS（Im-Pesaran-Shin）、ADF-Fisher、PP-Fisher（Phillips-Perron-Fisher）五种单位根的检验方法，包括相同根和不同根两种类型，分别对数据进行水平、一阶差分的时间趋势项检验（表 5.9）。检验结果显示城镇化率、建成区比重通过了单位根一阶差分检验，产业结构通过了单位根水平检验，由此可以推断影响农业农村的城镇化率、产业结构、建成区比重等要素属于平稳数据序列。

表 5.9　单位根检验结果（二）

单位根检验方法		城镇化率（水平）		产业结构（水平）		建成区比重（水平）		城镇化率（一阶差分）		产业结构（一阶差分）		建成区比重（一阶差分）	
		t	p	t	p	t	p	t	p	t	p	t	p
相同根	LLC	−1.714	0.043	−12.171	0	2.598	0.995	−21.889	0	—	—	−13.754	0
	Breitun	1.179	0.881	−9.784	0	−0.873	0.191	−22.002	0	—	—	−8.168	0
不同根	IPS	1.082	0.860	−5.945	0	1.826	0.966	−17.982	0	—	—	−17.956	0
	ADF-Fisher	42.602	0.972	436.537	0	48.129	0.902	371.680	0	—	—	425.107	0
	PP-Fisher	34.331	0.998	156.219	0	62.132	0.471	376.184	0	—	—	1435.120	0

3）数据协整性检验

本节选择了 Pedroni 和 Kao 两种方法对数据的协整性进行检验（表 5.10），由于样本较小，Pedroni 的检验结果中面板 ADF 和分组 ADF 统计的显著性拒绝不存在协整关系的原假设；Kao 检验结果也显著拒绝不存在协整关系的原假设。由此可以说明解释变量城镇化率、产业结构、建成区比重与被解释变量农业农村系统之间存在协整关系。

表 5.10 数据协整性检验结果（一）

统计项目	统计量	伴随概率	权重统计量	伴随概率	t 统计	伴随概率
ADF					−2.352 281	0.009 3
残差					0.006 006	
HAC 方差					0.007 876	
替代假设：一般 AR 系数（范围内）						
面板 v 统计	−1.380 371	0.916 3	−3.481 540	0.999 8		
面板 rho 统计	0.720 901	0.764 5	1.071 311	0.858 0		
面板 PP 统计	−1.689 324	0.045 6	−1.892 541	0.029 2		
面板 ADF 统计	−1.609 481	0.053 8	−1.778 180	0.037 7		
替代假设：个体 AR 系数（范围外）						
分组 rho 统计	2.530 268	0.994 3				
分组 PP 统计	−1.929 007	0.026 9				
分组 ADF 统计	−1.567 809	0.058 5				

4）模型确定

Hausman 检验的原假设是个体效应与回归变量无关，应建立随机效应模型，结果显示统计量值较大，且 p 值远小于 0.05，拒绝原假设，应建立个体固定效应模型（表 5.11）。

表 5.11 Hausman 模型检验结果

汇总		卡方值	Chi-Sq	p 值
截面随机样本		127.041 276	3	0.000 0
截面随机效应试验比较				
变量	固定	随机	方差	p 值
LNCR（建成区比重归一化值）	0.113 678	0.078 190	0.000 022	0.000 0
LNUR（城镇化率归一化值）	0.725 381	0.684 972	0.000 034	0.000 0
LNID（产业结构归一化值）	0.793 854	0.835 592	0.000 169	0.001 3

似然比检验的原假设是系数相等，应建立混合效应模型，结果显示 F 值较大，p 值远小于 0.05，拒绝原假设，应建立固定效应模型（表 5.12）。

表 5.12 似然比模型检验结果

效应检验	统计量	方差	p 值
截面 F	4.675 596	（30,37）	0.000 0
截面卡方值	148.894 205	30	0.000 0

根据两种检验方法，最终确定省域城镇化系统对农业农村系统的影响应建立个体固定效应模型。

2. 结果分析

1）回归模型分析

利用个体固定效应模型分析发现，城镇化率、产业结构与建成区比重的弹性系数存在较大的差异（表 5.13）。其中，山西、内蒙古、辽宁、吉林、黑龙江、江西、山东、河南、甘肃、青海、宁夏、新疆的城镇化率弹性系数大于 1，说明城镇化率的变动对其农业农村系统发展的影响为逐渐递增；北京、天津、辽宁、福建、湖北、重庆、西藏、青海的产业结构弹性系数大于 1，说明产业结构对其农业农村系统发展的影响为逐渐递增；所有地区建成区比重的弹性系数均小于 1，说明建成区比重对农业农村系统发展的影响均为逐渐递减。同时，天津、重庆、西藏的城镇化率弹性系数为负数，说明这些地区的城镇化率对农业农村系统发展的影响不仅逐渐递减，还产生了负向效应；吉林、黑龙江、上海、江苏、山东、甘肃的产业结构弹性系数也为负数，说明产业结构对这些地区的农业农村系统发展具有负向效应；西藏、青海的建成区比重弹性系数为负数，说明建成区比重对两个地区的农业农村系统发展具有负向效应。

表 5.13　个体固定效应回归结果

地区	α	β	γ	地区	α	β	γ
北京	0.48	2.71	0.27	湖北	0.78	1.02	0.69
天津	−0.21	4.38	0.67	湖南	0.65	0.76	0.38
河北	0.82	0.70	0.00	广东	0.44	0.50	0.13
山西	1.35	0.15	0.51	广西	0.82	0.52	0.18
内蒙古	1.64	0.88	0.15	海南	0.77	0.68	0.25
辽宁	2.22	1.74	0.17	重庆	−0.05	2.94	0.32
吉林	2.27	−0.05	0.81	四川	0.55	0.05	0.10
黑龙江	4.14	−1.04	0.89	贵州	0.70	0.84	0.03
上海	0.27	−5.32	0.69	云南	0.85	0.69	0.43
江苏	0.66	−0.72	0.29	西藏	−0.05	1.68	−0.49
浙江	0.25	0.38	0.40	陕西	0.98	0.34	0.30
安徽	0.74	0.44	0.27	甘肃	1.38	−0.62	0.14
福建	0.24	1.51	0.38	青海	1.07	1.58	−0.03
江西	1.05	0.47	0.33	宁夏	1.25	0.11	0.03
山东	1.10	−0.26	0.02	新疆	2.80	0.25	0.11
河南	1.05	0.15	0.03				

注：数据不包括香港、澳门、台湾

通过城镇化系数的空间分析结果发现，城镇化率的弹性系数大于 1 的地区主要集中在中国的北部地区，而南部地区的弹性系数大都小于 1；产业结构的弹性系数大于 1 的地区则分布在东部、西部的边缘地区，如辽宁、西藏和青海等；建成区比重的弹性系数均小于 1，在空间上分布比较均衡。

为进一步揭示城镇化对农业农村系统的影响，将农业农村系统划分为农业生产系统和农村生活系统，利用个体固定效应模型分别对农业生产系统与农村生活系统进行面板数据回归分析。结果发现，两者与农业农村系统之间存在较大的差异，农业生产系统中城镇化率弹性系数大于 1 的有黑龙江、吉林、辽宁等地区，产业结构弹性系数大于 1 的有西藏、北京、天津、浙江等地区，建成区比重弹性系数均小于 1，因此城镇化对农业农村系统发展的影响逐渐降低；农村生活系统中城镇化率弹性系数大于 1 的地区较多，包括河北、山东等 18 个地区，产业结构弹性系数大于 1 的有北京、天津等 20 个地区，而建成区比重的弹性系数大于 1 的仅有天津和黑龙江地区。城镇化各要素对农业生产与农村生活两个子系统的弹性系数表明，产业结构与建成区比重对农业生产系统产生负向效应的现象比较严重，且集中在新疆、内蒙古、黑龙江等地区；而城镇化率与产业结构对农村生活系统的影响在逐渐增加，主要包括北京、天津、河北、内蒙古等地区。由此可以推断，城镇化系统中城镇化率、产业结构、建成区比重对农业农村系统的发展产生了重要的影响。

2）城镇化对农业农村系统的作用机制

从城镇化对农业农村系统作用主导要素的空间分异规律发现，在不同的环境条件下，各地区城镇化对农业农村影响的力度也存在明显的差异性。因此，要明晰城镇化对农业农村系统的作用机制，必须回归到要素层进一步分析城镇化对农业农村系统各要素变化的影响。农业生产系统中主要选取了人均耕地面积、农村劳动力比重与单位面积机械化动力水平三个指标，它们分别表示了影响农业生产的土地、劳动力、技术三个重要条件；农村生活系统选取了人均粮食产量、农村居民人均纯收入、人均农业产值三个指标，主要从经济生活保障方面考虑城镇化对农民生活条件的影响。

通过表 5.14 中相关系数结果发现，城镇化率与人均耕地面积、农村劳动力比重、人均粮食产量呈显著负相关，与单位面积机械化动力水平、农村居民人均纯收入、人均农业产值呈显著正相关；产业结构与人均耕地面积、农村劳动力比重和人均粮食产量呈显著负相关，与单位面积机械化动力水平、农村居民人均纯收入、人均农业产值呈显著正相关；建成区比重与人均耕地面积、农村劳动力比重、人均粮食产量呈显著负相关，与单位面积机械化动力水平、农村居民人均纯收入呈显著正相关。由此可以推断出，城镇化系统对农业生产系统中劳动力、土地要素产生负向效应，而对技术要素具有正向效应；城镇化系统对农村生活系统中粮食产量等物质要素具有负向效应，而对人均农民收入和农业产值具有显著的正向效应。

表 5.14　城镇化系统与农业农村系统各要素之间的相关系数

农业农村系统		城镇化系统		
		城镇化率	产业结构	建成区比重
农业生产系统	人均耕地面积	−0.068*	−0.079*	−0.378**
	农村劳动力比重	−0.563**	−0.254**	−0.509**
	单位面积机械化动力水平	0.491**	0.566**	0.260**
农村生活系统	人均粮食产量	−0.074*	−0.076*	−0.395**
	农村居民人均纯收入	0.744**	0.620**	0.523**
	人均农业产值	0.438**	0.411**	−0.009

**表示在 1%水平上显著；*表示在 5%水平上显著

城镇化主要包括人口城镇化、经济城镇化和土地城镇化等方面，其快速发展的过程具体表现为农村人口转为城镇人口，提高城镇化率；农村劳动力、资产、资源等流入城市促进工业、商业的发展，促进城镇社会经济快速发展；随着城镇人口规模的扩张及社会经济的发展，城镇对土地的需求远远高于农村，因此城市建成区便不断向周边地区扩张，大量的农村被吞并，耕地被占用转为城镇居住用地、工业用地和商业用地。农村劳动力、耕地等生产要素水平降低，农业发展受到严重影响；但是城镇化的快速发展为农村劳动力提供了大量的就业机会，解决农村剩余劳动力问题，提高了农民收入，改善了农村生活水平；同时城镇化水平快速提升也为农业生产带来先进的技术，促使农业生产的机械化水平改善，农业生产效率大大提高。因此，城镇化系统对农业农村系统的影响是一把双刃剑，大量占用了农业生产资源要素，但也大大提高了农民的生活水平（图 5.6）。

根据分省区市城镇化对农业生产与农村生活系统影响结果发现：北京、天津、浙江的城镇化率对农业生产系统呈负向效应，主要表现在对农村劳动力比重的影响，由于北京、天津等地区城镇化率已超过 80%，而浙江以制造业生产而著名，大量非农就业机会吸引了农村人口转移到城市，农村剩余劳动力减少，农业生产的积极性也不断下降；黑龙江、辽宁、山东、江苏、新疆等地区产业结构的变化对农业生产系统具有负向影响，尤其是第二产业、第三产业的发展，工厂、商业用地占用了大量的耕地资源，尤其是在全国重视工业、商业经济发展的大环境下，农业生产的重视程度逐渐降低；内蒙古、辽宁、河北、山东、北京、天津等地区建成区比重对农业生产系统具有负面影响，主要表现为建成区比重提高对耕地资

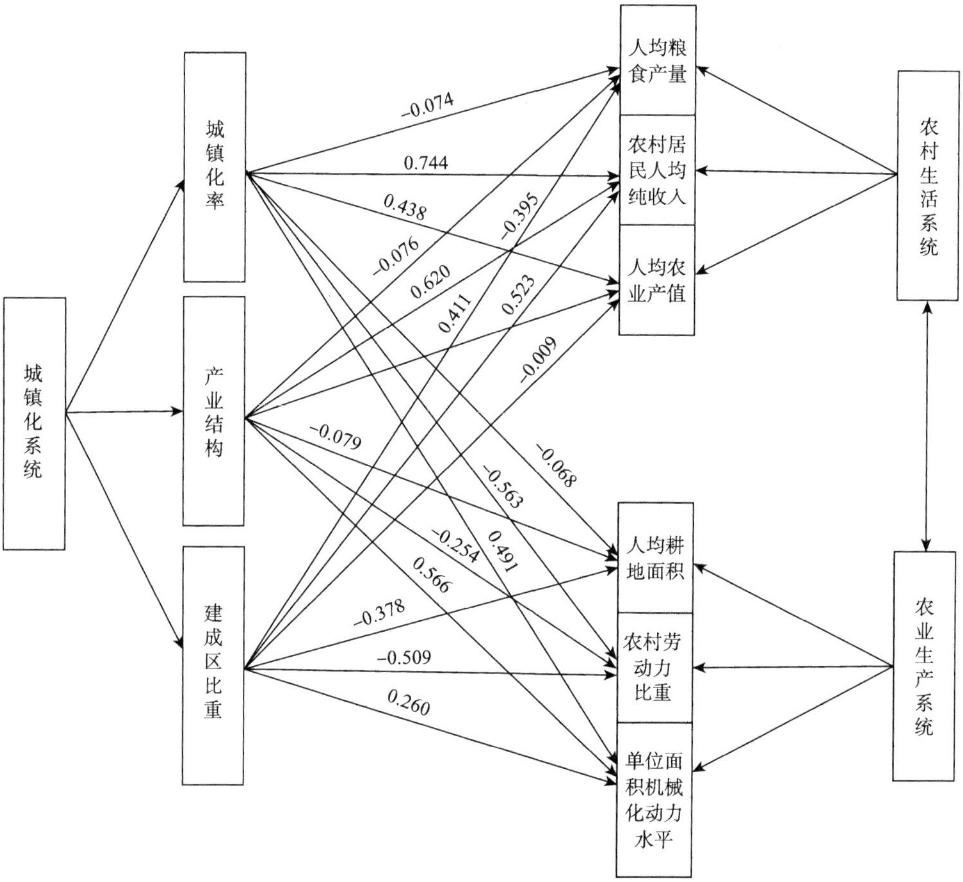

图 5.6　城镇化系统对农业农村系统的作用机制

源的作用。这些地区的耕地资源稀少，但是城镇化的快速发展要求城市建设用地规模不断扩大，建成区向外围扩张，占用了大量的耕地资源，致使该区域耕地面积减少，农民缺少农业生产条件，不得不外出务工或者从事其他产业。

北京、天津、河北、山东等地区城镇化率与产业结构对农村生活系统呈正向效应，主要表现为对农村居民人均纯收入与人均农业产值的影响，快速城镇化水平进程加快、产业结构升级，第二产业、第三产业比重的增加提供了大量的就业机会，农村劳动力被吸引到城市就业，工资水平远高于农业种植，农民的收入增加；同时城镇化水平的提升也对农村的基础设施、公共服务设施改善具有很大的影响，给农民生活带来了便利。

3. 小结

研究结果表明了省域层面城镇化对农业农村的影响具有明显的空间差异性，

综合系统与各子系统、要素的尺度作用也具有不同分布特征。

（1）城镇化率与产业结构对各地区农业农村的影响包括逐渐增加、逐渐减少和负向影响，而建成区比重对各地区农业农村的影响只包括逐渐减少和负向影响两种类型。由此可以看出，城镇化率与产业结构是影响 31 个地区农业农村发展的重要因素。

（2）将农业农村系统划分为农业生产系统与农村生活系统，进一步明确了城镇化对农业农村系统发展的影响。分析结果表明，城镇化率与产业结构是正向影响农村生活系统的主要因素，其弹性系数大于 1 的地区比重分别为 58.06%和 64.52%；产业结构与建成区比重是对农业生产系统产生负向影响的主要因素，其中弹性系数小于 0 的地区比重分别为 29.03%和 38.71%。

（3）从要素水平分析城镇化的指标对农业农村系统各要素影响的结果表明，城镇化率、产业结构和建成区比重对人均耕地面积、农村劳动力比重和人均粮食产量呈显著负相关，与农村居民人均纯收入、人均农业产值和单位面积机械化动力水平呈显著正相关；而建成区比重仅与农村居民人均纯收入、单位面积机械化动力水平呈显著正相关，与人均农业产值不相关。

（4）结合农业农村综合系统、子系统和要素水平的分析结果，构建了城镇化系统对农业农村系统的作用机制，分析了全国各地区存在明显差异的原因。

5.3.3　市域尺度

1. 模型方法

1）面板数据计量经济模型

面板数据是指在不同时间序列上选取截面，进一步选取样本，构建样本数据集。相比于截面和时间序列，其样本量成倍增加，从而提升参数估计的可靠性，降低共线性，克服了单一数据源的缺陷，使得估计误差显著降低。

2）城镇化与农业农村系统的评价

城乡发展系统是一个复杂、多主体、多要素的自然-人文综合系统，受到系统内外多种因素的综合影响，且各种经济活动之间相互作用。本小节构建了城镇化与农业农村系统的评价指标体系（表 5.15）。城镇化系统的发展指数选取了人口城镇化、经济城镇化和土地城镇化三个一级指标，分别用城镇人口比重、区域产业结构和建成区比重来表示。农业农村系统的发展指数选取了农业生产、农村生活及生态环境指数三个一级指标。农业生产指数包括人均耕地面积、单位面积机械总动力、人均粮食产量，农村生活指数包括农民人均纯收入、农村人均用电量和农村人均住房面积，生态环境指数包括单位面积化肥施用量、单位面积工业废水排放量和单位面积工业二氧化硫排放量。城镇化系统及其人口、经济和土地子系统指标作为自变量，而农业农村系统通过耦合农业生产、农村生活和生态环境子系统，形成农业农村系统综合发展度并作为因变量。

表 5.15　城镇化与农业农村系统的评价指标体系

城乡系统	一级指标	二级指标	指标说明
城镇化系统	人口城镇化	城镇人口比重	非农业人口/区域总人口（%）
	经济城镇化	区域产业结构	第二产业、第三产业/区域生产总值（%）
	土地城镇化	建成区比重	建成区面积/区域总面积（%）
农业农村系统	农业生产	人均耕地面积	区域耕地面积/区域总人口（公顷/万人）
		单位面积机械总动力	农业机械化总动力/耕地面积（万千瓦/千米^2）
		人均粮食产量	粮食总产量/区域总人口（吨/万人）
	农村生活	农民人均纯收入	农民人均纯收入（元）
		农村人均用电量	农村用电量/乡村人口（千瓦时/人）
		农村人均住房面积	农村人均住房面积（米^2）
	生态环境	单位面积化肥施用量	化肥施用量/耕地面积（吨/万公顷）
		单位面积工业废水排放量	工业废水排放量/区域总面积（万吨/千米^2）
		单位面积工业二氧化硫排放量	工业二氧化硫排放量/区域总面积（吨/千米^2）

3）模型构建与数据处理过程

首先，通过极差标准化方法对评价指标数据进行标准化处理；随后利用德尔菲法及层次分析法对农业农村系统各指标进行加权求和，获取农业农村系统及各个子系统的发展度；最后利用改进的 CD 模型，构建城镇化系统对农业农村系统发展影响的面板数据回归模型。

CD 扩展模型如下

$$Y_i(t) = A_i(t) K_i(t)^{\alpha_i} L_i(t)^{\beta_i} R_i(t)^{\gamma_i} \tag{5.21}$$

对两边取对数，变形如下

$$\ln Y_i(t) = \ln A_i(t) + \alpha_i \ln K_i(t) + \beta_i \ln L_i(t) + \gamma_i \ln R_i(t) + \varepsilon_i \tag{5.22}$$

式中，$Y_i(t)$ 为农业农村系统综合发展度；$\ln A_i(t)$ 为常数项；$K_i(t)$ 为人口城镇化水平；$L_i(t)$ 为经济城镇化水平；$R_i(t)$ 为土地城镇化水平；α、β、γ 表示面板数据模型变量的系数，即城镇化系统中人口、经济、土地城镇化水平对农业农村系统影响的弹性系数。根据农村生产函数作用原理，弹性系数小于 1 属于规模报酬递减，弹性系数大于 1 属于规模报酬递增，弹性系数等于 1 属于规模报酬不变，弹性系数小于 0，两者呈负相关。当得到的系数 α、β、γ 大于 1 时，城镇化对农业农村系统发展的影响为递增；当 α、β、γ 小于 1 时，城镇化对农业农村系统发展的影响为递减；当 α、β、γ 等于 1 时，城镇化对农业农村系统发展的影响不变。

2. 数据来源与处理

样本区间选择为 2001~2013 年，共 13 年，横截面为 441 个地级市、自治州、盟及直辖市各区县等。农业农村发展数据来源于 2001~2013 年《中国统计年鉴》、《中国区域经济统计年鉴》、《中国城市统计年鉴》及各省（自治区、直辖市）统计年鉴。各项变量相应的均值、标准差、中位数、最大值、最小值分布如表 5.16 所示。需要说明的是：①人口城镇化水平为非农业人口所占比重，反映人口城镇化对农业农村系统的影响；②个别指标缺乏个别地级市（自治州）的少数年份数据，采用前后两年的平均值及该指标平均变化率进行综合推测。

表 5.16　统计数据描述

项目	城镇化系统	农业农村系统	人口城镇化	经济城镇化	土地城镇化	农业生产	农村生活	生态环境
均值	−0.940	−0.966	−1.150	−0.238	−4.167	−4.124	−3.233	−1.152
中位数	−0.952	−0.972	−1.165	−0.194	−4.123	−4.153	−3.247	−1.128
最大值	0.000	−0.518	0.000	0.000	0.000	−1.704	−1.465	−1.099
最小值	−2.894	−1.340	−4.521	−4.153	−11.287	−7.676	−5.526	−1.857
标准差	0.312	0.076	0.620	0.213	1.702	0.524	0.560	0.078
偏度	−0.180	−0.055	−0.598	−2.953	−0.488	−0.048	−0.007	−3.038
峰度	3.677	4.984	4.227	32.322	3.709	4.871	2.956	13.590
JB（Jarque-Bera）统计量	132.5	890.2	661.2	201 635.0	328.2	791.2	0.5	33 594.8
伴随概率	0.000	0.000	0.000	0.000	0.000	0.000	0.785	0.000
求和	−5 083	−5 225	−6 221	−1 286	−22 538	−22 304	−17 485	−6 231
标准差平方和	526.537	31.638	2 081.890	246.223	15 664.730	1 482.701	1 695.709	33.178
观测值个数	5 409.000	5 409.000	5 409.000	5 409.000	5 409.000	5 409.000	5 409.000	5 409.000
截面	420.000	420.000	420.000	420.000	420.000	420.000	420.000	420.000

3. 研究过程

1）数据描述

农业农村系统为自然-人文综合系统，主要包括农村外缘系统和内核系统。外缘系统为外界宏观经济政策、制度措施环境对农业农村系统的影响，城镇化对农业农村系统的影响。通过构建城镇化与农业农村系统的评价指标体系，对全国市级行政区层面上城镇化对农业农村发展的影响进行评价。

对城镇化系统与农业农村系统的发展指数的研究发现，城镇化系统的发展指数、农业农村系统的发展指数均值分别为−0.940、−0.966，整体发展水平较高。其中，全国城镇化水平呈现东南高、西北低的整体格局。

2）单位根检验

单位根检验在于保证残差序列是平稳的，避免伪回归。运用 EViews 软件对城镇化与农业农村发展系统及各子系统分别进行水平和一阶单位根检验，包括相同单位根和不同单位根两种类型。检验方法包括 LLC、IPS、ADF-Fisher，PP-Fisher 四种。单位根检验结果显示（表 5.17），城镇化系统、农业农村系统及各子系统都是一阶单整序列。

表 5.17 单位根检验结果（三）

检验值	变量	LLC	IPS	ADF-Fisher	PP-Fisher
水平值	城镇化系统	−33.162***	−11.548***	1524.43***	1714.78***
	农业农村系统	45.980	54.420	144.15	157.46
	土地城镇化	−15.420***	−19.441***	1814.60***	2267.99***
	经济城镇化	−44.776***	−15.537***	1625.40***	2068.13***
	人口城镇化	−15.420***	−19.441***	1814.60***	2267.99***
	农业生产	−8.502***	−1.698***	1223.76***	1109.23***
	农村生活	26.340	47.530	135.24	207.29
	生态环境	−33.850***	−9.699**	1291.34***	1296.38***
一阶差分值	城镇化系统	−95.367***	−52.844***	3400.87***	3853.81***
	农业农村系统	−46.384***	−30.394***	2385.04***	2830.43***
	土地城镇化	−64.463***	−60.713***	3516.00***	4593.30***
	经济城镇化	−62.519***	−44.485***	3220.47***	4016.29***
	人口城镇化	−118.586***	−56.778***	3368.23***	3563.72***
	农业生产	−76.759***	−57.906***	4049.57***	5212.77***
	农村生活	−62.527***	−42.665***	3079.38***	3450.01***
	生态环境	−101.815***	−41.333***	2688.31***	3219.98***

***表示在 1%水平上显著，**表示在 5%水平上显著

3）协整性检验

协整性在于检验长时间序列的稳定性，防止出现伪回归，EViews 提出了两种检验方法：一种是基于 Johansen 协整检验的面板协整检验；另一种是建立在 Engle-Granger 二步法基础之上的检验方法。通过 Kao 检验面板协整性，得出如表 5.18 所示的验证结果。

表 5.18　数据协整性检验结果（二）

变量	回归系数	回归系数标准差	t 统计量	p 值
残差一阶	−0.383 17	0.013 958	−27.450 7	0.000
残差二阶	−0.116 48	0.014 149	−8.232 7	0.000
可决系数	0.225 35	被解释变量平均值		−0.005 07
调整后的可决系数	0.225 18	被解释变量平均误差		0.153 66
回归标准误差	0.135 25	赤池信息准则		−1.162 90
残差平方和	83.490 72	施瓦茨信息准则		−1.160 09
似然对数	2 656.91	H-Q 信息准则		−1.161 91
DW 检验值	1.757 06			

4. 结果分析

为了更好地探究人口、经济、土地三维度城镇化发展对农业农村发展的影响，将 27 个省（自治区）（数据不包括 4 个直辖市及香港、澳门、台湾）分为中部区域（河南、山西、江西、安徽、湖南、湖北）、东部区域（河北、山东、海南、广东、江苏、福建、浙江）、西部区域（内蒙古、广西、宁夏、新疆、四川、青海、甘肃、陕西、西藏、云南、贵州）和东北区域（吉林、辽宁、黑龙江），考察四个地区城镇化系统的三个维度对农业农村发展的影响。

1）城镇化对农业农村系统综合影响分析

通过城镇化系数的空间分析发现，就全国范围来看，绝大部分地区综合城镇化对农业农村发展的弹性系数大于 0，说明城镇化对农业农村发展整体呈现正向效应，对农业农村的发展有一定的促进作用。2001~2013 年，我国城镇化快速发展，为农村地区提供了丰富的物质基础，同时城镇化资本、科技等生产要素能够辐射农村地区，通过为农村地区提供就业岗位及农业科技转移来提高农村收入。弹性系数大于 1 的地区主要分布在东部地区、东北地区和西部地区的部分省区。东部地区城镇化水平较高、发展较快，能够增加农村供给需求，为农业农村发展提供充足的物质基础。同时，城镇化能够为非农就业提供岗位，增加农民收入。

其他绝大多数地区的弹性系数均介于 0~1，处于规模报酬递减阶段，这说明我国城镇化及农业农村发展逐渐进入转型阶段，由注重量的发展水平转移到注重发展水平质和量的双重提升。在经济新常态、新型城镇化背景下，农业农村发展应该同城镇化统筹协调发展，互相促进，形成可持续发展的良性循环。

其中，人口城镇化对农业农村发展的弹性系数主要分布在 0~1，区域为中部平原、东北地区及西部地区的部分省区。这些地区在快速城镇化背景下，农村人口快速向城镇转移，获得了较好的就业机会与收入；人均耕地面积、农民人均收入及农村用电量等得到了快速提升；农业农村系统发展水平得到了快速提升。经济城镇化对农业农村发展影响的弹性系数主要在 0 以上，区域分布为中部和东部地区，第二产业、第三产业的快速发展对农业农村系统的影响主要为正向影响。土地城镇化对农业农村发展的弹性系数主要分布于 0~1，属于规模报酬递减阶段，其对于农业农村发展的影响较人口城镇化和经济城镇化影响较小，对于农业生产、农村生态环境影响较小。

为了进一步分析城镇化对农业农村系统的影响，将农业农村系统划分为农业生产系统、农村生活系统及生态环境系统，分别对农业生产系统与农村生活系统进行面板数据回归分析。结果发现，城镇化对农村生活系统和生态环境系统的影响格局与城镇化对农业农村系统的影响格局类似，但是城镇化对农业生产系统的影响格局与前者存在较大差异：农业生产系统中人口城镇化弹性系数大于 1 的有东北地区、中部平原农区及西部地区的部分省区等，经济城镇化弹性系数大于 1 的有西藏、浙江等地区，土地城镇化弹性系数大于 1 的地区较少，零星分布于东部地区，因此其对农业生产系统的影响逐渐降低。

2）人口城镇化对农业农村系统的影响格局分析

根据各市域的人口城镇化对农业农村系统中的农业生产系统、农村生活系统及生态环境系统的影响结果发现：人口城镇化对农业生产系统影响的弹性系数大于 0 的地区主要分布在广大传统平原农区、部分东南沿海地区及新疆、西藏地区。随着城镇化的快速发展，农村劳动力向城镇转移，城镇对农作物的需求逐渐增大，农业科技水平不断发展并向农村推广，从而人均耕地面积不断增加，农业机械化投入不断增大，同时人均粮食产量也随之增加。人口城镇化对农村生活系统影响的弹性系数主要在 0 以上，其对农村生活有正向影响。在城镇化背景下大量农民进城，人均收入得到了显著提升；与此同时，基础设施的大量建设、人均可支配收入的增加，极大地提升了农民的生活水平。人口城镇化对生态环境系统影响的弹性系数主要在 0 以下，城镇化水平的提高，工业废水、废气及化肥的施用量持续增加都对农村生态环境水平产生了巨大影响。

我国现阶段的人口流动以进城务工的农村人口和农民工为主体，2014 年，仅农民工就有约 2.74 亿人。规模庞大的农民工群体在统计上被计算为城镇人口，但其户籍仍在农村，既没有放弃农村的土地，也无法平等享受城镇的医疗、教育、社会保障等公共服务，所以他们并不是真正意义上的市民。同时，当前我国经济发展与就业岗位增加对城镇化水平的推进作用尚不充分，依旧存在大量的失地农民和生活难以保障的进城务工人口。因此，就城镇化的质量而言，我国的城镇化仍有巨大的提升空间。

3）经济城镇化对农业农村系统的影响格局分析

通过各市域的经济城镇化对农业农村系统中的农业生产系统、农村生活系统及生态环境系统的影响分析发现，经济城镇化对新疆、西藏、内蒙古等西部地区的大部分区域（克拉玛依市、乌鲁木齐市，拉萨市、巴彦淖尔市、包头市、赤峰市、鄂尔多斯市、呼伦贝尔市、乌兰察布市）及东北地区的黑龙江、吉林的大部分城市（绥化市、大庆市、鹤岗市、黑河市、鸡西市、佳木斯市、牡丹江市、七台河市、齐齐哈尔市、双鸭山市、伊春市、白城市、白山市、辽源市、四平市、松原市、通化市、吉林市）的农业生产呈负向效应，主要表现在对人均粮食产量的影响，而对环渤海及长三角、珠三角地带的农业生产具有正向效应，这些区域第二产业、第三产业产值较高，其中制造业、服务业生产大量非农就业机会吸引了农村人口转移到城市，农村剩余劳动力减少，更多的资金、技术汇集农业、农村，提高了农村单位面积机械化水平，劳动趋于集聚，农业生产更为高效。然而，西部地区的云南、贵州的大部分市域（保山市、丽江市、临沧市、普洱市、曲靖市、玉溪市、昭通市、安顺市、六盘水市、遵义市）及中部地区山西省的大部分城市的第二产业、第三产业的发展，工厂、商业用地占用了大量的耕地资源，导致人均耕地减少，因此经济城镇化对农业生产系统呈负向效应。根据各市域的经济城镇化对农业农村生态系统影响结果发现：经济城镇化对农业农村生态系统呈正向效应的区域主要位于西部地区的云贵等区域，因为这些区域农业化肥的施用量较少，大多施用农家肥，同时化工工厂较少，第二产业、第三产业的发展仍处于上升期，因此农村的废气废水排放量少，经济城镇化对农业农村系统呈正向效应。

4）土地城镇化对农业农村系统的影响格局分析

通过各市域的土地城镇化对农业农村系统中的农业生产系统、农村生活系统及生态环境系统的影响分析发现，土地城镇化对农业生产系统呈负向效应的区域主要位于成都、昆明、广州、深圳、郑州和南京。在全国重视工业、商业经济发展的大环境下，农业生产的重视程度逐渐降低。深圳等地区土地城镇化对农业生产系统的负面影响主要表现为它们对耕地资源的占用，人均耕地面积和人均粮食产量降低，这些地区的耕地资源稀少，但是城镇化的快速发展要求城市建设用地规模不断扩大，建成区向外围扩张，占用了大量的耕地资源，农民缺少农业生产条件，不得不外出务工或从事其他产业。根据各市域的土地城镇化对农村生活系统影响结果发现：土地城镇化对农村生活系统呈负向效应的区域主要位于保定市、晋中市、衡水市、邢台市、延安市、临汾市、焦作市、驻马店市，因为这些地区是粮食主产区，土地城镇化使大面积土地占用了良田，同时这些城市的人口吸纳能力有限，农民人均纯收入及农业产值受到影响。而宁波、温州等地区土地城镇化对农村生活系统呈正向效应，主要表现为对农民人均纯收入的影响，快速城镇化水平进程加快、农民的土地减少，农民被吸引到城市就业，工资水平远高于农业种植，农民的收入增加；同时土地城镇化水平的提升也对农村的基础设施、公共服务设施改善造成了很大的影响，给农民生活带来了便利。

从土地城镇化看，土地城镇化速度快于人口城镇化，以土地资本化为原动力的城镇化可能是造成土地城镇化快于人口城镇化的主要原因。土地城镇化命题下的耕地非农化和城市用地扩张问题受到广泛关注。耕地非农化研究主要关注耕地总量与质量的变化，保障国家粮食安全，以及对非农化过程中各利益主体驱动机制的分析；城市用地扩张研究主要利用遥感数据对规模、结构变化和空间扩张模式进行定量测度。已有相关研究表明，城镇建设用地增长速度也呈现东-中-西递减的格局，“摊大饼”式的快速扩张，造成交通拥堵、绿地减少、基本农田被侵占等相关问题。

5. 城镇化对农业农村发展的影响机制分析

从城镇化对农业农村系统作用主导要素的空间分异规律发现，在不同的环境条件下，各地区城镇化对农业农村影响的力度也存在明显的差异性。因此，要明晰城镇化对农业农村系统的作用机制，必须回归到要素层并进一步分析城镇化对农业农村各要素变化的影响。农业生产系统中主要选取了人均耕地面积、单位面积机械化总动力和人均粮食产量三个指标，分别表示影响农业生产的土地、技术及粮食产量三个重要条件。农村生活系统选取了农民人均纯收入、农村人均用电量和农村人均住房面积三个指标，主要从收入、生活及居住等经济生活保障方面考虑城镇化对农民的生活条件的影响。生态环境系统选取了单位面积化肥施用量、单位面积工业废水排放量和单位面积工业二氧化硫排放量三个指标，从土地、水和空气污染层面考虑城镇化对农村生态环境的影响。

通过表 5.19 中相关系数结果发现，城镇化对于农业生产系统、农村生活系统及生态环境系统的影响存在明显差异。人口城镇化与单位面积机械总动力、农民人均纯收入、农村人均用电量、农村人均住房面积、单位面积化肥施用量呈显著正相关，与人均耕地面积、人均粮食产量、单位面积工业废水排放量和单位面积二氧化硫排放量呈显著负相关；经济城镇化与单位面积机械总动力、农民人均纯收入、农村人均用电量及农村人均住房面积呈显著正相关，与人均耕地面积、人均粮食产量、生态环境系统要素呈显著负相关；土地城镇化与单位面积机械总动力、农民人均纯收入、农村人均用电量及农村人均住房面积呈显著正相关，与人均耕地面积、人均粮食产量、单位面积工业废水排放量、单位面积工业二氧化硫排放量呈显著负相关。由此可以推断出，城镇化系统对农业生产系统中土地要素产生负向效应，而对技术要素具有正向效应；城镇化系统对农业生产中粮食产量等物质要素具有负向效应，而对农民生活中的收入要素具有显著的正向作用。

表 5.19　城镇化与农业农村发展各指标相关分析

一级指标	二级指标	人口城镇化	经济城镇化	土地城镇化
农业生产	人均耕地面积	−0.079**	−0.367**	−0.297**
	单位面积机械总动力	0.035**	0.089**	0.026*
	人均粮食产量	−0.222**	−0.412**	−0.359**
农村生活	农民人均纯收入	0.592**	0.522**	0.692**
	农村人均用电量	0.421**	0.260**	0.561**
	农村人均住房面积	0.277**	0.430**	0.436**
生态环境	单位面积化肥施用量	0.002*	−0.011**	0.000
	单位面积工业废水排放量	−0.428**	−0.404**	−0.655**
	单位面积工业二氧化硫排放量	−0.512**	−0.520**	−0.674**

**表示在 5%水平上显著，*表示在 10%水平上显著

5.3.4　县域尺度

1. 指标与数据

1）指标选取

本书的县域城镇化是指在一定的县级行政单元内城镇化发展的综合情况，主要选取人口城镇化、土地城镇化和经济城镇化三个指标；县域农业农村是指在指定县级行政单元内乡村地区发展的综合情况，主要包含人口、产业和土地等方面（表 5.20）。

表 5.20　县域城镇化与农业农村综合评价指标体系

一级指标	二级指标	指标解释
城镇化	人口城镇化	常住城镇人口占总人口的比重（X_1）
	土地城镇化	城镇建设用地占总面积的比重（X_2）
	经济城镇化	第二产业、第三产业产值占地区生产总值的比重（X_3）
农业农村	农村非农就业率	农村中从事非农工作人数/乡村常住人口（X_4）
	农村人均耕地	农村耕地面积/农村常住人口（X_5）
	农村人均建设用地	农村居民点用地/农村常住人口（X_6）
	农村人均粮食产量	县域粮食产量/农村常住人口（X_7）
	农村人均肉产量	县域肉产量/农村常住人口（X_8）

依据科学性、系统性和指标可获取性原则，选取三个城镇化二级指标和五个农业农村二级指标构建县域城镇化对农业农村影响指标体系。从全国和东中西部两个层面对县域城镇化对农业农村影响进行综合评价和对比分析。

2）数据来源

本小节所需的 2000 年与 2010 年人口数据主要来源于《第五次全国人口普查》《第六次全国人口普查》，2014 年人口数据主要来源于《中国县域统计年鉴 2015（乡镇卷）》及各省区市的统计年鉴。本小节所需的土地数据主要来源于 2001 年、2011 年、2015 年的中国科学院地理科学与资源研究所的地球系统科学数据共享平台的土地数据，并利用 ArcGIS 10.2 进行分县数据提取。本小节所需的经济数据主要来源于 2001 年、2011 年、2015 年的《中国县域统计年鉴（县市卷）》。2014 年西藏、青海两省（自治区）县域人口数据的缺失，因此，2014 年的分析将这两省（自治区）排除在外。

2. 模型构建

1）测量模型

测量模型是关于观测变量 X、Y 和潜变量 η、ζ 关系测度的模型，其公式如下

$$Y = \Lambda_Y \eta + \varepsilon;\quad X = \Lambda_X \zeta + \delta \tag{5.23}$$

式中，Y 为 p 个内生观测变量构成的 p 维向量；η 为 m 个内生潜变量值构成的 m 维向量；ε 为 p 个测量误差变量构成的 p 维向量；Λ_Y 为 Y 在 η 上的因子负荷矩阵；X 为 q 个外生观测变量构成的 q 维向量；ζ 为 n 个外生潜变量构成的 n 维向量；Λ_X 为 X 在 ζ 上的因子负荷矩阵；δ 为 q 个测量误差变量构成的 q 维向量；δ、ε 分别为 X、Y 测量误差变量构成的矩阵，并且不能由潜变量进行解释。

2）结构方程模型

结构方程模型用来描述潜变量之间的因果关系。其公式为

$$\eta = B\eta + \Gamma\zeta + \xi \tag{5.24}$$

式中，B 为内生潜变量间的响应效应系数；Γ 为内生潜变量对外生潜变量的响应效应路径系数；ξ 为 η 的响应残差向量。

3）模型构建思路

为了更好地观测不同城镇化对农业农村发展的影响，将人口城镇化、经济城镇化和土地城镇化作为独立的观测变量。因为农业农村的指标相对较多，若全部将其作为独立的观测变量，则会导致模型过于复杂，因此，需对农业农村指标利用 SPSS 18.0 进行主成分分析，通过对三年数据的统计分析，农村人均耕地、农村人均建设用地、农村人均粮食产量、农村人均肉产量四个指标可归结为一类，且其置信水平 Cronbach's Alpha 值皆大于 0.6，因此，可将其作为一个综合的农村土地及产出指标，而农村非农就业率则作为一个独立的观测变量。由于是研究城镇化对农业农村的影响，因此，每个城镇化指标都应对农业农村指标构建影响路径（图 5.7）。

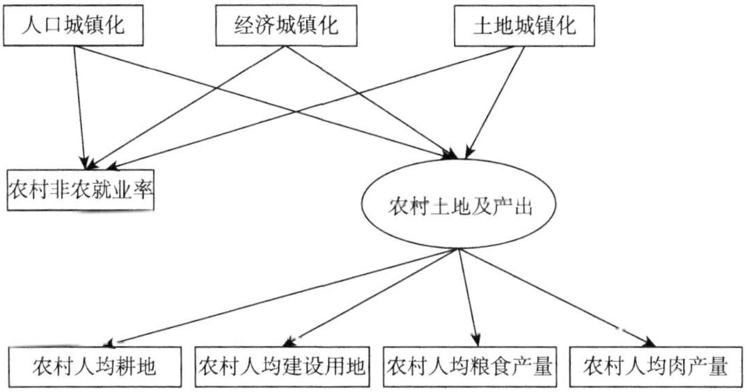

图 5.7　县域城镇化对农业农村影响理论模型

基于此基本模型，利用 Amos 22 软件将 2000 年、2010 年、2014 年县域相关数据代入模型中，计算出这三年全国及东、中、西部三个区域县域城镇化对农业农村的影响权重及各指标间的影响关系，从而测度两者之间的影响关系。从 2000 年结构方程模型测量模型参数表来看，全国范围模型 RMSEA[①]=0.07 < 0.1，GFI[②]=0.989 > 0.9，

① RMSEA 为近似误差均方根（root mean square error of approximation）。

② GFI 为拟合优度指数（goodness-of-fit index）。

CFI[①]=0.948＞0.9，NFI[②]=0.943＞0.9，p=0.000 皆满足拟合标准，且达到了较好的拟合程度，因此，以此模型来分析县域城镇化对农业农村的影响是合适的。与此同时，2010 年和 2014 年的模型拟合度皆达到了分析标准，具有较好的拟合度。

3. 结果分析

1）2000 年影响分析

从模型整体情况来看，人口城镇化对农村土地及产出具有较大的正向影响（标准化加权回归权重为 0.549），经济城镇化和土地城镇化对农村非农就业率具有较大的正向影响（标准化加权回归权重分别为 0.404 和 0.208），经济城镇化对农村土地及产出具有较大的负向影响（标准化加权回归权重为−0.240），而人口城镇化对农村非农就业率、土地城镇化对农村土地及产出都基本无影响（图 5.8）。从城镇化对潜变量农村土地及产出的影响来看，人口城镇化对其具有较大的正向影响，说明人口向城镇聚集提高了农村土地及产出的效率；经济城镇化则具有较明显的负向影响，说明大量对城镇资本的投入而相对忽视农村投入会降低农业农村发展的效率；土地城镇化与其关系很弱，说明城镇土地的扩张并不能提升农村地区的产出效率且对农业农村的消极影响也很小。

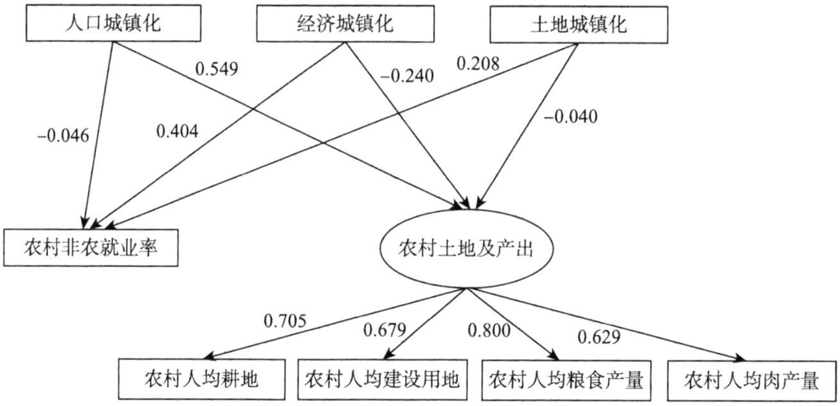

图 5.8　2000 年全国县域城镇化对农业农村影响的结构方程（标准化）模型图

从城镇化对农业农村所有指标的影响来看，人口城镇化对农村非农就业率影响很弱，对其他农业农村指标皆有较大的正向影响（标准化加权回归权重皆大于 0.3）。2000 年，人口城镇化对农村人均耕地的正向影响较大（标准化加权回归权重为 0.387），这说明人口城镇化越高的地区，农村常住人口相对越少，从而导致

① CFI 为比较拟合指数（comparative fit index）。

② NFI 为规范拟合指数（normed fit index）。

农村地区人均耕地面积的增加；人口城镇化对农村人均建设用地影响的标准化加权回归权重为 0.372，这是因为在 2000 年，人口城镇化较高的地区主要分布于东南沿海地区，发达的经济使当地农民有更多的能力来建设住宅，从而导致农村宅基地数量的增加，人口城镇化在促进城镇人口聚集的同时，也导致资金回流农村，促进了农村人均建设用地的扩大；人口城镇化对农村人均粮食产量、农村人均肉产量皆具有较大的正向影响（标准化加权回归权重分别为 0.439 和 0.345），这说明人口城镇化在一定程度上解放了农村劳动力，农民工季节性的流动性，并未导致农业生产的荒废，且由于农村常住人口的减少，人口城镇化越高的地区农村人均粮食、肉产量也越高（表 5.21）。

表 5.21　2000 年全国县域城镇化对农业农村标准化总影响

指标	人口城镇化	经济城镇化	土地城镇化	农村土地及产出
农村土地及产出	0.549	−0.240	−0.040	0.000
农村非农就业率	−0.046	0.404	0.208	0.000
农村人均耕地	0.387	−0.169	−0.028	0.705
农村人均建设用地	0.372	−0.169	−0.027	0.679
农村人均粮食产量	0.439	−0.192	−0.032	0.800
农村人均肉产量	0.345	−0.151	−0.025	0.629

经济城镇化对农村非农就业率具有较大的正向影响（标准化加权回归权重为 0.404），对其他农业农村指标皆具有一定程度的负向影响（标准化加权回归权重皆大于−0.2），这说明经济城镇化对当地居民的就业率提升具有重要的作用，但城镇地区对资源的集中反而导致了乡村的衰落。经济城镇化对农村非农就业率具有明显的正向影响，城镇化越发达的地区，越能够为当地农民提供更多的就业机会，从而提高农村地区非农就业率；经济城镇化对农村人均耕地具有一定的负向影响（标准化加权回归权重为−0.169），第二产业、第三产业越发达的地区，越需要更多的建设用地以满足产业发展，因此，第二产业、第三产业的发展导致农田转换为建设用地，农村人均耕地也随之降低；经济城镇化对农村人均建设用地影响的标准化加权回归权重为−0.169，这说明经济发达地区的农民一方面有更大的能力在城镇地区置业，另一方面由于耕地的羁绊仍主要居住于乡村地区，从而形成经济城镇化越高的地区农村人均建设用地反而下降；经济城镇化对农村人均粮食产量、农村人均肉产量影响的标准化加权回归权重分别为−0.192 和−0.151，这说明经济越发达的地区，农民越有更多的收入来源，农业收入占农民收入比重逐渐降低，反而导致乡村产出效率的降低（表 5.21）。

土地城镇化对农村非农就业率具有一定程度的正向影响（标准化加权回归权重为 0.208），对其他农业农村指标的影响却很微小（标准化加权回归权重绝对值皆小于 0.05)。2000 年为中国快速城镇化起步的早期阶段（1996 年中国快速城镇化开始启动），城区面积越大就越能为经济发展提供更多的载体，从而为乡村地区人口提供更多的就业机会，因此，呈现出土地城镇化促进农村非农就业率提高的局面，但其影响要弱于经济城镇化对农村非农就业率的影响。土地城镇化对农村其他要素影响作用虽然微小到可以不计，但其仍呈现出一定的负向特征，说明土地要素向城镇集中，侵占农村土地的发展方式仍给农村地区带来了一定的负面影响（表5.21)。

从县域人口城镇化、经济城镇化、土地城镇化分别对农业农村的影响来看，在 2000 年，三者之间的发展水平并不一致，这就导致其对农业农村的影响呈现出完全不同的局面。从农村非农就业率来看，经济城镇化对其提升作用要高于土地城镇化，而人口城镇化基本对其无作用；从农业农村其他指标来看，经济城镇化对农村地区的负向影响已经凸显，土地城镇化虽有一定的负向影响，但其作用很微弱，而人口城镇化则对其具有较强的正向影响。这说明从整体上看，城镇化在促进农村人员就业方面效果较好，而对农村其他方面的负面影响也已经凸显，由于人口城镇化的滞后效应，城镇化对农村地区的负面影响未展现，同时人口城镇化的滞后效应在一定程度上提高了农村地区的产出效率。

2) 2010 年影响分析

从模型整体情况来看，人口城镇化对农村土地及产出具有较大的正向影响（标准化加权回归权重为 0.453)，经济城镇化和土地城镇化对农村非农就业率具有一定的正向影响（标准化加权回归权重分别为 0.160 和 0.127)，人口城镇化对农村非农就业率具有一定的负向影响（标准化加权回归权重为−0.155)，经济城镇化对农村土地及产出具有较大的负向影响（标准化加权回归权重为−0.222)，而土地城镇化对农村土地及产出基本无影响（图 5.9)。

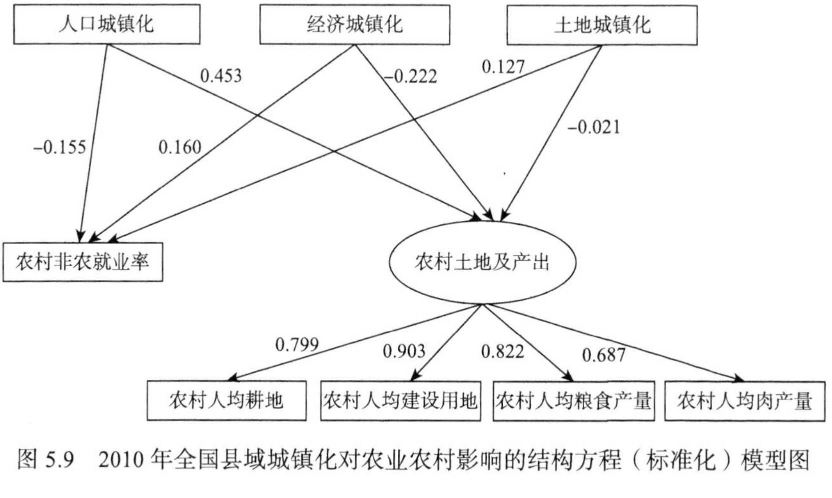

图 5.9　2010 年全国县域城镇化对农业农村影响的结构方程（标准化）模型图

从城镇化对农业农村各个指标的影响看，人口城镇化对农业农村的影响仍呈现其对农村非农就业率负向影响，对其他农业农村指标正向影响的特点。与 2000 年相比，人口城镇化对农村非农就业率的负向影响变大（标准化加权回归权重绝对值增加了 0.109），2010 年，人口出现大规模跨区域迁移，这对本地人口城镇化的影响很小，并不能有效促进农村人口就地就业，因此，出现人口城镇化对农村非农就业率负向影响扩大的情况；人口城镇化对农村人均耕地的影响变化不大，只稍微有所降低（标准化加权回归权重降低了 0.025），一方面仍呈现出正面影响，说明农村常住人口的减少，另一方面也说明了就地城镇化的逐渐发展（2010 年本地农民工数量为 8888 万人）；人口城镇化对农村人均建设用地的影响仍呈正向，但有一定升高（标准化加权回归权重升高了 0.037），2010 年农民工的数量庞大（约 2.42 亿人），但大部分农民工仍延续离乡不离土的模式，在外打工的钱大部分流回农村，使农村地区有更大的能力建设住宅，从而导致人口城镇化越高的地方农村人均建设用地面积也越大；人口城镇化对农村人均粮食产量、农村人均肉产量仍呈现出正向影响，但影响的大小都有所下降（标准化加权回归权重分别下降了 0.066 和 0.033），这反映出了粮食生产总产能随人口城镇化的推进而逐渐降低（表 5.22）。

表 5.22　2010 年全国县域城镇化对农业农村标准化总影响

指标	人口城镇化	经济城镇化	土地城镇化	农村土地及产出
农村土地及产出	0.453	−0.222	−0.021	0.000
农村非农就业率	−0.155	0.160	0.127	0.000
农村人均耕地	0.362	−0.178	−0.016	0.799
农村人均建设用地	0.409	−0.201	−0.019	0.903
农村人均粮食产量	0.373	−0.183	−0.017	0.822
农村人均肉产量	0.312	−0.153	−0.014	0.687

与 2000 年相比，经济城镇化对农村非农就业率仍呈现出正向影响，对农业农村其他指标呈现出负向影响。经济城镇化对农村非农就业率的正向影响有明显下降（标准化加权回归权重下降了 0.244），农民工为了获得更高的劳动回报，大量集中涌向大城市，反而对县域经济的发展促进作用较小，因而导致经济城镇化对农村非农就业率的影响下降；经济城镇化对农村人均耕地仍呈负向影响，但负向影响略微有所扩大（标准化加权回归权重绝对值增加了 0.009），第二产业、第三产业的发展对土地的需求进一步扩大，从而导致农村人均耕地的进一步减少；经济城镇化对农村人均建设用地的负向影响有所扩大（标准化加权回归权重绝对值增加了 0.032），2010 年大量的人口迁移，增加了农民的收入，使其在县域城镇地区置业的需求有所增加，从而导致农村人均建设用地的进一步减少；经济城镇化对农村人均粮食产量、农村人均肉产量仍呈现出负向影响，且变化不大，更多的

收入来源渠道使农民单纯靠粮食作为收入来源的局面被打破。

土地城镇化对农业农村的影响仍呈现出与 2000 年类似的总体特征。土地城镇化对农村非农就业率的正向影响有所降低（标准化加权回归权重降低了 0.081），土地管控措施逐步开始实施，城区的大规模扩张速度有所缓和，城区土地扩张所能承载的产业趋于稳定，从而导致土地城镇化对农村非农就业率的正向影响有所下降；2010 年土地城镇化对农村土地及产出的各项指标的负向影响仍呈现出微弱的负向影响（标准化加权回归权重绝对值都小于 0.02），但绝对值有所降低，对农村的影响作用变得更小了。

从县域人口城镇化、经济城镇化、土地城镇化分别对农业农村的影响来看，在 2010 年，三者呈现出与 2000 年一样的发展水平不一致的现象，并且经济城镇化对农村非农就业率的正向影响作用要高于土地城镇化，但人口城镇化对其的负向影响作用开始加强，大规模的跨区域人口迁移并不能有效地促进农村地区非农就业的发展。从农业农村其他指标来看，与 2000 年相比，经济城镇化对农村地区的负面影响大都呈扩大趋势，城乡不平衡现象加剧，长期以来“重城轻乡”的格局使城镇经济发展在很大程度上牺牲了农村的利益；土地城镇化对农村土地和产出的负向影响仍较弱。

3）2014 年影响分析

从模型整体情况看，人口城镇化对农村非农就业率、农村土地及产出具有较大的正向影响（标准化加权回归权重分别为 0.474 和 0.694），经济城镇化对农村非农就业率具有一定的正向影响（标准化加权回归权重为 0.208），经济城镇化对农村土地及产出有较大的负向影响（标准化加权回归权重为−0.871），而土地城镇化对农村非农就业率、乡村土地及产出都基本无影响（图 5.10）。

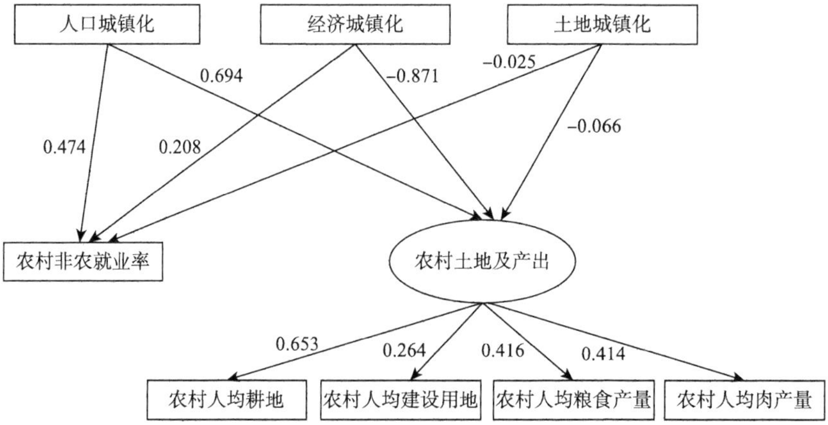

图 5.10　2014 年全国县域城镇化对农业农村影响的结构方程（标准化）模型图

从城镇化对农业农村影响的各项指标来看，人口城镇化对农业农村的影响皆为正向作用。与 2010 年相比，人口城镇化对农村非农就业率的影响变为正向，2014 年本地农民工数量为 10 574 万人，比 2010 年增加了 1686 万人，本地农民工以每年约 421.5 万人的速度增加，就地城镇化现象明显，人口城镇化的增长促进了农村地区本地非农就业机会的增加；人口城镇化对农村人均耕地的正向影响作用与 2010 年相比有所提升（标准化加权回归权重升高了 0.091），2014 年中国外地农民工数量为 16 821 万人，比 2010 年增加了 4557 万人，同时本地农民工的数量也在增加，导致农村地区常住人口减少，从而出现人口城镇化越高农村人均耕地也越高的情况；人口城镇化对农村人均建设用地的影响虽然仍为正向，但影响力与 2010 年相比下降比较明显（标准化加权回归权重降低了 0.226），一方面是农村经济收入的提高使得人们在城镇买房的需求增大，另一方面是国家新农村建设和空心村整治策略的实施，使农村地区建设用地的增加变得制度化，并将一部分废弃宅基地变成了集中社区，节约了乡村建设土地，从而导致人口城镇化对乡村人均宅基地的影响变小；人口城镇化对农村人均粮食产量、农村人均肉产量的影响与 2010 年相比呈正向减小的趋势（标准化加权回归权重分别降低了 0.084 和 0.025），这反映出农村地区粮食生产总产能随人口城镇化的推进呈逐渐降低的趋势（表5.23）。

表 5.23　2014 年全国县域城镇化对农业农村标准化总影响

指标	人口城镇化	经济城镇化	土地城镇化	农村土地及产出
农村土地及产出	0.694	−0.871	−0.066	0.000
农村非农就业率	0.474	0.208	−0.025	0.000
农村人均耕地	0.453	−0.569	−0.043	0.653
农村人均建设用地	0.183	−0.230	−0.017	0.264
农村人均粮食产量	0.289	−0.363	−0.027	0.416
农村人均肉产量	0.287	−0.361	−0.027	0.414

与 2010 年相比，经济城镇化对农村非农就业率的正向影响有所增大，同时对其他农业农村指标的负向影响也有所增大。与 2010 年相比，中国本地农民工的数量有较大的增加，国家也提出在发展大城市的同时应注重中小城市的发展，在此期间中国县域获得了较好的发展，县域经济的发展使农村人口就地就业成为可能，因此，与 2010 年相比经济城镇化对农村非农就业率的正向影响有所扩大。经济城镇化对农村人均耕地的负向影响与 2010 年相比呈急剧扩大趋势（标准化加权回归权重绝对值升高了 0.391），一方面是由于城镇的扩张对用地的侵占，另一方面是经济的增长拓宽了乡村收入来源，使耕地撂荒等现象凸显，从而导致经济城镇化对农村人均耕地的负向影响迅速扩大。经济城镇化对农村人均建设用地的影响与

2010 年呈类似的局面，但负向影响略有增加（标准化加权回归权重绝对值升高了 0.029），一方面来源于农村人员在城镇置业的需求，另一方面来自空心村等整治工作的开展，使得农村居民点建设用地并没有呈现出随经济发展不断扩大的趋势。经济城镇化对农村人均粮食产量、农村人均肉产量的负向影响与 2010 年相比都呈扩大趋势（标准化加权回归权重绝对值分别升高了 0.180 和 0.208），这主要是农村收入渠道的拓宽导致农村整体粮食生产产能的降低。

与 2010 年相比，土地城镇化对农村土地及产出的各项指标影响仍然很弱（标准化加权回归权重绝对值皆小于 0.05），同时对农村非农就业率的影响也转变为很弱（标准化加权回归权重绝对值小于 0.05），城乡土地结构趋于稳定。

与 2010 年相比，2014 年人口城镇化、经济城镇化、土地城镇化对农业农村的影响仍呈现出明显不一致的特征。人口城镇化除对农村非农就业率和农村人均耕地正向影响增大之外，其对其他农业农村发展指标的正向影响皆呈下降趋势，这说明人口城镇化对农村的产出效率提升作用越来越弱，同时也说明了中国发展中小城镇的成效使就地城镇化成为可能。经济城镇化除去对农村非农就业率的正向影响与 2010 年相比有所提高外，其对其他农业农村指标的负向影响都有所增大，一方面说明了县域经济较之前有所发展，另一方面也说明了中国“重城轻乡”的长期发展对农村的不利影响。土地城镇化对农业农村发展的影响作用越来越弱，城乡土地结构逐渐趋于稳定。

4. 小结

（1）中国县域人口城镇化、经济城镇化和土地城镇化对农业农村的影响具有明显的不一致性或差异性，这种不一致性或差异性也反映出三者发展水平的不一致性。从总体上看，人口城镇化对农业农村发展正向效果较大，经济城镇化对农业农村发展负向效果较大，而土地城镇化对农业农村发展的影响效果一直较小。

（2）从总体上看，中国城镇化对农业农村的负面效应越来越凸显。2000 年、2010 年、2014 年的对比分析发现，人口城镇化除对农村非农就业率的影响在 2014 年呈现正向影响外，其对其他农业农村指标的正向影响作用大都逐渐降低；2014 年经济城镇化对农村非农就业率的正向影响作用相比于 2000 年也在降低，同时，其对其他农业农村指标的负向影响作用呈逐渐增大的趋势；土地城镇化对农村非农就业率的影响越来越不明显，对其他农业农村指标的影响也很微弱。

（3）中国中小城市发展效果呈现出明显的县域就地城镇化趋势。农村非农就业率可以反映县域就地就业的发展情况，2014 年人口城镇化对其正向影响作用凸显，经济城镇化对其正向影响虽在 2010 年有所下降，但在 2014 年又呈现出上升的趋势，这都在一定程度上反映了中国县域发展在推进就地就业方面的成效。由于在城乡发展中，城乡土地结构会越来越趋于稳定状态，因此，土地城镇化对农业农村的影响效果会越来越小。

（4）城镇化资源的集聚效应导致乡村地区土地撂荒等现象的发生，同时，也导致农村地区整体产能的下降。人口城镇化对农村人均建设用地、农村人均粮食产量、农村人均肉产量的正向影响效果在降低，经济城镇化对这些指标的负向影响作用在增大，这些都表明城镇化导致了农村整体产能的下降。

（5）中国虽然经历农村空心化等过程，但农村整治等措施效果已经凸显。人口城镇化对农村人均建设用地的正向影响在减小，经济城镇化对农村人均建设用地的负向影响越来越大，这些都证明随着城镇化的发展，农村的人均建设用地并未持续的扩张，农村整治等成效凸显。

5.4　典型区域城镇化对农业农村发展的影响测度

5.4.1　研究方法

在城镇化系统中，选取最能反映城镇化过程的人口流动、产业集聚和城市规模扩大三个指标，分别为反映人口城镇化的城镇常住人口比重、反映经济城镇化的非农产业比重及反映土地城镇化的城镇建设用地比重。

在农业农村系统中，通过对不同类型的指标进行分组，最终得到人口、社会、经济、资源与环境五个子系统，其中人口子系统包括农村人口增长率、农村劳动人口增长率、农村户均人口数、中学生在校生率；社会子系统包括人均医生及床位数、户均电话数、路网密度；经济子系统包括农业产值增长率、农业劳动生产率、单位面积粮食产量、人均肉产量、农机总动力水平、农民人均纯收入等；资源子系统包括人均耕地面积、土地复种指数和耕地有效灌溉率；环境子系统包括单位面积废水排放量、单位面积废气排放量、森林覆盖率和化肥使用强度。考虑到数据可得性和区域的具体情况，各个区域按需选择指标进行测度。

本小节借用物理学中常用的耦合度模型与弹性系统模型来探究城镇化各系统与农业农村系统之间各要素的相互作用关系与强度。

其中，耦合度的公式为

$$C = 2 \cdot \left\{ \frac{A(a) \times B(b)}{\left[A(a) + B(b)\right]^2} \right\}^{\frac{1}{2}} \tag{5.25}$$

式中，$A(a)$与$B(b)$分别为两个不同的系统。

弹性系数公式为

$$T = \frac{(R_t - R_0)/R_0}{(U_t - U_0)/U_0} \times 100\% \tag{5.26}$$

式中，R为农村系统；U为城镇系统；R_t和R_0分别为研究期末和期初的农业农村系统评价结果；U_t和U_0分别为研究期末和期初的城镇化水平。

5.4.2　京津冀地区

本小节将京津冀地区系统耦合度分为[0，0.80]、[0.81，0.85]、[0.86，0.90]、[0.91，0.95]、[0.96，1.00]五种类型，将弹性系数结果分为负向效应（−∞，0）、正向效应递减[0，1]、正向效应递增（1，+∞）三种类型。根据2000年和2014年人口、土地和经济城镇化系统与各子系统的耦合结果发现：总体上，2014年人口城镇化、经济城镇化、土地城镇化与农业农村系统的耦合度大多高于2000年的耦合度，在空间分布上，京津冀地区的南部地区城镇化系统与农业农村系统耦合度比北部地区的水平高。

1. 人口城镇化与农业农村系统耦合关系

图5.11和图5.12分别展示了京津冀地区人口城镇化与农业农村系统的耦合度和弹性系数的空间分布格局。2000年人口城镇化与农业农村系统的耦合度较高，耦合结果大于等于0.96的县域占研究区内有数据县域的比重为49.7%，2014年人口城镇化与农业农村系统耦合度大于等于0.96的县域比重为54.5%，耦合水平较高（图5.11）。人口城镇化与农业农村系统的弹性系数大部分县域集中在0~1，为正向效应递减（图5.12）。其中，人口城镇化与人口子系统的弹性系数大部分县域小于0，为负向效应；人口城镇化与经济子系统、资源子系统和综合系统之间的弹性系数主要集中在0~1，为正向效应递减；人口城镇化与社会子系统的弹性系数大部分县域高于1，为正向效应递增；而人口城镇化与环境子系统的弹性系数具有明显的南北差异，北部地区县域小于0，为负向效应，南部地区为0~1，属于正向效应递减。

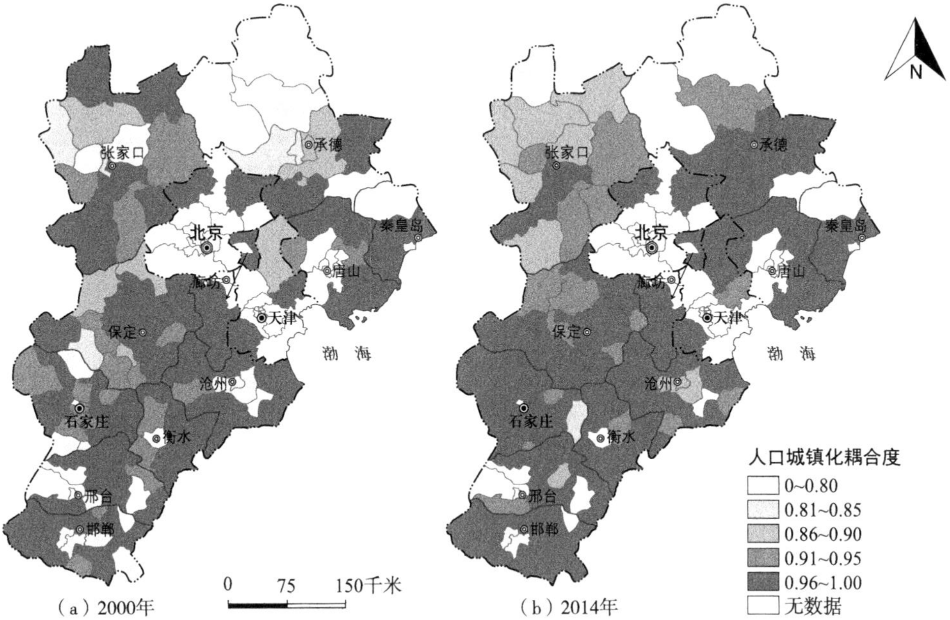

图 5.11　京津冀地区人口城镇化与农业农村系统的耦合度（2000 年、2014 年）

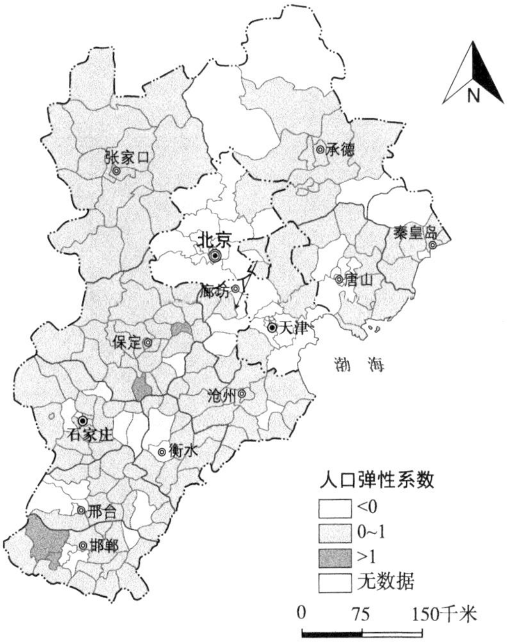

图 5.12　京津冀地区人口城镇化与农业农村系统的弹性系数（2000~2014 年）

2. 土地城镇化与农业农村系统耦合关系

图 5.13 和图 5.14 分别展示了京津冀地区土地城镇化与农业农村系统的耦合度和弹性系数的空间分布格局。2000 年和 2014 年土地城镇化与农业农村系统的耦合结果均呈现低水平，大部分县域小于等于 0.80，其中 2000 年和 2014 年农业农村系统与土地城镇化耦合度小于等于 0.80 的县域比重分别为 52.9%和 56.5%（图 5.13）。大部分县域土地城镇化与农业农村系统的弹性系数位于 0~1，属于正向效应递减（图 5.14）。其中，土地城镇化与人口子系统的弹性系数大部分县域小于 0，属于负向效应；土地城镇化与经济、社会子系统的弹性系数大部分县域大于 1，属于正向效应递增；土地城镇化与资源子系统和综合系统的弹性系数位于 0~1，属于正向效应递减；和人口城镇化与环境子系统的弹性系数相似，土地城镇化与环境子系统的弹性系数也存在南北地区差异，北部地区县域小于 0，为负向效应，南部地区为 0~1，属于正向效应递减。

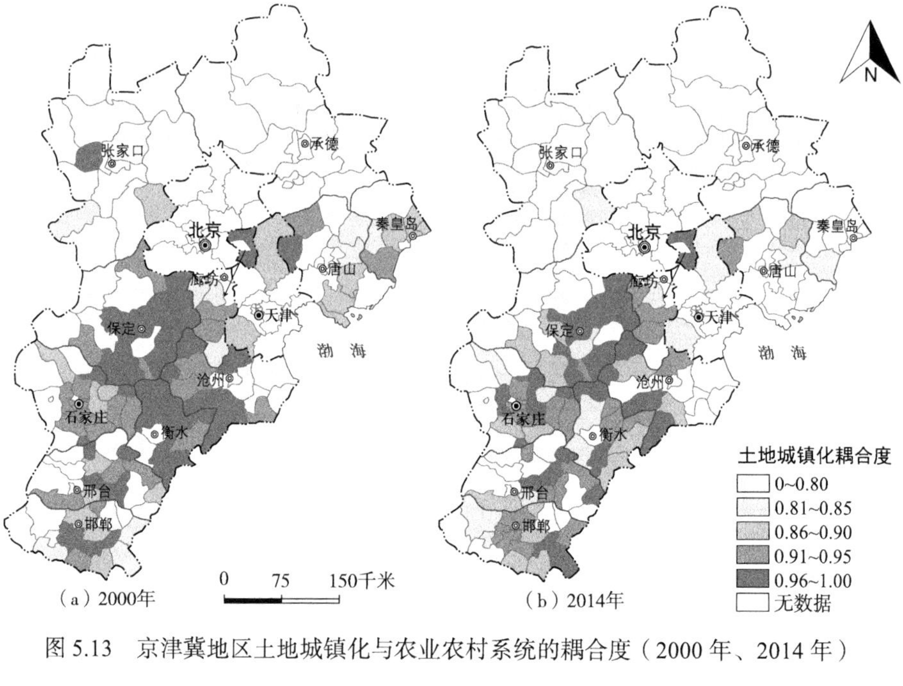

图 5.13 京津冀地区土地城镇化与农业农村系统的耦合度（2000 年、2014 年）

3. 经济城镇化与农业农村系统耦合关系

图 5.15 和图 5.16 分别展示了京津冀地区经济城镇化与农业农村系统的耦合度和弹性系数的空间分布格局。2000 年经济城镇化与农业农村系统的耦合度较低，耦合度大于等于 0.96 的县域比重为 29.8%，2014 年经济城镇化与农业农村系统的耦合度大于等于 0.96 的县域比重为 53.4%，耦合水平较高（图 5.15）。大部

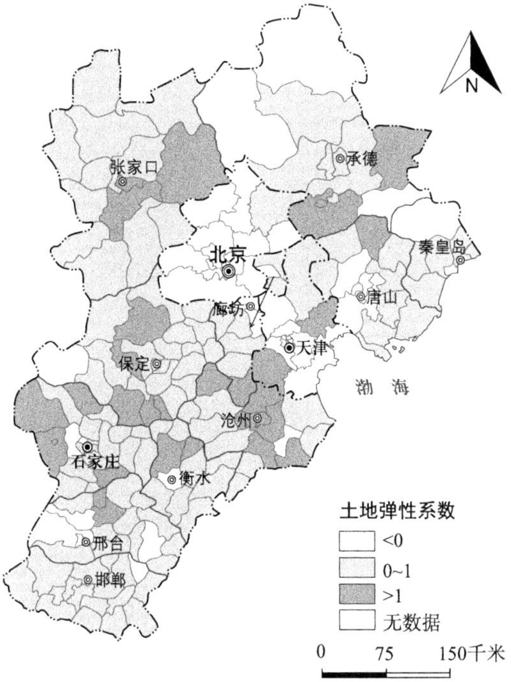

图 5.14　京津冀地区土地城镇化与农业农村系统的弹性系数（2000~2014 年）

分县域经济城镇化与农业农村系统的弹性系数大于 1，属于正向效应递增（图 5.16）。其中，经济城镇化与人口子系统的弹性系数大部分县域小于 0，属于负向效应；经济城镇化与经济、社会子系统的弹性系数大部分县域大于 1，属于正向效应递增；经济城镇化与资源子系统整体上呈现为正向效应，仅部分如张家口、承德等生态环境较好地区呈现负向效应；经济城镇化与环境子系统的弹性系数以负向效应和正向效应递减为主。

综合人口、土地及经济城镇化与农业农村系统的耦合分析结果表明，人口、经济城镇化与农业农村系统耦合水平较高，土地城镇化与农业农村系统耦合水平较低。人口、土地及经济城镇化与农业农村各系统的弹性系数分析结果表明，城镇化对人口子系统均呈现负向效应，而对社会子系统均呈现正向效应递增，对环境子系统具有明显的南北区域差异，北部地区为负向效应，南部地区为正向效应递减；经济与土地城镇化对经济子系统属于正向效应递增，人口与土地城镇化对资源子系统属于正向效应递减。而对整个农业农村系统发展来讲，快速城镇化发展对整个京津冀地区农村具有促进作用，但是人口城镇化的影响正在逐渐减弱，而土地、经济城镇化对京津冀中部县域农村发展影响逐渐加强。因此，在快速城镇化过程中大量农村人口进入城市，人口城市化率提升，经济迅速发展，给城市

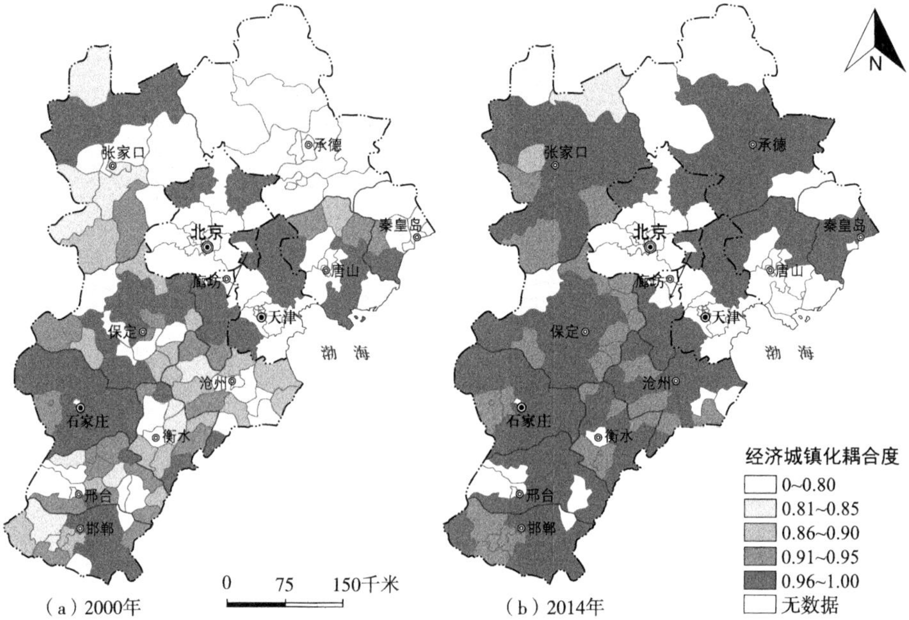

图 5.15　京津冀地区经济城镇化与农业农村系统的耦合度（2000 年、2014 年）

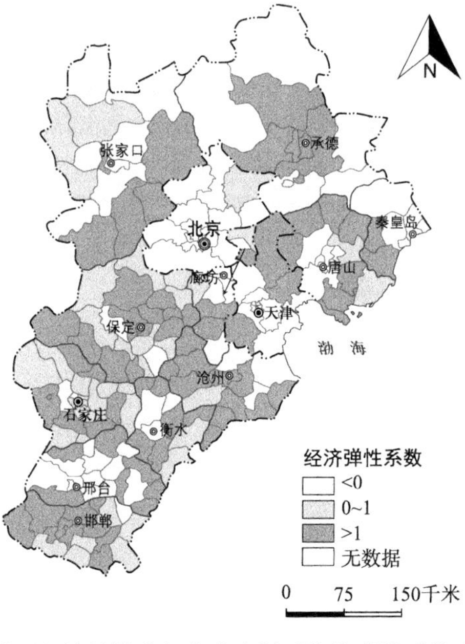

图 5.16　京津冀地区经济城镇化与农业农村系统的弹性系数（2000~2014 年）

发展带来了巨大的社会经济效益，也极大地促进了农业农村的人口、经济、社会、资源、环境等子系统的发展。

5.4.3　传统平原农区

1. 人口城镇化与农业农村系统耦合关系

图 5.17 和图 5.18 分别展示了传统平原农区人口城镇化与农业农村系统的耦合度和弹性系数的空间分布格局。2000~2014 年，人口城镇化与农业农村系统的耦合度水平整体稳定，在这 15 年间，人口城镇化对农业农村系统的影响在大部分地区呈现正向效应,但农业农村系统提升的幅度总体小于人口城镇化提高的幅度。研究发现，尽管在整体趋势上农业农村系统受人口城镇化的正向效应影响，但其表现为正向递减效应，农业农村发展水平与人口城镇化发展水平整体都在提高，其差距却不断拉大。进一步研究农业农村各个子系统与人口城镇化之间的耦合度与弹性系数，发现人口城镇化对人口与环境子系统有显著的负向效应，而对经济、社会与资源子系统有较显著的正向效应，但大部分地区农业农村发展水平的提升幅度小于人口城镇化提高的幅度。

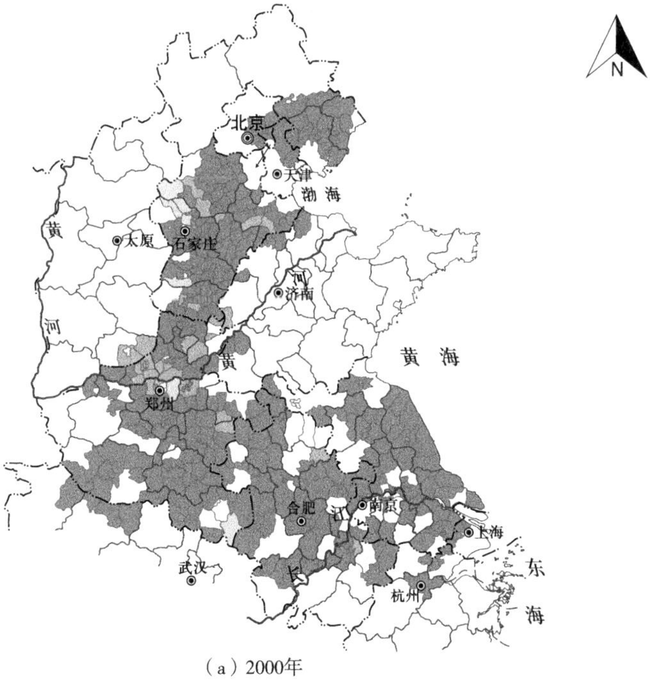

（a）2000年

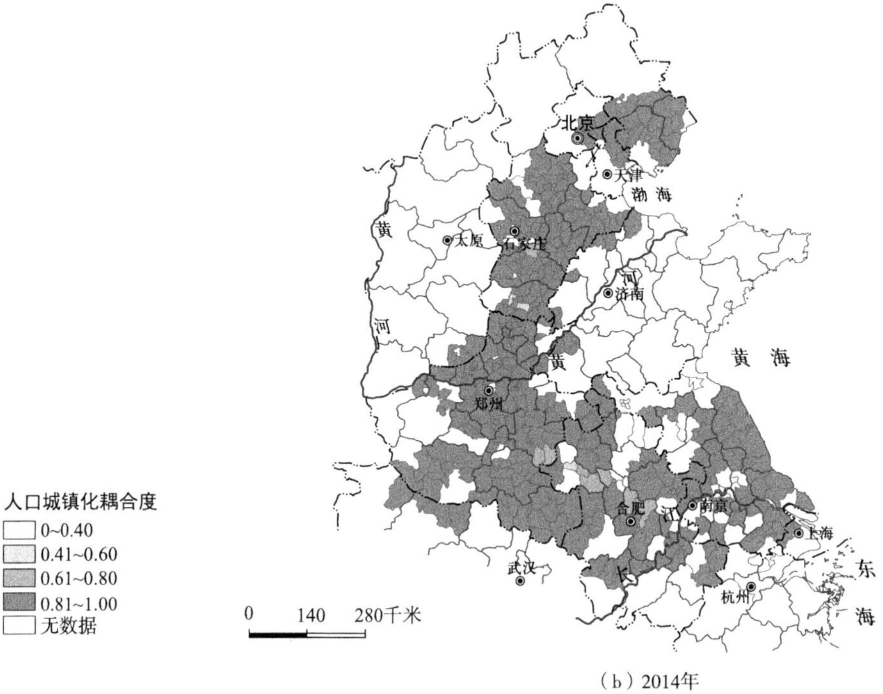

（b）2014年

图 5.17　传统平原农区人口城镇化与农业农村系统的耦合度（2000 年、2014 年）

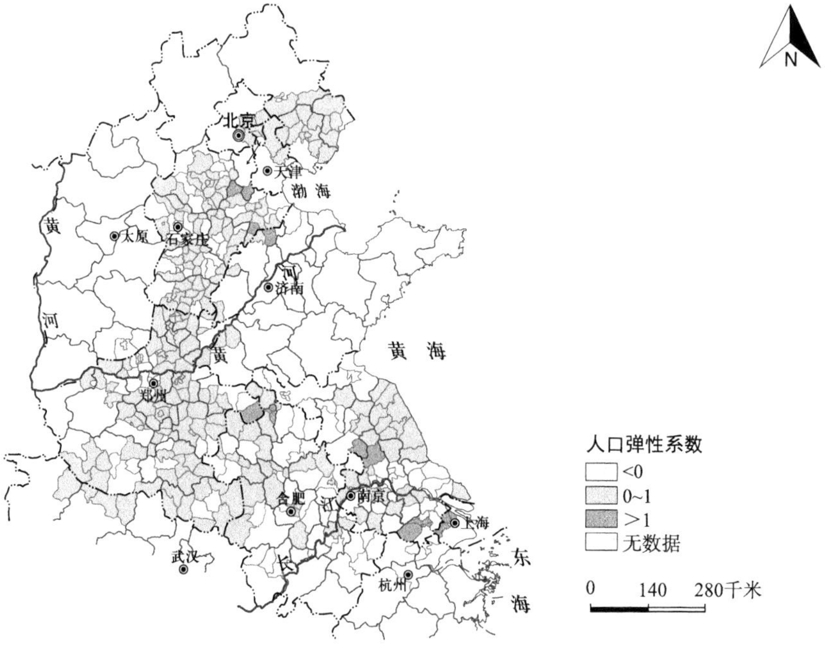

图 5.18　传统平原农区人口城镇化与农业农村系统的弹性系数（2000~2014 年）

2. 土地城镇化与农业农村系统耦合关系

图 5.19 和图 5.20 分别展示了传统平原农区土地城镇化与农业农村系统的耦合度和弹性系数的空间分布格局。结果显示，2000~2014 年土地城镇化与农业农村系统之间的耦合度水平整体稳定，高耦合度的区县主要集中在大城市周边。从弹性系数可以看出，随着土地城镇化的进行，研究区内大部分地区农业农村系统受其递减的正向效应，即农业农村系统的提升幅度小于土地城镇化幅度，有小部分区县农村系统土地城镇化为负向效应，主要分布在京津、各省会城市等大城市周边，整体上研究区内农业农村系统发展滞后于土地城镇化。进一步对农业农村各个子系统与人口城镇化之间的弹性系数研究发现，在研究区内土地城镇化对农村经济与社会子系统整体呈现正向效应，而对于农村人口、资源与环境子系统整体呈负向效应。

3. 经济城镇化与农业农村系统耦合关系

图 5.21 和图 5.22 分别展示了传统平原农区经济城镇化与农业农村系统的耦合度和弹性系数的空间分布格局。结果显示，经济城镇化与农业农村系统之间的耦合度较高，城镇化过程中的经济水平和产业结构的转变与农业农村各系统的变化具有密切关系，且随着城镇化的推进，两者之间的耦合水平也在提高。在经济城镇化的过程中，靠近京津及省会城市周边的部分区县，农业农村系统受经济城

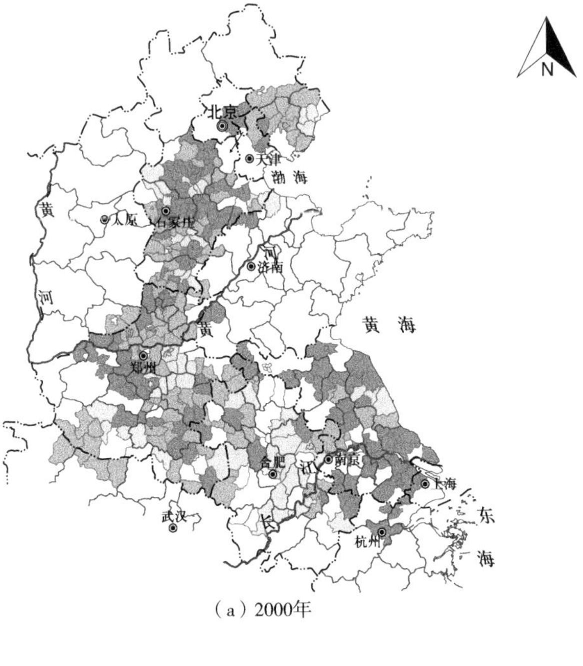

（a）2000年

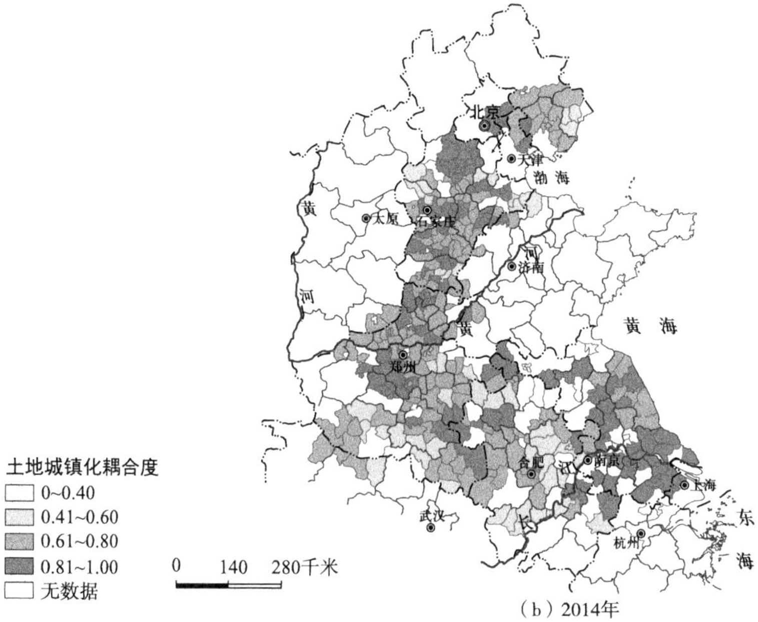

（b）2014年

图 5.19 传统平原农区土地城镇化与农业农村系统的耦合度（2000 年、2014 年）

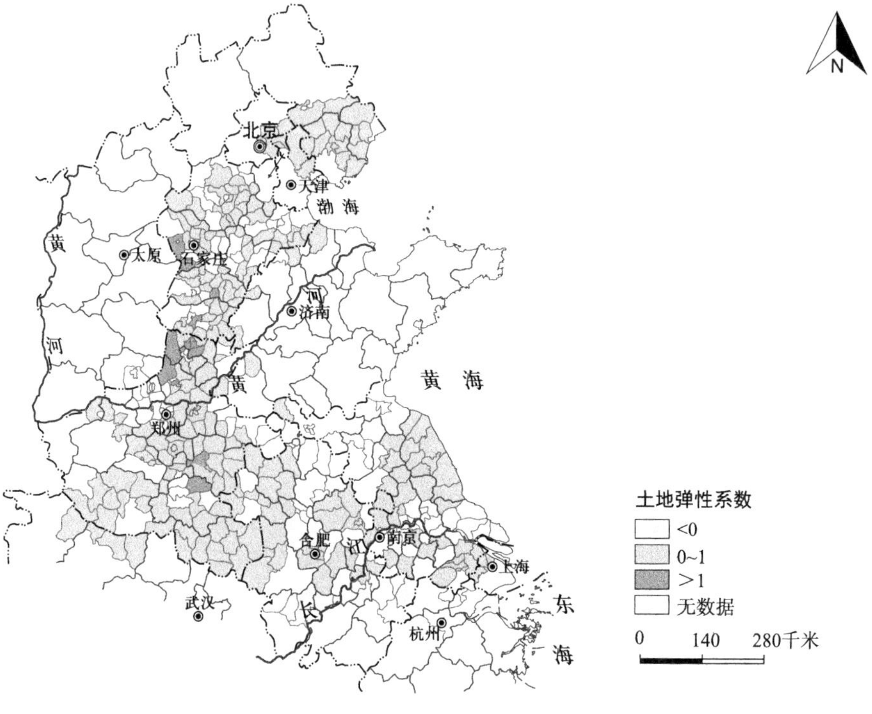

图 5.20 传统平原农区土地城镇化与农业农村系统的弹性系数（2000~2014 年）

镇化的负向效应影响，其余大部分地区受经济城镇化的正向递减效应影响，仅河南中部、安徽及江苏南部的部分地区受经济城镇化的正向递增效应影响，农业农村系统发展整体上滞后于经济城镇化水平的提升幅度。

综合来看,农业农村系统与城镇化各系统之间存在较强的耦合关系与相关性，整体表现为城镇化对农业农村系统的正向递减效应，随着城镇化的推进，农业农村系统发展滞后于城镇化水平的提升，且差距有不断拉大的趋势。

5.4.4　黄土丘陵沟壑区

新型城镇化是以人为核心的城镇化，强调以人为本，实现经济、社会和生态全面协调可持续发展，更加注重城镇化的质量。因此，本小节从人口城镇化、经济城镇化和社会城镇化三个方面，分别与农业农村系统进行耦合分析，探讨 2000 年与 2014 年城镇化与农业农村系统的耦合度及变化趋势。同时分析 2000~2014 年，城镇化与农业农村系统之间的弹性系数，进而探究城镇化系统对农业农村系统的影响。

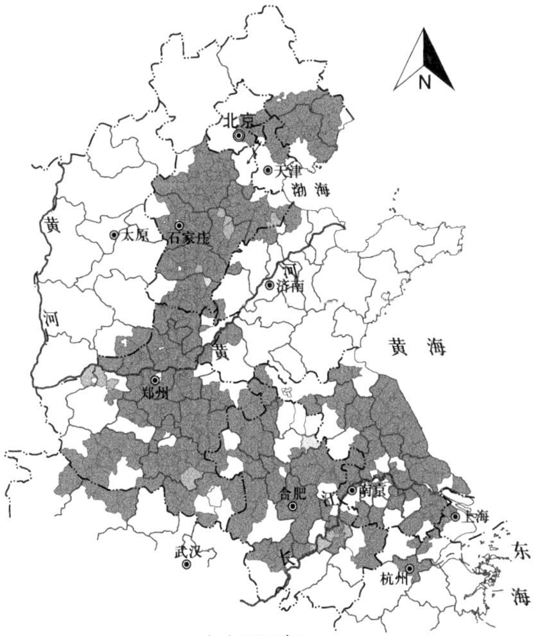

(a) 2000年

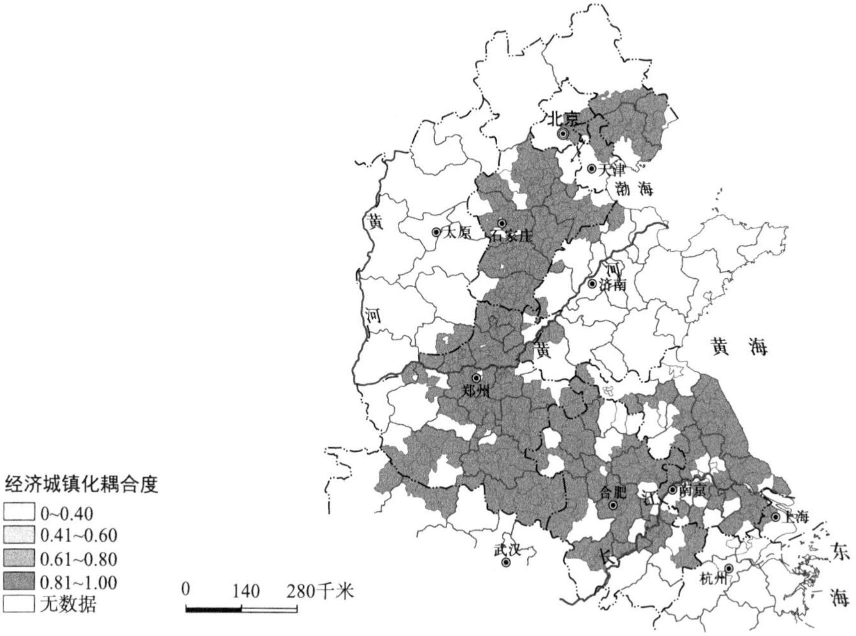

（b）2014年

图 5.21　传统平原农区经济城镇化与农业农村系统的耦合度（2000 年、2014 年）

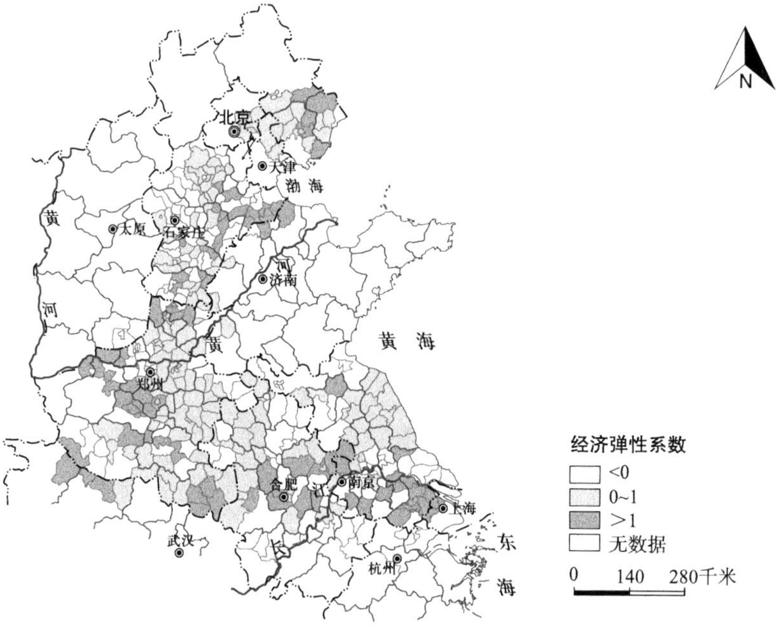

图 5.22　传统平原农区经济城镇化与农业农村系统的弹性系数（2000~2014 年）

1. 人口城镇化与农业农村系统耦合关系

根据图 5.23 可知，2000 年黄土丘陵沟壑区人口城镇化与农业农村系统具有较高的耦合度，说明人口城镇化的发展与农业农村系统可持续性的提升具有较好的同步性；但东部吕梁山区部分区县的耦合度相对较低，说明该地区人口城镇化发展未能与地区农业农村系统可持续性发展同步。进一步分析人口城镇化与农业农村各子系统的耦合关系发现，人口、经济、社会和资源子系统均与人口城镇化具有较高的耦合度，且北部地区和南部地区相对较高；环境子系统与人口城镇化的耦合度相对较低，仅中部山区相对较高。2014 年，农业农村系统与人口城镇化耦合度进一步提高，说明整体上人口城镇化发展与农业农村系统可持续性提高具有较好的耦合状态，但环境子系统与人口城镇化的耦合度有所降低。

由图 5.24 看出，人口城镇化对农业农村系统影响的空间差异性显著。总体上东部地区人口城镇化对农业农村系统的影响处于低水平促进作用，西南地区人口城镇化对农业农村系统的影响具有负向作用。

2. 土地城镇化与农业农村系统耦合关系

由图 5.25 可知，土地城镇化与农业农村系统耦合度整体上偏低，说明该地区农业农村发展水平的提升滞后于快速的土地城镇化。进一步分析土地城镇化与人口、经济、社会、资源和环境子系统之间的耦合度发现，土地城镇化与各子系统之间的耦合度均较低，仅东部山区具有较高的耦合度，主要由于东部山区的土地城镇化发展速度相对较慢，且该地区农业农村系统中各子系统的发展也相对较低，因此存在低速发展耦合现象。

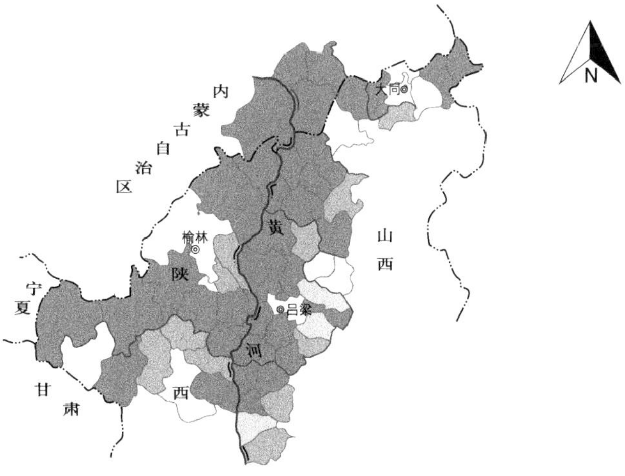

（a）2000年

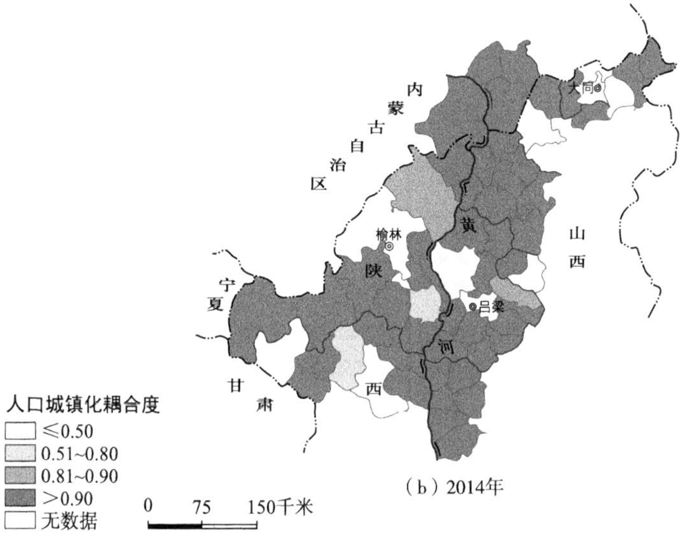

（b）2014年

图 5.23　黄土丘陵沟壑区人口城镇化与农业农村系统的耦合度（2000 年、2014 年）

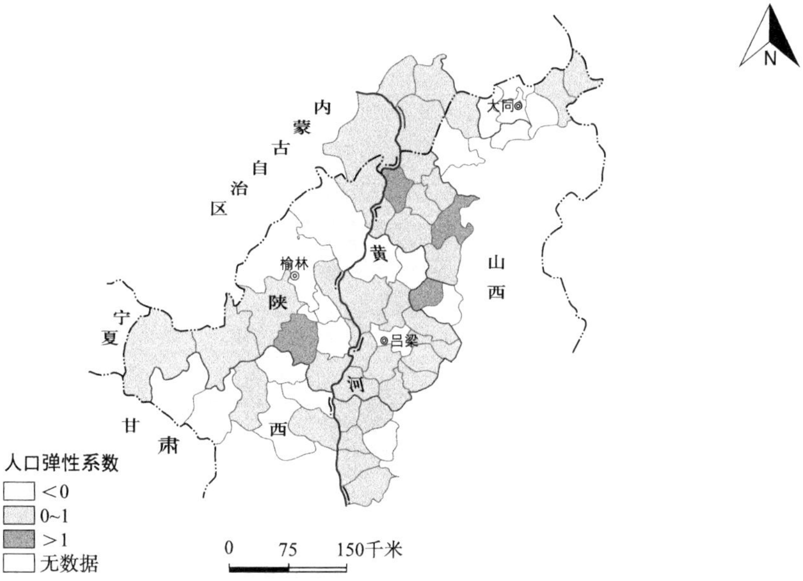

图 5.24　黄土丘陵沟壑区人口城镇化与农业农村系统的弹性系数（2000~2014 年）

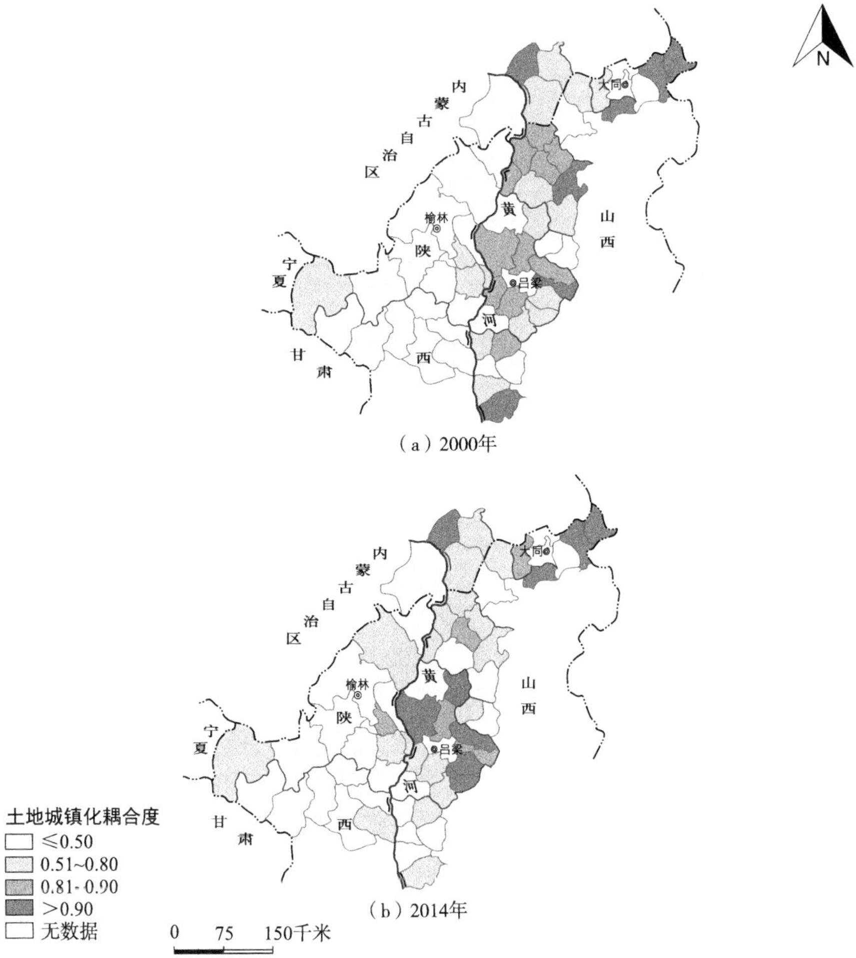

图 5.25 黄土丘陵沟壑区土地城镇化与农业农村系统的耦合度（2000 年、2014 年）

由图 5.26 可以看出，土地城镇化对农业农村可持续性的影响也存在明显的空间差异性。东部清水河至娄烦一带、南部永和等少数区县，土地城镇化对农业农村系统具有较强的正向效应；北部准格尔旗、东南部方山至隰县、西部的靖边和横山等地区，土地城镇化对农业农村系统具有正向递减效应；而对于中部和西南部区县，土地城镇化对农业农村系统的影响多表现为负向效应。

3. 经济城镇化与农业农村系统耦合关系

由图 5.27 可知，经济城镇化与农业农村系统可持续性具有较高的耦合度，且 2014 年耦合度水平高于 2000 年耦合度水平，说明经济城镇化与农业农村系统之间的发展同步性较好，且同步性在不断增强。进一步分析经济城镇化与农业农村各

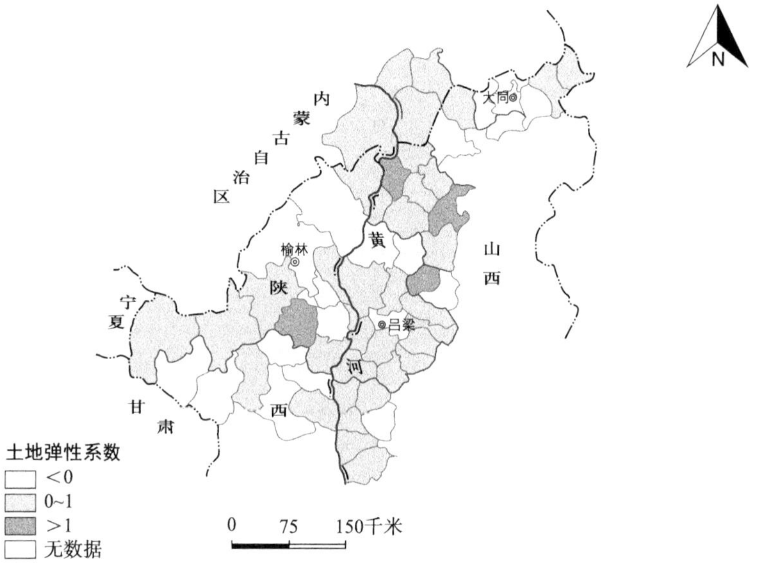

图 5.26　黄土丘陵沟壑区土地城镇化与农业农村系统的弹性系数（2000~2014 年）

子系统之间的耦合关系发现，2014 年与 2000 年相比经济城镇化与人口子系统的耦合度无明显变化；经济城镇化与经济子系统耦合度仅东部吕梁山区有所降低；经济城镇化与社会子系统的耦合度有明显改善；经济城镇化与资源子系统耦合度有所降低；经济城镇化与环境子系统耦合度明显降低。因此，东部吕梁山区需进一步加强农业农村经济发展，西北部准格尔旗和神木市及南部子长市、延长县和延川县等地区需要注意保护耕地资源。此外，城镇化的快速发展还应加强对农业农村环境的保护，不应以牺牲农业农村的环境来换取快速的经济发展。

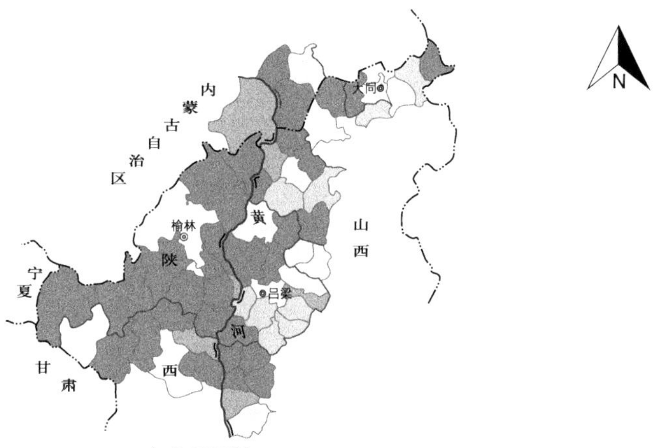

（a）2000年

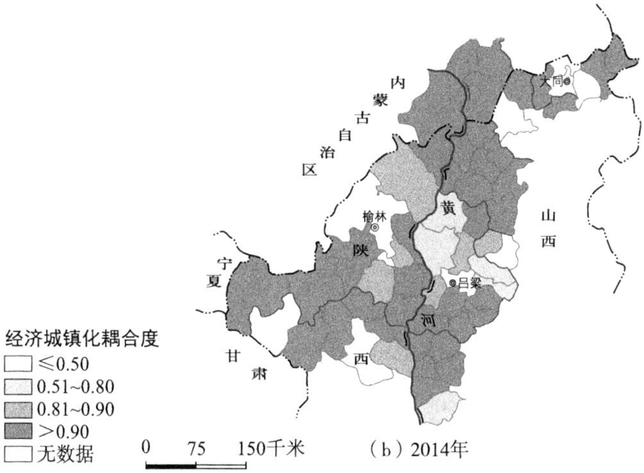

图 5.27　黄土丘陵沟壑区经济城镇化与农业农村系统的耦合度（2000 年、2014 年）

图 5.28 显示，经济城镇化对农业农村可持续性的影响具有明显空间差异，东部地区多为正向作用，中部和西南部多为负向作用。进一步分析经济城镇化与农业农村各子系统的弹性系数发现，经济城镇化对人口子系统多为负向效应，仅中部少数地区为正向效应；对东部吕梁山区的经济子系统具有负向效应，对其他地方的经济子系统多为正向效应；对社会子系统则多为正向效应；对东部地区的资源子系统具有正向效应，对西部地区资源子系统具有负向效应；对环境子系统则以负向效应为主，仅少数地区为正向效应。

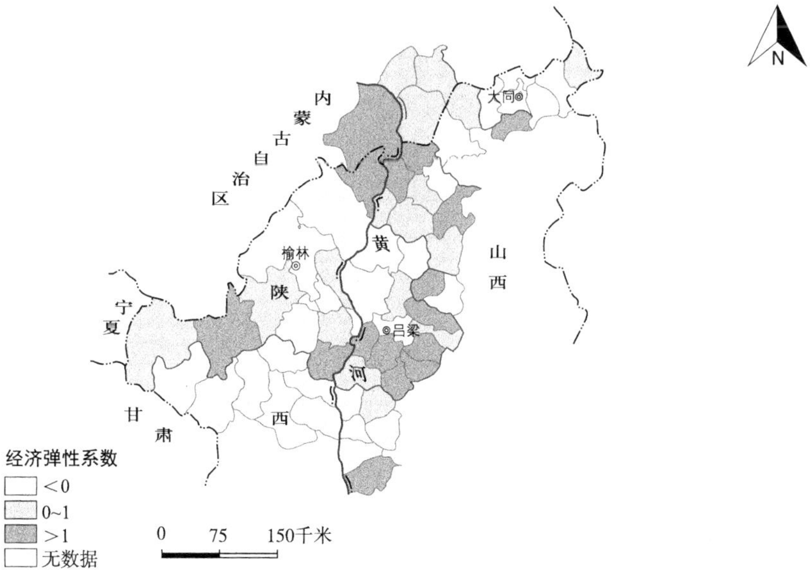

图 5.28　黄土丘陵沟壑区经济城镇化与农业农村系统的弹性系数（2000~2014 年）

5.4.5 本章小结

根据不同地区城镇化系统与农业农村各系统之间的耦合分析可以发现，农业农村各系统的发展与城镇化之间存在着密切的相互联系，具体分析有如下几个特点。

（1）城镇化三个系统之中，经济城镇化与农业农村系统之间的耦合度与人口城镇化基本持平，两者均明显高于土地城镇化，2014 年城镇化与农业农村系统之间的耦合度大都高于 2000 年。这表明，在当前的城镇化与农村发展阶段，经济城镇化与人口城镇化更好地与农村发展联系了起来，这较强地带动了农村的发展。而土地城镇化与农业农村系统的耦合度相对较低，说明快速的土地城镇化导致了农业农村系统的快速非农化，其速度超过了农村的发展速度，造成了农村发展滞后于土地城镇化。

（2）从农业农村各子系统来看，城镇化系统与资源和环境子系统的耦合度有提高的趋势，表明随着城镇化的进行，农村的资源与环境问题越来越受到城镇化的影响，农村的资源与环境问题凸显也进一步成为影响城镇化的重要因素。

（3）从弹性系数来看，大部分区县的农村人口、环境子系统与城镇化各系统之间的弹性系数小于 0，这表明随着城镇化的进行，农村人口与环境子系统受到负面影响；大部分区县农村资源子系统与城镇化之间的弹性系数小于 1，表明农村资源子系统发展滞后于城镇化；案例区内大部分区县农村经济、社会子系统与城镇化之间的弹性系数为正且大于 1，表明随着城镇化的进行，农村经济与社会子系统得到长足发展，甚至是由于其低起点，导致发展速度快过城镇化速度。

（4）综合结果表明，随着城镇化进行到一定的阶段，城镇化与农村的资源、环境子系统的关联更强，城镇化所带来的农村资源与环境问题开始凸显；与此同时，土地城镇化与农村经济、社会子系统之间的耦合度降低，表明目前过快的土地城镇化已经超出了当前农村的实际发展水平，长此以往农村的可持续发展会受到影响。

第 6 章　城镇化影响农业农村发展的典型案例分析

6.1　农业农村发展模式类型

6.1.1　农业发展范式及其演化

20 世纪中期以来，发达国家的乡村传统农业开始向现代农业转型，农业由生产功能为主导向多功能农业转变（Wilson，2007），农业进入后生产主义时代。二战后，出现世界性物资短缺的现象，尤其是粮食产品的供给不足问题，因此，人们认为乡村的粮食生产功能是乡村地区的核心价值。此后，随着经济的逐渐复苏，粮食问题得到解决，但由于工业化所导致的资源环境问题受到重视，乡村的破坏问题及乡村的对外联系问题受到学者关注（Cloke and Goodwin，1992）。城镇化的不断发展，使城市出现了诸如拥堵、贫困等社会问题，发达国家开始出现逆城市化倾向，后生产主义正是在这样的背景下产生的，其倡导友好型农业发展，重视对乡村的景观和环境的保护力度。

19 世纪末，有学者开始对后生产主义范式进行反思，认为其缺少对乡村主体的关注，指出乡村行动者有其各异的认知体系（Wilson，1997）。不少农民甚至在主观上依旧倾向于追求农业的生产性，以致他们享受着后生产主义的农业政策补贴，但仍延续着生产主义导向的农业生产模式。由此，农业生产可能并未进入后生产主义阶段，只是逐渐融入了后生产主义范式的一些理念，Wilson（2001）将这种现象概括为多功能农业，其强调农业生产的区域性、人本性。

20 世纪以来，农业发展具有更多内涵，农业发展环境与格局发生了变化，开始根据农业生产自然条件变化、农业经营机制转化与农业地域功能演化，发展多功能现代农业。其中，农业政策在农业发展范式演变中起着重要作用，推动着农业发展范式演变（Wilson，2001），然而，这些农业发展范式更多是以发达国家的发展背景为依托的，发展中国家农业发展范式仍需进一步探讨。特别是 20 世纪 90 年代后期，欧美发达国家率先提出可持续发展理念，并逐渐将其引入农业与农村发展研究中，通过借鉴地理学、经济学、生态学、社会学等学科的理论和研究方法，从理论高度研究并提出评价农业和农村可持续发展的机制和途径，发展中国家也应因地制宜地根据不同类型农业地区的农业和农村经济可持续发展情况，借鉴国际经验并依托自身特色提升自身农业的竞争力。

6.1.2　农村发展范式及其演化

20 世纪中期以来，乡村的发展经历了外生型、内生型和混合型发展三种范式（Terluin，2003）。外生型发展范式是农村发展的主要范式，也被广泛应用于政策制定当中，其强调通过城市等增长极来带动区域发展，从而实现乡村的发展，世界银行长期以来也采用该种范式对欠发达地区进行援助。但该范式的弊端不断显现，乡村的独立性逐渐丧失，区域资源环境问题凸显，从而，对该范式的反思开始兴起。19 世纪 80 年代中期，乡村自身的重要性受到重视，内生型发展范式兴起，其强调乡村通过自身发展以达到理想的发展类型，并且有乡村土地资源所创造的价值应该被重新分配到该地区（Ray，1998）。社区参与的作用受到学者的重视，以社区为主导所进行的参与式乡村发展是一种典型的内生型发展路径（龙花楼等，2010；Li et al.，2015）。不管是外生型还是内生型发展范式，它们都具有一定的局限性，如外生型发展范式忽视了乡村自身的发展，而内生型发展范式则忽略了乡村与外界的联系，因此，Amin 和 Thrift（1995）提出了混合型发展范式，该种范式为内生型和外生型结合发展的范式，强调外在和内在力量的相互作用在调控乡村发展过程中的作用。乡村发展被认为是一个复杂的网络编织过程，影响乡村发展的各要素及其相互关系形成一个网络，学者们称之为“伸展的乡村网络”。在这个网络中，资源是可流动的，且控制发展过程的力量有相互影响的内部力量和外部力量组合而成（李裕瑞等，2012）。该理论很好地解释了乡村转型机制（李裕瑞等，2013）。

总体来看，农业和乡村发展的范式及其演化一方面反映了与人地关系的演变和社会经济发展阶段的适应，另一方面反映了其对地域、环境、生态和主体的尊重（刘彦随等，2014）。在区域农业与乡村发展实践过程中，需综合研判发达国家农业和乡村发展范式演化的宏观背景和区域特征进而汲取有益经验，相关战略的制定、路径的谋划还应充分考虑基本国情、地缘政治、人地关系、区域特性（Li et al.，2015）。

6.1.3　我国农业农村发展模式划分

农业农村发展模式，通常是对不同区域在农业农村发展过程中，具有本区域鲜明特征的产业结构和经济社会运行方式的理论性概括。目前，关于我国农业农村发展模式的研究主要集中在东部沿海地区，学者们总结提炼出了温州模式、苏南模式、珠江模式、漳州模式、泉州模式、华西模式等典型模式，可以进一步归纳为京津地区产业集群联动型、山东农业产业化带动型、苏南地区乡镇企业主导型、上海都市农业引领型、浙江个体经济引领型、珠江三角洲地区外资促进型、海南热带农业基地带动型等宏观区域尺度的农业农村发展模式，以及中观、微观尺度的工业化、城镇化外缘驱动主导型和农村自我发展主导型（刘彦随，2011b）。由此可见，工业化、城镇化外缘驱动力与农村自我发展内生动力是农业农村发展的两大动力源。大多数城镇郊区的农村主要依赖城镇化、工业化的外部驱动，而大部分远离城镇的农村则更多依靠自身的资源禀赋、生态环境优势，通过发展特色农业和乡村旅游，挖掘自身潜力（表 6.1）。在对东部沿海地区的模式研究基础上，本书在全国范围内选择典型案例，进一步总结不同区域城镇化助推农业农村发展的模式。

表 6.1　农业农村发展模式的分类及其特征描述

一级模式	二级模式	基本特征	适宜发展的区域
工业化、城镇化外缘驱动主导型	工业企业带动型	通过整合农村土地、劳动力等资源，大力发展乡村工业和增强产业竞争力，带动农村经济、设施、教育、文化、卫生等事业的综合发展	区位条件优越；具有一定土地、信息、技术、资金条件；农村非农产业基础好
	城镇建设带动型	农民向城镇集中，加速资本和产业转移，促进农民生活和就业空间转移，形成新型的城乡产业结构和城镇等级体系	城镇中心性较强；具有土地、信息、技术、资金条件；人口非农化和城镇基础设施较为完善
	劳务输出带动型	农村剩余劳动力转移进城，提高劳动生产率，进而将获得的部分收益反哺农业家乡，建设农村。劳动力素质明显提高	人力资源相对丰富，但自然资源禀赋和区位条件相对较差的地区
农村自我发展主导型	特色产业发展型	基于当地资源优势和发展特色，强化本地特色产业，实现规模化、专业化，打造基于县、乡、村单元的特色产业	生产特色产品的传统；龙头产业带动；一定的市场需求；管理“能人”
	生态旅游发展型	挖掘当地的自然资源特色，确保生态安全前提下结合乡村文化资源，打造乡村旅游景区，建设生态旅游乡村	丰富的自然资源和人文社会资源；完善的旅游配套基础设施，如交通、娱乐、住宿、餐饮等
	专业市场组织性	发展农村商贸流通服务业和市场网络，培育当地农村中心专业市场，以市场促进产业，以产业带动乡村发展	完善的基础设施及配套条件；区位条件较优；相关产业发展支持

根据我国城镇化和农业农村发展的类型，选取东部城市群地区（京津冀、长三角）、中部粮食主产区（河南）、西南山地丘陵区（四川、重庆）、西北黄土

高原区（陕西）等主要地域类型区的典型区域。其中，东部城市群地区案例包括京津冀地区的河北省阜平县和宣化区、长三角地区的浙江省松阳县，中部粮食主产区案例包括河南省的滑县和镇平县，西南山地丘陵区案例包括重庆市和四川省广安市，西北黄土高原区案例包括陕西省的榆林市和延安市。通过对不同典型案例点的自然资源、社会经济的背景、城镇化与农业农村发展的阶段及城镇化助推农业农村发展的典型模式进行分析，总结出不同地区农业农村发展的特征与存在的问题，进一步提出政策建议。

6.2　东部城市群地区典型案例

6.2.1　河北阜平

1. 区域概况

阜平县隶属河北省保定市，是京津冀地区重要的“畿西屏障”。2015 年全县常住人口 21.76 万人，县域总面积 2496 平方公里，其中耕地占比 5.84%，城镇村及工矿用地占比 2.26%，集中分布在山谷盆地区；林地、草地及未利用地分别占比 18.62%、7.64%及 61.58%，主要分布在山区。阜平县自国家八七扶贫攻坚计划（1994 年）以来被确定为国家级贫困县，集“太行深山区、革命老区、贫困地区”三大特征于一体，2020 年阜平县退出了贫困县序列。2015 年末，全县实现地区生产总值 334 666 万元，三次产业增加值分别完成 73 830 万元、78 264 万元、182 572 万元，三次产业比值为 22∶23∶55；农村居民人均可支配收入 5150 元，城镇居民人均可支配收入 13 044 元，城乡收入差距较大。

2. 城镇化与农业农村发展历程

2000~2015 年，阜平县常住人口由 20.51 万人增加到 21.76 万人，增幅 1.25 万人，平均每年增加 833.3 人；城镇化率由 2000 年的 11.93%增长到 2015 年的 34.8%，平均每年增长 1.53 个百分点（图 6.1）。但是，在快速城镇化过程中，阜平县仍然以农业生产为主导。近年来，阜平县粮食产量与肉类产量不断增加，2015 年农业生产占全县总产值超过 20%，第一产业就业人数占全县总就业人数超过 75%。阜平县农业的发展，离不开土地整治工程，通过综合整治历史遗留损毁建设用地和开发未利用地，阜平县人均耕地面积由 2000 年的人均 0.63 亩增长到 2015 年的 1.04 亩，为农业生产提供了土地保障（图 6.2）。

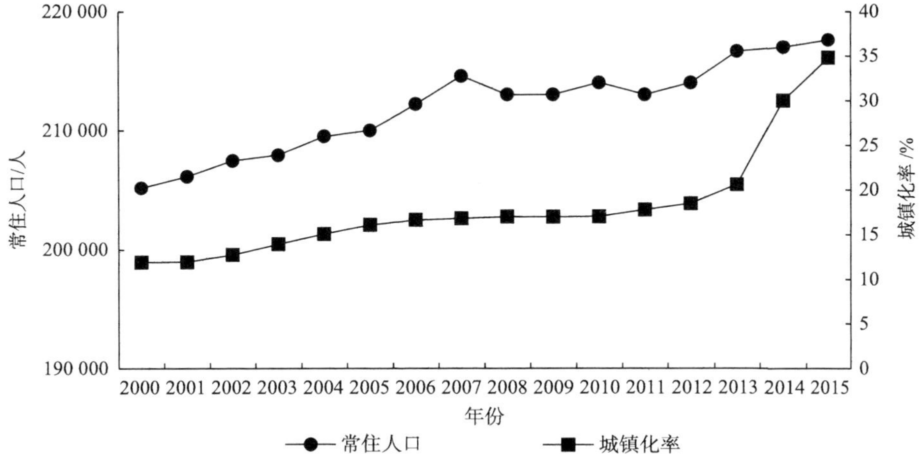

图 6.1　阜平县常住人口与城镇化率走势图

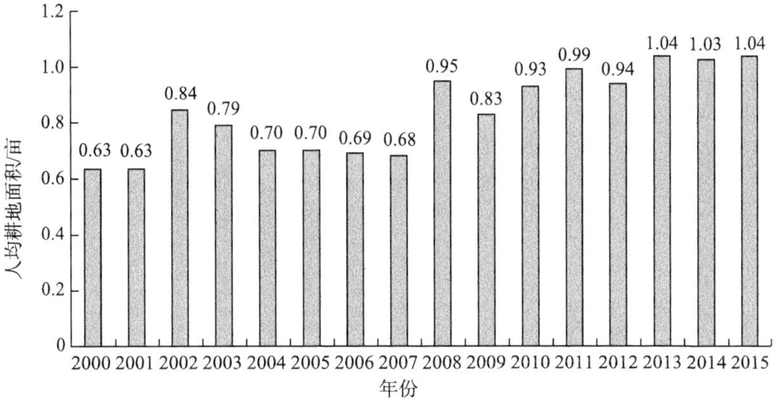

图 6.2　阜平县人均耕地面积变化

但是，阜平县的财政收入较低。2000~2015 年，阜平县的人均地区生产总值由 3860 元增长到 14 519 元，平均每年增长 710.6 元；农民人均纯收入由 1407 元增长到 5815 元，平均每年增长 293.9 元；人均财政收入由 144 元增长到 1019 元，平均每年增长 58.3 元，其中，阜平县人均地区生产总值的年均增长率低于其农民人均纯收入与人均财政收入的增长速度（图 6.3）。与河北省和全国水平相比，2015 年阜平县人均地区生产总值分别是全国和河北省的 1/3、1/2，农民人均纯收入均为全国和河北省的 1/2，人均财政收入分别是全国的 1/11、1/3。因此，与全国、河北省的平均水平相比，阜平县的人均地区生产总值、农民人均纯收入，尤其是人均财政收入，都有较大差距。

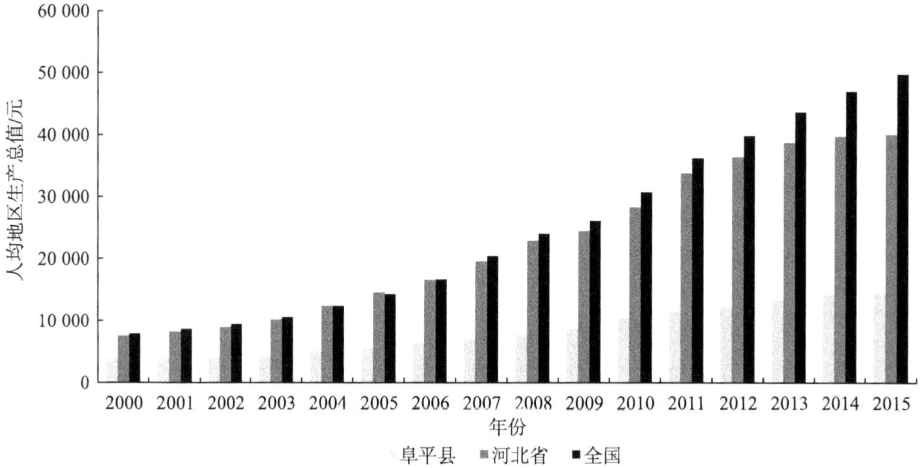

（a）皋平县 2000~2015 年人均地区生产总值

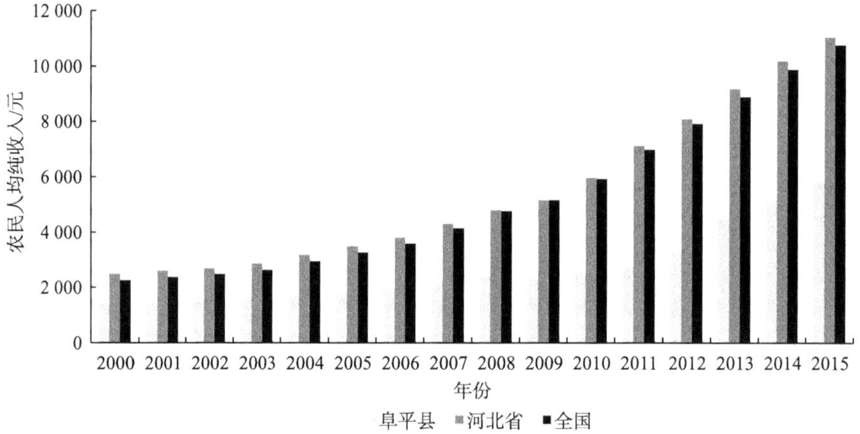

（b）皋平县 2000~2015 年农民人均纯收入

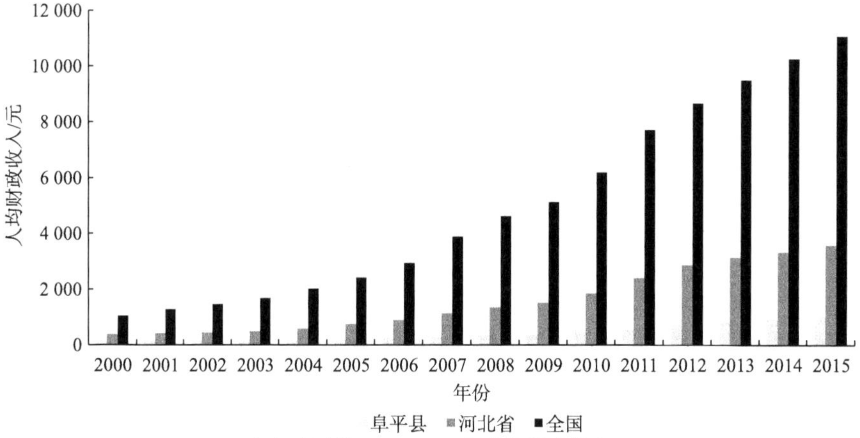

（c）皋平县 2000~2015 年人均财政收入

图 6.3　皋平县 2000~2015 年人均地区生产总值、农民人均纯收入与人均财政收入

3. 城镇化助推农业农村发展的典型模式

阜平县自国家八七扶贫攻坚计划（1994 年）以来被确定为国家级贫困县，截至 2015 年全县共辖 13 个乡镇，209 个行政村。由于近年来国家不断加大扶贫力度，阜平县作为国家级贫困县在发展资金上获得国家的大力支持，积极推进农业农村快速发展，帮助农民脱贫致富奔小康；着力建设美丽新农村，在产业发展、乡村建设等方面取得巨大成效，也形成了一系列典型的农业农村发展模式，2020 年阜平县正式脱贫摘帽。

1）土地整治工程引领山区综合开发

阜平县域面积约 374 万亩，2013 年实施土地整治前未利用地 256 万亩，其中坡度 25° 以下未利用地达 52 万亩，涉及中东部 8 个乡镇、98 个行政村、7 万人口。针对阜平山场面积广阔的优势，该县运用市场化思维与手段，引进企业参与土地整治带动扶贫。以土地整治为平台，采取“企业+农户”的合作模式（图 6.4）。企业出资对山地、坡地、村庄统一进行土地整治，将其转变成可种植的农用地，并在新平整用地上进行经济作物规模化、产业化的种植。农户通过土地流转金、入股分红、项目区务工等多种渠道稳定持续增加收入，可实现人均增收 1.5 万元左右。

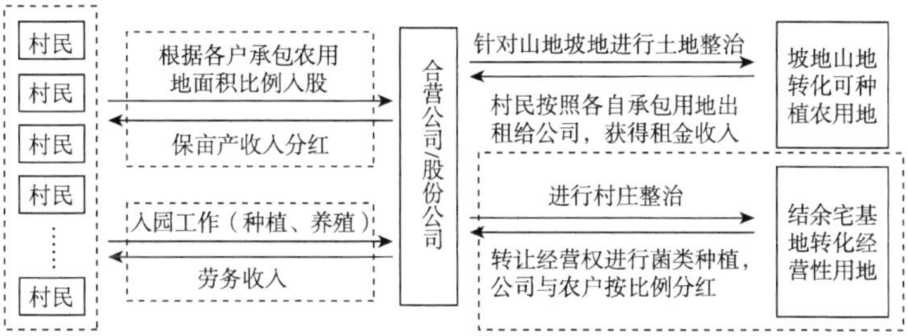

图 6.4 企业参与的土地整治模式示意图

以阜平镇大道村为例，该村距阜平县城约 10 千米，全村山场面积开阔且大部分属于坡地，可耕种性差。2015 年 7 月，大道村土地整治项目正式开工。该项目由阜平县人民政府与阜平县国土资源局合力牵头，引进河北乾元农业科技开发有限公司，进行土地平整工程、灌溉与排水工程、输配电工程、田间道路工程、农田防护与生态环境保护工程等的规划与建设，通过“三金收入”（流转农民土地的租金、流转金入股的股金、项目区就业的薪金）的方式可实现项目区农民的稳定增收，形成“政府+企业+农户”的合作经营模式。项目通过裸地整治、土地改良、林果种植、灌溉与排水工程建设等形式，提高绿色植被覆盖率和水资源利用率，这不仅有助于改善当地的生态环境，还有助于促进对土地资源的良性利用。

2）特色产业带动农村发展

A. 模式一：食用菌种植产业“六位一体，六统一分”模式

2015 年，阜平县确立以发展食用菌产业作为扶贫工作的支柱产业之一。阜平县按照“六位一体，六统一分”（政府+金融+科技+企业+基地+农户为一体，建棚、品种、制袋、技术、品牌、销售六个统一，分户精细管理）的发展模式，以市场为导向，全面推进以香菇种植为主，以毛木耳、秀珍菇、茶树菇、灵芝等品种为辅的食用菌种植产业的发展。计划全面建成全县食用菌种植产业“一核四带，百园覆盖”的产业布局（一核指以天生桥镇食用菌基地为核心；四带指台峪乡–平阳镇产业带、大台乡–史家寨乡–王林口乡产业带、阜平镇–城南庄镇产业带、龙泉关镇–天生桥镇产业带；百园指建设一百个园区，实现全县域覆盖）。

其中，阜平县食用菌种植产业核心园区是全县“一核四带，百园覆盖”总体规划的核心区与示范区。该核心园区以阜平县嘉鑫种植有限公司为龙头企业，占地 1500 亩，总投资 3.6 亿元。按照“六位一体，六统一分”的发展模式，聘请食用菌种植专家长期驻点现场指导，以技术创新为支撑，引进推广现代设施设备、先进技术模式，实现食用菌现代化生产，带动贫困农民增收，助力脱贫致富（图 6.5）。

（a）　（b）　（c）　（d）

图 6.5　阜平县食用菌种植产业的核心园区菌袋生产中心和育菌棚

B. 模式二：林果产业“公司+合作社+农户”的共赢模式

为充分利用优质、绿色、生态农产品潜力巨大的市场前景，阜平县不断加大林果业发展力度，扩大大枣、核桃两大传统优势产业的种植规模，并结合荒山综合开发和土地流转，积极发展效益较高又适合本地种植的苹果、樱桃、晚熟桃等特色林果产业。推行“园地流转-标准化管理-产业基地建设-产后加工-市场流通-品牌培育”的经营管理方式，通过扶持一批产业带动强、发展潜力大的扶贫龙头企业，建立起龙头企业、农民合作社与农户紧密联结的“公司+合作社+农户”发展模式，将产品生产、加工和销售有机结合，实现农业生产经营的现代化、专业化、标准化和规模化，使林果产业真正成为带动农民增收致富的区域性主导产业。

以阜平县山珍大枣制品有限公司为例，该公司位于阜平县王林口乡方太口村，注册资金 300 万元，2015 年总资产 1956 万元，固定资产 1300 万元，员工 200 人。公司主要生产无核红枣、水晶蜜枣、黑贡枣、阿胶枣、大枣色素等十几个大枣系列产品，以及杏脯、苹果脯、草莓脯、梨脯、花红脯、猕猴桃脯、桃脯等多种果脯产品。2015 年，公司生产果脯系列产品 1200 吨，全部出口国外，年销售收入达到 1230 万元，年利税为 52 万元。目前公司逐渐向“公司+基地+农户”的经营模式过渡，2015 年与台峪乡平房村等 20 个贫困村签订了红枣、山杏、核桃等收购和劳动力用工合同，其中涉及贫困户四百多户，全年共完成交易额近千万元。通过“公司+农户”的运作模式有效带动了周边村镇林果产业的发展。

4. 目前存在的主要问题与对策建议

1）存在的主要问题

阜平县农业农村发展存在基础条件较差、资金链薄弱等问题，导致其在 2000~2015 年发展缓慢、农民收入水平较低、生活条件较差。具体表现为以下几个方面。

A. 农业农村基础设施薄弱

阜平县为全山区县，全县山场面积为 326 万亩，占全区总面积的 87%，地形复杂。山区的交通、水利等基础设施薄弱、条件落后，这就使农业农村的发展受到严重制约。机械化生产覆盖力度小，加上山区地形的困难，水利灌溉设施与道路交通设施修缮程度低，农业生产主要依靠劳动力手工操作，大大降低了农业生产效率。同时，财政收入低下，财政支出力度大，使得正处于快速发展阶段的阜平县入不敷出，其农业基础设施建设投入的力度相对较少。

B. 资源短缺，自身发展能力不足

阜平县农业农村发展受到限制的一个重要原因是资源短缺。全县耕地面积共

22 万亩，仅占总面积的 5.88%，人均耕地面积为 1.04 亩，地块多分散、规模小，还有 61.58%的其他土地，主要包括裸地、盐碱地等，土壤质量差。阜平县年均降水量为 550~790 毫米，主要集中在 6~8 月，其他时间降水量极少，因此，在山区的农村时常出现缺水情况，农作物在春季经受旱灾绝产。同时，土地资源与水资源短缺、对外资吸引力度小于周边地区、缺少大规模企业投入带动当地经济发展，导致了阜平县自身发展能力不足，一旦缺失国家扶贫资金帮扶，其自身财政能力无法带动区域经济快速发展。

C. 农村劳动力科技文化素质偏低

2015 年末全县户籍人口 23.04 万人，其中劳动力人口（18~60 岁）为 12.8 万人，占户籍总人口的 55.56%；全县乡村人口有 18.3 万人，从事农林牧渔的乡村劳动力为 6.1 万人，占乡村总人口的 33.3%。农村年轻劳动力大量流失，剩下老人、妇女和儿童从事农业生产，即留守老人、留守妇女和留守儿童，这使得农业农村生产劳动力综合素质较差，科学教育文化程度较低。由于缺乏技术学习能力与接受能力，阜平县在引进新品种、新技术的推广与试验中受到层层阻碍。

D. 特色农产品品种单一，产业链条短

目前，阜平县的农业生产以特色农产品生产为主，主要农产品包括大枣、食用菌等。但是特色农产品的品种相对单一，且农产品的产中、产后过程未形成精加工、深加工的持续环节，这使农产品在农业市场中竞争力度小，面对的消费人群狭窄，再加上同类商品在市场的冲击力逐渐加大，导致阜平县特色农产品的价格降低，农民的农业收入水平下降。

2）对策建议

A. 加大农业基础建设力度，提高特色农业综合生产能力

阜平县政府需在下一步发展规划中重点关注深山区农村的水利、交通、通信等基础设施建设，建立功能齐全、设备配套、安全高效的基础设施体系，完善城乡连接机制。在保证经济发展、财政投入的基础上，对深山、贫困地区的农业生产加大投入力度，通过引进适宜当地生产的特色新品种，加强管理技术、提高农产品的质量、拓宽农产品市场、保障农业与城镇的有效衔接。以城镇市场带动农业发展，实现农村农业的提质增效，为实现产业振兴夯实基础。

B. 开发优势资源，提升自身发展能力

阜平县在认清自身不足的同时，也需充分开发优势资源，提高对外资的吸引力。阜平县拥有丰富的旅游资源和未利用土地。一方面，阜平县应当加大对旅游资源的开发力度，着力打造特色旅游、红色旅游和生态旅游产业，吸引外资投入，加强对地方农村建设，引导城镇居民到农村消费，引导社会资本下乡投资，让农村也充分享受到城镇化的红利；另一方面，阜平县应充分开发当地丰富的其他土

地资源，利用土地整治工程大力开发新的土地资源，开垦耕地，发挥当地农村资源优势，为下一阶段高质量的城镇化夯实基础。目前阜平县在典型村庄已经逐步实施土地整治工程，但是工程实施考虑到基础设施保障力度较小，因此，开发土地资源时需要充分考虑地形地貌条件，加强基础保障设施建设，在保证开发耕地质量的同时，提高土地开发力度；利用开发后的土地资源吸引更多的投资者，将土地变为资产进行市场化，增加阜平县财政收入。

C. 深化人才培养体系改革，加强教育投入力度

重视对农民的职业教育和技能的培训，加大政府对农民教育及培训的投入力度。积极对农民进行系统培训，把农民培养成高技术、善经营的现代农民；同时以提高实用技术为基础，对农村年轻剩余劳动力进行技术提升，为农村剩余劳动力转移创造条件；加强人才引进力度，引进本地发展需要的人才，鼓励阜平县本地人才回乡发展，密切联系各地教育机构，为当地农村贫困家庭子弟创造优良的学习机会，培养适应阜平县现代化发展需要的各类人才。

D. 立足农村农业发展现状，拓宽农产品市场，搭建农产品产业链

市场是农产品销售的唯一渠道，必须拓宽阜平县特色农产品的销售市场才能有效连接城乡市场，才能够保证农民获取最高的效益。目前，“互联网+”“微商”等新型的网络销售市场已经逐渐进入人们的视野，阜平县政府应当借助网络市场，克服地区交通运输不便的困难，将农村的特色农产品网络与现实市场销售并行，提高农民的收入水平。同时，当地政府需提升特色农产品的加工精度，将产业链延伸至深加工和销售，继续开发当地特色的大枣、核桃、食用菌等农产品，进一步发挥阜平县特色基础产业优势。

6.2.2　河北宣化

1. 区域概况

宣化区位于河北省西北部，为张家口市辖区（北纬 40°37′，东经 115°03′），东距北京 150 千米。2016 年，根据行政区划调整，张家口原宣化县和宣化区撤销，设立新的宣化区，共下辖 7 镇 7 乡的 314 个行政村和 7 个街道办事处的 48 个社区居委会，总面积 2007 平方公里。作为河北省工业重区和张家口市的老工业基地，宣化区工业基础雄厚，形成了钢铁冶金、装备制造、能源化工、陶瓷、建材、酿酒等工业门类，其中钻机产业集群还入选了“中国县域产业集群竞争力百强”。但其境内的工业主要布局在原宣化区，城市发展空间不足，亟须统筹城乡用地，实现地区经济的转型发展。另外，原宣化县以传统的农业生产为主，属于国家“燕山-太行山”集中连片特困地区，有大量的农村贫困人口。由于行政区划的限制，

长期以来区县分治，原宣化区有城无地，原宣化县有地无城，城乡地域分割问题突出，不仅限制了城镇化的进一步发展，而且阻碍了城镇化对农业农村发展的带动作用。因此，2016 年的行政区划调整，打破了城乡要素流动的行政障碍，为宣化区统筹城乡发展提供了契机。

2. 城镇化与农业农村发展历程

行政区划调整前，原宣化区和原宣化县区县分治，二者在社会经济发展水平上存在较大差距。如图 6.6 所示，2008~2015 年，原宣化区的城镇化水平从 89.81%上升到 90.9%，而原宣化县的城镇化率从 23.88%上升到 31.4%。2015 年，原宣化区常住人口 38.93 万人，完成地区生产总值 128.03 亿元，其中第一产业生产总值为 2.68 亿元，工业总产值为 65.33 亿元，三次产业比重为 2∶56∶42。据消费情况调查数据，2015 年原宣化区城镇居民人均可支配收入达 2.59 万元，农民人均可支配收入为 1.05 万元。同年，原宣化县常住人口 29 万人，城镇化率为 31.36%，完成地区生产总值 84.38 亿元，其中第一产业生产总值为 23.72 亿元，工业总产值为 31.94 亿元，三次产业比重为 28∶38∶34，城乡居民人均可支配收入分别为 2.07 万元和 0.96 万元。因此，原宣化县整体经济发展水平较低，尤其是农民生活水平较低，缺少城镇的带动效应，城乡统筹的任务十分艰巨。

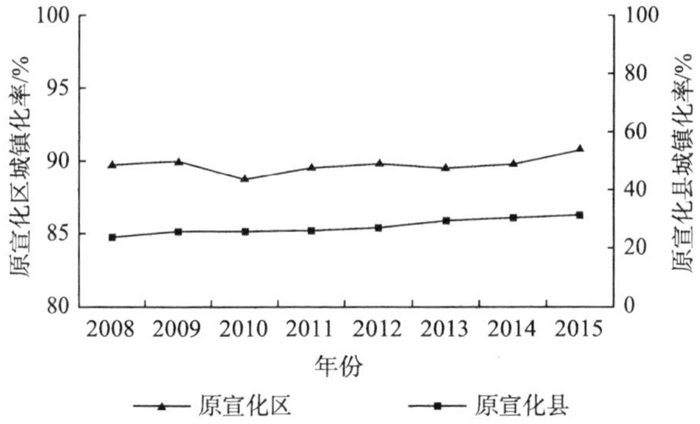

图 6.6 原宣化区和原宣化县的城镇化率

探究快速城镇化背景下原宣化区城乡土地资源利用的状况，城乡土地利用转移的数量、类型和格局（表 6.2），结果表明：①数量结构方面，2002~2010 年，原宣化区面积最大的四个地类依次是耕地、林地、城市用地、村庄用地；2015 年，城市用地面积增加至第一位，随后依次是耕地、林地、村庄用地、未利用地、采矿用地、交通用地、其他建设用地、水域及水利设施用地、果园。②时序变化方面，城市用地表现出加速增长的趋势，而耕地和林地则表现出加速减少的趋势；村庄用地、采矿用地和交通用地面积表现出较为稳定的增长趋势，增长幅度不大；果园面积基本持平，没有明显的波动；水域及水利设施用地面积在 2010 年极速减少；其他建设用地表现出先增后减的趋势；未利用地面积在 2005 年后表现出加速增长的趋势。③土地利用转移方面，原宣化区土地利用转移变现出明显的阶段性，随着时间的变化，土地利用转移的总面积明显增加，涉及的空间范围也明显扩张。转移类型主要是从农用地和生态用地直接或间接转移为建设用地，即从耕地、林地等转移为城市用地、村庄用地、交通用地、采矿用地或其他建设用地（刘继来，2017）。

表 6.2　2002~2015 年原宣化区城乡土地利用类型占比　　单位：%

土地利用类型	2002 年占比	2005 年占比	2002~2005 年年增长率	2010 年占比	2005~2010 年年增长率	2015 年占比	2010~2015 年年增长率
采矿用地	3.9	3.9	0.1	4.4	2.4	5.3	7.3
城市用地	20.9	21.1	0.2	23.0	1.9	26.8	5.5
村庄用地	5.5	5.6	0.6	5.9	1.1	6.4	2.9
耕地	31.3	31.1	−0.3	28.8	−1.5	25.7	−3.6
果园	0.6	0.6	−0.9	0.6	0.4	0.6	−1.9
交通用地	2.5	2.8	3.2	3.4	4.1	3.8	4.0
林地	25.8	25.3	−0.6	23.6	−1.4	19.9	−5.2
其他建设用地	2.5	2.6	1.7	3.6	7.5	3.3	−2.9
水域及水利设施用地	4.9	4.9	−0.2	2.6	−9.4	2.6	−0.3
未利用地	2.0	2.2	2.5	4.1	17.8	5.6	11.6

因此，在城镇化快速发展的过程中，原宣化区面临着城乡土地资源配置的结构不合理、工业用地占比过大、城市发展空间不足等问题，亟须统筹城乡用地，优化配置土地资源，从而实现地区经济的转型发展。同时，作为传统重工业发展城市，当前工业化发展面临瓶颈，其支柱产业钢铁行业业绩持续下滑，区域经济发展也面临转型。

3. 行政区划调整对城乡统筹发展的影响

面对原宣化县的有地无城、农业农村发展缺乏城镇的带动效应和原宣化区的有城无地、经济产业发展需要转型的问题，行政区划调整便提供了一个契机。县和区在功能上各有侧重，县的工作重心在三农工作，而区的主要功能是发展工业、城市建设等，通过区县合并，可以消除城乡人口、土地、资本等要素流动的行政界限阻碍，能更有效地优化资源配置，为统筹城乡发展构建新平台。如图 6.7 所示，原宣化区的资本、第二产业和第三产业、技术、公共服务和基础设施等优势与原宣化县的劳动力、第一产业、土地、资源环境等优势相结合，区县合并相当于催化器，加速了要素在城乡地域空间上的优化配置，这将促进城乡一体化发展，破解城乡二元格局。

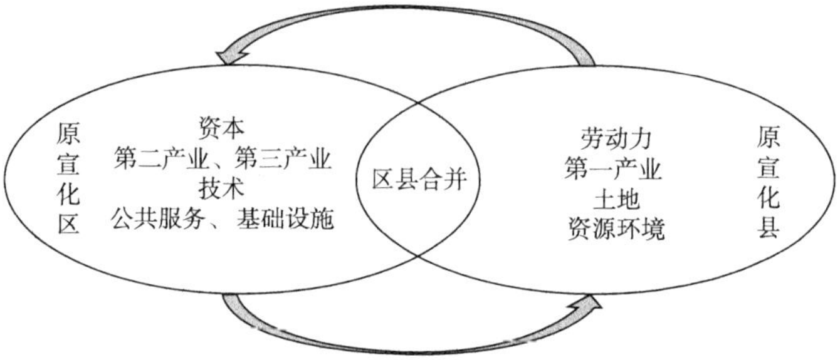

图 6.7　宣化区城乡要素流动示意图

首先，合并后的宣化区作为张家口的市辖区，依托的中心城市人口规模和经济总量大，有利于带动农村地区的发展，尤其是通过城市的资本带动，有助于提升农村公共服务水平，包括交通、教育、医疗卫生、公共服务等，进而实现基础设施和公共服务设施的城乡等值化。其次，原宣化县的大量剩余劳动力也能更顺畅地向城区转移就业，享受城市的基本公共服务。最后，《河北省新型城镇化与城乡统筹示范区建设规划（2016—2020 年）》对张家口的定位包括国际休闲运动旅游区和奥运新城、国家可再生能源示范区、生态文明先行示范区、京津绿色农夫产品保障基地，这意味着宣化区的产业将从重工业向生态旅游、新能源和绿色农业等产业转型，也为周边农村地区的发展提供了机会，随着城镇化的进一步发展，城区将持续带动周边城郊型农业的发展，包括设施蔬菜、特色林果、观光采摘、生猪养殖等，同时发展集住宿、餐饮、采摘、休闲度假为一体的农家旅游项目。

4. 目前存在的主要问题与对策建议

行政区划调整也可能带来一些负面影响。对于原宣化县而言，未来面临的困境主要在于行政权力的自主性弱化、城乡差距进一步拉大等。一方面，原宣化县“县改区”后，政府的行政自主权由原县级政府调整为区级政府，相对减弱；另一方面，原宣化县城之外的广大农村地区，由于行政区划调整不再享受国家相关惠农政策，而原本相对落后的基础设施建设也难以在短期内改观。此外，区县合并造成城市持续向外蔓延，占据原农村地区的耕地资源，失地农民面临就业问题，城乡差距进一步拉大。相应地，原宣化区由于行政地域面积的扩大，有限的公共资源将分配到更广大的地域，相对落后的农村社会经济水平也将削弱全区的人均水平。

行政区划调整的目标是促进城乡资源的优化配置，实现城乡一体化。如果仅仅是通过名义上的行政设置改变而带来粗放的土地扩张，那么，无论对城镇发展还是农业农村发展，都将是不可持续的。因此，区县合并只是城乡统筹的必要条件，后续的发展仍然存在诸多障碍，需要在户籍制度、土地制度、社会保障制度等多个方面持续配套改革。就原县级政府部门行政自主权力削弱、农村地区就业难、社会经济发展活力降低等问题，新区需要加强上下级政府间关系的协调，最大限度地释放项目、环保、土地、执法等方面的审批与管理权力。同时保证新区充足的财力投入，促进基础设施、教育、医疗等公共资源的共建共享，引导居民有序向城镇转移，逐步形成合理的城镇化格局。城郊农村地区可大力推进家庭农场、农民合作社等新型经营模式，发展以田园综合体建设为特色的多功能城镇化模式。对于已经被征占土地的农村区，可以通过园区建设，发展完善产业链条、转移农村剩余劳动力来实现农业的产业现代化。

6.2.3 浙江松阳

1. 区域概况

松阳县位于浙江西南山区，隶属于丽水市，县域面积 1406 平方公里。2015 年底，全县户籍总人口 23.98 万人（农业人口 17 万人），常住人口 18.6 万人，属于典型的传统农业县，长期以人口输出为主。松阳县多丘陵山地，素有“八山一水一分田”之称，是浙江省欠发达县之一。近年来，松阳县实现了经济社会持续快速发展，人均地区生产总值从 2005 年的 8750 元上升到 2015 年的 46 295 元，城乡居民可支配收入分别从 2005 年的 11 566 元和 3154 元上升到 2015 年的 28 669 元和 13 267 元，这种跨越式发展被称为“松阳现象”。

松阳县先后创建了国家生态县、中国传统村落保护发展示范县、全国传统村落保护利用试验区、“拯救老屋行动”项目整县推进试点县。在产业方面，松阳县重点发展以茶产业为代表的田园农业，以不锈钢产业、光伏发电、电商物流为代表的循环工业，以及以旅游度假村、民宿为代表的田园休闲养生经济。通过发展特色农业、休闲农业，松阳县振兴了农业农村发展，城乡发展也从初步统筹迈向了整体协调。

2. 城镇化与农业农村发展历程

1）城镇化和工业化快速发展，但水平仍然较低

2005~2015 年，松阳县的常住人口维持在 18.5 万人左右，人口城镇化率从

29.5%增长到 46.3%（图 6.8），平均每年增长 1.68 个百分点，农业人口快速非农化。改革开放前，松阳县的农业产值占地区生产总值的比重超过 2/3，农业占据主导地位。随着城镇化的发展，工业化也得到了推进，2000 年，三大产业的比重为 41∶28∶31，但在 2015 年，三大产业结构调整为 15∶45∶40，第一产业比重持续下降，第二产业比重提升了 17%。同时，人均地区生产总值也从 2000 年的 5939 元提高到 2015 年的 46 295 元（图 6.9）。

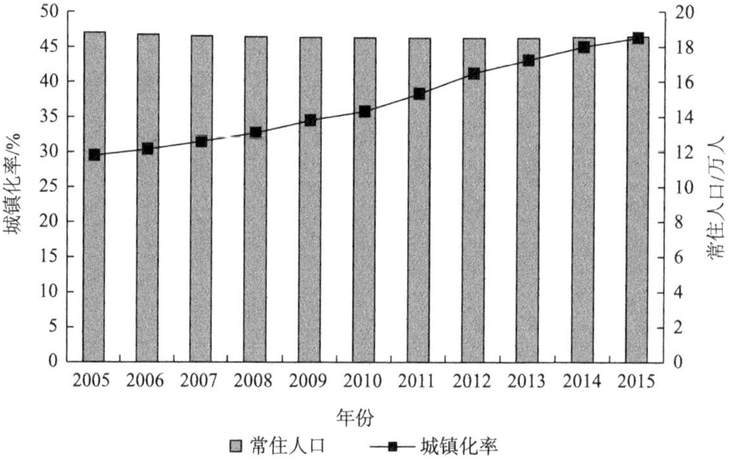

图 6.8　松阳县城镇化率和常住人口的发展变化（2005~2015 年）

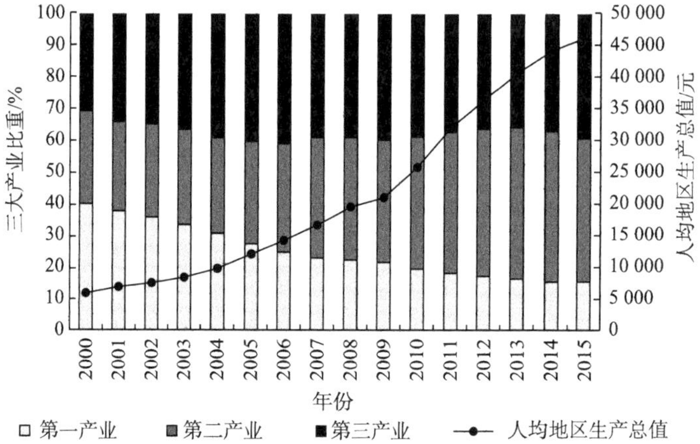

图 6.9　松阳县人均地区生产总值和三大产业比重的变化（2000~2015 年）

2）农业生产比重下降，但是旅游业快速发展，农民持续增收

作为东部地区的传统农业县，松阳县正经历着农业农村发展的快速转型。2000~2015 年，第一产业比重从 41%下降到 15%，农作物播种面积也从 3 万公顷

下降到 1.8 万公顷，粮食产量在 2000~2015 年几乎减产了一半，肉类产量基本持平（图6.10）。但是，松阳县的乡村旅游业发展良好，游客数量从 2005 年的 20 万人次增加到 2015 年的 247 万人次，旅游业收入也从 2005 年的 6400 万元增长到 2015 年的 11.4 亿元（图 6.11）。尽管农业产量下降，但是农民的收入得到了提高，城乡居民可支配收入比值从 2005 年的 3.6 下降到 2015 年的 2.2（图 6.12）。因此，松阳县的城乡发展正朝着城乡统筹、城乡一体化的方向发展，农村的发展模式也从依靠农业转向三大产业并重的模式。

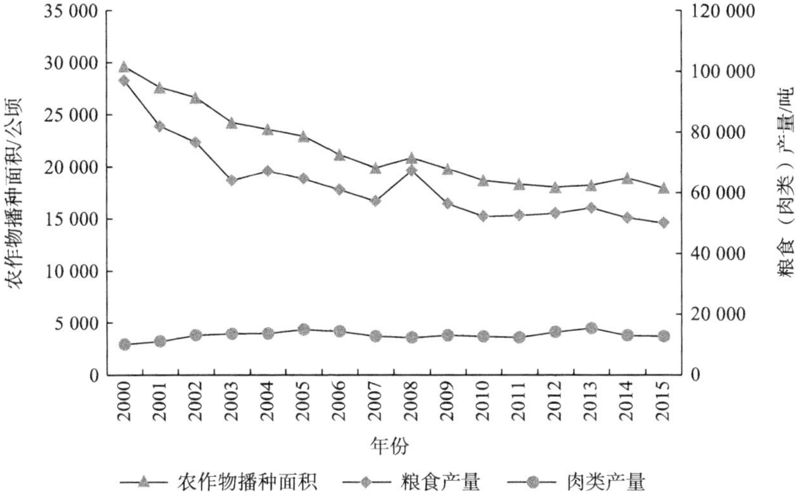

图 6.10　松阳县农业产量的变化（2000~2015 年）

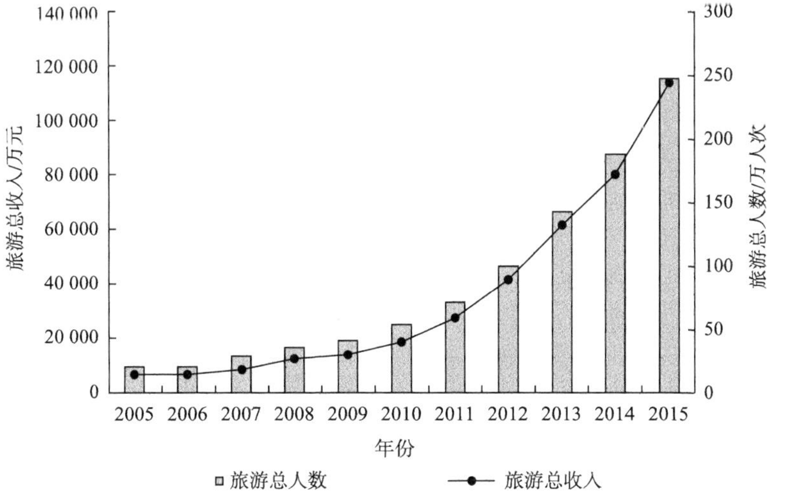

图 6.11　松阳县旅游总人数和旅游总收入变化（2005~2015 年）

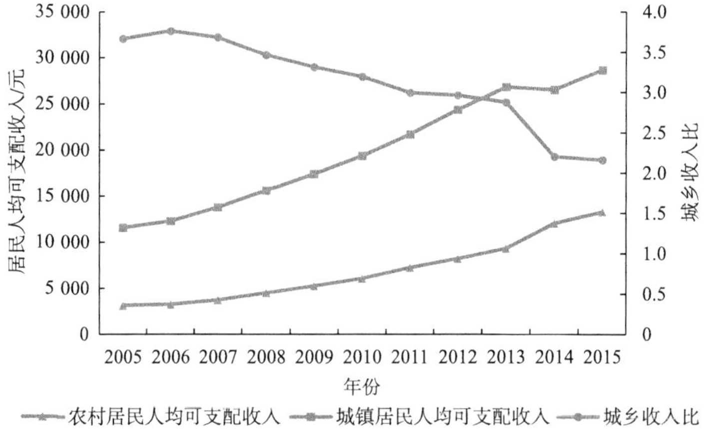

图 6.12　松阳县城乡居民人均可支配收入变化（2005~2015 年）

3. 城镇化推动农业农村发展的典型模式

1）以古村活化带动乡村复兴

松阳县拥有众多乡土文化鲜明的历史文化村落，无论是在建筑形态还是文化风格上都各具特色，其被誉为“最后的江南秘境”。但是，随着城镇化的快速发展，大量农村人口向城镇集聚，城镇土地大量扩张，这对农村历史文化村落造成了巨大的冲击。2014 年，松阳县保留的村落有 400 多个，其中，中国传统村落有 50 个，既包括散落在松古平原，交通区位条件较好的平原村，以农耕和轻工业发展为主，也包括散落在山区，交通不便、空心化但是传统风貌保存良好的山区村。2014 年，当地政府开展了乡村复兴计划，包括“活化”传统古村落的政策，吸引了哈佛大学、清华大学、香港大学的建筑设计师及国内外的非政府组织团体，他们为古村提供公益设计，打造了一批杰出的乡村建筑，如松阳茶园竹亭、竹林剧场、平田农耕博物馆等，以及一些民宿建筑。在古村活化的过程中，以政府为主导，投入少量建设启动资金，社会介入，发动乡镇、村集体和村民广泛参与，以村民为主体，带动村落发展。2016 年，中国文物保护基金会将松阳县确定为“拯救老屋行动”项目整县推进试点县，在老屋的保护、修缮过程中，基金会资助至少 50%的资金，其余由户主自筹或通过劳动、废弃原料置换、亲友拆借等抵扣修缮款。通过古村活化、老屋拯救，空心村吸引了原住民和投资者及艺术家、游客。部分民居还被改造成民宿，发展有机农业、生态农业、林下经济等田园旅游。

2）特色农业产业助推乡村发展

松阳的产茶历史悠久、名声响亮，但长期散种在丘陵山地，产量有限。1998 年，松阳茶叶面积只有 1.7 万亩、产量只有 1100 吨，近年来，围绕“浙江生态绿茶第一县”和“中国绿茶集散地”的发展定位，通过“山民下山、资本进山、联动开放”，茶产业已经成为全县的农业支柱产业。2009 年，全县农业总产值的 1/3 以上来自茶产业，农民收入的 1/3 以上来自茶产业，全县 1/3 以上的人口从事茶产业。到 2010 年，茶叶面积已经扩大到 10.9 万亩、产量增加到 8725 吨。在发展茶产业的过程中，政府发挥的作用主要包括挖掘文化底蕴，建立茶叶品牌，通过茶博会、媒体等平台宣传；借助科技改良茶树品种，建设茶树良种苗圃基地；推行茶叶生产、加工、流通领域的标准化及规范化管理，实施“茶农+农业合作社+市场”的经营机制；政府资金扶持茶叶经销大户和龙头企业，逐步实现茶叶种植、加工、销售产业链各环节的专业化；建设绿茶集散市场，配合电子商务，扩大辐射作用；发展生态茶园特色景观林带，提升茶园的美学景观价值，实现农业与休闲旅游业相结合。

3）农业产权制度改革

松阳县所属的丽水市是我国第一个经中国人民银行批准设立的农村金融改革试点，将农村产权制度改革作为探索的重点。随着农村经济的快速发展，农村对资金的需求越来越大，但是农民在农村所拥有的产权难以形成有效的抵押物，也难以成为农民的资产性收益。新一轮农村土地制度改革提出，将土地承包经营权分为承包权和经营权，实行所有权、承办权和经营权分置并行的政策。在此基础上，丽水市积极探索了农村土地承包经营权、集体经济股份制改革、水权、林权、宅基地使用权、集体土地农房等级、产权交易改革和金融改革，同时探索了农民基本产权可抵押的制度。2014 年，丽水市出台了《关于加快推进丽水市农村产权制度改革的实施意见》，形成了一些初步的改革成效。在农村土地承包经营权改革方面，一方面开展土地确权登记，另一方面推进土地承包经营权有序流转。在农村林权制度改革方面，一方面优化林权信息管理，另一方面实行林权承包权和经营权分立，鼓励林地向专业合作社、家庭林场、经营大户流转。在农村产权交易改革方面，探索农村产权抵押融资的方式，包括“直接抵押贷款”“产权抵押+村级担保”等模式。在抵押融资的过程中，政府搭建了专门的农村产权交易平台，为评估、登记、交易、抵押、担保和融资等提供完整的服务平台，并且推进农村信用体系建设，为农户进行信用评级。实践证明，农业产权抵押融资可以有效激活农村土地、房屋、林权等“沉睡”的农村资产，促进农业农村经济的发展。

4. 目前存在的主要问题与对策建议

在快速城镇化背景下，尤其是位于东部沿海地区，松阳县农业农村发展的基本理念是即使不走工业化的道路，也可以实现乡村的现代化，通过农村产权制度改革、规模经济、农业的多功能来实现乡村的复兴，这些经验值得我国其他地区的农业农村借鉴。但是，松阳县的进一步发展仍然存在一些障碍。

（1）松阳县的生态旅游、休闲度假、文化旅游发展水平仍然较低，资金投入相对弱，创新融资渠道是生态旅游发展的重要因素。

（2）松阳县茶产业的企业规模小，缺乏有影响力的龙头企业带动，茶叶加工的标准化还需更加严格，从而提高茶叶加工的质量。

（3）古村活化不仅要改善村庄的面貌，更重要的是要推动乡村的经济和文化发展。因此，在活化古村、修缮老屋的同时，还需要完善基础设施和公共服务，普及互联网技术，推进生态农业、乡村休闲旅游的发展，保护生态环境，真正实现“绿水青山就是金山银山”。

6.3 中部粮食主产区典型案例

6.3.1 河南滑县

1. 区域概况

滑县位于豫北平原，区域内地势平坦开阔、耕地资源丰富，县域面积 1814 平方公里。2015 年末，总人口 136.71 万人，常住人口 110.7 万人，城镇化率为 27.2%。滑县拥有中高产田面积超过 100 万亩，良好的水土气生条件，再加上丰富的劳动力资源，使滑县成为中原经济区粮食生产核心区、河南省第一产粮大县，有“豫北粮仓”之称，是一个典型的农业大县。同时，滑县贫困人口众多，2002 年被列为国家级贫困县，2017 年正式脱贫摘帽。

2015 年，全县生产总值达 212.3 亿元，高于全国和河南省生产总值增速。但人均地区生产总值为 19 169 元，仅为全国水平的 38.84%和河南省的 48.87%。2015 年滑县三次产业比重为 31∶37∶32。总体来看，滑县目前正处在第一产业稳定发展，第二产业、第三产业高速增长，经济增速迅猛的快速发展时期。2015 年，全年全县居民人均可支配收入为 11 809.67 元，其中农村居民人均可支配收入为 9079 元，城镇居民人均可支配收入为 20 747.43 元。

2. 城镇化与农业农村发展历程

1）城镇化发展历程

1990~2015 年，滑县全县总人口从 1990 年的 111.37 万人增加到 2015 年的

136.71 万人，平均每年增加 1 万人。其中，城镇人口从 5.69 万人增加到 37.14 万人，平均每年增加 1.26 万人；农村人口总体呈现先增后减的变化趋势，从 1990 年的 105.68 万人缓慢增加到 2002 年的 112.59 万人之后开始缓慢减少，到 2015 年减少至 99.57 万人。因此，滑县的城镇化率一直保持增长趋势，从 1990 年的 5.11%增长到 2015 年的 27.17%，平均每年增长 0.88 个百分点（图 6.13）。

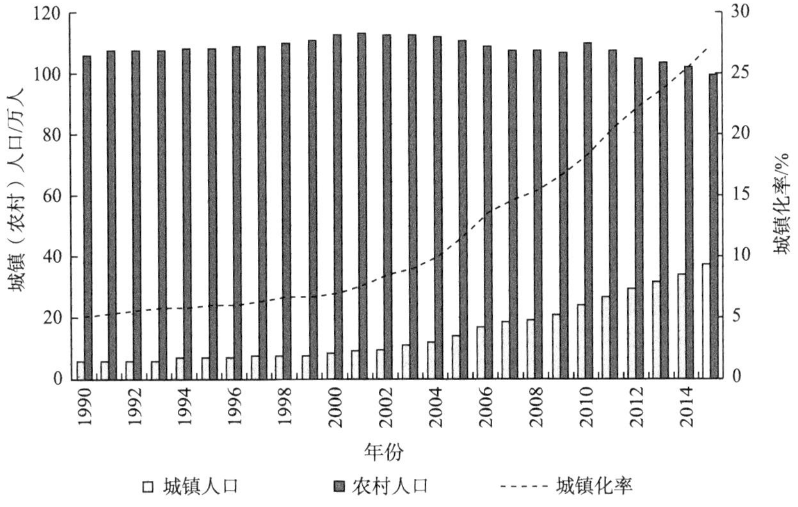

图 6.13 1990~2015 年滑县城乡人口与城镇化率发展变化

滑县的城镇化发展历程可以划分为两个阶段：第一阶段是 1990~2004 年的缓慢增长阶段，滑县城镇人口和城镇化率增长均相对缓慢，分别从 5.69 万人、5.11%增长到 11.92 万人和 9.62%，平均每年分别增长 0.46 万人和 0.32 个百分点，与这一时期内滑县第二产业、第三产业发展缓慢密切相关；第二个阶段是 2005~2015 年的快速增长阶段，城镇人口和城镇化率分别从 13.93 万人和 11.20%快速增长到 37.14 万人和 27.17%，平均每年增长 2.32 万人和 1.6 个百分点，增长速度分别是第一阶段的 5.04 倍和 5 倍，这与该时间段内滑县工业化、非农产业快速发展密不可分。综合可知，自 2005 年以来，滑县的工业化、城镇化均进入了快速发展阶段。

2）农业农村发展历程

农业发展方面，滑县粮食总产量和人均粮食产量在 1990~2015 年不断增长，分别从 54.88 万吨、492.77 千克增长到 148.21 万吨和 1084.07 千克，平均每年增长 3.73 万吨和 23.65 千克。虽然增速不断放缓，但滑县人均粮食产量仍然明显高于河南省和全国的平均水平（图 6.14）。同时，滑县的农业现代化进程也在不断推进，其中，2000~2015 年滑县农业机械化总动力从 196.19 万千瓦增长到 267.52

万千瓦，平均每年增长 4.76 万千瓦，农业生产机械化程度有了明显的提高。

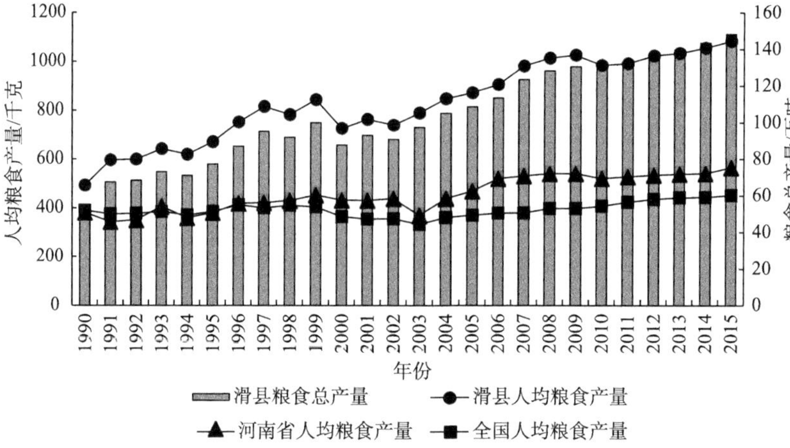

图 6.14　1990~2015 年滑县粮食总产量、人均粮食产量与河南省和全国对比图

农村发展方面,滑县农村固定资产投资总额从2000年的2.82亿元增长到2015年的 81.49 亿元，年均增长率高达 25.14%；农民人均纯收入从 2000 年的 1956 元增长到 2015 年的 9079 元，年均增长率为 10.78%，增速明显。因此，在城镇化快速发展的同时，滑县农村投资和农民收入也在快速增长（图 6.15）。

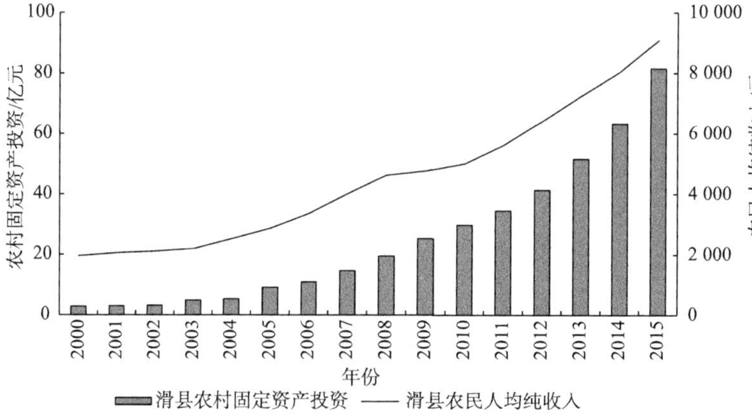

图 6.15　2000~2015 年滑县农村固定资产投资和农民人均纯收入变化

3. 城镇化推动农业农村发展的典型模式

1）科技创新贡献农业生产

滑县作为河南省第一产粮大县，是国家粮油生产基地，素有“豫北粮仓”之称。随着农业现代化的推进，滑县搭建服务平台、抓好龙头企业、培育农产品新

品种、改良新技术、创新管理方法、实施农业产业化、推广农业科技成果，形成了城镇化以科技创新促进农业发展的典型模式。据统计，2013 年滑县的小麦、玉米等主要粮食作物良种覆盖率为 100%，科技入户率超过 90%，科技应用率为 85% 以上，农业科技贡献率达到 54%，高出河南省的全省平均水平，滑县的粮食产量也实现了连续十年增长。

滑县农业科技的主要推广措施包括：①构建县农业科技推广协会、县专家组、乡（镇）技术指导组、村科技行动小组、村辐射带动小组的五级组织，县农业科技服务大厅、乡科技服务站、村科技文化大院的三级平台，通过农业技术培训、技术人员入户指导、农资超市配套服务、现代网络推广等，缩短农户与农业科技专家之间的距离，促进科技在农户生产中的推广；②与高校、科研院所合作，产、学、研结合，开发测土配方施肥专家系统、优质小麦高产栽培计算机模拟专家系统、智能化节水灌溉系统等农业创新科技；③培养科技示范户、示范村，并且将示范户与普通农户形成结对帮扶，通过示范效应促进农技推广、良种推广、测土配方施肥和植保专业化服务，实现良种良法应用在良田上。

2）“巧媳妇”工程促进农村妇女就业

滑县为了充分利用本县丰富的劳动力资源、充分发挥本县劳动力资源的比较优势，引进了具有市场需求大、吸纳就业多、资源消耗少等特点的劳动密集型产业——服装加工业。在河南省妇女联合会（以下简称妇联）、河南省服装行业协会大力支持下，实施了“巧媳妇”工程，进一步拓宽农村妇女，特别是留守妇女、贫困妇女居家灵活就业渠道，对扩大滑县农民就业规模、改善农民收入结构、促进农村民生改善、经济结构调整和社会和谐稳定产生了重要影响。

该工程的具体实施流程包括场地的选择、人员技能培训和订单分配。

首先，选择工程场地。①各级妇联调查摸底，了解妇女需求，协助急切要在当地建“巧媳妇”服装加工点的乡镇、村庄选好带头人，帮助其与河南省服装行业协会对接，建立联系。②各乡镇、村庄可申请在当地建“巧媳妇”服装加工点，应提供可放置缝制设备的厂房，提供需要就业的人员人数、姓名、年龄、熟练程度及工资要求，由省服装行业协会协助培训、技术指导、安排订单及跟单指导。③在乡镇或村庄、新农村社区，也可由当地小型服装加工企业领头在各社区、村庄建立“巧媳妇”服装加工点，在领头人订单不足情况下，河南省服装订单调配中心协助给予订单补充。④从当地服装加工企业中选出龙头企业，由企业负责给“巧媳妇”点做技术培训，负责订单下发，负责跟单指导，指导各个“巧媳妇”服装加工点按时、按质、按量完成任务，各乡镇、村庄应提供可使用的厂房。

其次，在人员技能培训方面，“巧媳妇”工程主要吸纳乡镇周边 25~45 岁的农村妇女成为服装企业的员工，为了让这些“巧媳妇”能够合格地进厂工作，需要对她们进行系统的技能培训，因此各地妇联组织、人力资源和社会保障部门、扶贫部门要根据当地服装产业发展实际，结合地区优势、市场需求和妇女就业特点，制定服装产业技能人才培训计划。

最后，进行订单分配。将已落实的各乡镇“巧媳妇”工程按规模大小、工人熟练程度划分等级：一级为设立初期，百人以内，规模较小，只能在指导下接简单易生产的平缝工艺订单进行生产；二级为设立初期，百人以上规模，有50%以上熟练机工，配备相应专业设备，能接简单服装缝制订单的“巧媳妇”工程点；三级为成熟期，两百人以上规模，有 60%~80%以上熟练机工，有工艺师，可形成从裁剪到后整理全套流水线作业，配备专业设备，能接较复杂服装订单的“巧媳妇”工程点。河南省服装订单调配中心接到订单，由专人评估、核算工费后，将订单根据难易程度，按级下发给已建成的“巧媳妇”工程点，并由河南省服装行业协会派跟单员指导工艺，密切跟踪订单完成情况。

截至 2016 年，滑县已经建成“巧媳妇”工程基地 300 余处，带动 4 万余名妇女实现居家灵活就业。但是，这种将劳动密集型产业布局在乡村，吸纳农村妇女就业的模式，还需要以下几个方面的保障。首先，需要扩大产业的影响力和品牌优势，形成可持续的就业。其次，在资金方面，需要积极争取村镇银行、城市银行、小额贷款公司等新型金融服务机构对加工企业和站点融资给予支持，同时为企业提供政策咨询、法律援助、创业创新、投资融资、市场开拓等服务，提高企业经营管理水平。最后，完善农村就业人员的社会保险补贴。对符合条件的就业人员，与企业或用人单位签订劳动合同并缴纳社会保险的，按规定给予相应期限的社会保险补贴；对没有签订劳动合同，以其他各类形式实现就业的并以个人身份缴纳社会保险的，按规定给予灵活就业人员社会保险补贴。

4. 目前存在的主要问题与对策建议

在快速城镇化背景下，作为中部粮食主产区的产粮大县，由于粮食生产的高投入、低收益，滑县面临着“产粮大县、工业小县、财政穷县”的困境，进而导致基础设施投资不足、农民收入偏低、种粮积极性减弱、外出务工增多的现象。虽然国家出台了一系列的粮食补贴政策，对产粮（油）大县实施奖励，扶持粮食生产和产业发展，但是仅仅依靠转移性支付，并不能持续解决滑县及类似产粮大县的困境。未来，需要在提高转移性支付的基础上，进一步发展粮食加工体系，强化科技创新，延长农业生产的产业链，实现可持续的财政、农户收入的增加。

同时，滑县也是一个劳务输出大县，第一代农民工随着年龄增长，陆续返乡，形成农民工的工作周期与生命周期的空间错位，大部分农民工在东部沿海城市工作，却不得不回到中西部的家乡生活，如何解决这部分人的医疗、养老、住房等社会保障，同时，如何留住年轻人、实现农业农村可持续发展也是与滑县一样的粮食主产区未来需要思考的问题。

6.3.2　河南镇平

1. 区域概况

镇平县位于河南省西南部，紧邻南阳市中心城区，具有西控商洛、南进荆襄的区位优势。2000 年以来，镇平县经济总体上保持了较快的增长速度，2015 年全县地区生产总值为 215.0 亿元，其中，第一产业增加值为 30.3 亿元，第二产业增加值为 103.6 亿元，第三产业增加值为 81.1 亿元，三次产业占比依次为 14：48：38。在经历了 20 世纪 90 年代中后期的改制浪潮和市场洗礼之后，镇平县“五小工业”越来越不适应市场经济发展的需求，大部分“关、停、破、转、迁”，产业体系基本荡然无存，工业化进程始终踯躅不前。

但是，镇平县特色农业发展势头良好、优势突出。2014 年，苗木花卉、蔬菜、观赏鱼、莲藕等特色农业优势进一步增强，种养面积实现新突破，新认定市级农业产业化龙头企业 3 家、专业合作社 260 家。全县农业基础稳固，农业生产自然条件优越，农田水利建设、小流域开发、商品粮基地建设和生态农业建设工作均取得显著成效。

2. 城镇化与农业农村发展历程

1）城镇化发展历程

2000~2012 年，镇平县户籍人口由 93.0 万人增长到 108.0 万人，增长了 15 万人，平均每年增长 1.25 万人；户籍城镇化率由 9.68%增长到 18.52%，增长了 8.84 个百分点，平均每年增长 0.74 个百分点（图 6.16）。由于统计口径发生变化，到 2015 年，以常住人口计算的镇平县城镇化率达到 36.71%，但仍低于河南省城镇化率的平均水平。

2）农村人口变化趋势

2000~2012 年，镇平县乡村户籍人口和乡村从业人口都呈稳定上升的状态。12 年间，乡村户籍人口由 2000 年的 84 万增长到 2012 年的 88 万人，增长了 4 万人，平均每年增长 0.33 万人；乡村从业人口由 2000 年的 45.77 万人增长到 2012 年的 47.65 万人，增长了 1.88 万人，平均每年增长 0.16 万人（图 6.17）。

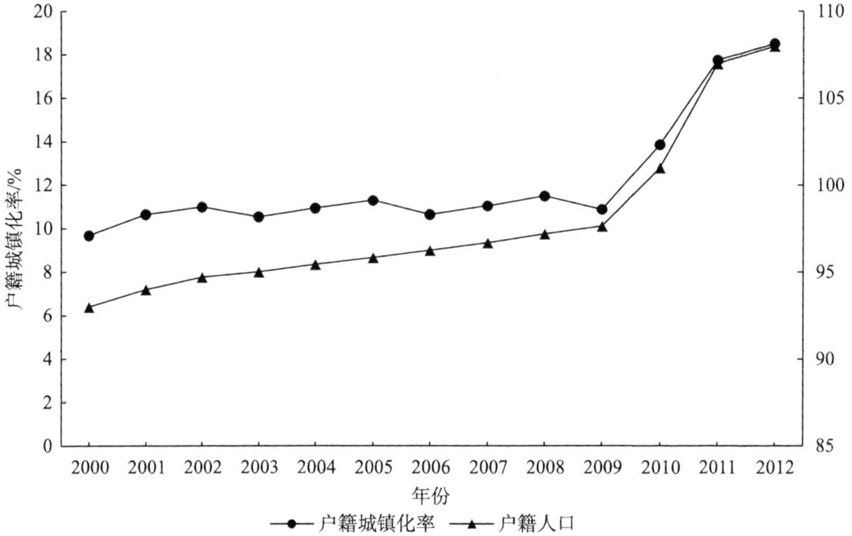

图 6.16　镇平县户籍城镇化率与户籍人口

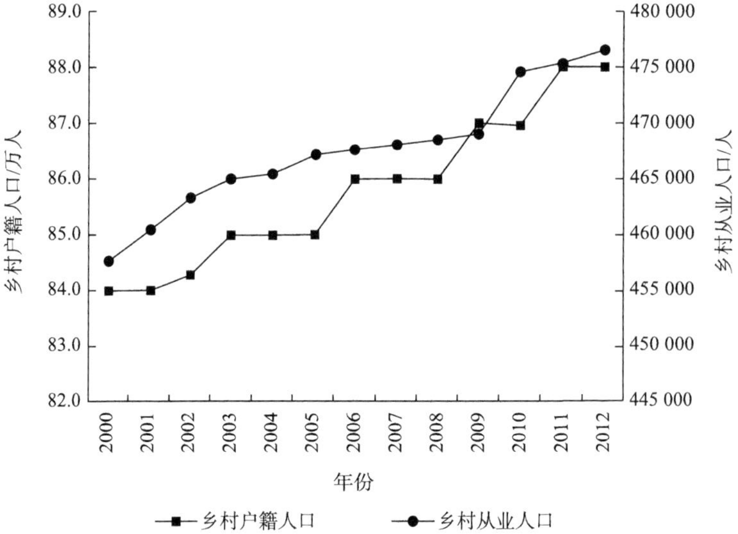

图 6.17　镇平县乡村户籍人口与乡村从业人口

3）农业农村发展历程

2000~2015 年，镇平县粮食产量呈波动上升趋势，但是农业机械总动力水平持续稳定增加（图 6.18）。

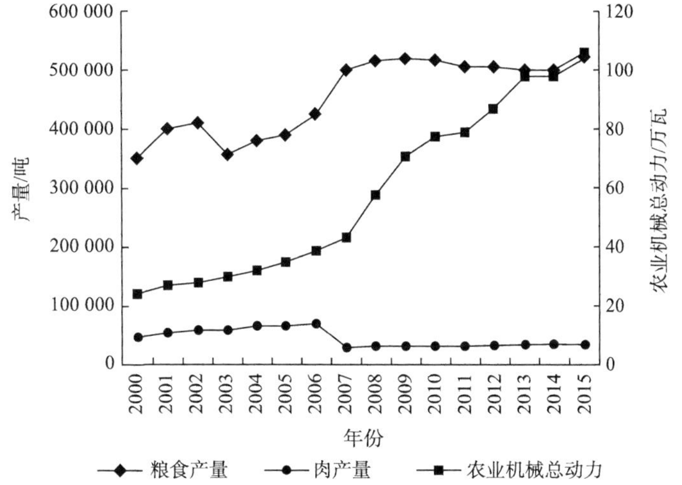

图 6.18 镇平县粮食产量、肉产量与农业机械总动力

粮食产量在 2003 年有所降低，这是由于国家在 2012 年 4 月 11 日颁布了《国务院关于进一步完善退耕还林政策措施的若干意见》，退耕还林工作开始全面铺开，因此，2003 年粮食产量有所下降，但随后呈稳步上升状态。粮食产量从 2000 年的 35.42 万吨增长到了 2015 年的 52.50 万吨，增长了 17.08 万吨，平均每年增长 1.14 万吨。肉产量在 2000~2006 年产量呈持续上升状态，由 4.89 万吨增长到 7.08 万吨，平均每年增长 0.37 万吨；2006~2007 年肉产量出现下降情况，2007 年生猪饲养的各种饲料原料价格的上涨，导致生猪养殖成本的大幅上涨，从而出现肉产量下降的情况；2007~2015 年呈缓慢上升状态，由 2.93 万吨增长到 3.43 万吨，平均每年增长 0.06 万吨。

农业机械总动力从 2000 年的 24 万瓦增长到了 2015 年的 106 万瓦，增长了 82 万瓦，平均每年增长 5.47 万瓦。从 2007 年开始，农业机械总动力增速加快，这与农业机械的快速发展是相一致的。

3. 城镇化推动农业农村发展的典型模式

1）农业综合体助推农业农村发展

镇平县农业综合体的发展主要靠乡村能人带动、自发组织、政府采取扶持但不干预的措施，并取得了良好的效果。

A. 苗木花卉农业综合体

以贾宋、马庄、晁陂、王岗、杨营为中心，辐射带动侯集、张林、安子营、彭营等乡镇苗木花卉种植迅速发展，形成了以星科花木有限公司等数家龙头企业，以数十家农民合作社和数十家家庭农场为纽带，强力“抱团”发展，总种植面积已经有近 10 万亩，实现就业人数万人以上，年产值预计已超过 10 亿元。截至 2015 年底，栽植的苗木花卉品种有玉兰系列、桂花系列、香樟、女贞、银杏、枇杷、五角枫等以绿化苗木花卉为主的 100 余个品种，仅玉兰系列就有广玉兰、二乔玉兰、白玉兰、飞黄玉兰、红运玉兰等 20 多个玉兰品种争奇斗艳，镇平县被称为“中国玉兰之乡”。在该区域内已经初步建立有西南最大的花卉苗木交易市场，建立有花卉苗木行业商会、植物检疫办公室和治安巡逻办公室，设立农业玉兰网站，与国内有关高校、科研院所有紧密的技术联系，有 2000 多名绿色经纪人在全国各地经销、宣传以玉兰为品牌的苗木花卉，使镇平的玉兰远销甘肃、新疆、内蒙古、陕西等省（自治区、直辖市）。

B. 绿色无公害蔬菜农业综合体

以郭庄、马庄、杨营三个乡镇为中心辐射周围乡镇的蔬菜产业迅猛发展，形成“公司+基地+合作社+农户”“农超对接”的现代化良性生产经营模式，2015 年已形成了 10 多万亩连片蔬菜种植规模，生产蔬菜 7 亿多斤，亩均效益 8000 元以上，全部销往广州、深圳及香港、澳门特区，实现产值 10 多亿元。伴随标准化绿色无公害蔬菜基地的建设，带动蔬菜产业的健康快速发展。

C. 观赏鱼养殖农业综合体

以侯集、杨营为中心的观赏鱼高效养殖综合体，推行“公司+合作社+农户”产业化模式，以侯集、杨营为中心辐射带动张林、郭庄、安子营、贾宋等乡镇 10 余个专业村。截至 2015 年底，从业人员 15 000 余人，面积已达到 11 000 亩，为全国面积最大的观赏鱼养殖基地，亩效益达到 6000 多元，带动 2000 多户农民共同致富，并注册了“神游”商标。2003 年 6 月被中国特产之乡组委会正式命名为“中国金鱼之乡”。

D. 莲藕种植加工农业综合体

杨营镇利用贫瘠的低洼地，通过莲、鱼混养的立体养殖模式，大力发展莲藕种植业，通过“公司+基地+农户”的模式，以莲藕特色生态农产品综合开发利用为主，集科研、种植、观光、休闲、娱乐、莲文化创意及无公害速冻藕片、藕段、藕节、无公害莲子、水产品等莲藕精深加工和相关产品为一体，相关莲藕产品销售覆盖全国各地，国际市场已拓展到越南、老挝、柬埔寨等国。截至 2015 年底，拥有观赏莲、香莲、菜莲等 110 余个品种共计 15 000 余亩，以杨营、霖锋为中心向周围辐射发展，倾力打造“中原荷花博览园”农业旅游项目，2015 年被南阳市旅游局列为全市十大精品乡村旅游线路之一，沿 207 国道呈现出“十里花廊、万亩荷塘”的壮观景象（图 6.19）。

图 6.19　镇平县中原荷花博览园

本图来源于 2016 年 12 月 6 日《河南日报》中的文章:《“四区联动”共塑如花似玉大美镇平》, http://newpaper.dahe.cn/hnrb/html/2016-12/06/content_100804.htm[2016-12-06]

2）特色产业（玉雕）助推农业农村发展

镇平县是国家命名的“中国玉雕之乡”。镇平县的先人们从 4000 多年前的新石器时代就开始磨玉，宋元两代玉雕产业渐成规模。1995 年 3 月，镇平县被农业部等五个部门联合命名为“中国玉雕之乡”。镇平县已经形成了以县城和石佛寺镇为核心的玉雕产业中心，2016 年，玉雕产业年生产产值为 120 亿元，年销售额为 170 亿元，形成了家家户户都会加工玉的局面。国际玉城、天下玉源、玉雕大师创意园、中原石雕工艺产业园、玉文化主题公园、玉文化博物馆迁建、玉雕湾商贸城、玉文化（粤港文化）创意产业园、珠宝玉雕学院等一批重大项目皆已开始有序推进，一方面增强了整个县的经济实力，另一方面带动了乡村发展及农民的增收，促进了农业农村的发展。

4. 目前存在的主要问题与对策建议

1）主要问题

（1）特色产业初具规模，但市场、发展空间有待拓展，知名度有待提升。镇平县特色产业百花齐放，但目前在全县范围内尚未形成整体聚力，各个特色产业之间不能形成有效联动，未能形成完整的特色产业链，从而导致全县经济缺乏支柱产业。同时，特色产业虽然发展红火，但全国性品牌尚未建立。

（2）传统经商意识强，商品意识浓厚，但新兴商业业态发展缓慢，农村劳动力的商业知识有限。镇平县的特色产业是由民间自发形成的，其发展到一定程度后则受制于眼界等因素，各个特色产业不能更进一步发展，如电商等新兴商业业态在镇平县几乎没有。这主要源自相应人才的缺乏：一方面，高层次创意人才短缺，自主创新能力不强，使镇平县很难发展创意型产业；另一方面，高新技术人才、有竞争力的经营管理人才和技术创新型的专业人才集聚不足，同时具有战略眼光、国际市场开拓能力的优秀企业家明显缺乏，不能满足镇平县新型经济发展的需要。

（3）民间资金充裕，但转为产业资本的渠道亟须通畅，存在富民不富县的问题。镇平县存在着严重的民富县弱的现象，民间经济发展红红火火，但苗木花卉、观赏鱼养殖、荷花种植等产业并不能为县财政提供相应的税收支持，导致政府需要依赖工业（水泥等行业）来获取财政收入。民间资本不能有效地转化为产业资本，使镇平县缺乏内生型的支柱产业。

2）对策

（1）政府采取激励措施，鼓励特色产业发展，通过县域内竞争机制，淘汰部分市场适应性弱的产业，壮大部分生存能力强的产业，并培育成县域支柱产业。镇平县特色产业众多，但未形成全县聚力，可通过竞争机制，使强者更强，最终形成县域支柱产业和地方品牌。

（2）加大特色产业骨干人员的培训工作，并积极引进相应人才。教育水平低的企业主很难与城市内的企业主竞争，且抵御市场波动风险的能力弱，政府应通过提升一批骨干人员的能力，进一步带动农业农村的产业经济的发展，更需要引进一批具有区域性乃至国际性战略思维的人才以提升县域整体的竞争力。

6.4　西南山地丘陵区典型案例

6.4.1　重庆

1. 区域概况

重庆总面积 8.24 万平方千米，辖 38 个区县（26 个区、8 个县、4 个自治县）。2016 年，户籍人口为 3392 万人，常住人口为 3048.43 万人，城镇化率为 62.6%。人口以汉族为主，土家族、苗族等少数民族人口有 200 万人。地貌以丘陵、山地为主，其中山地占 76%，有“山城”之称。重庆属亚热带季风性湿润气候。长江横贯全境，流程 691 千米，与嘉陵江、乌江等河流交汇。

2016 年，地区生产总值为 1.76 万亿元，相比 2015 年增长 10.7%；规模以上工业增加值增长 10.3%，规模以上工业企业利润总额增长 12.6%，固定资产投资增长 12.1%，社会消费品零售总额增长 13.2%，一般公共预算收入增长 7.1%，城镇和农村常住居民人均可支配收入分别增长 8.7%和 9.9%。

2. 城镇化及农业农村发展历程

自 1997 年成为直辖市以来，重庆的常住人口城镇化率由 1997 年的 31.00%上升至 2015 年的 60.94%，近二十年来翻了一番，平均每年增长 3.83%，增幅平稳，城镇化发展始终呈现良好态势（图 6.20）。

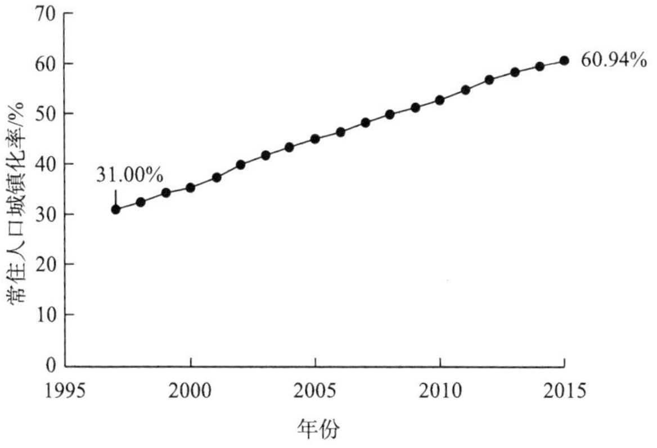

图 6.20　重庆市 1997~2015 年的常住人口城镇化率

就农业生产而言，重庆市人均农业产值的发展趋势可分为两个阶段：1997~2005 年增长速度较慢，从 1997 年的 1548 元/人上升至 2005 年的 2367 元/人，平均每年增长 102 元，而 2006~2015 年增长速度较快，从 2006 年的 2049 元 / 人上升至 2015 年的 5762 元/人，平均每年增长 413 元。重庆市的人均粮食产量没有较大变化，相对于 1997 年，2015 年的人均粮食产量有所下降。从图 6.21 和图 6.22 中，可以明显看出人均农业产值和人均粮食产量在 2006 年有突然下降的现象，这是因为 2006 年重庆遭遇历史上罕见的高温热浪和百年一遇的伏旱天气，严重影响了重庆的农业生产。

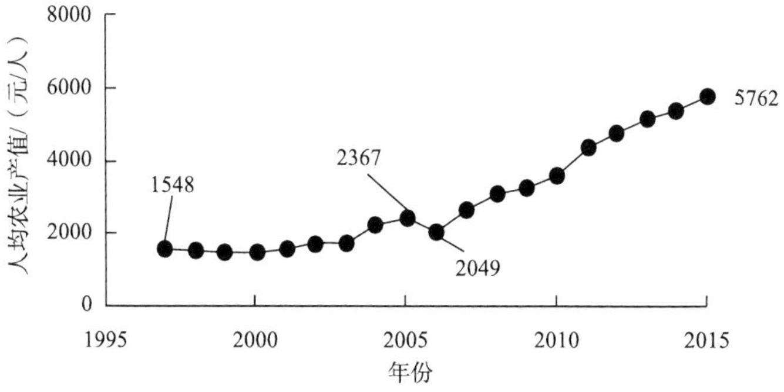

图 6.21　1997~2015 年人均农业产值

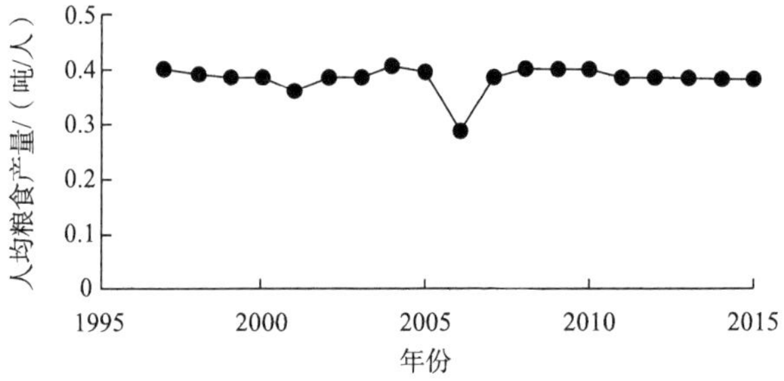

图 6.22　1997~2015 年人均粮食产量

随着城镇化的推进、人均农业产值的增加，重庆的农村人均纯收入也在稳定增长。其中，1997~2007 年，重庆农村人均纯收入增长缓慢，平均每年增长 118.15 元；从 2007 年开始，重庆农村人均纯收入增长迅速，平均每年增长 953.90 元，增长速度相对上一阶段提高约 7.07 倍（图 6.23）。

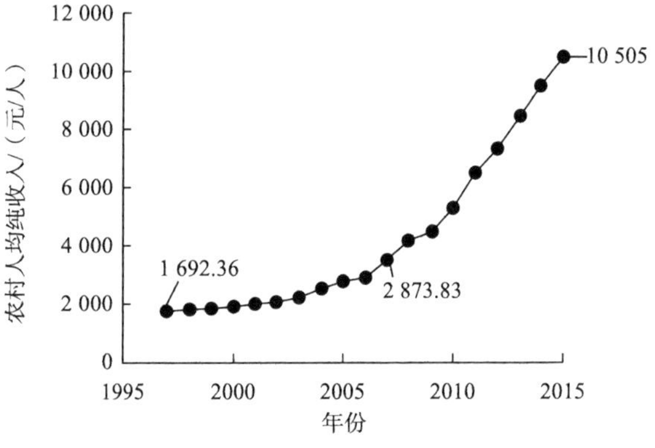

图 6.23　重庆市 1997~2015 年农村人均纯收入

总体而言，重庆自成为直辖市以来，城镇化与农业农村发展态势良好，城镇化发展迅速，农业生产水平、农民生活水平逐步提升。

3. 城镇化推动农业农村发展的典型模式

1）“地票交易”

所谓地票是指包括农村宅基地及其附属设施用地、乡镇企业用地、农村公共设施和农村公益事业用地等农村集体建设用地，经过复垦并经过土地管理部门严格验收后所产生的指标。企业购得的地票，可以纳入新增建设用地计划，增加相同数量的城镇建设用地。

“地票交易”主要分为复垦、验收、交易、使用地票等流程。政府制定宅基地复垦申请制度，由农民自愿申请复垦；复垦后，政府主管部门组织人员进行验收，验收合格者发放地票；地票可在农村土地交易所进行交易，采用公开竞拍的形式，竞拍收益除缴纳税费外，其他收益归农民所有；地票被交易后，可在城镇使用，增加等量建设用地计划。

“地票交易”对于城乡土地资源优化配置具有重要意义。一方面，释放了乡村闲置土地，并增加了城镇建设用地指标；另一方面，交易后的收益反哺乡村发展，是一种城市支撑乡村的发展模式。

2）乡村旅游助力农村发展

“大城市、大农村、大山区、大库区”是重庆的基本市情，在统筹城乡发展过程中，重庆依靠主城区带动周边边远山区和贫困地区的发展。其中，发展乡村旅游是一个重要举措。

以重庆市黔江区水市乡为例，水市乡位于黔江区西南麒麟高盖及其沿山地带，作为两个重点级村旅游示范之一，资源丰富，近年来水市乡以高山生态扶贫搬迁和“4个1”相对集中居住体系建设为契机，坚持“政府主导、农民主体，多元投入、集中建设，品牌引领、特色取胜，创意营销、服务提质”的建设思路，推出“花海水市”，竭力打造“春观花、夏纳凉、秋采摘、冬赏雪”的乡村四季游，推动旅游与扶贫开发及美丽建设融合发展。

水市乡依托区位、生态环境及客源市场优势，发展乡村旅游，助力农业农村发展。水市乡旅游基础较好，土家族、苗族丰富多彩的民俗风情，各具特色的乡村自然风光，充满情趣的乡土文化艺术，风格迥异的乡村民居建筑，富有特色的乡村传统劳作，使得水市乡的旅游产品更加多样化，有利于发展生态旅游、观光休闲旅游、乡村旅游，其主要客源来自黔江区城区及其周边乡镇、重庆市主城中老年人群及黔江区周边区县的过境游客。

第一，水市乡坚持“政府主导、农民主体”的发展模式，政府发挥宏观管理服务主导职能，农民发挥微观经营管理主体职责。第二，多元投入、集中建设。将争取到的资金按照“渠道不乱，用途不变”的原则，结合乡财自投、农户自筹和招商引资同步原则打捆使用，同步强力推进集镇农民新村、乡村旅馆、特色景点等全方位建设。第三，品牌引领、特色取胜。在乡村旅游主题形象的打造上更加注重特色发展；围绕市场需求确立“避暑经济”的主打品牌，突出特色并探索“农旅融合发展”之路，打造“烟草基地游”“农事体验游”“花海水市”等特色旅游产业。第四，创意营销、服务提质。在奠定好产业发展基础的同时更加注重旅游形象展示与品牌营销。持续实施名节、媒人创意形象展示与品牌营销，运用“互联网+”思维开展线上线下一体营销。

目前，乡村旅游已经取得一定成效。第一，旅游品牌初步形成，产品结构得到优化。水市乡乡村旅游正以方兴未艾之势兴起，除了获得“重庆市最佳避暑休闲乡村”“国家级乡村旅游扶贫重点村”等称号以外，水车坪已被纳入国家传统村落保护名录。

第二，扶贫搬迁加快推进，农民人居环境改善明显。旅游发展改善了集镇和乡村面貌，旅游红利直接惠及广大群众，推动实现了搬迁群众“搬得出、稳得住、能致富”的目标，广大群众尤其是困难群众的搬迁热情空前高涨。

第三，美丽乡村形象初显，统筹城乡互动融合。在旅游开发实践中，通过向外引智“输血”式发展、内培人才“造血”式发展及“互联网+”融合式发展，城乡资源要素日益频繁地双向流动。

4. 目前存在的主要问题与对策建议

重庆创新地票交易制度，依靠城市带动农村发展，取得了一定成效。但是，这一制度也存在一些问题，仍然需要不断完善创新机制。

以“地票交易”制度为例，首先，制度设计还有待改进。应进一步简化土地复垦手续，明确相关管理人员的权责，提高地票制度运行效率；应制定相关的条例规范建设土地使用指标，尤其是关于国家计划免费指标和地票交易指标的分配问题。其次，建立完善的分配机制。该项制度涉及利益主体众多，明确的利益分配机制是保障交易顺利进行的重要条件。再次，激活交易市场。当前，存在着地票交易市场活跃度不够的问题，地票流动性不强。最后，应建立相应的监督机制。依照《重庆农村土地交易所管理暂行办法》的规定，作为验收单位的区县国土资源部门，既是复垦耕地的受益者，又是复垦验收的审批者，还是复垦成本的支付者。因此，要保证国土资源部门能够做到公正、公开和公平。

6.4.2　四川广安

1. 区域概况

广安区位于四川省东部，华蓥山中段西侧，长江二级支流渠江下游，面积1028平方千米，辖31个乡镇、5个街道办事处，是中国优秀旅游城市、全国文明城市、国家卫生城市、全国双拥模范城市、国家扶贫开发重点扶持区、省级革命老区。2013年实施行政区划调整，原广安区分出前锋区，设立新广安区。

广安区为典型丘陵地区，盛产水稻、玉米、小麦、水果等多种农产品，是全国首批50个国家级现代农业示范区之一、全国商品粮和瘦肉型生猪生产基地，国家地理标志保护产品龙安柚及白市柚、盐皮蛋等土特产品久负盛名。旅游资源丰富，是四川省首批旅游十强县、全国12个“重点红色旅游区”之一和30条红色旅游精品线路的重要节点。

2. 城镇化及农业农村发展历程

广安区的城镇化水平较低，2014 年底，中国非农业人口比重达到 36.63%，四川非农业人口比重达 29.41%，而广安区为 28.20%，滞后全省 1.21 个百分点、全国 8.43 个百分点（图 6.24）。

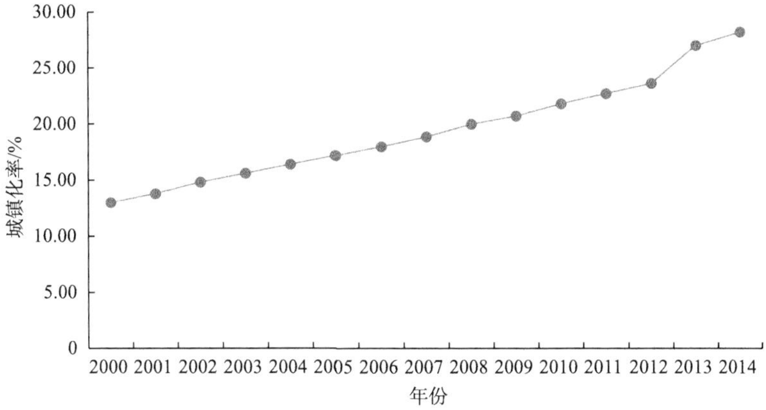

图 6.24　广安区户籍人口的城镇化率

广安区城镇化发展存在经济滞后、产业乏力等问题。截至 2015 年底，广安区地区生产总值为 144.86 亿元，第一产业、第二产业、第三产业的比值为 17：27：56（图 6.25）。第一产业产业链条过短，第二产业规模小，难以发挥集聚优势，第三产业发展存在着资金、人才、技术相对落后的问题。

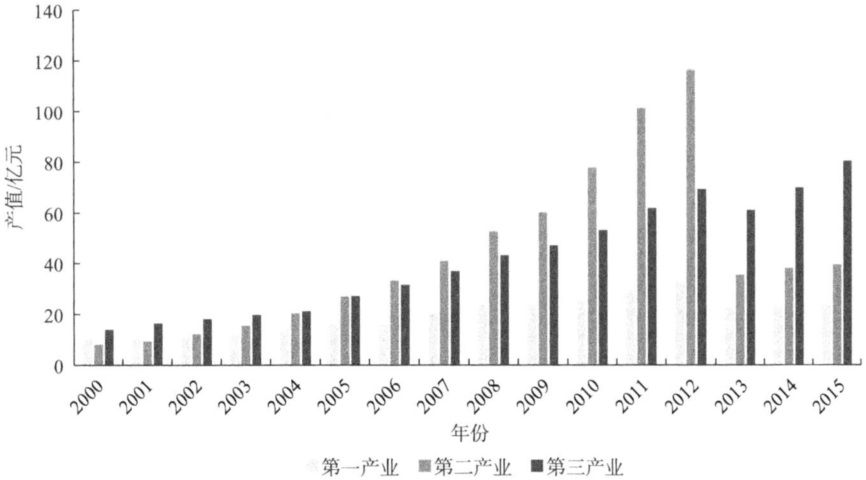

图 6.25　广安区三产结构

从图 6.26 可以看出，广安区的户籍人口从 2000 年的 119.54 万人增加到 2009 年的 126.10 万人，2010 年以来维持稳定，表明新增落户该区的人口很少。此外，广安区常住人口显著低于户籍人口，以 2014 年为例，广安区常住人口仅 61.45 万人，比户籍人口少 64.25 万人，主要原因是人口净迁出现象明显，尤其是农村人口大量外流，表现出明显的异地城镇化现象。

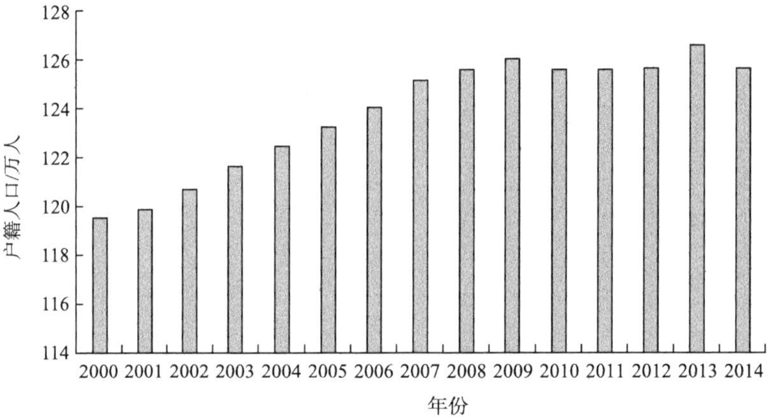

图 6.26　广安区户籍人口变化

3. 城镇化推动农业农村发展的典型模式

1）乡村旅游、企业进村、产业脱贫“三结合”发展模式

城镇化推动乡村旅游、企业进村、产业脱贫“三结合”，截至2017年底，广安区坚持产村相融、农旅结合，连片标准化发展龙安柚、柠檬、血橙等农产品产业基地33万亩，使得每个乡镇都有产业示范基地、每个贫困村有增收产业；引进龙头企业、专业大户216户，带动整乡整村发展支柱产业，推动工商资本进农村，通过发展庭院经济“赚快钱”；进而推进乡村旅游发展，挖掘旅游资源，打造大云山农业观光园、兴泰伴闲田园山庄等13个农旅结合基地。

同时，以“扶贫小额信贷+贫困户+龙头企业”模式，引导致富能人帮助贫困户发展花椒、泥鳅、稻蛙鱼等小种植业、小养殖业增收；以“电商+扶贫”模式，引导电商平台拓宽销售渠道，延长扶贫产业价值链；组建村级农业公司，统购统销土特产品，使得村集体经济收入平均达到六万元。

2）结合当地特色发展产业，拉动农村人口就业

广安区的城镇化对工业化、农业现代化、第三产业及农村富余劳动力的拉动明显。依托当地特色资源增强集聚优势，实现就地城镇化；以红色文化为支撑，打造红色景区，开展红色旅游；对特色资源进行深度挖掘、保护、利用，把资源

优势转化为经济优势，促进经济效益与文化传承有机结合；整体谋划，极力打造培育新的经济增长点，拓展区域就业空间。

3）现代农业带动脱贫致富模式

为加快发展现代农业，实现农业转型升级，助力决战脱贫攻坚，广安区白马乡碑梁村成立柠檬产业发展有限公司，在政府的大力支持下，以“公司+专业合作社+农户”的模式经营，农户种植柠檬，公司免费对农民开展技能培训，柠檬收获后再集中收购，保证农产品适销对路（图6.27）。

（a）　　　　（b）

图 6.27　柠檬产业基地

外出务工的农户，通过土地流转、土地入股，企业按照 500 元/亩保底，并于年底抽出 1/100 的产值作为农民的分红；多方式推进土地流转，采取股份制、联营、托管等模式，吸纳农户以资金、土地、劳动力入股，让资源变资产、资金变股金、农民变股东。广安区逐步形成了集水果种植、旅游观光、休闲、培训、科普教育为一体的综合示范园区。广安区通过丰富生态文化内涵，积极打造高品质、高安全的绿色产品，现代农业发展的辐射带动作用不断彰显，为带动当地及周边困难群众走脱贫致富路指明了方向。

4. 目前存在的主要问题与对策建议

1）主要问题

首先，广安区的农村空心化现象较为突出。由于外出劳动力多，农村空心化现象较为突出，短期内大量劳动力外出务工现象难以逆转，广安区产业基础薄弱、城市配套不完善、就业容量有限，总体上产业规模效应还很弱，新型经营主体带动力不强，异地城镇化现象明显的状态仍将持续。

其次，特色农产品的二次深加工产业发展能力欠缺。广安区与本地特色农业相关的非农产业没有重点发展，多为初级农产品直接投入市场，没有进行二次深加工，由于连带产业没有发展，乡镇的人口吸纳力和承载力尚显不足。

最后，农村企业发展能力不足，融资渠道单一。依靠政策和政府补助救济维持，一些现代农业企业融资方式仍是传统的自供自给，发展规模受限。农村企业是农村就地城镇化的产业依托，也是推进产城一体化的重要载体，当地农村企业形态尚处初级阶段，融资渠道单一，可持续发展能力相对较弱。

2）对策建议

首先，吸引和鼓励外出务工经商人员返乡创业。应积极探索并推行龙头企业连片建产业基地、业主大户回乡进村创业等模式，发挥政府主导性、百姓主动性和社会参与性，围绕农业产业化和现代化两个主题，做好高标准现代农业园区规划，山水田林路网房统筹布局，充分发挥乡镇的资源禀赋和生态环境优势，规划集产业发展、宜业宜居、旅游休闲、文化体验功能为一体的现代化新农村。壮大乡村旅游业，吸引和鼓励外出务工经商人员返乡创业，实现土地流转增效。

其次，推动农业现代化，提高非农产业效率，使得城镇化与农业现代化相一致，实现农业产业二次加工增值增效，结合乡村振兴战略，规划产业多途径协同发展，实现乡村产业的振兴。

最后，引导和推行职工入股。针对农村企业发展能力不足问题，村集体可考虑给予引进人才灵活性的集体经济收入分红，激励人才积极投身农村建设，拓宽引进人才的经济收入渠道；而对于融资渠道单一的问题，应建立健全农村企业信用担保体系，在此基础上扩大和强化对农村企业信贷服务的广度和深度，同时可选择有条件的农村企业作为试点，逐步引导和推行职工入股，激发农民的生产积极性，缓解中小企业资金压力，形成风险共担、利润共享的企业经营模式。

6.5　西北黄土高原区典型案例

6.5.1　陕西榆林

1. 区域概况

榆林市位于陕西省北部，是陕西、内蒙古、山西、宁夏和甘肃五省区交界地区，总面积为 43 578 平方千米，占陕西省总面积的 21%，是陕西省面积最大的地市。2019 年，榆林市耕地面积为 7887 平方千米，约占榆林市总面积的 18%，土地资源相对丰富。同时榆林市地处农牧交错区，也是生态脆弱地区，北部大部分处于毛乌素沙地区，得益于近些年的退耕还林、还草及治沙造地政策，榆林市的林草地面积占到总面积的 60%以上。

榆林市也是传统意义上的资源型城市，被誉为"中国的科威特"，煤炭占全省总量的 86.2%，石油占全省总量的 43.4%，天然气占全省总量的 99.9%，是陕西省的资源中心。2016 年，榆林市地区生产总值为 2773.05 亿元，人均地区生产总值达到 81 764 元，地区生产总值仅次于西安市，为陕西省第二，人均地区生产总值超过西安市，位居陕西省第一。第二产业比重较高，第一产业、第三产业发展较慢，单一的产业结构也是当前榆林市经济数量较高但经济发展质量相对不高的主要原因。2016 年，榆林市总常住人口为 338.20 万人，人口城镇化率达到 56.25%，2010~2016 年年城镇化速率达到 1.47%，高于全国平均城镇化速率。

2. 城镇化与农业农村的发展历程

20 世纪 90 年代以来，我国经济飞速发展，对能源与各类资源的需求也日益增加，资源型城市凭借得天独厚的资源禀赋获得突飞猛进的发展。1998 年，国家批准榆林市能源重化工基地建设规划，榆林市也凭借其丰富的矿藏资源和政策机遇，进入快速发展阶段，在经济、社会、文化等方面都有了长足的发展。截至 2016 年，榆林市的地区生产总值已稳居陕西省第二位，仅次于西安市。但是，快速的城镇化与工业化发展给榆林市带来财政收入的同时，也造成了生态环境破坏、水土污染、土地退化、城乡差距拉大等一系列问题，影响着当地农业与农村的发展。

1）产业转型与农村发展

榆林市 2000~2015 年，三次产业比重从 13：45：42 变为 6：61：33，第一产业比重降低 7 个百分点（图 6.28）。自 1998 年以来，依托丰富的资源，第二产业一直是榆林市的支柱产业，2000~2015 年，第二产业的比重提高了 16 个百分点，第二产业增加值也由 2000 年的 46.6 亿元增加到 2015 年的 1523.68 亿元，2008 年榆林市第二产业比重达到最高值 78.7%，此后，第二产业比重有所回落。而第三产业与第二产业呈相反的发展趋势，第二产业比重升高则第三产业比重降低，反之亦是。

三次产业从业人员的比重从 2000 年的 63.0：11.8：25.2 变为 2015 年的 47.4：28.4：24.2（图 6.29），整体上看第三产业的从业人口比重没有显著变化，第一产业从业人口比重降低 15.6 个百分比，但仍占最高比重。第二产业从业人口比重提

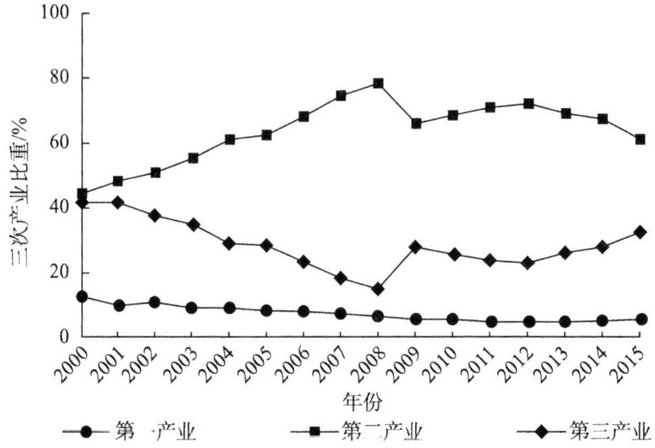

图 6.28　2000~2015 年榆林市三次产业比重

高 16.6 个百分比，第一产业从业人员向从事第二产业转移的趋势明显，第三产业从业人口的变化相对较小，甚至在近几年出现降低。2015 年，榆林市的产业结构升级缓慢，第二产业比重占到 61%，而第二产业从业人员仅为 28.4%，第三产业比重占 33%，第三产业从业人员比重达到 24.2%。农村劳动力中从事第二产业行业的比重由 2000 年的 9.3%提高到 2015 年的 21.9%，其提高幅度低于第二产业生产总值比重提高幅度，且比重上仍低于第二产业在地区生产总值中所占的比重；从事第三产业行业的比重由 2000 年的 11.5%提高到 2015 年的 28.0%，提升幅度明显（图 6.30）。这说明以第二产业为支撑的榆林市对农村劳动力转移的贡献并不大，以酒店餐饮等服务业为主的第三产业对就业的带动相对更明显，但近年来由于榆林市煤炭、石油等市场整体行情较差，第三产业受到一定的影响，比重降低，这给当地农村劳动力的转移带来了障碍。

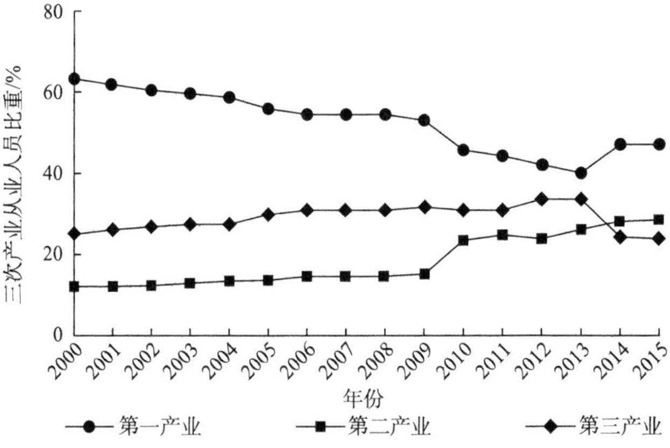

图 6.29　2000~2015 年榆林市三次产业从业人员比重

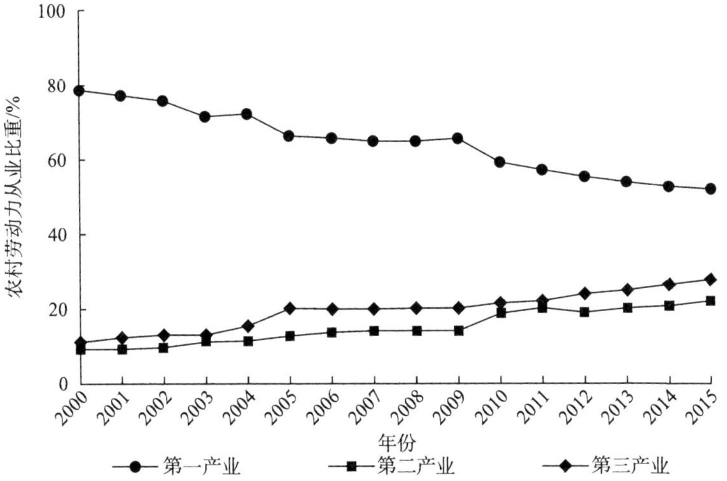

图 6.30　2000~2015 年榆林市农村劳动力三次产业从业人员比重

2）户籍城镇化与城乡收入差距

2000 年，榆林市人口城镇化率为 22.04%，户籍城镇化率为 14.20%，两者差值为 7.84 个百分点，到 2014 年，统计数据显示榆林市人口城镇化率达到 54.01%，户籍城镇化率为 20.39%，两者差值达 33.62 个百分点，而在全国水平上，这两者分别为 54.77%与 36.21%，差值为 18.56 个百分点。这表明，榆林市同样存在与全国相似的农民市民化困难的问题且其情况更为严峻（图 6.31）。

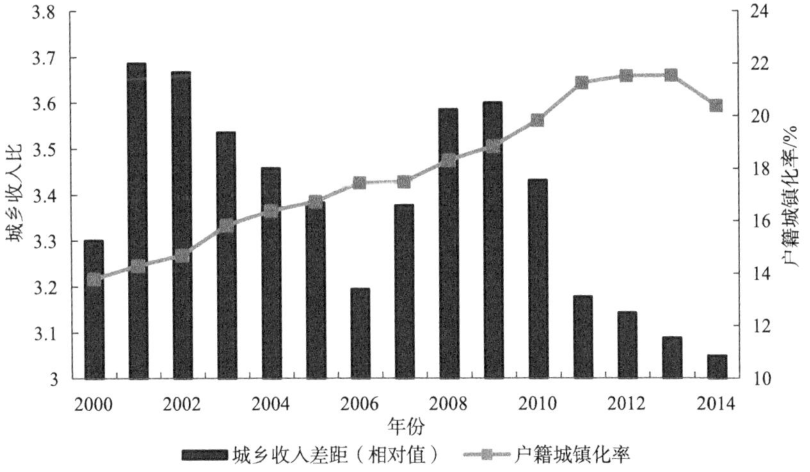

图 6.31　2000~2014 年榆林市户籍城镇化率与城乡收入差距

从图 6.31 可以看出，榆林市的城乡收入差距与户籍城镇化率的变动存在一定的关联性。这里的城乡收入差距指城市人均可支配收入与农村人均纯收入的比值，其值越大说明城乡收入差距越大，城市对农村劳动力的吸引力也相对会提高，越小说明城乡收入差距越小，农村发展势头越好，城市对农村劳动力的吸引力也会相对降低。从图 6.31 中可以看出，近年来，城乡收入差距在逐渐缩小，户籍城镇化率的速度放缓甚至减小，如图中的 2003~2006 年及 2010~2014 年两个阶段。在 2010~2014 年，受煤炭、石油等资源市场不景气，以及新常态下政府工作重心向农村转移的影响，榆林市城乡差距相对缩小，农民工返乡现象较明显。这也说明，榆林市的农村对于很多进城务工的农民工来说，仍是一个希望回得去的家乡。

3. 城镇化推动农业农村发展的典型模式：赵家峁村的产权制度改革

赵家峁村地处榆林市榆阳区东南部，距离榆林市区 30 多千米，是典型的丘陵沟壑区山村。截至 2016 年底，全村有 630 人，4 个村民小组，总面积为 7.8 平方千米，农耕地（农地、林地）面积为 5300 亩，人均 8.4 亩，主要种植玉米、马铃薯、林果等。2012 年，全村农民人均纯收入仅为 6650 元，村庄“空壳”、集体“空心”、民居“空巢”的“三空”现象严重。与榆林市大部分农村情况相似，赵家峁村存在集体经济滞后、主导产业薄弱、群众增收困难、村民人心涣散、村民主体老弱等问题（图 6.32）。

（a） （b）

图 6.32 赵家峁村的旧窑洞

为了解决这些问题，赵家峁村锐意图新，2014 年以陕西省农业厅首批农村集体产权制度改革试点村为契机，在新一届村干部的领导下进行农村产权制度改革。赵家峁村产权制度改革的核心是将村集体的资源性资产和经营性资产折股量化到户到人，实现“资源变股权、资金变股金、农民变股民”的巨大变革，促进土地可持续利用、产业可持续发展、农民可持续增收和农村可持续繁荣（图6.33）。

（a）　　　　（b）

图 6.33　赵家峁村的新貌

1）产权制度改革的核心

一是坚持“股份经济合作社”的改革模式，成立赵家峁村股份经济合作社（简称股份合作社），并且明确其是赵家峁村唯一合法的集体经济组织。集体组织的成立将村民凝聚成一个整体，改善了个体经营在市场中的弱势地位，扩大了经营规模，增强了抵御风险的能力。此外，由村集体组织形成的合作社更容易被村民所接受，减少了村民的抵触心理。

二是清产核算、确定改革的基准日。相较于城市中明晰的产权关系，目前我国农村的产权界定相对模糊，而对于农村的产权制度改革尤其是涉及土地产权的改革，界定清楚资产的权属至关重要。因此，赵家峁村改革初期的一个工作重心就是摸清家底，一方面是摸清村集体的各类资产的家底，另一方面是摸清参与合作社的家家户户的资产权属关系，以便进一步确定股权。在清产核资的基础上，以 2015 年 10 月 1 日为基准日，基准日之后的新增人口则不享有分红权，只能通过继承和转让获得分红权。

二是核定股东，即确定集体经济组织成员身份。这项工作既是产权制度改革的难点，也是赵家峁村的创新之处，当时全国还没有统一的确认集体经济组织成员身份的标准，从中央到地方也没有出台指导意见。赵家峁村股东核定工作完全交由村民集体讨论确定，根据清产核资初步情况，提出股东名单并召开村民（代表）大会，讨论表决由村股改领导小组提出的股东名单（图 6.34）。

四是设置股权，这也是与每一个集体成员切身利益相关的一环。赵家峁村共设置 5 种股权，即“4+1”股权设置模式。“4”是土地股、人口股、劳龄股、旧房产股，其中土地股、人口股为基础股，劳龄股、旧房产股为保障股；“1”是资金股，为发展股。其中，土地股占 38%、人口股占 22%、劳龄股占 5%、旧房产股占 12%、资金股占 23%。

图 6.34　村民代表讨论股权的划定

五是制定《赵家峁村股份经济合作社章程》(简称《章程》)。《章程》明确了每个股民的责、权、利。特别是《章程》的最后一章，给农民吃了两颗定心丸，明确告知农户的土地承包权仍然归农户，村民入股的是经营权，如果股份合作社解散，农户可根据承包经营权证书的记载，收回承包地。旧房产所有权也属于农户，入股的也是经营权，如果股份合作社解散，集体在旧房产中的一切投资，动产归合作社，不动产归农户。

六是选举董事会和监事会，发放股权证。坚持公开、民主、依法的原则，股东每 10 人中选举 1 名股东代表。股东代表选举产生董事会和监事会；董事会选举产生董事长、总经理、副总经理各 1 名，监事会选举产生监事长 1 名。董事会下设办公室、工程部、农业生产部、采购供销部、旅游观光部、财务部和机关后勤部等七个工作部门，按照现代企业管理理念进行管理。董事会和监事会的设立及股权证的发放标志着赵家峁村的产权制度改革正式走向正轨并取得阶段性成果，村民的合法权益得到保障。

2）产权制度改革的特色与创新

一是采用“确权确股不确经营地块”的新模式。“确权”就是明确农户承包地经营权；“确股”就是农户以承包地经营权入股股份合作社；“不确经营地块”就是农户承包地入股后不再经营原来承包地的具体地块，而是按照股份合作社的统一规划进行经营。这种模式避免了黄土丘陵沟壑区农村中普遍存在的土地破碎化的问题，同时结合土地工程手段，整合旧村落、撂荒地、未利用地和部分坡地，统一管理，扩大了经营规模，提高了规模效益和市场竞争力。

二是在界定集体经济组织成员时，坚持“宜宽则宽，能入则入”的原则，统筹考虑户籍关系、人地关系、集体积累贡献等因素。赵家峁村的集体经济组织成员界定工作完全是由村民民主讨论决定。得益于村内的唯一的集体经济组织是由本村成立并经营管理，在核定股东时会综合考量到村内家家户户的实际情况，避免贫富差距的进一步拉大，确确实实做到了村集体利益共享，从根本上改善了村民的贫困问题。

三是坚持“三变”改革，实现资源变股权、资金变股金、农民变股民。在传统的土地、资金入股的基础之上，新设人口股、劳龄股和旧房产股，一方面充分整合了村内所有可利用、可开发的资源与资本，另一方面也考虑到了村内老弱群体的社会贡献。在股权管理上，采取“增人不增股，减人不减股”的静态管理模式，允许股权在村集体经济组织内部继承和转让，强调资产的延续性，并提倡赡养老人。

四是带动“三连”发展，以股份合作社为纽带，形成连股、连利、连心的利益共同体，构建起“统一经营、民主管理、按股分红、风险共担”的现代农业经营体制。改革后广大村民的收入结构发生了明显变化，由过去的单一收入转变为“分红+工资+经营性收入”。

五是探索三产融合的发展路径，促进集体经济发展。从经济结构上来看，榆林市是一个过度依赖第二产业的资源型城市，城市经济发展迅速，财政实力雄厚，城市居民收入水平较高，消费市场很大。但大部分农村位于黄土丘陵沟壑区，资源匮乏，城市的支柱产业对于当地农村的带动力较弱，因此城乡差距较大。凭借产权制度改革和股份合作社带来的规模经营与集中管理的优势，赵家峁村抓住乡村文化旅游业这个引爆点，瞄准当地广阔的消费市场，走出了一条有特色、多元化、高效益的新路子。以股份合作社为平台，打包“三产融合”项目，建起了设施农业采摘区、垂钓农家休闲区、旱作农业体验区、杏树文化观光区，并以“杏花溪谷、峁上人家”，“难忘乡愁、老家记忆”为品牌，开发高空滑索、水上游乐、森林穿越、民俗客栈等项目，打造乡村旅游综合体，使农区变景区、田园变公园、农房变客房、农产品变商品（图 6.35）。

（a）　　（b）

（c）

图 6.35 赵家峁村村民自营农家乐

3）产权制度改革的成就

从生产的角度来看，改革促进了现代农业的发展，2016 年赵家峁村已建成以占地 40 亩的 33 棚设施果蔬、150 亩葡萄、150 亩山地苹果和 30 亩酥梨为主的设施农业及时令水果采摘区和占地 35 亩的现代养殖小区（图 6.36）。在规模程度与管理水平上较改革前均有较大的提高。除农业生产外，股份合作社也积极探索三产融合发展，积极推进“农业+旅游+文化”的休闲农业发展。

（a）　　（b）

图 6.36 赵家峁村把荒山变资源

从村民生活的角度来看，通过“确权确股不确经营地块”，村民人人是股东，农民既可以获得分红收益，又可以在园区打工获得收入，提高了农民致富的积极性。2013 年赵家峁村村民人均纯收入仅为 6600 元，而在改革 3 年以后的 2016 年，村民人均纯收入达到 11 200 元，农户在园区、旅游区务工率在 80%以上，工资性收入有 180 多万元，户均为 3 万多元。

从村容村貌和村内文化的角度看，赵家峁村的改革凝聚了人心，村容村貌焕然一新。随着村集体经济的壮大及村民物质水平的提升，村民对生活环境与文化的需求也有所提高。赵家峁村以“美丽乡村”为契机，通过财政和社会资本共投资 1800 多万元实施了集中移民搬迁，建成美丽农居 112 套，配建完善了卫生室、警务室、老年活动中心、敬老灶等公共服务设施，村容村貌发生了翻天覆地的变化，极大地增强了村民的归属感和幸福感。同时，凭借股份合作社的凝聚力与规范化，制定村规民约、建设乡贤队伍、开展文明评选，形成了人人有事干、个个劲头足的良好风貌，共同建设起了一个生活富裕、村容整洁、村风文明、平安和谐的社会主义新农村。此外，考虑到村内主体老弱化的实际情况，依托集体经济之便利，赵家峁村由集体出资，设立"幸福院"，每年股份合作社都会拿出 20% 收益用于大病救助、公益食堂等项目，63 岁以上女性老人和 65 岁以上男性老人每天可享受两顿免费餐（图 6.37）。

图 6.37　赵家峁村的养老"幸福院"

通过集体产权制度改革，赵家峁村不再被动地接受城市的反哺与政府的救济，而是主动变革，挖掘自身的特色，吸引城市资本与拓展市场，村集体经济迅速壮大，农民收入快速增加，有效解决了贫困村脱贫摘帽缺乏集体经济的难题，为榆林市农村发展提供了新思路。2016 年，村固定资产较三年前由负变正，增加到千万元，贫困户从 90%减少到 3%，贫困人口从 81.7%减少到 2.4%，农民人均纯收入增长到 11 200 元，基本实现了整村脱贫，2017 年被确定为"全国美丽宜居示范村"，为深度贫困地区脱贫致富树立了典范，目前赵家峁村的产权制度改革已逐渐向周边的黄崖窑村等地区推广。

6.5.2　陕西延安

1. 区域概况

延安市位于陕西省北部，地处黄河中游，黄土高原的中南地区，全市总面积为 3.7 万平方千米。延安市位于黄河中游，属黄土高原丘陵沟壑区。延安市地貌以黄土高原、丘陵为主。地势西北高东南低，平均海拔 1200 米左右。延安市属高原大陆性季风气候，北部属半干旱地区，南部属半湿润地区。

2016 年末，延安市实现生产总值 1082.91 亿元，常住人口为 225.28 万人，人口自增率为 4.62‰，出生率为 10.77‰，死亡率为 6.15‰。居民人均可支配收入为 21 122 元，比 2015 年增长 8.4%。其中，城镇居民人均可支配收入为 30 693 元，比 2015 年增长 7.4%；农村居民人均可支配收入为 10 568 元，比 2015 年增长 8.0%。全市农村劳动力转移就业 27.83 万人。

2. 城镇化与农业农村的发展历程

2014 年延安市户籍人口城镇化率为 34.65%（非农业人口比重），低于陕西省平均户籍人口城镇化率 38.56%和全国平均水平 36.63%（图 6.38）。2000~2014 年，延安市户籍人口城镇化率由 20.84%增加到 34.65%，平均每年增长约 1 个百分点，增速略高于全国平均水平 0.75 个百分点。2015 年延安市常住人口城镇化率为 57.32%，与户籍人口城镇化相差较大。2000 年延安市人均地区生产总值为 6690 元，高于陕西省平均水平（4968 元），低于全国平均水平（7942 元），2003 年延安市人均地区生产总值超过国家平均水平。2015 年延安市人均地区生产总值为 53 925 元，是 2000 年的 8.06 倍（图 6.39）。

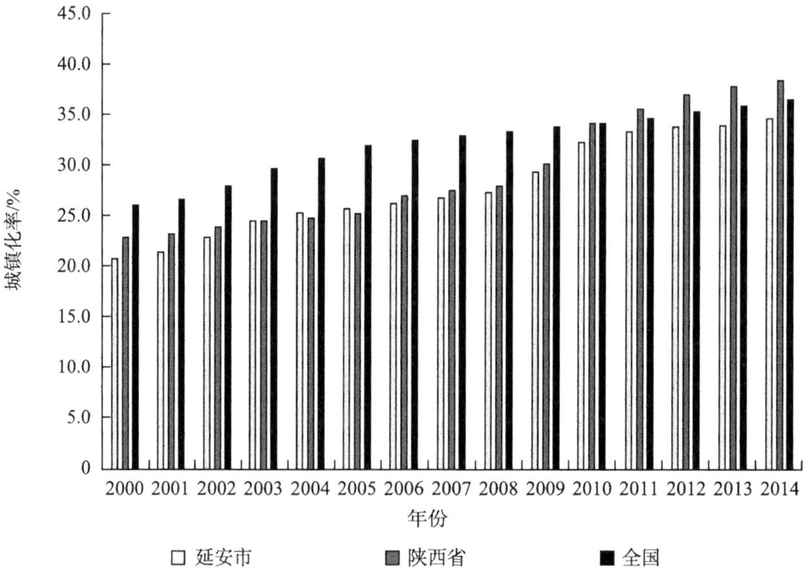

图 6.38　2000~2014 年延安市、陕西省和全国城镇化率

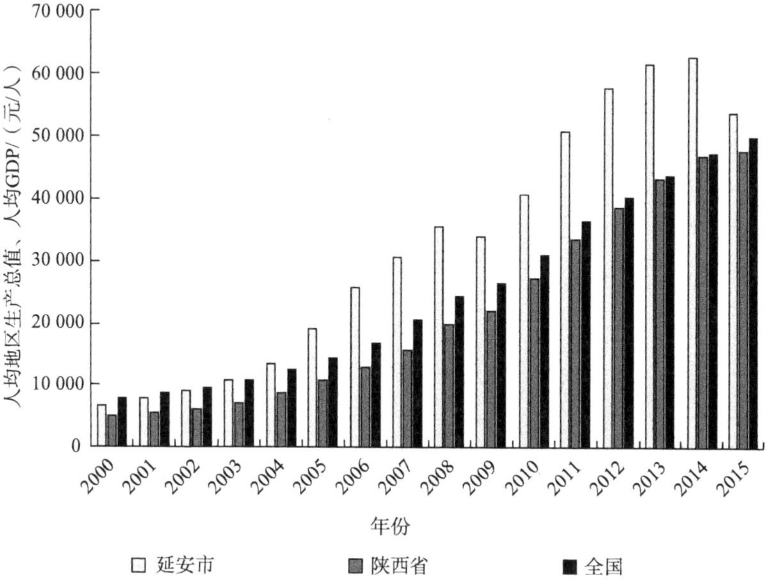

图 6.39　2000~2015 年延安市和陕西省人均地区生产总值及全国人均 GDP

2000~2015 年，延安市农作物播种面积逐渐减少，由 32.23 万公顷减少到 24.79 万公顷，平均每年减少 0.50 万公顷。2000~2015 年，农业总产值逐年增加，由 2000 年的 25.01 亿元增加到 2015 年的 153.92 亿元，平均每年增长 8.59 亿元（图 6.40）。

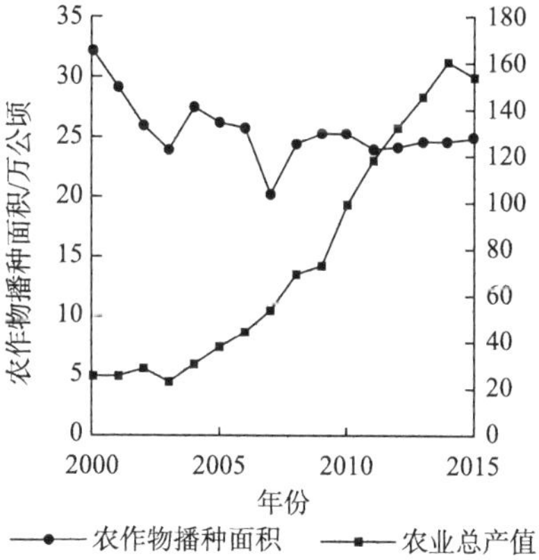

图 6.40　2000~2015 年延安市农作物播种面积和农业总产值变化

3. 城镇化推动农业农村发展的典型模式

1）治沟造地优化生产空间

通过治沟造地既增加了耕地面积，又减少了水土流失。截至 2019 年，延安市持续退耕 1077.5 万亩，被誉为全国退耕还林第一市。随着退耕还林工程的实施、农业结构战略性调整的推进，延安市土地利用结构发生了显著变化，也正面临如何应对政策到期后粮田不足、粮食如何保障的新课题。延安市的实践证明，实施沟道土地整治，增加耕地面积，建设基本农田，是符合区域实际、满足群众意愿的国土整治新举措、新途径。以延安市为成功案例，深入开展沟道土地综合整治的技术集成、模式创新、标准制定，可为新时期整个黄土高原开发建设、转型发展提供强有力的科技支撑和技术支持（图 6.41 和图 6.42）。

（a）　　　　（b）

图 6.41　子长县暖天沟土地整治前后

（a）　　　　（b）

图 6.42　延川县源流湾土地整治前后

2013 年 11 月，国土资源部和财政部批复同意了《陕西省延安市治沟造地土地整治重大工程项目可行性研究报告》和《陕西省延安市治沟造地土地整治重大工程项目实施方案》。项目建设规模为 50.67 万亩，财政总投资为 48.32 亿元。项目建设可实现年增产粮食 12 万吨，沟坝地种粮亩产达到 1500 斤，单产为坡地的 5 倍。工程实施两年来（2013~2014 年），累计建设农田规模达 27.5 万亩，完成了预期的阶段性目标，取得了良好成效。第四纪地质研究领域的著名专家周卫健院士和安芷生院士于 2014 年 9 月在《中国科学报》撰文认为，“治沟造地”契合社会需求、符合科学规律，“山下治沟造地，山上退耕还林还草，有利于工程治理和生物治理的协同发展”，“黄土高原梁峁区治沟造地的‘延安模式’值得推广和扩大试点”。

根据 2006 年国家发展和改革委员会、建设部联合发布的《建设项目经济评价方法与参数》(第三版)，以及住房和城乡建设部、农业部于 2010 年颁布的农业行业标准《农业建设项目经济评价方法》确定的有关经济评价指标与方法，对土地整治重大工程项目的经济效益进行分析。经测算，项目实施后，年增产粮食为 12 万吨，年增产蔬菜为 3.1 万吨，年新增产农业产值为 21.18 亿元，静态回收期为 8.21 年，动态投资回收期为 10.48 年，内部收益率为 16.54%。

从具体工程实践来看，近年的治沟造地工程确实为延安农业生产转型带来了诸多收益。分散、细碎、小规模的耕地格局明显改善，机械化生产和规模化生产越来越普遍；在粮食生产方面，沟道新增耕地的生产力是山顶耕地的 3 倍，是边坡耕地生产力的 5 倍，当地居民可以用更小的粮食播种面积实现更高的粮食单产，进而保证粮食产量的相对稳定，有效避免了当地居民毁林开荒的行为，保护了退耕还林的成果。

对宝塔、延川和子长的典型沟道的跟踪调查表明：在坡面种植玉米的亩产约为 300 斤，而坝地种植玉米的亩产能达到 1000 斤；沟道土地整治工程实施当年，坝地内的玉米亩产就能达到 1000 斤，即实施当年不减产；工程实施 1~2 年后，玉米单产能稳定在 1500 斤。总体上，新整理出的坝地，单产大致是原来的 1.5 倍（即增产 50%），是坡地的 5 倍。工程实施带来的增产、增收效果得到农民的广泛认可。

2）土壤复配与农业结构调整

新增耕地土体营造及快速熟化对于沟道土地整治及后续的土地可持续利用极为重要。不同类型的黄土具有不同的土壤特性和利用导向。不同类型黄土的分层组合可能形成适宜不同作物种植的土壤。中国科学院地理科学与资源研究所通过长期系列观测试验，筛选出适合于不同作物的土体营造方案，以实现土地持续利用，如表 6.3~表 6.6 所示。

表 6.3　不同覆土类型样区土壤密度及机械组成特征

试验样区	容重/(克/米^3)	孔隙度/%	颗粒组成			D[4，3]/微米	D[3，2]/微米	d（0.5）/微米
			黏粒（<0.002 毫米）	粉粒 [0.002~ 0.05 毫米]	砂粒（0.05~2 毫米）			
马兰黄土	1.15	56.60	4.06	65.41	30.53	42.48	8.04	34.34
红黏土	1.59	40.00	17.29	73.11	9.60	7.19	2.10	4.80

续表

试验样区	容重/(克/米³)	孔隙度/%	颗粒组成			D[4，3]/微米	D[3，2]/微米	d（0.5）/微米
			黏粒（<0.002毫米）	粉粒[0.002~ 0.05毫米]	砂粒（0.05~2毫米）			
YZT	1.31	50.57	6.13	69.79	24.08	33.34	5.54	27.14
L15	1.44	45.66	11.71	71.45	16.84	20.26	3.82	15.97
L10	1.40	47.17	9.85	70.90	19.25	24.62	4.40	19.69
L5	1.35	49.06	7.99	70.34	21.66	28.98	4.97	23.42
X15	1.18	55.47	5.09	67.60	27.31	37.91	6.79	30.74
X10	1.23	53.58	5.44	68.33	26.23	36.39	6.38	29.54
X5	1.28	51.70	5.79	69.06	25.15	34.86	5.96	28.34

表 6.4　不同覆土类型样区土壤化学性质

时期	覆土类型	有机质/（克/千克）	pH	速效钾/（毫克/千克）	有效磷/（毫克/千克）	碱解氮/（毫克/千克）
种植前（2016.4）	YZT	9.96	8.69	117.37	11.38	43.14
	L15	6.78	8.87	128.04	8.70	29.09
	L10	3.97	8.59	103.79	7.68	25.75
	L5	7.62	8.69	128.04	7.81	28.04
	X15	3.36	8.88	121.25	9.82	20.16
	X10	5.09	8.77	68.87	8.88	24.13
	X5	4.96	8.66	109.61	7.92	21.16
种植后（2016.10）	YZT	6.44	8.46	122.22	10.79	22.11
	L15	5.13	8.55	115.43	7.70	27.29
	L10	4.90	8.58	109.61	6.48	25.26
	L5	5.04	8.50	146.47	9.36	24.48
	X15	4.21	8.52	121.25	7.39	23.31
	X10	6.55	8.58	117.37	9.14	23.16
	X5	5.32	8.65	97.00	8.99	22.12

表 6.5　不同覆土类型对玉米株高的影响

种植作物	覆土类型	不同生育期作物株高/厘米					
		2016-05-02	2016-05-16	2016-05-30	2016-06-13	2016-06-27	2016-07-11
农家肥	YZT	8.83	12.33	15.67	26.33	46.33	92.00
	L15	7.17	9.93	13.17	16.00	36.00	89.33
	L10	6.83	8.83	12.67	21.67	48.00	101.33
	L5	8.67	11.50	13.83	23.00	51.67	103.33
	X15	7.43	11.67	13.83	23.50	31.67	90.00
	X10	8.57	13.67	15.50	25.17	45.33	90.33
	X5	9.30	13.50	16.00	25.33	43.67	98.67
农家肥+复合肥	YZT	8.48	12.15	14.03	23.90	44.13	90.15
	L15	6.19	9.27	13.00	16.66	36.80	89.70
	L10	6.26	7.34	12.41	20.66	46.26	99.00
	L5	7.95	10.19	12.06	22.88	48.92	101.94
	X15	6.73	11.37	13.51	21.68	30.62	85.85
	X10	7.87	12.46	15.43	24.39	43.46	85.61
	X5	8.38	12.93	14.56	23.42	43.51	95.47
复合肥	YZT	9.39	13.03	15.68	26.64	47.01	92.07
	L15	7.98	11.29	14.66	19.09	41.31	94.62
	L10	7.03	9.69	12.97	22.02	50.88	106.23
	L5	9.02	12.68	14.62	25.07	52.37	106.40
	X15	8.19	12.10	14.42	24.73	32.66	95.54
	X10	9.06	14.66	15.53	28.03	47.88	90.56
	X5	9.73	13.78	16.51	25.48	45.44	104.17

表 6.6　不同覆土类型玉米产量差异

覆土类型	玉米产量/（千克/亩）			千粒重/克		
	样区 1	样区 2	样区 3	样区 1	样区 2	样区 3
L5	685.57	694.68	691.57	515.00	518.14	523.78
X5	777.81	782.15	792.09	565.00	571.10	575.50
L10	675.82	687.78	652.72	465.00	478.11	475.09
X10	766.26	751.07	765.60	535.00	533.74	531.74
L15	611.82	612.66	658.22	375.00	375.17	380.18
X15	695.57	688.73	670.76	475.00	487.63	484.40

利用马兰黄土进行土壤改良要比利用红黏土进行土壤改良的效果更加显著，产量比不采用土壤改良方式增加 120~240 公斤①。不管是利用马兰黄土还是红黏土进行土壤改良，厚度达到 15 厘米之后，玉米产量不但没有提升，甚至有所下降，土壤复配不能采用过厚的土层。

① 1 公斤=1 千克。

此外，延安市许多地方在沟道土地整治后，仍延续原有的单季玉米模式，土地利用效率和效益偏低。调整农业生产模式实现“一季变两季”对当地农业结构调整和乡村经济发展具有重要意义。饲料油菜生长周期短，将其引入现有种植模式，有助于充分利用光热水土资源，并能在一定程度上改良土壤，进而实现土地的适度集约和高效利用。

从 4 月初开始，延安月均温度达到 10℃以上，至 7 月 31 日，活动积温可达到 2100℃，满足春播玉米积温需求；8 月雨水充足，满足饲料油菜苗期水分需求。“一季变两季”具有技术可行性。

实验表明，延安沟道地区适宜饲料油菜种植，即便是治沟造地工程复垦农田的亩产也可达到 2800 千克。通常，该产量相当于 30 亩中等草原的年产草量，青贮后可供 6~8 头羊食用 100 天。市场调研表明，饲料油菜作为收益相对较高的经济作物还具有以下多种利用价值（图 6.43）。饲料油菜幼苗期便可采摘食用，具有较高的营养价值，可售给城乡居民获得收益。饲料油菜菜薹营养价值高，在饲料油菜蕾薹期（包括抽薹期和现蕾期）可通过采收菜薹作为高品质蔬菜出售带来附加收益。每年 8~9 月是市场上绿叶蔬菜类供应淡季，正是复种饲料油菜菜薹现蕾阶段。在不影响饲料油菜产量的情况下，通过售卖菜薹平均一亩可增收 200~300 元。油菜花盛开时是一道亮丽的风景线，可用于观光旅游。在饲料油菜进入花期不久也可以将其收割青贮。傅廷栋院士通过研究发现，饲料油菜营养价值高，适口性好，具有极高的饲用价值，可为畜牧业发展提供大量优质饲料，并能有效解决部分地区牲畜冬季缺草的难题，实现种植业与畜牧业的有机结合，可有效带动农民增收致富，而且饲料油菜作为优质绿肥还可培肥土壤，提高土壤肥力。如果饲料油菜青贮用不完，且光热资源能满足后续籽实生长需求，就可以让饲料油菜继续生长，榨油食用。榨完油的油菜籽还可做成菜籽饼粕作为牛羊饲料或者还田培肥土壤等。

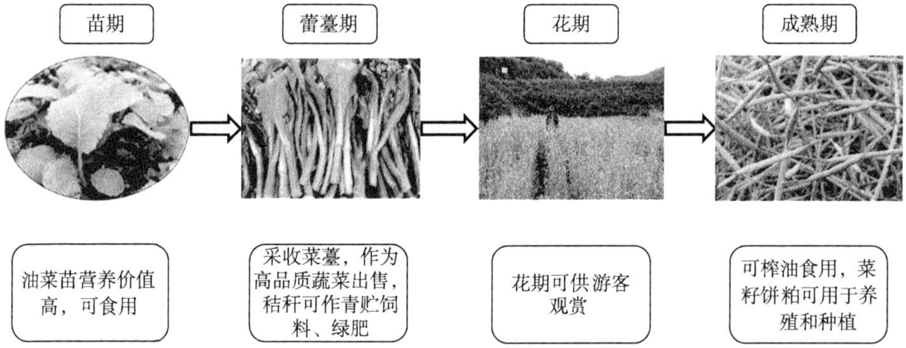

图 6.43　饲料油菜的多功能性

根据饲料油菜的多功能性，黄土丘陵区当地可发展多种产品组合模式（图 6.43）。例如：①单纯做饲料用于养殖，抽薹或现蕾期便可收割油菜秸秆，青贮加工制作成饲料用于养殖；②“菜用+饲用”模式，抽薹期适当采收油菜薹销售到市场获得附加收益，现蕾期收割油菜秸秆，青贮加工制作成饲料用于养殖。③“菜用+观光+油料”模式。抽薹期适当采收菜薹销售到市场获得附加收益，花期形成沟道亮丽风景线可发展观光旅游,饲料油菜成熟后收获油菜籽榨取食用油。

当前，延安沟道内主要种植模式为单季玉米，增收效果有限且不符合我国农业结构调整的宏观战略布局。科学推广饲料油菜种植可以促进“种植+养殖+加工+观光”的多功能农业发展，具有优化产业结构、快速培肥地力、改善沟道景观、增加农民收入等多重功效，并且符合国家最新出台的关于调减“镰刀湾地区”玉米种植规模的政策方向，具有较好的发展前景，如果能进一步实现合作化、专业化、基地化，对于创新黄土高原沟道农业生产模式将具有现实意义。

6.6　不同类型区的农业发展模式总结

通过分析东部城市群地区、中部粮食主产区、西南山地丘陵区、西北黄土高原区的典型案例，得到了不同区域的农业农村发展在发展水平、产业经济、驱动机制等方面存在显著差异。表 6.7 对比了不同类型的典型县/市的发展模式。可以看到，大部分县的农业农村发展既离不开农业农村发展的内生动力，也离不开城镇化、工业化的外源动力，依靠特色产业发展、生态旅游发展、村庄综合整治、土地整治实现农业农村的振兴，包括东部城市群的河北阜平、河北宣化、浙江松阳，西南山地丘陵区的重庆，西北黄土高原区的陕西榆林。其次，农村内生发展型也代表了中国农业农村发展的一种模式，包括中部粮食主产区的河南滑县和镇平，主要依靠本地资源发展特色农产品。再次，还有部分县依靠工业化、城镇化的外源驱动，如西南山地丘陵区的劳务输出带动型（四川广安）和西北黄土高原区的城镇化外源驱动型（陕西延安）。值得注意的是，土地整治越来越在农业农村发展中发挥重要的作用。例如，西北黄土高原区的延安通过土地整治，提高了土壤肥力和减少了洪涝灾害的发生，进而提高了农业产量和农民收入。因此，未来通过改善农村基础设施、开发当地资源、扶植旅游业、售卖特产和手工艺品等，可实现农业的发展和乡村的全面振兴。

表 6.7　不同类型区典型县/市的农业农村发展模式总结（2015 年）

区域	典型地区	人均地区生产总值/元	三产比重	城镇化率/%	农民人均可支配收入/元	农业农村发展模式	农业农村发展动力	特色产业	城镇化提供的农业农村发展要素	存在问题
东部城市群地区	河北阜平	14 519	22∶23∶55	34.8	5 815	综合驱动型（特色产业发展、村庄综合整治）	特色产业发展；村庄改造；土地整治	食用菌种植；林果业	政府扶贫资金；技术；企业参与	基础设施薄弱；资源短缺；劳动力素质偏低；特色农产品竞争力不足
	河北宣化（原宣化区）	32 887	2∶56∶42	90.9	10 500	综合驱动型（行政区划调整）	特色产业发展；行政区划调整	市郊型农业	城乡资源共建共享（资本、产业、技术、基础设施、公共服务等）	耕地资源减少；失地农民就业问题；人均公共资源减少
	河北宣化（原宣化县）	29 097	28∶38∶34	31.4	9 600					
	浙江松阳	46 295	15∶45∶40	46.3	13 267	综合驱动型（特色产业发展、村庄综合整治）	古村活化；特色产业发展；农业产权制度改革	茶产业；生态旅游	乡村复兴政策；技术；资金扶持；集散市场建立；建筑师提供公益设计；农村产权交易平台和信用体系建立	生态旅游投入较低；特色产业缺乏龙头企业；古村活化的经济、文化配套缺乏
中部粮食主产区	河南滑县	19 169	31∶37∶32	27.2	9 079	农村内生发展型	商品粮生产；劳务输出	特色农业	政府扶贫资金；财政转移支付；技术；提供就业岗位	城镇化水平滞后，城镇带动农村发展能力较弱；农业生产规模化和现代化水平低；粮食生产效益比较低下，越种粮食越穷；人口流失，乡村空心化、老弱化不断加剧，乡村不断衰落，发展乏力
	河南镇平	19 917	14∶48∶38	36.7	11 080	农村内生发展型（特色产业驱动）	内生型特色产业发展；政府扶持	苗木花卉种植；观赏鱼养殖；莲藕种植加工；玉雕产业	政府提供扶持政策；技术；引导产业集聚	特色产业品牌度建设不够；人才缺乏，难以内生培育出新兴业态；民间资本不能有效转化为产业资本，县域缺乏强有力的支柱产业

续表

区域	典型地区	人均地区生产总值/元	三产比重	城镇化率/%	农民人均可支配收入/元	农业农村发展模式	农业农村发展动力	特色产业	城镇化提供的农业农村发展要素	存在问题
西南山地丘陵区	重庆	52 321	7∶45∶48	60.9	10 505	综合驱动型	创新“地票交易”制度；乡村旅游发展	乡村旅游	“地票交易”平台建设；政府资金支持	“地票交易”制度设计还有待改进，如分配、交易、监督机制不够完善
	四川广安	23 554	17∶27∶56	44.6	10 234	工业化、城镇化外源驱动主导型（劳务输出带动型）	扶贫攻坚统领；旅游产业带动；行政区划调整；农产品加工基地建设	特色旅游;优质农产品	农产品供应基地建设；政府扶持龙头企业发展，培育农产品深加工企业；围绕特优产业，加大品牌推介	农产品深加工没有品牌意识，生猪养殖盲目生产，抗市场风险能力不强；农民外出，农村土地粗放经营造成部分土地被弃荒；农民的劳务技能和经营水平低
西北黄土高原区	陕西榆林	77 267	6∶61∶33	55.0	10 582	综合驱动型（产权制度改革、土地整治）	土地整治；农村产权制度改革	林果业;特色旅游	市场和资金；农村产权制度改革	生态环境脆弱；土地利用难度较大；地形复杂，村落分散；资源型城市发展的路径依赖
	陕西延安	53 925	9∶62∶29	57.3	10 568	城镇化外源驱动型（城镇化对于土地的需求驱使土地整治型）	治沟造地；土壤复配与农业结构调整	特色旅游;观光农业	治沟造地、土地整治的需求、资金和政策支持	生态环境脆弱；地形复杂；贫困程度相对较深；群众文化意识相对落后

第 7 章　城镇化对农业农村发展影响的对策建议

7.1　城镇化助推农业农村发展的制度障碍

改革开放以来，中国城镇化和工业化快速发展，综合国力显著提高，城乡居民收入持续增长，但是在城镇化快速发展的背景下，中国的农业农村发展仍然面临一系列的挑战，包括农村要素快速非农化、农村社会主体老弱化、农村建设用地空废化、农村水土环境污损化等（刘彦随，2013b）。2004 年以来，农业补贴、免除农业税、新农村建设等强农惠农政策相继出台，标志着中国的城乡关系已经开始从“重城轻乡”进入“城乡并重”的新阶段，工业反哺农业、城市支持农村的能力也逐渐得到增强。

城镇化助推农业农村发展主要通过以下三个途径。一是城镇化将大量农产品的供给者转变为需求者，有利于农民收入的增加。同时，城镇化带来了大量的消费需求，刺激农村相关产业发展，为农村发展第二产业、第三产业提供了机遇。二是城镇化有利于提高农业劳动生产率。一方面，农村劳动力数量减少和农村人均耕地面积增加，均有利于形成规模化的生产，提高机械化水平；另一方面，城镇的技术创新、产品创新和管理创新通过企业、政府、返乡农民工等渠道带到农村，提高了农业劳动生产率。三是城镇化有助于推动农村收入结构的改变，农民的经营性收入比重不断减少，工资性收入持续增长，通过土地流转等机制创新，农民的财产性收入也在不断提高。此外，通过乡镇、中心村（社区）城镇化的推进，农村的教育、卫生、交通等基础设施得以改善，农民的生活水平得到提高。

目前，城市反哺农村仍然以收入反馈为主，事实上，通过城市要素向乡村流动，培育农村内生性发展动力，带动农村产业的发展，才是可持续的“以城带乡”的模式（郭家虎，2007)。“以工促农、以城带乡”的根本目标是推进传统农业向现代农业转变，统筹农村与城市、农业与工业的协调发展，消除城乡二元结构，缩小城乡差距，最终实现城乡居民共同富裕。根据经济学的增长极理论，增长极会对周围地区同时产生极化效应和扩散效应，在发展的初期阶段，极化效应占据支配作用，当增长极发展到一定程度，极化效应削弱、扩散效应加强。中国的城镇化进程中，城市长期作为增长极，表现为生产要素从农村向城市集聚，农村无论在人力资源、基础设施方面，还是在资本的投资环境方面都劣于城市。目前，中国的城镇化和工业化还未进入自发推动农业农村发展的时期（杨刚，2007），因此仅仅依靠市场经济的作用难以实现城乡一体化，需要通过政府加大对农村要素的投入，同时通过制度创新引导农业农村形成内生性发展动力。然而，“以工促农、以城带乡”在推进过程中，仍然在户籍制度、土地制度、财政制度、产业制度、金融制度、社会保障制度、环境治理制度等方面存在一些障碍（图 7.1）。

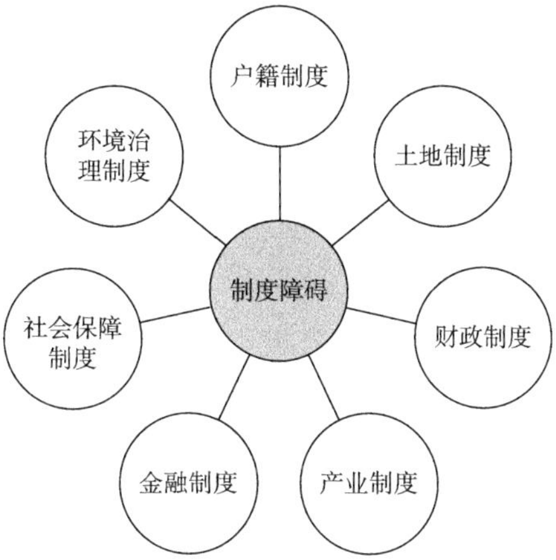

图 7.1　城镇化助推农业农村发展的制度障碍

1. 户籍制度

中国城乡二元结构形成的根源在于现行的户籍制度存在不足（刘彦随等，2002）。1958 年《中华人民共和国户口登记条例》对“农业户口”和“非农业户口”的明确区分，使中国城乡二元的户籍制度初步确立，至今已经长达六十二年。一方面，城乡二元的户籍制度人为地阻碍了农村剩余劳动力的非农化转移，成为城镇化带动农业劳动生产率提高和农民收入增加的路径上的障碍因子；另一方面，进城的农民工群体由于户籍制度的制约难以“非农化”，既不能在城市里安家落户，享受城市的医疗、教育、社保等福利，又不愿意放弃农业户口和附加在农业户口上的承包土地、村集体经济分红等利益，形成农民工“城乡双漂”的两难境地。

2015 年，中国农民工总量达到 2.77 亿人，带来的是农村空心化和农村人口老弱化的问题，给农业农村发展也带来障碍。20 世纪 90 年代以来，围绕城乡人口的合理流动，我国先后出台了一系列有关户籍制度的改革措施。1997 年，国务院发布《国务院批转公安部小城镇户籍管理制度改革试点方案和关于完善农村户籍管理制度意见的通知》，允许已经在小城镇就业、居住并符合一定条件的农村人口在小城镇办理城镇常住户口。1998 年，国务院发布《国务院批转公安部关于解决当前户口管理工作中几个突出问题意见的通知》，户籍制度进一步松动，非农户籍的公民通过一系列途径可以落户城市，标志着中国户籍制度改革进入实质性阶段。2014 年，《国务院关于进一步推进户籍制度改革的意见》发布，要求统一城乡户口登记制度，稳步推进义务教育、就业服务、基本养老、基本医疗卫生、住房保障等城镇基本公共服务覆盖全部常住人口。因此，当前如何冲破户籍制度对城镇化和农业农村发展的阻碍，不在于对城乡人口自由流动的束缚，而是要消除城市与农村户口所具有的在身份、待遇等方面的不公平性，使城乡居民享有相同的权利。只有不断夯实经济基础、缩小城乡差距、平衡基本福利与地方财政，才能解决户籍制度及其带来的一系列问题。

2. 土地制度

1）土地征用制度设计仍有缺陷

快速城镇化进程中，城市近郊区大量土地的征用直接导致了上亿农民失去土地。失地农民是快速城镇化与土地非农化的产物，也是新农村建设和农业现代化进程中的弱势群体。随着中国产业转移与城镇化格局的演变，失地农民问题开始由东部沿海地区向中西部地区扩展。2014 年全国失地农民总数达 1.1 亿人，这一群体将对农村经济社会发展产生重大的影响。多数地区的农民失去土地合法经营权，得到了经济补偿甚至一夜暴富，但往往因缺乏对资金使用的积极引导而“坐吃山空”，在盲目投资、过度挥霍之后，再次回到失地贫困的“原点”。因此，如何妥善解决失地农民问题，从根本上保障失地农民的基本生活和长远生计，是当前统筹城乡发展和新型城镇化建设中需要解决的根本性的社会难题。然而，失地农民问题的根源在于中国土地征用制度设计存在缺陷。土地征用过程导致土地由集体性质向国有性质转变，这本身是一个不平等的产权交易过程，具有行政强制性。在现有不完全土地产权制度框架下，土地收益特别是土地潜在增值收益分配不合理，而且农民缺少与村集体、地方政府博弈的能力，使农民失去土地的同时失去了附着于土地的一系列权益，难以获取土地增值收益和福利保障，从而加剧了社会基层的不公平性、不稳定性（刘彦随，2015）。

2）宅基地退出与盘活机制缺失

在农村土地利用审批不严、监管不力，特别是宅基地无偿无限期使用的背景下，大量农村劳动力非农化转移，不仅带来了农村主体老弱化问题，也导致以宅基地废弃闲置为主要特征的农村空心化问题加剧发展，成为推进农业现代化和新农村建设的重要障碍。长期以来，中国政府与学界的关注焦点在于城镇建设对耕地的占用，但因农村数据资料难以获取、农村地区建房占地的研究成果较少。截至 2018 年末，全国有 267 万个自然村、56.9 万个行政村。这些村庄尽管单个占地规模不大，但众多村庄汇聚在一起，导致农村居民点占地面积过大、占用耕地过多。随着城镇化进程中农村人地分离，"空心村"土地问题日益突出。2013 年第二次全国土地调查数据显示，1996 年以来中国农村 1.33 亿人离乡进城，而农村居民点建设用地增加 3045 万亩，整体上呈现农村人口减少、建设用地反增的逆向变化，村庄建设外扩内空、人走屋空的问题日益严重，一户多宅、建新不拆旧、新房无人住的现象十分普遍。农村违法占地风险成本小及宅基地退出机制缺失是农村建设用地扩张的主要因素。

随着农村家庭结构由核心家庭向主干家庭演变，《中华人民共和国土地管理法》规定的"一户一宅"土地政策，事实上助长了农村建设占用耕地和"一户多宅"问题。当前全国农村居民点用地达 18×10^4 平方千米，户均 1 亩多，人均 230 多平方米，远超出农村人均建设用地 150 平方米/人的国家上限标准。据笔者团队测算，通过构建完善的农村人口转移机制、宅基地退出与盘活机制，全国"空心村"综合整治潜力可达 758×10^4 公顷，约合 1.14 亿亩。随着农村大量青壮年人口进城，农村留守人员主要为老人、妇女和儿童，导致农地经营主体老弱化，已造成一些地区耕地复种指数明显降低，有地无人耕、良田被撂荒等问题日趋严峻，危及了中国农业生产和粮食安全。因此，围绕破解农村空心化、村庄空废化、主体老弱化难题，创新农地经营机制，探究以废弃宅基地为主的农村建设用地有偿退出的新机制，有序推进农村宅基地确权流转市场化，势在必行（刘彦随，2015）。

3. 财政制度

近年来，国家财政加大了对"三农"的投入力度。一方面取消农业税、补贴农业生产，以减轻农民负担；另一方面，加大对农村基础设施和义务教育、医疗保险的投入，为农民生产和生活条件的改善创造条件（苏明，2008）。首先，中央财政用于"三农"的资金从 2000 年的 1232 亿元增加到 2012 年的 12 388 亿元，年均增长率超过 20%（图 7.2）。但是，支农资金占整个财政支出的比重仍然偏低，按较宽口径计算，中央财政用于"三农"支出占财政支出的比重不到 10%。其次，相对于中央财政，地方财政的支农力度较弱，由于农业比较效益较低，部分地方政府财力薄弱，地方政府的支农意愿普遍不足。以 2009 年为例，中央财政安排“三农”支出 7253 亿元，地方财政通过自有财力安排的“三农”支出为 12 790 亿元，占总的“三农”支出的比重低于 65%。再次，财政支农资金结构不尽合理。统计数据表明，直接用于农业生产支出的资金比重从 20 世纪 90 年代的 70%以上下降到目前的不足 40%，而农业社会事业发展支出占比超过 40%，在农村社会事业发展支出中，人员机构费用比重较高，在农业生产支出中，用于基础设施建设和农业科技推广的比重较低，制约了农业农村的发展。最后，“三农”由发展和改革委员会、科技、财政、农业、水利、扶贫等多个相关部门分配管理，协调难度较大，目前尚未形成有效的协调机制，导致资金使用较为分散，削弱了支农资金的使用效率。

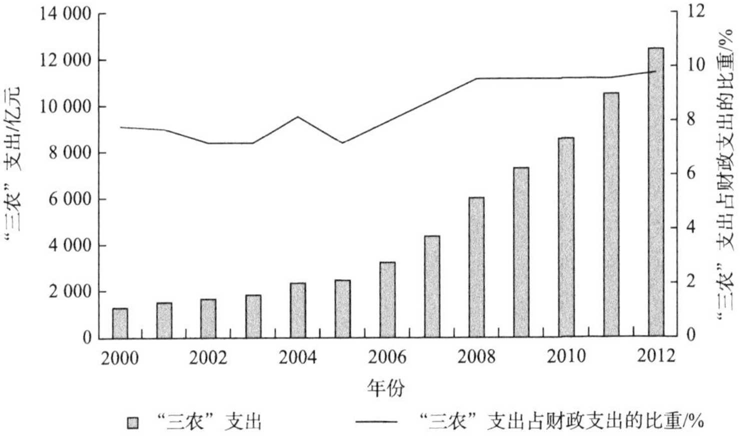

图 7.2　2000~2012 年中央财政支持“三农”投入情况

4. 产业制度

1）粮食补贴机制尚未健全

2004 年以来，中央实行了一系列支农惠农政策，对于稳步推进农业增效、农民增收和粮食增产发挥了重要作用。应当注意，影响中国粮食安全的问题非常突出，不仅有来自国际粮食歉收、价格上涨与出口限制的威胁，还有来自频繁发生的洪涝、干旱等自然灾害的制约。当前中国粮食增产难度在增大，粮食生产成本在增加、综合效益在下降，一些地方还出现了轻视农业、放松粮食生产的倾向，这些现象必须得到高度重视。

粮食生产是农业发展与社会稳定的重要基础保障，极具战略性和公益性。农民是粮食生产的主体，其决策理念与经营方式本质上属于市场行为，通常依据比较优势和效益最大化原则进行农业生产的组织。所以，粮食生产能否保持稳定的关键在于种粮能否带来效益。目前中国传统农区长期存在的“产粮大县、财政穷县”的局面仍未得到根本改变，严重影响了农民种粮的积极性，导致部分地方出现农业粗放经营、土地收益下滑等问题。部分发达地区农村和大城市近郊区在进行耕地承包经营权流转时，倾向于发展花卉苗木、瓜果蔬菜和设施养殖，导致了粮食作物播种面积的减少及粮食产能的下降。

“无农不稳、无粮则乱”。农业是自然再生产和社会再生产过程的统一，经受着自然、社会风险的双重制约，属于风险高、收益低的弱质产业。当前，中国已进入城乡转型发展的新时期，要进一步加快工业化、城镇化发展进程，就必须保障粮食安全和农民的利益，必须增强农业生产的基础地位和提高农业综合产能。政府的职责在于统筹、协调与调控，不断完善体制、制度和政策，赋权于农、得益于民（刘彦随，2011c）。

2）农民市场组织化程度低

目前，农民的生产经营形式仍然以单个家庭、农户为主，缺乏能够代表农民利益的市场组织。单个农户的经营格局，限制了农业的规模化运作，阻碍了农业科技的应用和推广，同时抗市场风险的能力低，缺乏市场竞争力和谈判能力。据统计，截至 2016 年，全国拥有超过 15 万个的农民合作组织，包括各类农业专业协会、专业合作社。但是，参加合作组织的农户占农户总数的比例不到 10%，农民的组织化程度相对于发达国家较低。同时，目前已经形成的农民合作组织大多规模小、实力弱，带动能力有限，发挥的作用还不够，普遍存在管理制度不健全等问题，甚至有部分组织由龙头企业主导，与农民没有形成利益联结机制，难以为农民争取权益。由于缺乏组织的引导，农民在生产前缺乏对市场信息的了解，盲目性较大；在生产过程中，缺乏技术技能的培训，生产成本较高；在农副产品流通过程中，产品销路不畅，没有发言权和定价权。这些负面情况亟须得到有效的改善。

5. 金融制度

农村金融体制改革已经 20 年左右，但是还存在很多制度性、技术性和操作性问题，在一定程度上制约农村发展。首先，农村金融体系不完善，商业银行出于成本、收益、风险等方面的考虑，不断撤并农村的网点，对于期限长、见效慢的农业项目投入意愿不足，导致农村金融资源供给严重不足。其次，对于农村政策性金融，一般由中国农业发展银行提供，但是目前对于商业性支农贷款业务开展较少，投入严重不足。再次，农村保险制度落后，覆盖面小，由于农业保险本身风险高，且农业生产的收益低，农业保险商业化运作难以实现，保险公司开展农业保险的积极性和农民参保的积极性都很低。最后，农村信用担保体系尚处在起步阶段，农村信用环境不理想，并且农村担保抵押物由于土地性质和经营权等因素难以发挥效用，农业发展所需要的资金难以通过贷款获取，急需建立具有农村特点的贷款担保制度（国务院发展研究中心课题组和韩俊，2010）。

6. 社会保障制度

随着中国农村社会保障制度的快速推进，农村地区在新型农村合作医疗保险、养老保险方面成效显著。但是，仍然存在城乡差距大、保障水平偏低及农业转移人口的社会保障衔接不畅等问题。首先，相对于城市地区，农村地区的居民在享受保险、救助、社会福利等领域上的覆盖率和服务水平较低，尤其是农民工群体，工资水平普遍较低，超过 60%的农民工没有签订劳动合同，难以享受与城市劳动者平等的就业制度和城市公共服务。同时，存在大量的失地农民，无法落户城镇，无法享受城镇居民的社会保障。其次，农村居民相对于城市居民，在保障水平上普遍偏低。在农村地区，居民自费医疗和养老保险的比例较高，因为农民自身收入较低，甚至存在部分贫困居民选择退保。再次，“以人为本”的新型城镇化迫切需要完善农民工的社会保障体系和社会福利制度，不仅需要提高农民收入水平，更需要政府加大对农村社会保障的资金投入力度。因此，统筹城乡社会保障制度，需要加大对农村社会保障的支持力度，扩大农村社会保障的覆盖面，尽量缩小与城镇的差距，进行制度统一规划，统一管理，提高统筹层次。

7. 环境治理制度

目前，农村地区的污染源主要来自工业废水、废弃物污染，农业面源污染及农村生活废水与垃圾。随着城镇化进程的推进，农村地区的生态环境面临巨大挑战。大部分农村地区基本无污水和垃圾处置设施，乡镇企业、禽畜养殖场、生活垃圾直接排放。在农村环境治理上，农村范围广，基层财政困难，对农村环境维护的资金少，治理难度大。据统计，2013 年，全国 58.8 万个行政村中，对生活垃圾进行处理的仅有 21.8 万个，占 37%。同时，每年农村生活垃圾约产生 1.1 亿吨，其中有 0.7 亿吨未作任何处理，占总量的 63.6%，未来需要加大对农村垃圾收集、处理设施的建设力度。在建设生态文明的过程中，还有必要打破制约农村环境治理的制度瓶颈，包括建立政府、农民、社会三位一体的资金投入机制，强化乡镇政府在环境方面的管理职能和治理责任，建立村级环保部门，增强村民的环境保护意识，将农村环境治理纳入地方环境保护考核机制。

7.2　城镇化助推农业农村发展的顶层设计创新路径

城市与乡村血脉相融、地域相连，是一枚硬币的两面。城市发展与乡村建设是车之两轮、鸟之两翼，不可偏颇。党的十六大以来，中国逐步进入统筹城乡发展的新阶段，但仍面临城镇发展对乡村劳动力、资源和空间的廉价使用，以及对土地财政的过度依赖问题。实现城乡要素平等交换与公共资源均衡配置，亟须创新城乡发展转型的科学路径和制度体系。城乡发展转型是城乡地域系统要素流动、机制转换、战略转变的综合人文过程。这一过程既需要城镇化对乡村发展的带动，也需要乡村地区自我发展的内生驱动，其关键在于深化改革与创新发展，加快实现城乡人口、土地、产业等要素的协同转换及城乡地域经济社会系统的重构（图 7.3），系统探索符合中国国情特色、时代特点的新型城镇化与城乡发展一体化的道路。

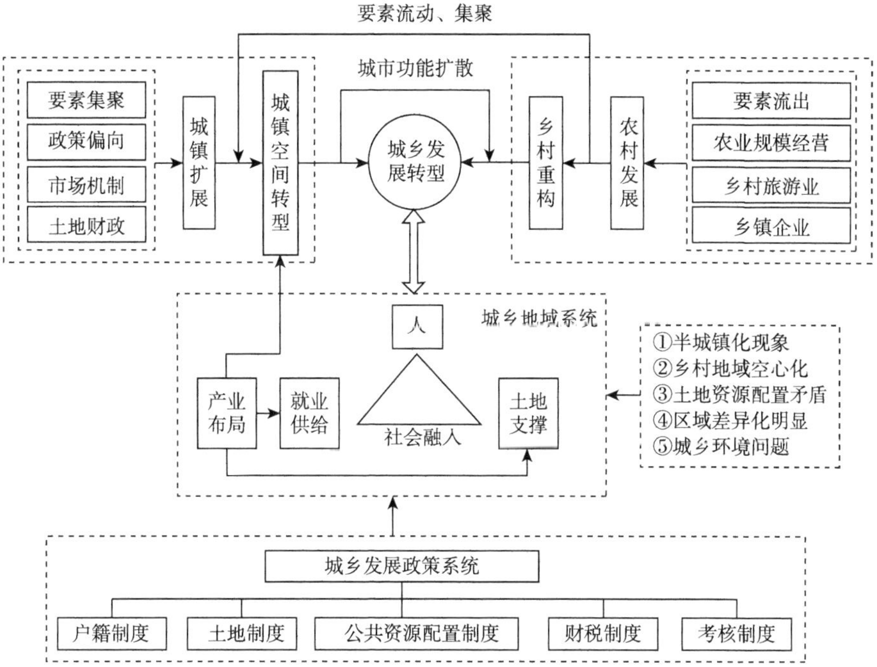

图 7.3　城乡发展转型过程及其科学机理

1. 创新城乡土地制度与管理方式

创新城乡土地制度与管理方式的关键在于促进土地可持续利用和城乡可持续发展，统筹兼顾保障粮食安全、保证经济增长和保护生态安全的“三保”目标。

切实解决城乡建设用地低效利用、农用地过度占用、农民权益受损、耕地细碎小规模等问题，亟须转变针对单一问题、采取单一措施的现行土地制度与政策，着眼于系统视角对土地制度创新进行顶层设计，科学协调土地制度体系内多要素关系。适应城乡经济社会发展态势，制订由基础域、核心域和战略域组成的中国农村土地制度改革方案，将是应对土地供需矛盾和协调城乡发展的有效途径。其中，核心域包括土地承包经营制度、宅基地退出制度、经营性集体建设用地流转制度、农村产权交易制度和征地制度。

为实现城乡土地资源可持续利用，还需要通过制订相应规划和采取相应措施来解决土地利用中存在的突出问题。一是为保障耕地红线和节约集约利用土地，划定永久性基本农田、城市增长边界和生态红线，明确城乡居住空间、产业空间、农业空间和生态空间。二是编制城乡建设用地存量规划。针对城市工矿建设用地粗放利用问题，依据土地投入和产出程度决定土地供需，优化城市建设空间和布局。针对农村宅基地“建新不拆旧”、闲置废弃问题，开展乡村存量土地规划的调查，查清乡村存量建设用地基本情况，分析当地乡村转型下土地集约利用的潜力和再利用方式。三是推动农村土地整治。顺应农业规模经营和乡村转型发展趋势，结合农村土地制度改革的试验探索，针对细碎、低产农用地及低效利用的宅基地等，编制总体或专项土地整治规划，通过农村土地整治搭建美丽乡村建设和现代农业发展新平台。

深入推进以盘活利用城乡存量建设用地为主要目标的土地供给侧结构改革，创建适应新型城镇化发展和城乡发展转型方向的农村土地制度体系，全面提高城乡土地配置效率和利用效益。积极探索地理学综合研究与工程试验研发的纵深结合途径，充分考虑不同尺度地理要素的地域综合性与时空序列性，发展地理学与其他学科的跨界融合理论，立足中国农村发展、破解“三农”问题，真正“把论文写在祖国的大地上”。譬如探索如何通过创新土地整治工程范式和管理模式，把中国日益严重的退化、污损与空废土地，建设为高质量农田，发展壮大现代农业和农村经济。

2. 建立工业反哺农业的长效机制

工业反哺农业，实质上是要改变农业农村在资源配置中所处的不利地位，加大公共财政支农力度。总体而言，可以通过政府政策投入、社会组织参与和市场三种机制来实现（郭家虎，2007）。政府政策投入主要指政府通过调配财政、技术、信息资源，平衡各类资源在城市与农村之间的分配；社会组织参与指社会组织通过资本、技术投入，推动“三农”发展；市场机制指各种生产要素从工业和城市向要素稀缺的农业和农村地区流动，促进农业农村发展。

目前，在政府政策投入机制方面已取得了一定进展，包括农业税改革、加大支农资金和转移支付力度，加快实行农村义务教育和改善农村医疗条件，完善农村救助体系等。相对而言，社会组织参与机制和市场机制作用仍然有限，但是，从长期来看，工业反哺农业有赖于长效的市场机制作用。而市场机制需要的是政府打破目前对城乡生产要素流动的制度阻碍，推动土地、资金、劳动力的市场化改革，建立要素自由流转和市场配置的机制，从而改变要素从农业和农村向工业和城市单向流动及工业与农业、城市与农村之间要素的不公平交换的现象，推动农村产生发展的内生动力，实现农业农村的可持续发展。

3. 加快构筑村镇建设新格局

随着城镇化的推进，乡村人口减少、老龄化、土地空废化成为必然趋势，亟须推进乡村转型重构，搭建村镇建设新格局。所谓村镇建设格局，是指县城、重点镇、中心镇、中心村（社区）的空间布局、等级关系及其治理体系。需要立足县域和村镇地域空间，塑造乡村发展的新主体、新动力和新制度，重构产业发展、服务均等、生态保育和文化传承功能。村镇格局建设需要乡村内生动力和城市外部驱动的结合，引导就地城镇化、村镇化和城乡建设形态的多元化。在内生动力方面，要立足乡村自然环境、资源、人文特色等发展新业态和培育新机制；在外部驱动方面，注重城市要素对乡村发展的推动与互动作用，吸引城市资金、居民消费、技术因素等向乡村地区转移，激发村镇经济活力、提升农村发展能力。

村镇格局建设受到区域城乡经济社会发展态势的直接影响，可以基于分区分类思路，探索不同类型村镇发展方向和整治对策。对于产业基础和设施基础好的村镇，加大基础设施和公共服务供给，通过产业链延伸和吸引城乡要素，建设为中心村镇。对于文化特色明显的传统古村落，应以整体保护为主，避免乡村传统文化消失。对于空心化严重的村庄，在有建设条件并充分考虑农民意愿的前提下，基于村庄土地整治建设新社区。对于生存环境恶劣和交通不便的中西南山地丘陵区，通过土地整治、综合开发和生态移民等措施重构乡村生产生活空间。整体上，村镇格局建设应因地制宜、以人为本，注重产业培育和社区建设在空间及功能上的融合，优化重构中国村镇形态结构、基层治理体系，全面推进农村治理能力现代化。

4. 深化改革城乡发展体制机制

创新城乡发展政策和体制机制是城乡发展转型的根本保障，需要把加强顶层设计和地方实践相结合。基于城乡发展转型态势和区域资源环境承载能力，变革不利于城乡协同发展的相关政策和体制机制，除了土地制度外，还表现在发展战略、户籍制度、财税体制和社会保障机制等几个方面。

第一，转变重经济轻民生、重城市轻乡村的发展战略，推动城乡经济、社会、生态的协同发展。中国经济进入新常态，需要进行产业结构升级和市场环境优化，转变经济增长对土地财政和资源环境的过度依赖；统筹城乡就业、教育、医疗和社会保障等，战略上形成城乡要素平等交换的发展环境。

第二，稳步推进户籍、土地和社会保障等制度改革，推动乡村人口有序转移和市民化。2014 年国务院发布《国务院关于进一步推进户籍制度改革的意见》尽管针对不同规模的城市提出了差异化政策，但能否改变人口迁移的主要驱动因素是户籍制度改革成败的关键。因此，户籍制度改革应该与产业政策、公共资源配置政策、土地制度改革等协同推进，既应推动城市群区域的包容性发展，也应提高县域中小城市和小城镇对转移人口的吸引能力。

第三，涉及城乡管理、财政政策、规划政策等方面的体制机制时，以破解城乡问题为出发点、以城乡发展一体化为导向，适时调整和变革，推动经济、社会、生态协调，以及城市和乡村协调发展。

7.3　城镇化助推农业农村发展的制度创新路径

1. 户籍制度改革

农村转移人口落户制度的核心在于解决“人”的问题。2014 年 7 月 30 日发布的《国务院关于进一步推进户籍制度改革的意见》规定，要进一步调整户口迁移政策，努力实现 1 亿左右农业转移人口和其他常住人口在城镇落户。借由上述政策的实施，能够更有效地缓解传统体制下形成的“人户分离”与城乡二元割裂的状况，打消进城农民工的后顾之忧，减少“城乡双漂”现象的发生，同时缓解返乡农民新建住房对于村镇规划布局和农村生态环境的压力。但是，也应当注意到，户籍制度改革是与财政、土地、社会保障制度紧密联系的，促进农民工市民化不仅需要推进农业转移人口落户，更需要在区域、城乡之间建立起人财挂钩、人地挂钩机制，推动城乡一体的社会保障体系建设。

2. 土地制度改革创新

土地制度是农村基本经营制度的核心。现阶段中国农村问题的核心仍是土地问题，而土地问题的核心则是农村土地制度。农村土地制度决定着农业农村经济的可持续发展，事关城乡统筹和新型城镇化的健康运行。当前深化农村土地制度改革的理论逻辑在于快速工业化、城镇化进程—农民主体分化—农村土地功能变化—分化农民土地产权诉求变化—农村土地制度创新。土地是农民的基本财富，对农民生计具有多种功能，在经济发展的不同时期，对于农民而言，土地的功能和重要性也不同。农民的土地产权诉求是对土地功能多样性和重要性的再认知，是农村土地制度创新的总前提（刘彦随，2015）。在农民主体分化背景下，土地的功能和重要性发生了显著变化，分化农民对土地产权诉求也有了明显不同，因而农村土地制度必须适应新形势、新常态，适时探究以土地民生为核心的制度创新路径（图 7.4）。

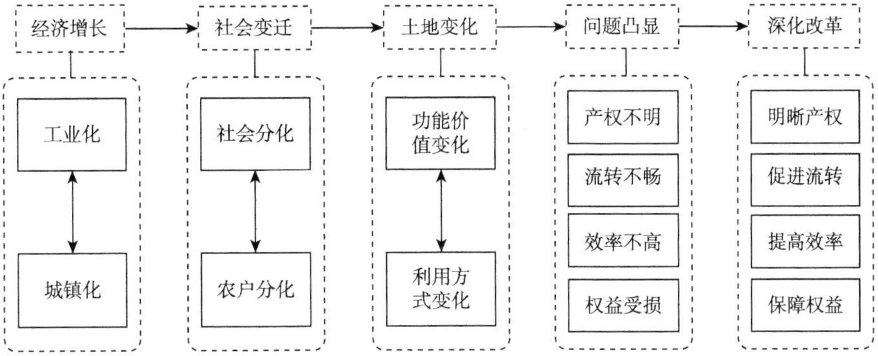

图 7.4　农村土地制度改革的逻辑体系

1）耕地保护制度与机制创新

首先，耕地资源保护具有较强的基础性、公益性、社会性。新时期强化耕地资源保护，严守耕地红线，确保耕地质量不下降、产能有提升，关键在于完善耕地保护制度与保障体系，创新多元化的耕地保护机制。①确立耕地“全要素”保护制度。强化耕地保护，转变当前只重数量保护、轻视耕地其他要素保护的管理理念，逐步形成数量、质量、生态、空间、时间等五大要素并重的管理认知，确立耕地资源“全要素”保护制度：保证耕地数量，确保耕地红线不突破；保护耕地质量，实现耕地产能提升；保护耕地生态环境，确保农产品质量安全；优化空间格局，实现耕地资源的最优空间配置；统筹安排时序，协调代际关系，实现耕地资源在时序上的优化利用。五大保护要素缺一不可。在此基础上，形成耕地保护用途管制、整治提质、产能提升、空间规划、流转增值、权益保障的“六位一体”融合机制，实现保护耕地资源、保障粮食安全、保证农民权益的长远战略目标。②完善耕地占补平衡制度。耕地占补平衡制度作为耕地保护的一项基本制度，对于坚守 18 亿亩耕地红线具有重要意义。然而，在实践过程中存在“占多补少、占优补劣”、边际土地开发引发的生态安全问题、补充耕地生产不便等诸多问题，亟须推进相关制度完善与机制创新。③建立补充耕地质量建设与后续管理机制。完善补偿耕地质量验收程序，确定耕地等级，确保能够持续耕种；将补充耕地后续的质量提升、基础设施建设等费用纳入耕地占用成本，持续提高耕地产能。

其次，后备土地资源开发（特别是边际土地）容易对周边生态环境形成胁迫，甚至造成生态破坏。因此，后备土地资源开发必须进行严格论证，并预留一部分资金，用于消除生态环境压力。①创新“以质抵量、产能平衡”机制。按照产能平衡原则，通过实施中低产田改造，提高粮食综合生产能力，即可减少后备土地资源的开发量，实现“以质抵量、产能平衡”。②建立补充耕地经济补偿机制。补充耕地区的耕地保有量增加、耕作距离远、地块零散等可能造成生产不便。因此，可对新开垦耕地的区域发放“新增耕地耕种和管护补助费”，形成补充耕地经济补偿机制，增强地方政府和农民对占补平衡补充耕地的责任心。

最后，长期以来，中国耕地保护制度均侧重于“约束性”保护，对“激励性”保护重视不足，至今尚未形成耕地保护价值补偿新机制。经济利益是决定耕地保护主体行为的主要因素，建立耕地保护价值补偿与激励机制，将会极大调动耕地保护主体的积极性。耕地保护涉及多层次、多主体，应以耕地价值评判与耕地保护机会成本为依据，建立耕地保护价值补偿制度，让耕地保护变“被动”为“主动”。①耕地保护所得补偿是耕地保护过程产生的正外部性的价值体现，要充分考虑耕地保护主体多元性，既要补贴耕地保护微观主体（农户），激励其保护耕地的积极性，也需补偿地方政府因保护耕地而放弃开发建设获取更高经济利益的机会成本。②健全建设过程中应尽量避开耕地、提高集约用地水平，建立有利于增加耕地、改善耕地质量、提升耕地产能的经济激励与投入长效机制。依据耕地资源的功能价值评价，修正征地占用耕地的补偿标准，要依据耕地的真实价值对失地农民进行足额补偿。③创新区域耕地保护补偿模式。国家应加大对重要粮食主产区和商品粮基地的耕地保护补偿力度，即纵向补偿。同时，粮食调入省区市或地区应对粮食调出区域进行价值补偿，即横向补偿。耕地占补平衡也亟须创新利益机制，建设占地区需对补充耕地区进行利益补偿。④在耕地资源科学认知与评判的基础上，建立健全中国18亿亩耕地保护财产权利制度，让地方政府与农民从事耕地保护及其履行持续利用的社会责任得到合理的财产回报。当前要有效整合耕地保护基金、种粮补贴和农业综合补贴等费用，将土地使用权抵押的依据由耕地产品价格转变为耕地保护与经营的真实价值，让农民依法享有更多的土地财产权利。

具体政策与措施包括以下三个方面。

第一，制定激励政策，加强监督管理。在理顺不同耕地保护主体间利益关系的基础上，中央政府应抓紧制定耕地保护利益激励政策，包括对地方政府（官员）的利益激励措施、对农民的经济补偿措施，进一步明确耕地保护补偿激励细则，实现耕地保护的外部效应内部化。完善监督检查与问责体系，加强对地方政府耕地保护的例行检查，增强土地执法的规范性、权威性。同时，国家应重视营造耕地保护及合理利用的政策环境，特别是土地整治与开发应当因地制宜，在一些重点生态脆弱区和生态建设区，要变革“先补充耕地，后退耕还林”的政策路径，可直接探索推进“占耕补林”政策，避免过程性浪费。

第二，加大财政转移支付力度，改革政绩考核体系。按照区域比较优势，明确区域耕地保护方向，采取差异化的耕地保护措施；加大中央财政对耕地保护补贴力度，建议将耕地保护指标纳入财政转移支付指标体系，补贴金可优先投向耕地保护机会成本大、耕地利用比较效益低、耕地利用对国家贡献大的地区；耕地保护任务量少、粮食不能自给的东部沿海省区市，在区域利益协调基础上，应按照粮食输入量对粮食输出省区市进行经济或其他利益补偿；改革现行干部政绩考核制度，将耕地保护纳入考核指标体系，明确奖罚细则，如主要农区耕地保护实行一票否决制，圆满完成耕地保护任务者优先获得奖励和晋升。

第三，加大对农民保护耕地的经济补偿。在实施支农惠农补贴政策的同时，重点增加粮食产量补贴，强化以奖代补。农户在预留口粮和种子的情况下，将多余粮食出售给当地政府，收购站应以高于市场平均价格收购。全面深化农村土地产权制度改革和农村耕地财产权利制度创新，鼓励农民耕地经营权流转、抵押，既要补贴专业种植大户支持其规模经营，又要补贴耕地转出的农户助其维持生计，鼓励兼业农户进行土地流转；鼓励农民购房、建房城镇化与中心社区化，盘活使用村内废弃宅基地与空闲地。同时，严格宅基地建设占用耕地审批，实行房屋建新与拆旧复垦挂钩，占用耕地建房者须参照当地的区片价缴纳足额费用（刘彦随等，2014）。

2）加快推进土地流转健康发展

加快推进土地流转的健康发展，关键在于依法确立土地流转各方的权利和义务，正确处理各利益主体间的关系，大力推进土地流转相关制度、机制、政策与模式的协同创新。应充分认识到引导农村土地经营权有序流转的系统性、复杂性与长期性，同时要结合新型农业经营主体培育和美丽乡村建设的需求，深化农村土地制度改革，激发农村土地所有权、承包权、经营权“三权分置”制度创新的活力和动力，为切实保障土地民生提供有力的制度支撑。推进承包地流转相关制度政策的创新，应充分尊重农民主体的意愿，以提高农村土地利用效率、稳定粮食生产能力、保障农民土地权益为准则，通过创建农村土地经营管理、土地流转监控、土地收益分配的长效机制，有效防范当前土地流转规模经营中暴露出的耕地污损、毁坏和撂荒现象，以及农田非粮化甚至非农化问题。

针对中国耕地经营分散化、细碎化的现实情况，应充分结合国家现代农业示范区、全国农村改革试验区和国家新型城镇化综合改革试点实践，深入探索有助于提高土地利用综合效益和劳动生产效率的农村土地流转新模式，有效推进农村转移人口市民化、农业资源配置市场化、农地经营管理法治化（刘彦随，2015）。具体政策和措施包括：一方面，搭建农村产权交易平台，实现集体土地和国有土地“同地同价”，在符合规划的前提下，允许集体土地出租、抵押，允许农民用土地入股，获得土地流转的绝大部分收益；另一方面，通过立法明确农村集体土地流转的合法性，并尽快制定农村集体所有建设用地使用权流转管理办法，在《中华人民共和国物权法》和《中华人民共和国土地管理法》中增加保障农民土地财产和保护耕地的相关条例。

3）创建城乡增减挂钩模式

以积极推进城镇建设用地增加与农村居民点用地减少相挂钩为基本导向，优化城乡建设用地结构，促进城乡建设用地集约利用。以农村废弃空闲土地整治为突破口，以城乡建设用地增减挂钩为平台，优化城乡建设用地结构。值得注意的是，推行城乡增减挂钩模式需要创新体制机制，应始终坚持“土地民生”理念，体现农村土地功能性替代作用，让失地农民能够享有合理的土地收益来保障今后生计。

为缓解城镇用地供给不足的压力，充分盘活利用农村闲置建设用地，推进土地节约集约利用，国土资源部于2005年发布了《关于规范城镇建设用地增加与农村建设用地减少相挂钩试点工作的意见》（国土资发〔2005〕207号），2008年又发布《城乡建设用地增减挂钩试点管理办法》（国土资发〔2008〕138号），要求进一步加强和规范城乡建设用地增减挂钩试点工作。这些政策对促进城乡建设用地的双向互动和协调运行具有重要的现实意义。

2013年，全国共有城乡建设用地增减挂钩试点省区市29个，在实践中已形成天津市“宅基地换房”、山东省“农村社区化”、重庆市“地票交易”等典型模式，但也暴露出一些问题。例如，对农村居民点整理缺乏长远的战略谋划与规划，出现大拆大建现象，损害了农民的土地权益。

城乡建设用地增减挂钩政策是保障经济发展、保护耕地、统筹城乡土地配置的重大战略，将土地整治与新农村建设相结合势在必行。政策创新的重点在于：①为构建城乡经济社会一体化发展新格局，对城乡建设用地增减挂钩进行长远的战略性探索，科学制定分阶段、分区域的推进战略；②以严格规范城乡建设用地增减挂钩政策为重点，建立不同典型类型区的示范样板，做好全国农村土地整治工作；③深入探讨城乡建设用地增减挂钩的土地价值形成和级差地租收益分配的合理的核算体系，构建土地增值收益分配制度及其相关保障机制；④城乡建设用地增减挂钩与“空心村”整治相结合，作为耕地保护与粮食安全的重点任务。

4）农村土地综合整治

改革开放以来，中国快速城镇化进程带来了农村人地关系的剧烈变革。农村人口与土地高速非农化，导致宅基地废弃和土地闲置浪费的问题不断加剧。面临破解“三农”问题和缓解“双保”压力的双重挑战，深入开展农村土地整治成为中国统筹城乡土地配置与新农村建设的重大战略。农村土地整治是一项对农村地区田、水、路、林、村进行综合整治的复杂系统工程，既包括农田、村庄、工矿用地及闲置未利用地的专项整治，也包括田、水、路、林、镇、村、宅多要素复合的区域性综合整治。目前，四川、浙江、江苏、湖北、陕西等省份开展了“农村土地整治工程”，而且已成为地区新农村建设和城乡统筹发展的有效抓手。

促进城乡土地优化配置、盘活利用农村废弃土地、提升农村土地价值是新时期推进农村土地整治的基本准则。据测算，经整治的耕地利用率可提高 3%~10%，可优化农村土地利用结构，提高土地利用效率和集约化水平，改善农村居住环境。但是，农村土地整治尚缺乏全局性的规划引领、基础性的理论指导和集成性的技术支撑。

农村土地整治的政策创新重点在于：①认清当前农村土地利用中存在的问题、面临的形势和未来的趋向，以重构区域性人口集中、产业集聚、土地集约的城乡国土空间新格局为核心目标；②中国区域发展的地带性差异显著，农村土地整治要以不同区域的实际情况为导向，强调地域差异性及其主导功能性，科学把握农村空心化的动态与情境，因地制宜、分区实施；③中国农村土地整治正处于典型示范向区域推进的关键时期，如何持续推进，不仅是战略问题，也是科学决策问题，关键在于准确把握机遇，既不能错失良机，也要避免操之过急；④积极探索适合农村发展的新机制和土地整治新模式，突出农民主体地位，让农民自己做主，并充分享受土地整治政策带来的实惠与土地增值收益。

5）推进节约集约用地

中国总体上已进入破除城乡二元结构、形成城乡经济社会发展一体化新格局的重要转型时期，土地资源需求刚性上升与土地供给刚性不足的矛盾不断加剧。2008 年 1 月国务院发布了《国务院关于促进节约集约用地的通知》（国发〔2008〕3 号），要求提高建设用地利用效率。2012 年 3 月国土资源部发布了《国土资源部关于大力推进节约集约用地制度建设的意见》（国土资发〔2012〕47 号），将节约集约用地制度作为我国土地管理制度中的一项基础性制度。通过“控增逼存”“开源节流”推动土地要素组织与空间利用效率的提升，为构建适应经济发展阶段的土地配置长效机制营造新环境。

在城乡发展转型期，农村土地的非农化、空废化，农地经营的细碎化、兼业化等状况将长期存在，节约集约用地的潜力巨大，但同时面临众多的制约因素。主要包括：①推进节约集约用地，受宏观层面的财税制度、政绩考核制度和微观层面的家庭承包经营制度、村民自治制度等多方面限制，进一步凸显农村土地管理与节约集约用地主体，拓展农村土地资产性收益途径，构筑城乡同地同价和统筹城乡发展平台，将面临巨大的挑战；②节约集约用地的核心问题在于驱动土地征用、追求土地财政、造成土地浪费的体制与机制矛盾未根本破解；③农村体制与机制创新落后，强化农村土地保障功能与其非农化“功能性替代”的政策不匹配。

节约集约用地政策创新的出路在于构建多层次、多目标的战略体系，包含顶层总体制度的设计和组合配套政策的供给。①制度层面上，构建土地制度、核心制度与社会保障制度相融合的多层次制度体系；将推进节约集约用地，促进城乡协调发展置于国家战略的高度上。②机制层面上，进一步完善供地机制、规划决策机制、市场配置机制、收益分配机制，建立节约集约用地的激励引导机制、监督考核机制。③政策层面上，强调节约集约用地是硬指标；以土地投资强度和用地进度为双约束，细化相应的奖惩政策；严格实施各级土地利用规划、严格执行各类土地使用标准、严格落实各地土地管理责任。④决策层面上，着力推进“三大战略”，即探索推进大城市“三旧”改造、深入开展“空心村”综合整治、全面实施高标准基本农田建设与土地整治重大工程。

3. 改革和完善农村产业制度

在农村基本经营制度改革方面，应坚持农民家庭经营主体地位，引导农民从分散经营向适度规模经营转变。随着城镇化和工业化的进行，农地利用分散、细碎、小规模的问题突出，未来应充分利用好人口外出务工的机遇，鼓励土地流转，在尊重农民意愿的前提下，推进适度规模经营。同时，重点培育家庭农场、农村合作社、龙头企业等新兴农村经营主体，构建“政府+农户+合作组织+企业+消费者+X”的多主体网络，推动农业农村的参与式、网络化发展。

在农村生产方面，鼓励农民从简单加工向精深加工转变，探索以发展工业的方式发展农业，促进农产品加工业向纵深发展，同时发挥农业生产多功能性的特点，发掘农业在文化传承、景观塑造、生态维系、社会融合等方面的功能、市场潜能，提升农业的综合效益，积极探索“互联网+农业”“旅游+农业”“农业+X”，创新销售模式。

在农产品价格形成机制方面，坚持市场自主定价，探索农产品价格与政府补贴挂钩的改革机制，建立既反映市场，又保障农民收益的价格形成机制。根据市场价格，政府补贴消费者或生产者，同时运用进出口调节的手段，保持农产品价格的相对稳定。

4. 建立农村公共物品供给机制

中国农村发展面临的一个重要问题就是公共物品供给不足，包括基础教育资金投入不足、农村医疗保险标准偏低、农民社会保障服务缺乏、农村基础设施投入不足。随着城镇化和工业化的持续发展，国家有条件、有必要尽快健全农民对农村公共物品供给中的需求制度，深入了解农民真实的消费和需求能力，建立农村公共物品供给的长效机制，加强农村基础教育、医疗保险、社会保障和基础设施的投入力度，实现城乡基本公共服务均等化。然而，农村公共物品的供给需要中央、地方政府、农村集体组织共同提供。首先，完善农村公共物品的供给决策机制，充分体现农民意愿，系统制订农村各项公共物品供给的规划，坚持规划先行，通过规划明确供给的目标、重点和顺序；其次，政府应加大对农村公共服务的投入力度，并且重点向欠发达的农村倾斜，同时引导金融机构加大涉农信贷投放力度；再次，通过法制化来规范和制约政府财政行为，同时明晰公共物品的产权，落实管护主体和责任，加强对公共资源使用的监督、检查；最后，采取各种有效措施，引入个体私营企业投资，激励社会各界关注农村公共物品投资，激励社会资本和农民群众参与农业农村建设的积极性，形成政府、社会、农民共同促进农村公共物品供给的合力。

5. 强化农业科技驱动作用

快速城镇化背景下，农业农村发展面临的人口问题、资源问题、环境问题越来越突出，需要依靠科技创新，实现农业的可持续发展。目前，中国在农业科技投入、人才培养，农业技术集成化、机械化、信息化方面取得了一定进展，但是，仍然存在农业科技成果转化率偏低的问题。未来需要进一步拓展农业创新领域，加强土地工程科技创新，推动非耕地的可持续利用，开辟食物、饲料新资源，挖掘农业在休闲观光、文化传承、宜居生态等方面的潜力，促进农村生产、生活、生态协调发展。同时，健全完善农业技术推广体系，包括建立农业技术推广机构，鼓励高等院校、科研院所开展农业技术推广服务，支持专业服务组织、涉农企业参与农业技术推广。此外，农业科技人才培养不仅需要培养农业科研团队，还需要培养家庭农场、专业大户、农业合作社、龙头企业等经营主体的科技应用能力，以及一大批新型职业农民，鼓励社会力量和农民群众参与农业科技创新。

6. 创新农村金融体制机制

近年来，中国农村金融改革取得了一定进展，但是仍然存在金融体系不完善、政策性金融供给不足、保险制度落后、信用担保体系不完善等障碍，难以满足农业农村的发展。未来，深化农村金融改革，重点需要通过金融创新盘活农村巨大的沉睡资产，促进农村要素与城市要素平等流动，增加农民的财产性收入。具体而言，一是推进新型农村合作金融组织发展，规范发展农村合作金融，包括农村保险互助组织、融资租赁公司、小额信贷公司等，缓解农村金融供给不足的问题；二是创新和发展农村金融产品及服务方式，慎重稳妥地实行以农村土地承包经营权为抵押担保的方式，满足农民工、大学生等返乡人员创业的资金需求；三是拓展农业保险的广度和深度，构建多层次和多主体的农业保险网络，加大保费补贴政策扶持力度和财政支持力度；四是完善农村金融服务体系，推进农村金融基础设施和信用体系建设，创新农村金融服务的监管机制。

7. 创新环境治理新机制

中国的农村环境问题是历史与现实因素综合作用的产物。环境污染主要来自工业“三废”排放、生活垃圾倾倒、畜禽粪便任意堆弃。其中，工业废弃物排放是目前危及农村环境健康的主要来源。随着城镇化发展和产业结构转型，工业污染问题呈现由城市向农村、由局部向整个流域、由东部向中西部地区转移的趋势，如果得不到及时有效的治理，伴随地区性资源高消耗、环境重污染所造成的灾难和危害的不断升级，特别是饮用水和食物的长期重度污染，“癌症村”悲剧可能还会发生。在环保制度与机制上，需不断加大改革创新力度：一要转变发展方式，新型城镇化推进过程中，城市扩展、村镇建设、产业发展决不能以牺牲农村环境、贻害百姓利益为代价；二要树立城乡平等观念，健全农村环境监管机构与监测体系，加快污染防治制度供给，扭转农村长期“被污染”的局面；三要统筹城乡规划，环境为先、民生为重，严格履行环保国策与产业政策，从源头治理环境污染，依法加强全过程环境保护；四要重视建立健全区域协同机制，创建政府主导、部门联动、公众参与的环境管控长效机制，为人民营造健康优美的环境（刘彦随，2013c）。

8. 改革行政管理与规划制度

城乡一体化进程中，首先需要统筹城乡行政管理，扩大县级行政单元的管理权限，同时扩大具有一定人口和经济规模的大镇的行政管理权限。通过改革行政管理制度，加大国家对县域经济的支持力度和对小城镇基础设施及公共服务体系建设的投资强度，把县城、中心镇、重点镇建设成生产要素集聚和承载农村人口转移的重要区域，这将有效缓解县、镇级别地区的公共资源严重不足的问题，增强县城和小城镇的吸引力，进而带动农业农村的发展。例如，近年来启动的“镇改市”在浙江龙港镇和吉林二道白河镇进行试点，旨在突破现有的行政建制对大镇发展的束缚，加强镇级行政单元的地权、财权和事权，激发其内生发展动力，助推小城镇的新型城镇化建设。

其次，需要建立城乡一体的规划体系，包括构建一个县域空间规划信息管理与多部门协同共享基础平台，解决统一的规划底图、坐标体系、基础数据、分类标准等问题。深入研究以承接省域主体功能、凸显县域主导功能为重点的县市区域空间规划技术方法，按照县域经济功能、社会功能、生态功能、粮食安全功能等不同地域功能定位，深度整合城乡、土地、生态、产业等各类空间性规划，推进形成以系统化、信息化、制度化为特征的“一本规划”。同时，要注重和推进全面深化改革探索与机制创新，进一步在县域空间功能优化的大平台上，健全自然资源部、住房和城乡建设部、生态环境部、发展和改革委员会等多部门协调共赢的“一套机制”，加快推进“多规合一”规划编制与实施的法治化、标准化和规范化（刘彦随和王介勇，2016）。

9. 利用工程技术推动农业农村发展

农业农村发展是一个系统工程，不仅需要从政策、制度上改革创新，还需要充分利用各项工程技术，如土地整治工程、环境整治工程、信息化工程，共同推动农业农村发展。同时，工程技术应与当地农业农村发展具体情况相结合，乡村地理学由于其综合性的优势，可以发挥重要作用。乡村地理工程包括观测试验工程、规划设计工程、调查评价工程、修复整治工程、模拟决策工程。以中国科学院地理科学与资源研究所区域农业与农村发展研究中心研究团队为例，通过在陕西延安、陕西榆林、山东禹城、河北阜平四个试验研究站的实践，在治沟造地工程、良田优配-良种优选、“空心村”综合整治技术、土地整治工程等方面取得了一定成果：在延安基地，治沟造地、整治农田，将规划、设计落到工程实践中，改变了农业农村发展的土地限制，促进了当地生态、经济、社会可持续发展；在榆林基地，通过退化土地复配工程，试种、造田，将毛乌素沙地的荒沙变成良田；在禹城基地，通过组织整合、产业整合和空间整合的思路，以及“空心村”土地营造、土地复配、土质改良“三位一体”的工程实践，实现村内集约、迁村并居，最终实现城乡融合。未来，应推动这些工程技术在农业农村的推广，通过土地整治工程改良水土关系，推动农业现代化；通过农田生态工程改良人地关系，推动农村现代化；通过乡村系统工程改良城乡关系，推动新型城镇化（图 7.5）。

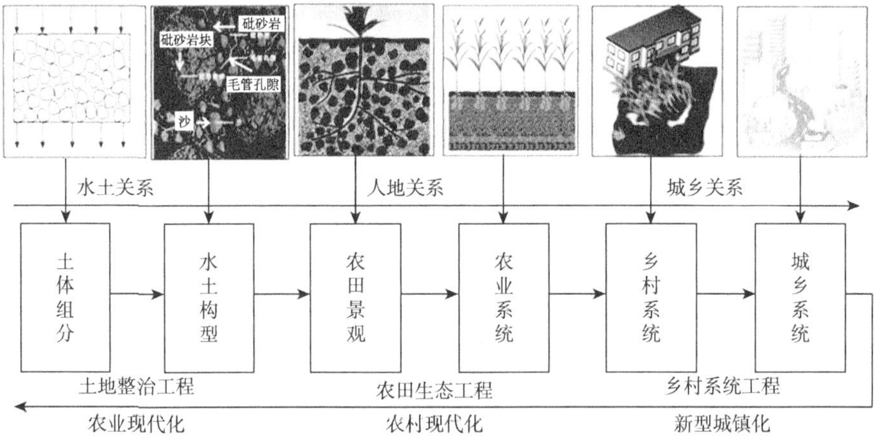

图 7.5　乡村地理工程与农业农村发展

资料来源：Liu 等（2016）

7.4　新型城镇化及其助推农业农村转型发展的长效机制和对策建议

7.4.1　新型城镇化助推农业农村转型发展的对策建议

在新型城镇化背景下，中国农业农村的发展应围绕人口、土地、产业三个核心要素，在要素整合、外部环境变迁及社会需求的驱动下，推动乡村地域功能、经济形态、空间结构和社会组织结构的演化，构建村镇建设新格局，构筑村镇生产空间、生活空间、生态空间和文化空间，推进形成具有中国特色的城市、村镇、农业、生态“四位一体”国土新格局（胡银根等，2015）。

1. 新农村建设与城镇化应是一体的，且新型城镇化应治“乡村病”

人多地少是中国的基本国情。农村人口多、农业效益低、农村底子薄是中国现代化建设进程中长期面临的基本问题。稳妥推进城镇化是破解“三农”问题的重要途径。同时，农村人口基数大，即使未来城镇化率达到 60%，也仍有五六亿农村人口。因此，建设新农村和推进城镇化是两位一体的战略，实现城镇化与新农村建设的双轮驱动和良性互动，是中国特色城镇化道路的必然选择（刘彦随，2010）。

从历史视野来看，“乡村病”因快速城镇化而引发，也必将由新型城镇化来根治。就当下而言，尤其需要正视问题，周密谋划，做好顶层设计（刘彦随，2013b）。

一方面，城镇化与新农村建设结合是关键。城镇化不仅仅是城镇自身的建设问题，更是统筹城乡发展的战略问题。新农村建设的核心是着眼城乡协调发展大局，以小城镇和中心社区建设为龙头，以产业培育和生产发展为支撑，以农村土地集约高效利用为基础，以农业生产力提高为重点，深入推进农村组织、产业与空间“三整合”，促进人口向社区集中、居住向城镇集中、产业向园区集中。发挥中心镇和中心社区配套服务与市场辐射作用，促进城乡要素的有序流动和教育、医疗、文化等公共资源的一体化配置。加强城镇化和新农村建设的结合，促进政府、企业与农民的良性互动。就业是民生之本，改善民生是经济发展的根本目的。而随着全球化背景下产业结构调整和经济发展模式的转变，无论是农村劳动力转移就业，还是因产业转型或年老返乡的农民工再就业，都将面临更大的挑战和压力，关键是要加快政府管理体制与企业制度创新，建立多主体就业联盟，完善促进就业与创业的市场机制，有效推进职业培训制度化、就业服务社会化和城乡社保一体化。 推行城乡建设用地增减挂钩政策，搭建统筹城乡发展的新平台。土地问题是众多深层矛盾和问题之源。破解城镇建设用地供需矛盾和缓解耕地红线保障压力，重在深化农村土地制度改革，构建促进农村土地流转与宅基地退出的长效机制，推进农村土地资本化和增加土地财产性收入，妥善解决进城农民资源双重占用及其土地权益保障问题。充分利用城乡建设用地增减挂钩的政策平台，把着力点放到优化城乡建设用地配置和提高土地利用效率上来，实行城乡同地同价同权，全面推进土地节约集约利用。面向国家新农村建设、保障耕地红线和统筹城乡发展“三位一体”的中长期战略，因地制宜、分区推进以“空心村”为重点的农村土地综合整治，逐步实现新农村建设社区化、土地经营适度规模化和农业现代化，让留村农民也能够以地为生、安居乐业（刘彦随，2010）。

另一方面，农村体制及模式创新是重要内容。①应加快农村体制机制创新。适应农村人地关系的剧烈变化，加快农村产权、户籍、社保制度和基层治理机制创新，培育新型农民主体；强镇兴业、城进村荣，转变城市扩张、土地财政对乡村空间的依赖甚至寄生，建立平等、互惠、一体的新型城乡关系。②贯彻节约集约用地战略。土地集约化、资产化倒逼农村土地制度改革，将城乡建设用地增减挂钩制度化，探索农村土地使用权股份化和宅基地确权流转市场化模式，稳妥推进农村空废土地整治与优化配置；创造条件让农民依法享有土地流转自主权、土地市场收益权，使务农村民、失地农民的长远生计有保障。③科学规划引领乡村转型。深度探究城乡发展转型的动力机制，探索农民、土地、产业与环境协同耦合的模式，制订新型美丽村镇建设总体规划和差别化的战略，促进城乡公共资源配置均等化，引领农村生产和生活方式现代化，逐步实现城乡等值化和农村生态文明化（刘彦随，2013b）。

2. 加快构筑村镇建设格局，完善城乡空间格局体系

党的十八届五中全会提出“构建科学合理的城市化格局、农业发展格局、生态安全格局”。在全面实施新型城镇化战略背景下，加快构筑村镇建设格局，是构建城乡发展一体化新格局的根本要求，也是打破城乡二元结构、破解“三农”问题的现实途径。

所谓村镇建设格局，是指乡村地区县城、重点镇、中心镇、中心村（社区）的空间布局、等级关系及其治理体系，主要包括村镇人居空间、产业空间、生态空间和文化空间。

在认识上，要全面把握城乡地域系统理论、城乡发展转型规律，科学研判乡村地域功能及其价值，评估乡村地域发展潜力与支撑能力，探讨乡村地区人口、土地、产业、生态协调耦合新模式，探索发挥企业创新、新型农民主体性、乡村空间有序性的科学途径。

在战略上，要系统实施新型美丽村镇建设计划，推进以村镇化、镇城化为主要特色的就近就地城镇化，构建城镇村空间体系、综合治理体系，激发村镇治理、转型、提质的活力与动力，防范农村人口长期“城乡双漂”的社会陷阱，探索不同类型区域村镇产业集约、集成、集群发展的长远战略，协同推进城乡等值化与农村现代化（刘彦随，2014）。

3. 科学协调人地业关系，促进城镇、产业与人口转移协调发展

城镇与产业是区域“形态”与“业态”交织作用的复合系统，是城乡关系的核心、统筹城乡的载体。产城融合本质上是一定区域的产业与城镇协调互动、融合发展的系统过程。经济增长和产业结构升级是城镇形成及其变化，乃至其发展转型和功能提升的重要基础。同时，城镇为产业发展提供信息、设施等服务，降低企业交易、信息搜寻、劳动用工等成本。当前，由于产业体系和城镇体系不协调，大城市地区职住空间严重分离，城市病问题突出，农村转移人口市民化成本高，而中小城市和小城镇就业供给和设施配置不足，人口集聚进程缓慢。新型城镇化亟须打破工业企业、社会公共资源过度集中的格局，完善中小城市、小城镇经济功能，科学推进大中小城市和小城镇协同发展。

城镇、产业和人口转移相协调是城乡发展一体化的重要保障。企业基于市场环境、供需关系和成本收益的综合评估，进行产品、服务升级和空间转移。不同于市场导向下的要素收益最大化，政府调控追求社会综合效益的最大化。因此，

协调城镇、产业和人口转移，需要政府凭借产业规划和财税政策等措施，利用城市级差地租，调控区域和城镇间的产业布局，促使乡村人口在不同的城镇和区域间有序转移、合理安居。为此，大城市中心城区的产业和公共资源应向郊区新城、小城镇、中心社区有效转移，中小城市和小城镇建设重在提升基础设施配置与公共服务能力，全面构建中国特色的产城融合的城乡关系地域系统。

4. 积极探讨农村的制度创新，激活农村生产要素

近年来，财产性收入在农民收入中的比重越来越大。然而，农村集体产权归属不明晰，资产资源要素的活力难以释放，导致农民财产性收入水平相对偏低。《国务院办公厅关于完善支持政策促进农民持续增收的若干意见》（国办发〔2016〕87 号）明确提出，构建城乡一体化发展长效机制，激发农村资源资产要素活力，释放农民增收新动能。

首先，要深化农村集体产权制度改革。加快农村承包地、林地、草原、“四荒地”、宅基地、农房、集体建设用地等确权登记颁证，实行农村土地所有权、承包权、经营权分置并行，继续推进农村土地征收、集体经营性建设用地入市、宅基地制度改革试点，有序推进农村经营性资产股份合作制改革，有效维护进城落户农民的土地承包权、宅基地使用权、集体收益分配权。

其次，激发农村资源资产要素活力。鼓励农村集体经济组织与工商资本合作发展民宿经济等新型商业模式，因地制宜采取资源开发利用、统一提供服务、物业管理、混合经营、异地置业等多种实现形式壮大村级集体经济实力。

最后，充分发挥新型城镇化辐射带动作用，放宽农业转移人口落户条件，引导农村第二产业、第三产业向县城、重点乡镇及产业园区等集中，探索农村新型社区和产业园区同建等模式，带动农村产业发展及农民增收。

5. 整合农业农村生产要素，实现农村地区可持续发展

农村生产要素需要从空间、组织和产业三个维度进行整合，从而实现农业农村的可持续发展。农村生产发展的基本要素既包括水、土资源等物质性要素，又包括人力资本、领导管理智慧等非物质性要素。生产要素的合理优化配置是农村社会经济可持续发展的根本。围绕农村生产要素，进行农村地域系统的空间整合、组织整合和产业整合，是实现农村可持续发展的重要环节。

第一，空间整合。当前，中国农村发展布局尚处于无序状态，主要体现在生产、生活和生态三个方面。即城乡生产发展的相互冲突与重复，如产业链条衔接差、产品类型雷同；农村居住聚落布局分散化，生活消费浪费严重；农村生态环境系统内部要素与结构布局不协调，生态功能退化。围绕农村“三生”空间的整

合，重构新时期农村发展的有序结构形态，是引领农村可持续发展的重要举措。①农村生产力空间整合主要包括两个方面：一是农村地区与城市地区之间生产空间布局，实施城乡一体化空间布局规划，实现农村与城市地域上的有序分工协作；二是农村内部生产力空间整合，应协调处理农业产业发展、园区建设商贸区发展之间的关系。②农村居民生活空间整合存在三种模式：一是城镇近郊区采取整拆整建的方式，引导农民生活方式转向城市化；二是偏远山区、分布散落的小型农村聚落，采取搬迁安置方式，引导其向规模较大的行政村集中；三是绝大部分村落采取村庄整治的模式，加强农村道路、水、电、通信等基础设施建设，改善农民生活环境。③农村生态空间整合首要的是强化农村生态系统斑块的建设与保护。农田生态系统是整个农村生态系统的核心，应严格控制农业生产中化肥、农药施用量，建立生态（沟、渠、河、塘、库等）拦截系统，确保农村生态环境质量，完善农村生态系统廊道，保护物种生息环境，保持生物资源的多样性。

第二，组织整合。农村发展建设的组织主体主要包括政府性领导组织、农村合作经济组织。前者包括中央农村工作领导小组办公室、新农村建设领导小组、农业、环保等职能部门；后者包括花卉、园艺、养殖等各种农业合作组织。政府性领导组织具有宏观性和引领性，体现了政府服务功能；农村合作经济组织，则具有专业性和民间性，体现了分工与协作功能。针对目前农村合作经济组织发展所面临的一个关键性问题，即缺乏有力的利益联结机制，各地区应创造条件把农村合作经济组织联结关系由信誉联结推向契约合同联结，进而发展为产权联结，并作为农村合作经济组织发展建设的未来导向。在国家级、省级、市级层面上，应建立由中央农村工作领导小组办公室牵头协调的机构，协调处理各地区新农村建设和农村发展问题，形成完善的自上而下、上下结合的管理与协调机制。应有效整合运行机制不健全甚至不能惠及农民利益的一些经济组织（如农村合作经济组织或农民专业合作社等），引领农民广泛参与社会分工和产业协作，政府应发挥组织、协调与引导的重要作用。

第三，产业整合。从新时期产业发展层面上，构建城乡产业互动、联动模式，成为落实统筹城乡协调发展战略的核心内容。①宏观尺度下城乡产业联动发展模式。农村地区应该充分发挥其天然优势，重点围绕塑造良好的生态环境，以及为企业员工提供舒适的居住、饮食等生活性服务展开。农村地区应以集体经济组织为基本载体，通过构建公寓式住宅，实行对外出租，或者建造工人餐厅、商店等多种方式，广泛参与社会分工和产业协作，创新发展农村集体经济，提高农民收入水平。②微观尺度下城乡产业联动发展模式。农村可以直接进入企业生产链条内部，承担企业生产的原材料供给、初级加工、包装和销售等多重环节的工作，通过构建并实施城乡产业的联动发展模式，既可有效降低产业的生产成本，又可引领农村工业化的快速转型与升级。

6. 推进农村就地城镇化，确保农民能够真正安居乐业

任何事物的发展都受制于具体的环境和条件，表现出一定的阶段性，农村就地城镇化也不例外。农村就地城镇化过程中，建设理念的过度渲染与农民薄弱的文化基础不相称，固有的生活习惯与企业的职业化需求不对等，这种衔接上的失位在很大程度上制约企业和农村的发展。因此，农村就地城镇化应注重外部需求和内部条件的衔接，根据不同时期的具体环境，紧密结合农民的真正需求和农村的现实状况，坚持以人为本，有序推进。在建设理念方面，营造就地城镇化形象不能片面理解为“涂脂抹粉”，做表面文章，应杜绝“四重四轻”（重路轻田、重房轻人、重点轻面、重小轻大）形象工程，真正实现农民的安居乐业。

第一，应增强农村企业的可持续发展能力。在企业准入方面，对于已经存在的企业，政府要从政策上约束、税收上限制、资金上监督三个方面推动农村企业践行科学发展观，提升竞争力和抗风险能力，切实转变经济增长方式，实现“二次创业”；对于将要引进的企业，政府应坚持着力优化企业引入结构，杜绝“三高”（高污染、高耗能、高耗水）企业向农村转移或渗透；在企业融资方面，要建立健全农村企业信用担保体系，可选择有条件的农村企业作为试点，逐步引导和推行职工入股，形成风险共担、利润共享的企业经营模式；在企业员工保障方面，政府应强制要求企业建立健全农村企业职工的基本社会保障体系，保障农村企业职工的合法权益。

第二，建立合理的农村建设投融资机制。政府可结合地方具体条件，积极创新融资体制，拓宽融资渠道，建立由政策金融、商业金融、合作金融共同组成，各具特色又功能互补的农村金融体系，积极探索村镇银行、贷款公司、农村资金互助社等形式。另外，还可试点推行以承包地和宅基地为主的农村集体土地使用权抵押，并引入合作经营机制，以土地作价入股，按股份合作制经营。对于农村建设过程中的倾入式投资问题，政府应合理调整投资结构，避免财政投向单一化，防止贪大求洋，发挥有限财政资金的最大效益，提高资金利用率。

第三，扩大镇级政府行政管理权限，探索建立资源“共享对等”机制。省级政府可探索出台相关政策、法规，明确和强化乡镇尤其是经济发达乡镇对下辖农村的产业发展所需资源的行政管理权限及职能，强调土地和财政资源向经济较落后的农村倾斜。同时，各级政府应探索建立农村资源“共享对等”机制，从而有效激发农村建设动力，加速农村就地城镇化进程。

第四，提高农民在农村就业的比较利益，真正实现农民安居乐业。增加农民土地流转收益和强化农村人才吸附力是有效推进农村就地城镇化的重要内容。农村可建立健全土地承包经营融资机制，辅之以政府多元化的补贴，包括以村民个人土地投资额或者经营面积大小来实行差别化补贴，鼓励当地农民实行规模化经

营，形成政府和农民相结合的增收致富合力。村集体可考虑给予引进人才灵活性的集体经济收入分红，激励人才积极投身农村建设，城市户籍的人才来农村创业的，还可在土地使用收益上给予优惠，这既可提高引入人才的经济收入，也可增强其在农村的归属感。

7.4.2 差别化的新型城镇化与农业农村发展政策

基于各地区经济增长途径、城镇化模式的总结，我们认为在新型城镇化和美丽乡村建设背景下，应基于区域主体功能特征，从城乡协同转换的角度来审视城乡资源配置和城乡政策，通过差异化的措施和系统的政策调控来整治乡村问题，推动乡村地区对现代化过程的区域响应（表 7.1）。

表 7.1 不同类型区的新型城镇化与农业农村发展战略

类型区	新型城镇化与农业农村发展战略
城市群地区	城乡发展一体化 转变经济发展方式 提高资源配置效率 优化城乡空间布局
粮食主产区	现代田园综合体 就地就近城镇化 基本公共服务均等化 中心城市和小城镇建设
城镇发育地区 （如西南山地丘陵区）	城乡互动发展 提高资源利用效率 特色小城镇建设 破解城乡二元结构
生态脆弱区（如西北黄土高原区）	山水林田湖草共同体 生态补偿制度 绿色与特色产业发展 精准扶贫攻坚

首先，措施层面，制定和实施区域差异化的措施。发达地区应提升城乡协同发展能力，在产业、人口、土地、权益等多个层面搭建协作平台；通过城乡产业合作、城镇功能外溢、技术管理改造等促进乡村转型发展；建立城市群发展与村镇建设协同的空间体系和增长体系。中西部地区应从区域经济发展的角度来推动乡村地区的转型，加强工业化、城镇化、农业现代化过程对乡村地区的带动，主要措施包括发展地方特色型产业和就业带动型产业；加快中小城市和小城镇建设，完善小城镇服务功能；统筹高标准农田建设、乡村社区建设、新型城镇化等，构建乡村“三生”空间格局。

其次，政策层面，需要逐步完善区域政策和城乡政策。区域政策方面，建立健全基于区域主体功能的财政转移体系、考核体系和区域协作体系，注重山地丘陵生态保育区、传统平原农区发展权利和机会；改革区际贸易和要素流动的制度设计，建立落后地区与发达地区的协作机制，提高落后地区在区际产业分工中的收益；也要改善人才环境，减缓落后地区人力资本的区际流失。城乡政策层面，完善乡村土地产权和治理体系，尊重农民的土地财产权利，加大乡村公共服务和基础设施投入力度，改善乡村人居环境；逐步建立城乡一体的就业、医疗、教育和保障体系，健全乡村转移人口市民化机制，尤其加大对乡村地区职业教育的投入，培育乡村地区人力资本和社会网络。总之，推动乡村地区转型发展，需要统筹考虑区域差异和城乡差异，提升乡村地区对现代化过程的区域响应。

1. 城市群地区

1）立足经济发展优势，树立“强村富民”的理念，发挥城乡整体与平等发展示范区的作用

沿海地区作为工业化、城市化快速发展的先行区，为农村产业与就业转型提供了强大动力。沿海地区充分利用区位条件优、经济实力强的地域优势，确立“强村富民”的理念，在全国率先推进新农村建设。对于受中心城市辐射影响强的城郊区农村，需在城市化进程中定位和引领乡村转型，强化城乡经济融合，转变经济增长方式。确立土地节约集约利用的理念，以土地整理与统筹城乡用地为重点，建设资源节约型、环境友好型的现代农村社区。新农村建设应确立城乡整体规划和平等发展理念，把农村发展同当地丰富的农业资源、独特的乡村文化开发和保护相结合，重视建设多功能高效现代农业园区，壮大农村特色经济和生态文化产业。

2）推进新农村建设的区域主导模式

首先，按照城镇化进程及效应，突出新农村建设的区域性，如近郊区、远郊及城镇周边区、传统农区和山区农村等；其次，凸显农村生产发展的主导性，如都市型农村经济、生态循环经济、现代农业基地、企业群体集聚等；最后，明确农村发展的制约性，如水土资源短缺、生态环境污染、科教文化落后等问题。区域性、主导性和制约性的时空耦合与作用过程，决定着新农村建设区域主导模式的类型及功能。

3）完善新农村建设的操作主体模式

新农村建设是一项综合性的系统工程。政府的作用是理念倡导、规划引导与示范引路。农民是建设的主体，需有积极性和组织性，因此在促进农业劳动力非农转移进程中，要充分体现农民自主择业和创业的主体性，优先扶助农村

创业型职业农民及其专业协作组织。

4）促进城镇化健康发展与提升农村生产力相结合

适应东部沿海尤其是平原区的城镇化快速发展特点，新农村建设要创新促进城乡要素流动、产业联动、经济互动的长效机制，推进“三整合一提升”的战略。“三整合一提升”即空间整合，逐步推行迁村并点；组织整合，建设中心村和农村社区；产业整合，发展国际化现代农业与股份制企业；着力提升农村生产力及其创新发展能力。

5）努力实现农业产业化、农村城镇化和农民文明化

从沿海地区典型地市实践看，农村产业与就业转型是农村现代化发展的重要标志。深化市场取向的农村综合改革，着眼特色、优质与高效性，把农业科技创新推广和增强农村竞争力作为沿海地区新农村建设的首要目标。充分发挥资源禀赋、种养传统及农民主体能动性，从而加速农业产业化和农村城镇化进程（佘之祥，2001）。

2. 粮食主产区

1）农业结构调整与产业线延长

在传统农区与粮食主产区，农业生产仍是其不可忽视的重要功能定位，但根据中国目前的农业现代化水平和国际市场行情，农业生产尤其是粮食生产的比较优势很弱，农业生产易被非农产业所取代。因此，在不改变农业生产与保障粮食安全的前提下，提高农业生产自身的竞争力与经济效益是一个有效的发展路径。一方面是要提高农业生产效率，在农村要素和农村劳动力快速流失的城镇化背景下，传统的劳动密集型农业生产受到影响，因此需要整合零散耕地，提高农业机械化与现代化水平，提高农业生产规模效益；另一方面是要发展多种形式的农业经营方式，优化农业结构，促进三产融合，延长农业产业链。随着城镇化的进行，观光旅游农业与体验式农业成为一种新型的农业经营模式，这种模式提高了农业的附加值，是对大规模农业生产的一种补充与延伸。

2）粮食生产的潜在社会效益与生态效益的区域补偿机制

众所周知，在当前的生产力与市场条件下，农业生产尤其是粮食生产的经济效益较低，难以自发地形成一定的产业规模，因此在以不牺牲耕地和粮食为代价的前提下，需要一定的政策倾斜与扶持。事实上，粮食生产不仅是售卖产品的经济效益，也是为国家经济与社会发展提供重要的资源支撑和安全保障，是国家可持续发展的根基，具有社会效益和国家战略价值，此外相较于建设用地，用于粮

食生产的耕地还具备生态保护、环境景观等属于社会共享的生态价值（吴次芳，2003）。因此，为了提高粮食生产的比较效益，应将其生态效益与社会效益内部化，在国家层面协调耕地保护与耕地侵占之间的利益互补机制，以弥补粮食主产区的耕地保护政策给农民带来的经济损失，促进地区间的经济结构调整，明晰经济发展、社会责任和生态保护之间的关系。

3）推行以中心村镇和新型社区为主要形式的就地城镇化，提升农村基本公共服务均等化，促进城乡等值化发展

当前的粮食主产区，除东北地区已形成一定的个体经营规模外，其他大部分粮食产区的耕地仍然存在零碎化、规模小等问题，且随着城镇化的进行及宅基地政策的不完善，存在着村庄分布零散、耕地低效利用、村庄空心化等城进村衰现象。为了维持一定水平的粮食产量及缓解快速城镇化带来的城市压力，以中心村镇和新型社区为主要形式的就地城镇化成为粮食主产区发展的一种有效模式，其核心是坚持以人为本，加强村镇的基础设施与提高公共服务水平，使当地村民在从事农业生产的同时，改善其生活水平，最终实现城乡等值化。

3. 城镇发育地区

1）新型城镇化与农业农村发展应以资源环境综合承载力为前提

城镇发育地区以西南山地丘陵区为例，西南地区地处中国地势第一级阶梯与第三级地势阶梯的过渡区域，也是生态过渡的重要地带。因其自身的地形地貌特征，滑坡、泥石流频发，水土流失严重，同时该地区处于地震活动带上，地震频发，再加上人类的活动强烈，导致西南地区成为生态环境高度脆弱区域（黄成敏等，2003）。因此，在西南山地丘陵区，应着力以生态建设、地质灾害防护为前提，以资源环境综合承载能力为约束，在城镇化与农业农村发展中应充分考虑生态环境综合承载能力。

2）城乡空间发展应以“大分散、小集中”为核心

西南地区以山地丘陵为主，容易发生各种地质灾害，比较理想的平坦地形非常少见，使得大规模的城市集中变得不现实，这对西南地区的土地利用效益、经济效益产生了不利的影响，因此在避免发展大规模城市的同时，应适当发展区域中心，形成小的集聚中心。

3）西南地区应有效增强乡村区域中心的集聚力

乡村区域中心是连接城市与乡村的重要节点，起到承接城乡发展的作用。乡村区域中心的发展可促使产业与经济活动向其集中，产生规模效益与协作效益，

为乡镇企业的发展创造有利条件；同时，通过乡村区域中心在经济上的中心辐射效应，可带动整个乡村的经济发展（刘晨阳，2002）。政府应加大对乡村区域中心的基础设施投入与建设力度，积极推进第二产业、第三产业集中发展，第一产业、第二产业、第三产业融合发展的产业政策，实施有利于促进人口集中居住的户籍政策及社会保障政策，积极促进乡村区域中心的发展。

4）充分利用本地的生态资源及特色民族资源，发展乡村旅游业

西南地区属于中国经济欠发达地区，经济相对贫困落后，开发强度不大，这也使得生态环境和民族传统文化保留比较完整，从而为乡村旅游发展奠定了良好的资源基础，具有较大的发展潜力和优势。与第一产业相比，旅游产业链较长、附加值较高且带动能力强；与第二产业相比，旅游产业污染小，对生态环境破坏不大，因此西南地区应立足本地区资源优势，积极探索乡村旅游产业的发展模式。

4. 生态脆弱区

1）农业农村发展与生态安全保障双轮推进

黄土丘陵区生态环境脆弱，是中国水土流失最为严重的区域，生态保护与修复一直是该地区的任务重点。然而，脆弱的生态环境，以及沟壑纵横、支离破碎的地形地貌条件，限制了当地农业农村的发展。中华人民共和国成立以来，当地政府也通过一系列的工程技术措施（淤地坝建设、小流域综合治理及新时期的治沟造地）不断改善农业农村发展的外部条件，但是大规模的人为扰动，导致当地的生态安全隐患进一步加重。因此，在新型城镇化背景下，农业农村的可持续发展应与当地生态安全保障同时推进，要加强沟道流域内坝系的稳定性与抗风险能力；加强治沟造地开挖坡面的稳定性；提高多级化台地的抗崩塌能力等。

2）农业结构调整助推农业农村发展

2012年以来，以延安市为典型的黄土高原区推进了中央财政支持的治沟造地土地整治重大工程，规划整治沟道土地50.67万亩，财政投资48.32亿元。但是，许多地方在治沟造地后，仍延续原有的单季玉米模式。玉米在黄土高原区具有较高的产量，但并不具有较好的经济效益。

2015年11月农业部下发的《农业部关于“镰刀弯”地区玉米结构调整的指导意见》指出“当前玉米供大于求，库存大幅增加，种植效益降低……亟需进一步优化种植结构和区域布局”；北方农牧交错区是连接农业种植区和草原生态区的过渡地带，其比较优势在于农牧结合，应积极发展饲草种植和饲料油菜，实现种养结合型调整，提高治沟造地后沟道土地的利用效率，推进沟道农业的专业化、现代化。饲料油菜具有多功能性，黄土高原区可发展饲用、“菜用+饲

用”“菜用+观光+油料”等多种产品组合模式，科学推广饲料油菜种植以促进集“种植+养殖+加工+观光”于一体的多功能农业发展。

3）“治沟造地+乡村产业”模式助推精准扶贫

土地整治作为适时补充耕地、盘活存量土地、优化城乡用地、强化集约用地、提升土地产能的重要手段，是新时期统筹城乡、惠及“三农”、强村富民的“民生工程”。沟道整治的优势在于耕作条件的改善、土地产量的提高及土地的集中化与规模化经营，为乡村产业提供了新的发展空间。当地政府应当以此为契机，在沟道整治的基础上结合地方资源禀赋与区域优势，因地制宜发展乡村产业，以此带动乡村发展，实现脱贫致富。例如，延安市延长县在治沟造地基础上发展葡萄产业，建立葡萄采摘园，以此带动农户脱贫致富。延安市宝塔区甘谷驿镇以治沟造地为契机，建立了顾屯流域生态园区，通过种植油菜花、向阳花等观赏性作物发展乡村生态旅游，带动地方发展。

第8章　乡村振兴与城乡融合发展战略

8.1　乡村振兴与城乡融合的科学内涵

城乡关系是基本经济社会关系。中国的城乡关系经历了城乡对立、城乡协调、城乡一体的发展阶段，正逐步朝着城乡融合、城乡等值的方向发展（图 8.1）。但是，长期以来的城乡二元结构，造成城乡分隔、土地分治、人地分立的“三分”现象。“重城轻乡”的发展战略与政策，对农业农村形成多重剥夺，“三农”问题日益严重，尤其是耕地保护、粮食安全、农民增收等难题凸显。同时，快速城镇化过程中城市规模扩张、园区建设扩展，导致“城进村衰”、农村衰落，城乡差距拉大，引发“乡村病”，进一步导致农村生产要素高速非农化、农民社会主体过快老弱化、农村建设用地日益空废化、农村水土环境严重污损化、农村贫困地区深度贫困化等现实问题。因此，全面建成小康社会最艰巨、最繁重的任务在农村，农业农村农民问题是事关国计民生的根本性问题。

2003 年以来，中央连续出台了多项支农惠农政策，聚焦“三农”问题，党的十七大和十八大分别提出了统筹城乡发展和城乡发展一体化的发展思路，对推动农业农村发展起到了重要的作用。党的十九大报告进一步提出“坚持农业农村优先发展，按照产业兴旺、生态宜居、乡风文明、治理有效、生活富裕的总要求”①，实施乡村振兴战略。乡村振兴战略的提出，为新时代农业农村的发展带来了新的希望。构建城乡融合系统，是实施乡村振兴战略的理论基础，也是乡村转型发展的基本前提。城乡融合系统的内涵及意义是，将过去各自为政的城市和乡村两个

① 参见《中共中央 国务院关于实施乡村振兴战略的意见》,《中华人民共和国国务院公报》, 2018 年 2 月 20 日。

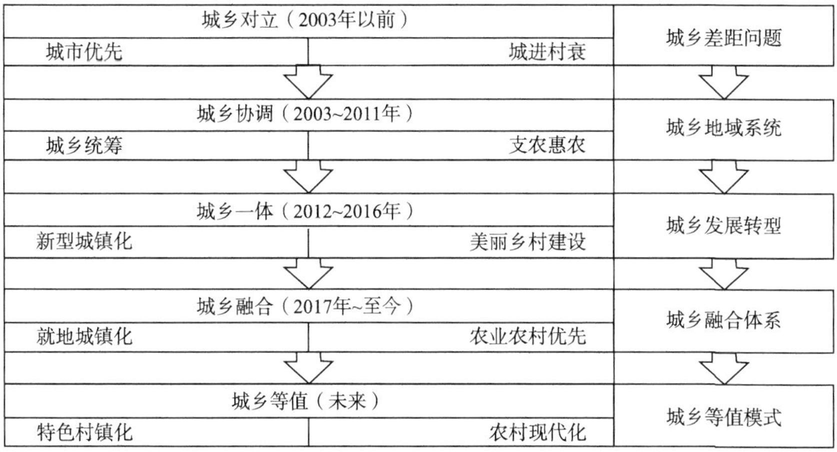

图 8.1　中国城乡关系的发展演变

地域系统，通过交互机制，构建成一个相互融合的城乡地域系统，其核心有三个：城乡战略地位的平等、城乡要素配置的均衡、城乡发展过程的融合。因此，城乡融合与往常讲的城乡统筹相比，观念上发生了重大转变。首先，建立城乡统一的要素市场，扩大了要素在城乡之间的自由流动；其次，改变了将农村视为剩余劳动力和贫困人口“蓄水池”的思想；最后，将提高农业竞争力纳入了国民经济整体竞争力提高的战略中。

在城乡融合中，城乡等值化应该是未来追求的重要目标。城乡等值化的概念最早源于 20 世纪 50 年代在德国巴伐利亚州开始的城乡等值化试验，之后逐步成为德国农村发展的普遍模式。巴伐利亚州提出的城乡等值化发展并不意味着城乡差别、产业结构、经济生产方式、文化、空间景观等消失，也不意味着社会区域由非均质空间演变为一种绝对的均质空间，而是逐渐缩小城乡社会经济发展程度、生态基础设施享用水平、公民生活品质，从而加强城乡相互依存关系，促进城乡发展更趋协调（毕宇珠等，2012）。在此基础上，中国学者也进行了一系列的研究，总体上认为，城乡等值化发展，就是立足城乡地域系统的交互性与动态性，推进工业与农业、城市与农村的良性互动，推行城乡同地同价、同工同酬、基本权益均等化（Liu et al.，2013）。城乡等值化是城乡关系发展的最高层次，也是城乡一体化实现的最终目标。只有城乡发展战略平等、城乡资源均衡、城乡市场融合，才能激发乡村要素活力、动力，提高乡村发展能力、竞争力，为补齐乡村短板、释放农业农村新动能夯实发展基础，建立健全乡村振兴长效机制（图 8.2）。

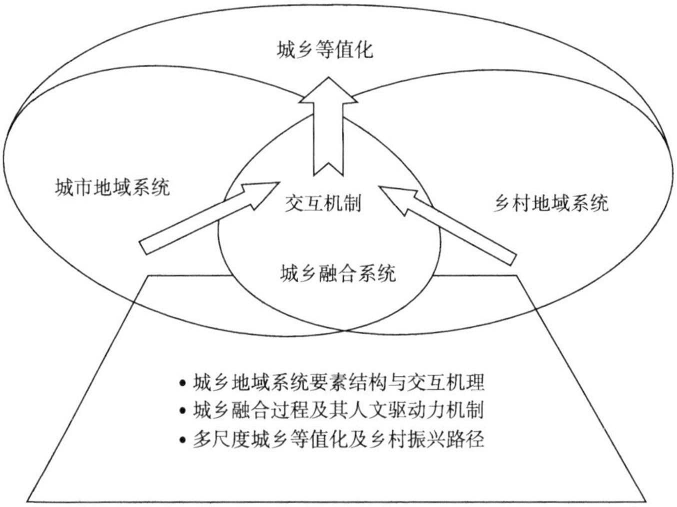

图 8.2 城乡地域系统及其融合发展模式

8.2 乡村振兴与城乡融合的发展模式

自中华人民共和国成立特别是改革开放以来，伴随着快速工业化、城镇化发展，中国传统体制下的“三分”（城乡分割、土地分治、人地分离）弊端日益暴露，“三差”（区域差异、城乡差距、阶层差别）问题不断加大，这些都成为困扰当代中国“三转”（发展方式转变、城乡发展转型、体制机制转换）战略和全面建成小康社会的重要难题，也是中国城乡二元结构背景下“重城轻乡”、“城进村衰”和农村空心化、主体老弱化、乡村贫困化不断加剧的根源所在。伴随着全球城市化、经济一体化的持续推进，无论是经济发达国家，还是较发达的发展中国家都经历了乡村振兴和乡村重构的过程。随着工业化、城镇化的快速发展，中国农村地区以“五村”（无人村、老人村、空心村、癌症村、贫困村）为特征的“乡村病”问题日益凸显，成为推进新农村建设、培育农村新业态和统筹城乡发展面临的突出问题，中国乡村振兴势在必行（刘彦随，2018）。

快速城镇化进程中乡村衰退是一个社会问题，也是世界性难题（Liu and Li，2017）。中国当首先致力于实施“全面乡村振兴计划”，系统推进“四兴”（兴人、兴地、兴权、兴产业），有效激发“四力”（活力、能力、动力、竞争力），科学推进以根治“乡村病”、建设新村镇、培育新业态、创建新机制为导向的乡村转型重构与城乡一体化发展理论、模式、技术、制度与政策的综合研究。因此，中国的乡村振兴应紧紧围绕乡村“四兴”“四力”，创建城乡融合发展模式、激活城镇化与乡村化双轮驱动、创新农村土地制度。总之，乡村振兴是总抓手、新平台，是一个复杂、系统工程，应以补短板、融合发展、提升能力为目标，按不同区域实施不同的发展模式。

8.2.1　创建城乡融合发展模式

新型城镇化和农村现代化要协同推进，激发乡村创新与创业的活力，促进就地城镇化、就近园区化和振兴模式多元化。

在城乡发展转型背景下，城乡两个子空间格局不断联系、协同发展，形成一个城乡空间地域格局。城乡空间地域格局是城乡关系发展到特定阶段，城乡要素流动达到一定程度的城乡空间格局表现形式，既反映了城乡在时间和空间上的延续及交互，也体现了城乡在功能服务和要素流动上的协同与平等。城市空间作为区域经济活动与社会活动的中心，它的存在是以其辐射范围内的广大乡村空间作为依托的，二者无时无刻不在进行着劳动力、资本、技术等生产要素的交流，使得城乡之间建立了密不可分的联系。

城乡空间联系是生产要素在城乡空间地域内相互作用的复杂过程，其实质是在资源相对稀缺的状态下，以某种方式促使这些资源在社会不同聚落（特别是城、乡、村）形态实行最有效的配置与流转。新型城镇化和农村现代化的协同推进，一方面在城镇化过程中，应实现农民工市民化、征用土地资产化、社会保障制度化、公共服务一体化、生活方式现代化；另一方面应加快农村现代化建设，实现农村工业化、城镇化、产业化、信息化“四化”协调发展，并且，在乡村人口非农化、土地城镇化的同时，实现城乡之间的设施均等化（图 8.3）。

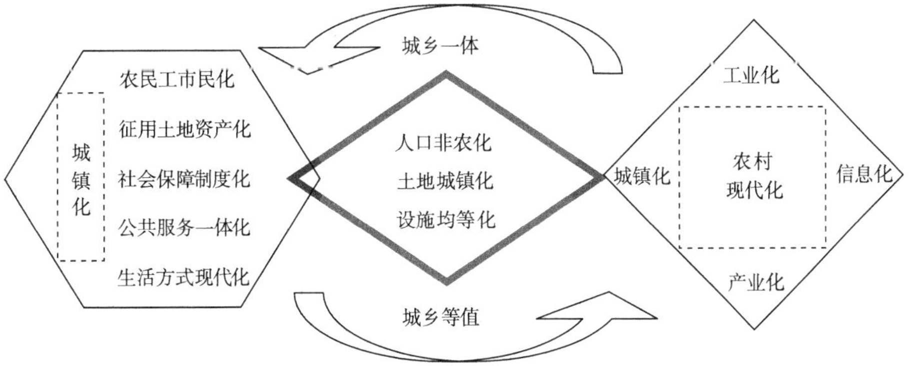

图 8.3　城乡融合发展模式

8.2.2　城镇化与乡村化“双轮驱动”

在中国，城镇化和乡村化要双轮驱动（图 8.4），中国的城市化不能解决中国的乡村发展问题，即便中国达到 65%的城镇化率，还有 5 亿农民生活在乡村，城市化是现代化的必然趋势，但并非是每个农民必需的结果。乡村化的概念并不是城市化的翻版，而是讲究合理的城镇化，尤其是以人为本的城镇化，要促进城镇与乡村并行、融合与协同发展。

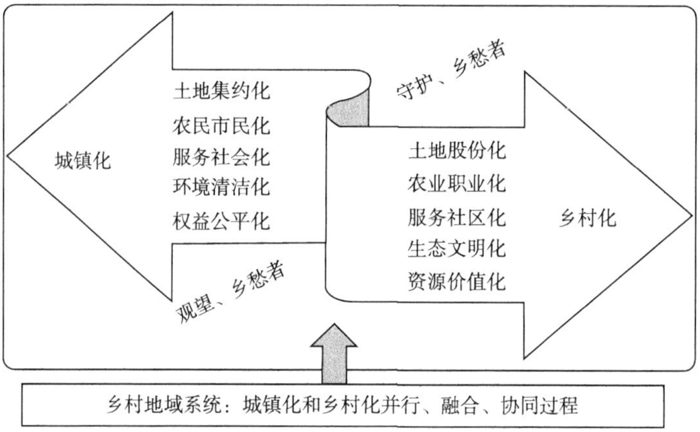

图 8.4　城镇化与乡村化双轮驱动

乡村化与乡村振兴目标吻合，重在探究“四个三”：①优化乡村三态，即资源质态、空间形态、新型业态；②推进乡村三重，即要素重组、空间重建、功能重构；③强化乡村三合，即居业耦合、三产融合、功能契合；④实现乡村三化，即地域结构化、空间等别化、功能高效化。从乡村供给侧结构来看，根治乡村病，增强内聚力、建设新农村，关键在优化乡村流空间与微循环，重构务农、农工、村城之间要素流、循环圈，也是当代中国乡村转型与乡村振兴的根本途径。

推进乡村振兴重在破解阻碍农村现代化的现实难题。农业现代化的主体为“四农”（农民、农村、农业、农区），但其现在皆面临着严重的问题，如农民中的农民工问题、不同种类农民的发展等问题，农村中的空心村、贫困村、癌症村等问题，农业中的粮食安全问题、水资源问题、污染物问题等，农区中的耕地保护、土地制度等问题。要破解这些难题，应通过产业化、组织化、社会化、专业化实现，并最终使乡村的农业安全生产，民生得到保障，乡建主体组织化、乡村价值凸显化，新型村镇化与美丽乡村同步，耕地价值充分体现及农业政策得到充分保障（图 8.5）。

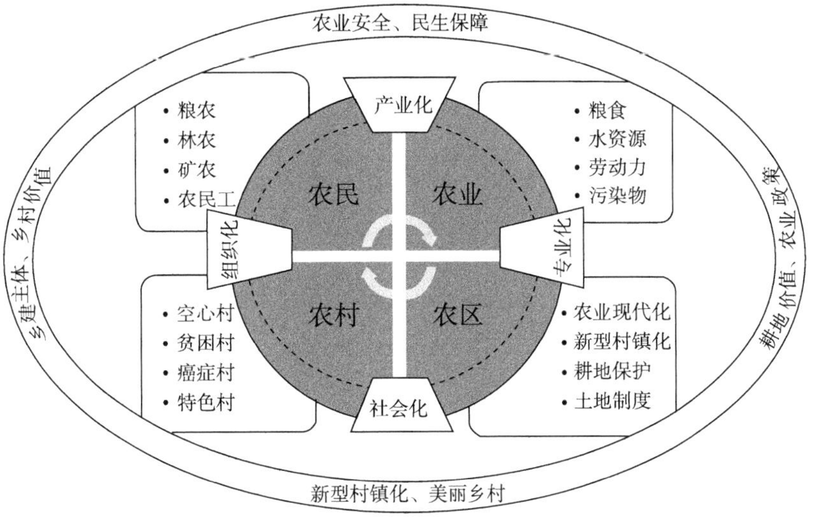

图 8.5　破解"四农"难题的科学途径

8.2.3　创新农村土地制度

土地是农村经济社会发展的核心。然而，快速的工业化、城镇化导致了大量优质耕地的流失。同时，耕地分散、细碎、小规模，农田基础设施不配套等现实状况，也导致耕地利用率低，有地无人耕、良田被撂荒。针对土地利用低效和空间散乱的问题，围绕土地资源利用高效化和土地空间利用有序化目标，亟须科学推进农村土地综合整治，有序推进乡村地区组织、产业、空间"三整合"，加大对农村投资倾斜力度、内需拉动强度，塑造中国乡村振兴与城乡融合发展新动能、新机制。

当前，中国农业正处于加速转型的关键期，传统农业能否顺利实现向现代农业的跨越，在很大程度上取决于土地制度的创新。近些年来，中国积极开展农村土地管理立法、制度建设、模式创新，探索推进农村土地流转与规模经营，取得了长足的进展和成效。但农村土地开发利用仍面临许多突出问题，如一些地区的农村基层组织常以发展集体经济、增加农民收入为由，擅自集中农户承包地对外招商引资，人为地推行不切实际的土地规模流转，土地受让方"毁约弃耕"和土地承包方"违约退耕"现象普遍存在。因此，亟待深化农村土地制度改革，尤其要结合新型农业经营主体培育和振兴乡村建设，激发农村土地制度创新的活力和动力，为切实保障土地民生提供强有力的顶层制度支撑（刘彦随，2015）。

通过多年的研究，并结合中国现实，中国农村土地制度应建立包括 1 个终极目标、2 项基本制度、5 项核心制度、多项基本保障制度为内容的改革体系（图 8.6）。

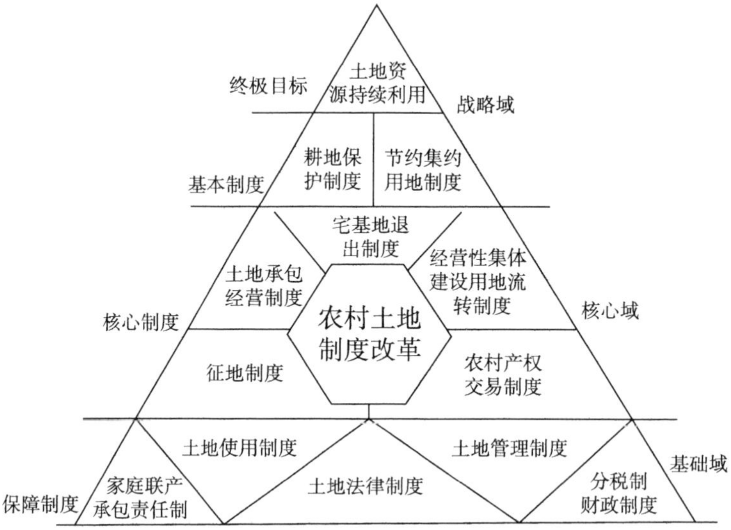

图 8.6　中国农村土地制度改革总体设计体系

8.3　乡村振兴与城乡融合的发展趋势

乡村振兴与城乡融合的研究任重道远，探究城乡发展理论、战略、制度、技术体系，创新乡村振兴新模式、新机制，破解“三农”难题，具有新机遇、新使命和新意义，未来乡村现代化、信息化、法治化、全球化是新的发展趋势，需要强化相关研究。

8.3.1　乡村现代化

传统的乡村现代化通常与城市化过程融合在一起，包含农业现代化、经济现代化、基础设施和住房现代化、社会现代化四个方面的转变过程。即农业从生存型向商品型转变；经济从单纯依赖农业向现代产业转变；基础设施和住房从传统落后向现代先进转变；社会文化从传统的封建迷信向现代理性、学校教育和社会解放转变（Duffin，2007）。然而，传统的乡村现代化模式在很大程度上以牺牲乡村环境和乡村社会机理脆弱化为代价，并且农村经济对外部支持过度依赖。乡村振兴战略的提出，要求实现农业、农村、农民的“三农”现代化（农业部产业政策与法规司，2014），涉及农村的经济、政策、文化、社会、生态文明等多个方面的建设。目前，乡村现代化已经具备一些条件和基础，基础设施、道路交通、互联网、现代物流体系已经逐渐覆盖农村的各个角落，农村的教育、医疗、社会保障、文化等方面也取得了巨大进步。将来，需要突破传统的乡村现代化发展模式，实现乡村发展的目标，实施区域差异化路径与对策（房艳刚和刘继生，2015）。同时，乡村现代化离不开工程技术，需要重点关注各种工程技术，包括土地整治工程、环境治理工程、信息化工程对乡村发展的重要促进作用。

8.3.2　乡村信息化

从 2006 年中央一号文件明确推进农业信息化建设以来，中国农村信息化建设不断加强，对于农村资源整合、提高农业劳动生产率、加强农村地区与外界交流合作起到重要作用。一方面，农村信息基础设施水平不断提高，包括广播电视、电话、宽带网络基础设施建设取得长足进步；另一方面，农村信息技术人员不断增多、农民信息素质不断提升（李影和刘岩，2014）。根据《中国互联网络发展状况统计报告》，截至 2016 年 6 月，农村网民规模达 1.91 亿人，互联网普及率达到 31.7%，但相对于城镇地区 67.2%的普及率，仍然差距较大。乡村信息化的发展表现在政务公开、平安乡村视频监控、电子商务信息化、农业科技信息化、教育信息化、居家养老信息化、医疗服务信息化等多个方面，关系到农村居民的民生改善。尤其是农村电商、物联网的发展，将分散的农户和市场联系起来，通过网络实现了农产品营销，提高了市场流通效率，增强了农业效益和竞争力（陈锋和杨锐，2012）。乡村信息化的发展对农村社会、经济发展的影响巨大，不仅改变了农村观念、娱乐方式、风俗习惯，也对未来农产品的销售渠道、农民价值取向、农业生产技术传播、农村基层治理产生重大影响，是未来农业农村发展的一个重要方向（余侃华等，2017）。

8.3.3　乡村法治化

乡村处于整个国家治理体系的末端，也是国家治理的基础。2015 年，中央一号文件首次引入乡村法治建设内容，党的十九大报告进一步提出“加强农村基层基础工作，健全自治、法治、德治相结合的乡村治理体系”①。目前，乡村形成了“乡政村治”的治理格局，将乡镇政府的行政力与村民自治相结合，未来还应在完善法治建设、加强乡村法律服务、健全村民自治机制方面强化乡村法治化进程。在法治建设方面，截至 2015 年，我国共出台了约 30 部涉农法律，包括《中华人民共和国农业法》《中华人民共和国农村土地承包法》《中华人民共和国农业技术推广法》《中华人民共和国村民委员会组织法》等，但是农村法律体系还不够

① 《习近平：决胜全面建成小康社会 夺取新时代中国特色社会主义伟大胜利——在中国共产党第十九次全国代表大会上的报告》，http://www.gov.cn/zhuanti/2017-10/27/content_5234876.htm，2017 年 10 月 27 日。

健全，城乡立法差别仍然较大，未来需要将农村产权制度、社会保障制度、农产品市场规范、农村环境治理等纳入法治化轨道，最大限度地保障农民生产、生活的权益（赵崔莉和刘新卫，2011）。在乡村法律服务方面，由于目前农村居民的法治观念和意识还比较薄弱，在加强法律宣传和教育的同时，应加强农村地区司法所、法律服务所建设，为基层农民提供专业的法律咨询和援助服务，同时加大农村执法监督力度，推动农村依法治理。在村民自治机制方面，以民主选举、民主决策、民主管理、民主监督为核心，需要进一步加强村务公开，明确职责，形成村民代表大会、村民委员会、村务监督小组共同治理的模式，还应推进制度创新，提高村民法律意识、民主素质，保障村民自治健康发展（徐大兵和郭厚径，2010）。

8.3.4　全球化与乡村格局

在全球化背景下，中国提出了“一带一路”倡议、粤港澳大湾区城市群规划、长江经济带发展规划，形成了对外经济的基本格局，这一系列推动对外开放的举措也为乡村发展新格局的构建提供了机遇。首先，从 2001 年中国加入世界贸易组织开始，中国的农业已加入了国际农业市场的竞争行列，扩展了农产品的出口市场，也加剧了国际竞争，未来需要加强农业供给侧结构性改革，一方面立足比较优势，调整农产品结构，促进农业的产业化发展，形成竞争优势；另一方面，改变过去依靠农药、化肥、添加剂等高投入和粗放的经营方式，发展中国特色的生态农业，以突破绿色贸易壁垒（刘彦随等，2002）。其次，全球化为外商投资和国外先进技术进入农业农村提供了机遇，截至 2016 年底，外商直接投资中国农业（农、林、牧、渔）企业数为 6866 户，投资总额为 814 亿美元，但是相对其他领域，中国农业利用的外资仍然十分有限，与之配套的土地、产业、管理制度仍需完善。最后，全球化通过现代传媒对农村社会文化、观念产生重要影响，一方面为传统的农村文化注入新的活力，另一方面农村传统的乡土文化逐渐被消费主义等文化所替代，为农村的生态文明建设带来挑战。未来乡村转型发展，需要考虑全球化的大背景，从生产、生活、生态三个方面，促进乡村振兴和城乡融合。

8.4　未来城乡发展情境分析

8.4.1　未来中国城镇化发展预测

回顾中国的城镇化发展历程，大致可划分为两个阶段。第一阶段（1978~1995

年）为城镇化稳定增长时期，城镇化率年均增长 0.65 个百分点；第二阶段（1996~2015 年）为城镇化快速增长时期，城镇化率年均增长 1.34 个百分点。中国的城镇化发展以农村人口向城镇流动为主要驱动力，农民工总量从 2011 年的 2.5 亿增加到 2016 年的约 2.8 亿，占城镇常住人口的 35%，但增速从 4.4%减少到 1.5%，呈现逐渐放缓的趋势。根据不同科研机构和学者对中国未来城镇化水平的预测，2020 年中国的城镇化率将介于 56%和 63%，2030 年将介于 61%和 75%（表 8.1）。但从长远来看，中国的城镇化率却难以像世界上一些人口小国或移民国家一样达到 80%以上的高度城镇化。一方面是由于中国的人口基数大、山多地少、农田分散，为保证粮食生产安全，仍然需要保留相当数量的农业人口；另一方面是因为随着农村人口老龄化现象的不断加剧，中国农村劳动适龄人口的比例将随之减少，农民向城镇转移的规模和速度也将放缓。

表 8.1　不同机构或学者对未来中国城镇化率的预测

2020 年城镇化率预测	2030 年城镇化率预测	研究机构、学者或报告
60%左右		《国家新型城镇化规划（2014—2020 年）》
	高、中、低三种情境：74.32%；70.12%；68.03%	孙东琪等（2016）
	70%	联合国开发计划署
57%	65%	中国社会科学院工业经济研究所
57.7%	67.8%	中国社会科学院经济研究所
63%	70%	国家发展和改革委员会能源研究所
高、中、低三种情境：60%；57%；56%	高、中、低三种情境：66%；63%；61%	徐匡迪（2013）

从空间格局来看，中国的城镇化格局仍然呈现出从东部向中、西部逐级递减的趋势，并且以大城市为主导，城镇群逐渐崛起。2015 年，城镇化率超过 80%的省级行政单元有上海（87.6%）、北京（86.5%）和天津（82.6%），均位于东部发达的城市群地区；达到 60%~80%的省级行政单元有广东（68.71%）、辽宁（67.35%）、江苏（66.52%）、浙江（65.80%）、福建（62.60%）、重庆（60.94%）和内蒙古（60.30%），绝大多数为东部沿海的经济发达省区市。这主要由于中国的经济和就业集中在东部地区，尤其是城市群地区，农村剩余劳动力也随之流向这些区域，使其城镇化率高于中、西部地区。假设全国城镇化水平在 2030 年达到 70%，根据有关机构和学者预测，城镇化率增加最快的地区仍然位于东部发达省区市，2015 年到 2030 年城镇化率增幅将超过 30%，而西部省区市的增幅则在 20%以下，届时北京、上海、天津、广东、江苏、浙江 5 个省市的城镇化率将超过 90%，福建、重庆的城镇化率将在 80%以上，辽宁、内蒙古、山东和海南的城镇化也将超过 60%（孙东琪等，2016）。总体而言，中国未来的城镇化

的空间格局不会有大的变化。同时，结合《全国主体功能区规划》，未来城镇化格局还将呈现出以城镇群地区为重要组成部分，形成大中小城市和小城镇协调发展的“两横三纵”的城镇化战略格局。

8.4.2　未来城乡流动人口预测

城镇化水平的提高主要源于两个部分。一是来自城镇化人口的自身再生产，2015 年开始施行的“全面二孩”政策对促进城市人口增长产生了一定促进作用；二是来自新增转移农业劳动力，这种由城市不断吸纳农村剩余劳动力，并转化为城镇人口的人口城镇化模式，长期以来是中国城镇化率增长的最主要部分。从 2008 年开始，中国农民工的规模从 22 500 万人增加到 2016 年的 28 200 万人，但增速从 2010 年开始逐年降低，从 2014 年开始其增速甚至低于 2009 年的增速（1.93%）（图 8.7）。一方面是农村劳动适龄人口规模缩小，尤其是农村初中、高中生人数减少，导致进城农民工的增长速度减慢；另一方面，农民工在城市打工遇到教育、医疗、住房等一系列问题难以解决，定居城市意愿减弱，导致部分农民工返乡创业，年龄大的农民工返乡养老，农民工回流速度加快。2014 年发布的《国家新型城镇化规划（2014—2020 年）》强调，2020 年努力实现 1 亿左右农业转移人口和其他常住人口在城镇落户，因此未来中国的城镇化不再是一味强调将农村剩余劳动力吸引到城市就业，而是强调以人为本，实现具备条件、也有意愿的农业转移人口在城市的市民化，与城市居民一样享受城市基本公共服务，融入城市社会。

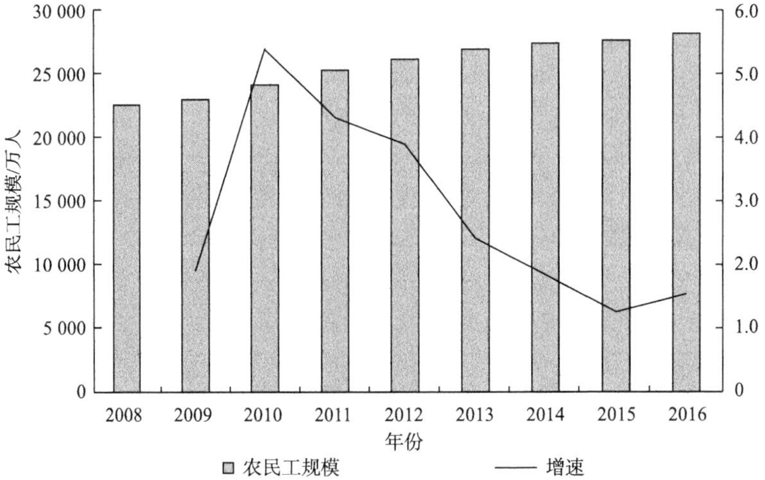

图 8.7　农民工规模与增速（2008~2016 年）

按照发展需求与转移趋势，可以将农业转移人口划分为：①稳定转移型农民工，他们在城市有稳定的工作和收入，具备落户城镇的条件，并且希望成为城市居民；②返乡创业型农民工，随着家乡发展机遇的增多，他们利用在城市学习到的管理、技术、经验和积累的资金回到农村发展现代农业或工商业；③城乡流动型农民工，他们就业灵活、非正规，表现为劳动关系、就业岗位、转移时间和工资收入不确定；④返乡务农型农民工，他们受到自身能力和生活习惯的限制，难以融入城市生活，回到农村也无能力创业，随着年龄增大不得不返乡务农（农业部产业政策与法规司，2014）。其中，稳定转移型农民工占比不高，但逐年增加，如举家外出的农民工数量从 2008 年 2859 万人增加到 2013 年的 3578 万人，但是，促进这类农民工落户城镇，还需要在社会保障、子女教育、社会融入等方面提供支撑。返乡创业型农民工的数量随着东部沿海产业转移政策和各级政府鼓励农民工返乡创业政策的实施，近年来也在逐渐增多，尤其是中西部地区，以重庆为例，政府为农民工返乡创业提供行政审批、税费减免、综合服务等支持，2017 年带动了 53 万人创业，创办经济实体 39.5 万户，吸纳就业 172 万人。城乡流动型农民工占据农民工群体的绝大部分，他们在城乡之间流动，处于“城乡双漂”的状态，不仅造成了农村耕地撂荒、宅基地空废等大量农村资源浪费问题，也造成了住房紧张等城市资源紧缺问题，还使农村老人、儿童留守，引发了一系列的社会问题，新型城镇化需要根据这部分农民工的能力和意愿，让他们能够在城乡之间找到自己的归宿。返乡务农型农民工的数量随着人口老龄化也在逐渐增多，年长的农民工回到农村务农、养老，需要在土地权益、医疗、养老等方面提供支持。

根据国务院农民工办课题组的预测，“十三五”期间年均农业转移劳动力约为 657 万人，2021~2030 年年均为 485 万人（表8.2）。如果不考虑农民工返乡，预计 2020 年农业转移人口总规模在 3.2 亿人左右，2030 年间将达到 3.7 亿人。因此，未来中国的存量和增量农民工市民化的任务还很重。

表 8.2　中国未来劳动力转移模拟结果

年份	新增转移农村劳动力/万人	年份	新增转移农村劳动力/万人
2011	938	2017	688
2012	890	2018	646
2013	852	2019	618
2014	820	2020	596
2015	790	2021	586
2016	737	2022	562

续表

年份	新增转移农村劳动力/万人	年份	新增转移农村劳动力/万人
2023	535	2027	450
2024	507	2028	435
2025	486	2029	419
2026	468	2030	404

资料来源：《中国农民工发展研究》

8.4.3 不同情境模式下的城乡发展分析

农业转移人口作为城乡之间人员交流和联系的桥梁，对城市和乡村产生了深刻的影响。对城市而言，农村提供了大量廉价劳动力，对城市经济做出了贡献，也为城市居民的生活带来了便利。2015 年，52.2%的农民工从事制造业和建筑业，11.9%的农民工从事批发和零售业，10.6%的农民工从事居民服务、修理和其他服务。同时，农村转移人口为城市带来了巨大的消费需求，当然也不可避免地加重了城市公共设施的负担，对资源环境造成压力，一定程度上导致了“城市病”。对农业农村而言，农业人口转移到城市虽然一定程度上缓解了人多地少的矛盾，增加了农村收入，改变了农村的思想观念，但是，也带来了农村耕地撂荒、农村人口老弱化等“乡村病”，导致了乡村衰落。因此，未来农业转移人口留在城镇，还是返回农村，将决定中国未来的城镇化水平和质量，也将对城市、乡村两个系统造成深刻影响。

《国家人口发展规划（2016—2030 年）》的主要目标是将总和生育率逐步提升并稳定在适度水平，2020 年全国总人口达到 14.2 亿人左右，2030 年达到 14.5 亿人左右，之后开始下降，预计 2020 年、2030 年的常住人口城镇化率分别为 60.0%和 70.0%。2020 年中国的城市、乡村人口分别为 8.5 亿、5.7 亿，城市人口比 2015 年增加 0.8 亿；2030 年城市、乡村人口分别为 10.2 亿、4.4 亿，城市人口在 2020 年的基础上再增加 1.7 亿（表 8.3）。同时，根据《国家新型城镇化规划（2014—2020 年）》，到 2020 年“户籍人口城镇化率达到 45%左右”，那么，2015~2020 年，中国户籍人口城镇化率年均需要提高 1%以上，若城市自身人口按照以往的约 5‰的自然增长率增长（王桂新和黄祖宇，2014），那么，城市人口自身再生产 0.14 亿人，需农业转移人口落户城镇约 0.76 亿人，还剩下 2.4 亿农民工。对于城市而言，不仅需要提供稳定的就业岗位，同时农民工市民化人均需要公共成本约 10 万元，再算上基础设施建设等成本，所需资金较多（辜胜阻等，2014）。目前，对于 2030 年的户籍人口城镇化率及农业转移人口落户城镇规模，还没有相关政策，下面将设置不同情境模式进行分析。

表 8.3　中国人口预测基础与预测目标

指标	2015 年（预测基础）	2020 年（预测目标）	2030 年（预测目标）
人口总量/亿人	13.8	14.2	14.5
常住人口城镇化率/%	56.1	60.0	70.0
城市常住人口/亿人	7.7	8.5	10.2
乡村常住人口/亿人	6.0	5.7	4.4
户籍人口城镇化率/%	39.9	45	—
非农户口人数/亿人	5.5	6.4	—
农业户口人数/亿人	8.3	7.8	—
农业转移人口/亿人	2.8	3.2	3.7

资料来源：《国家人口发展规划（2016—2030 年）》；《国家新型城镇化规划（2014—2020 年）》；《中国农民工发展研究》

情境一：2030 年，3.7 亿农民工 100%落户城镇，城市户籍人口城镇化率达到 70%，政府需要在市民化上投入公共成本至少 37 万亿元，再加上城镇化率每提高 1 个百分点，需要追加 6 万亿元左右的城镇固定资产投资，2015~2030 年年均投入 8.5 亿元，相当于 2015 年全国财政收入的 56%，这对于全国和地方财政压力都很大。对于这些人口如何在不同区域、不同规模的城镇之间分配，也是一个挑战，未来有待进一步深入研究。

情境二：2030 年，3.7 亿农民工 50%落户城镇，50%返回农村，城市户籍人口城镇化率达到 50%，政府需要在市民化上投入公共成本 18.5 万亿元，再加上 60 万亿元的城镇固定资产投资，2015~2030 年年均投入 5.2 亿元。但是，农村还剩余 6.2 亿农业人口，乡村振兴任务艰巨。

事实上，根据历年的农民工监测调查数据，50 岁以上的农民工占比超过 15%，小学及以下文化程度的农民工占比超过 15%，而年长及文化程度较低的农民工落户城镇的能力较弱，必定会有一部分农民工返乡务农。同时，随着东部地区产业向中西部地区转移，以及精准扶贫、乡村振兴战略的实施，越来越多的农民工开始返乡创业。从粮食安全、农业农村可持续发展的角度出发，农村也需要一批爱农业、懂技术、善经营的新型职业农民。因此，未来中国的农民工既不能全部落户城镇，也不能全部返回农村，更不能一直处于“城乡双漂”的状态。而乡村振兴与农民工返乡是一个相互制约、相互促进的关系，只有农民工返乡，才能实现乡村振兴；也只有乡村振兴，才能吸引更多农民工返乡。

因此，未来在政策制定上，应让新型城镇化与乡村振兴齐头并进，让农民工无论是选择落户城镇，还是返回农村，都能够安居乐业，从人的角度实现城乡等值化。

第 9 章　讨论与展望

9.1　主 要 结 论

9.1.1　我国农业农村发展的时空演化与主要问题

改革开放以来，我国农业农村发展经历了农村经济加速发展期（1978~1988年）、农村经济缓慢发展期（1989~1998 年）、农村经济结构调整期（1999~2003年），2004 年以来进入农村经济发展新时期，农业生产状况和农民生活水平得到了极大改善，尤其是农业机械化水平和农民人均纯收入得到普遍提高。但是，以农业生产要素非农化、农民社会主体老弱化、农村建设用地空废化、农村水土环境污损化为主要特征的“乡村病”综合征日益凸显。从整体的空间分异格局来看，我国的农业农村发展综合水平呈现东南高、西北低的趋势。其中，农业生产状况水平呈现出北高南低、东高西低的格局；农民生活水平则呈现出东部沿海省区市高于内陆其他省区市的格局；农村生态环境水平逐年下降，呈现出东南低于西北的格局，反映了城镇化进程中农业农村环境污染、生态功能衰退的现实问题。进一步根据我国综合农业区划，分析各个农业区的农业农村发展水平，发现我国的农业生产在东北平原、黄淮海平原、长江中下游平原、新疆西北地区等平原及盆地地区水平较高；农村生活水平在自北向南的辽东南地区、京津冀地区、胶东地区、长三角地区、海西经济区、珠三角地区的城市群形成了一条完整而连续的高值聚集区；农村生态环境则在东部沿海与中部少数城市呈现下降的趋势，需要引起重视。以长江经济带为典型样带来看，我国农业劳动力的非农化、兼业化特征明显，工资性收入逐渐成为农民收入的主要来源，农业机械化和集约化水平逐渐提高，乡村系统多样性、多功能特征初显，农业新型经营主体不断出现，但是，水土资源、生态环境对农业农村发展的“硬约束”越来越大。以京津冀地区、传统平原农区和黄土丘陵沟壑区为典型样区来看，京津冀地区的农业农村发展水平逐渐提升，尤其是经济、社会稳步发展，但是，工业化、城镇化对区域环境带来了严重的负面影响；传统平原农区虽然经济、社会系统发展态势良好，但是农村人口外流严重，“产粮大县是财政穷县”的权益倒挂问题没有得到根本解决；黄土丘陵沟壑区农民收入不断提高，但退耕还林生态改善而面临的农业劳动力流失、基本农田建设滞后的农业安全与民生保障问题需要引起高度重视。究其原因，我国的农业农村发展主要取决于农村自我发展的内生动力和工业化、城镇化的外源动力两个方面，二者共同作用方式、影响程度、分异格局的不同，形成了我国农业农村发展的不同状态和不同问题。

9.1.2　我国城镇化发展的时空格局与综合效应

改革开放以来，我国的城镇化大致经历了稳定发展阶段（1978~1995 年）和快速发展阶段（1996 年至今）两个阶段，伴随着城乡人口迁移、土地用途转化和产业结构转变等过程，从不同空间尺度，可以全面揭示出我国城镇化发展的时空格局。从全国尺度看，我国城镇人口的比率从 1980 年的 19%提高到 2015 年的 56%，第二产业和第三产业的比重也从 1980 年的 70%上升到 2015 年的 91%，城市建成区总面积占国土面积的比重从 1980 年的 0.07%增加到 2015 年的 0.54%，说明我国的土地城镇化速度快于人口和经济城镇化。从省域尺度看，人口和经济城镇化的空间格局呈现出从东部向中部、西部逐级递减的趋势，东部沿海省区市城镇化率增加最迅速，而东北地区和西部地区发展缓慢，土地城镇化率则呈现出与人口、经济城镇化不同的发展态势。从市域尺度看，中国的人口城镇化率呈现出东北地区和各省会城市偏高的空间分布特征，经济城镇化率在辽东南地区、呼和浩特、长三角地区、珠三角地区等区域较高，土地城镇化率以胡焕庸线为分界线，呈现出明显的东南部高于西北部的格局。从县域尺度看，珠三角地区、长三角地区、京津冀地区、东北地区及各省会城市与其周边的区县是人口城镇化的高值区，经济城镇化率较高的地区集中在珠三角、长三角、京津冀、重庆等地，较低的地区集中在黑龙江、广西、云南、西藏、新疆等地。土地城镇化呈现出东部地区高城镇化率、高增长率态势，中部地区和东北地区为低城镇化率、中高增长率态势，而西部地区大体为低城镇化率、低增长率的“双低”态势。总体而言，我国城镇化发展受到行政力、市场力、外向力与内源力的共同作用。但是，我国目前城镇化主要存在“三大”突出问题，进而产生了不同的综合效应。首先，土地城镇化快于人口城镇化，建设用地闲置、粗放低效的矛盾突出；其次，半城镇化问题严重，多数农民工处于“城乡双漂”的状态，未能完全市民化；最后，盲目追求城镇化规模、速度，普遍产生了严重的资源环境问题，包括二氧化碳排放、耕地资源侵占等。

9.1.3　城镇化对农业农村发展影响路径与测度

我国城镇化对农业农村发展的影响具有典型的阶段性、空间差异性特征。就阶段性而言，在城市系统与乡村系统初步融合阶段，城镇化对农业农村发展的影响，主要以农业农村要素的快速非农化为主，在空间上大部分地区表现为极化效应大于扩散效应；在城市系统与乡村系统互动发展的高级阶段，不同等级的城镇之间、村庄与中小城市、小城镇之间的要素流动加快，城镇化对农业农村发展的扩散效应开始显现。我国目前已经进入“以城带乡、以工促农”的新阶段，但区域之间的不平衡性也比较突出。就空间差异性而言，在全国层面，利用时间序列分析和 Granger 因果检验，得到了人口城镇化导致乡村劳动力大量外流、农村土地流转、农业机械化水平提高的结论；经济城镇化促进传统的农业生产逐渐被非农业生产所取代，乡村就业人员比重减少，农业总产值降低，农业机械化水平提高；土地城镇化导致耕地资源减少，人均耕地占有量减少，但同时促进了农村居民的收入提高。在省域层面，利用改进的 CD 模型，通过面板数据多元回归分析发现，城镇化率对人均耕地面积、农村劳动力比重和人均粮食产量产生负向影响，对农村居民人均纯收入、人均农业产值和单位面积机械化动力水平产生正向影响。在市域层面，通过面板数据多元回归分析发现，绝大部分地区，城镇化对农业农村发展呈正向效应，大大提高了农民生活水平，其中，东南沿海地区、东北平原农区及西北内蒙古、新疆部分地区的弹性系数大于 1，人口、经济、土地城镇化对不同区域的农业农村发展影响呈现出不同的格局。在县域层面，通过结构方程模型发现，人口城镇化对乡村发展正向效果较为明显，经济城镇化对乡村发展负向效果较为明显，而土地城镇化对乡村发展的影响效果越来越小。进一步测度京津冀地区、传统平原农区和黄土丘陵沟壑区等典型区的城镇化对农业农村发展影响，发现各区域人口、经济城镇化与农业农村发展形成良好的耦合关系，但是土地城镇化与农村各要素耦合度较低，说明农业农村发展滞后于土地城镇化速度。同时，随着城镇化的进行，农村的经济与社会系统得到快速发展，但是农村的资源环境问题也逐渐凸显。在黄土丘陵沟壑区，其城镇化系统与农村资源、环境系统之间的负向影响更为广泛和显著，有限的资源与脆弱的环境成为当地发展制约因素；京津冀地区土地城镇化对农村各系统的带动性在减弱，而在传统平原农区和黄土丘陵沟壑区，土地城镇化带来的巨大资本仍是当地城镇化与农村发展的强大动力。

9.1.4　城镇化对农业农村发展影响的对策建议

根据我国城镇化和农业农村发展的类型，选取东部城市群地区（河北阜平、河北宣化、浙江松阳）、中部粮食主产区（河南滑县、河南镇平）、西南山地丘陵区（四川广安、重庆）、西北黄土高原区（陕西榆林、陕西延安）等主要地域类型区的典型区域，发现不同区域的农业农村在发展水平、产业经济、驱动机制等方面存在显著差异。东部城市群地区的农业农村多属于农村自身发展与城镇化外源动力综合驱动型，中部粮食主产区的县则多属于农村内生发展型，主要依靠本地资源发展特色农产品，而西南山地丘陵区和西北黄土高原区既包括农村内生发展模式，也包括劳务输出带动和城镇建设带动的城镇化外源驱动型模式。值得注意的是，土地整治越来越在农业农村发展中发挥重要的作用，因此未来通过基础设施建设，地方资源开发，乡村旅游业发展，特色产品推广，有望实现乡村振兴。在典型案例分析的基础上，进一步分析我国城镇化对农业农村发展的影响发现，尽管近些年来针对户籍、土地、税收等农村综合改革力度不断加大，部分成效显现，但推进“以工促农、以城带乡”和城乡一体化进程中，仍然面临着户籍、土地、财政、产业、金融、社会保障、环境治理制度等方面的制度性障碍，如何突破机制性、制度性瓶颈，加快创建城乡融合发展体制机制和乡村振兴制度体系，成为有效破解“三农”问题的重中之重。为此，未来需要将新型城镇化与乡村振兴作为双轮驱动的综合发展战略，创新城乡发展转型和破解“乡村病”的科学路径及制度体系，从而推动城乡要素平等交换和公共资源的均衡配置。一方面，城镇化与新农村建设融合是关键环节；另一方面，农村体制及模式创新是重要内容。具体而言，需要从创新城乡土地制度与管理方式、建立工业反哺农业的长效机制、加快构筑村镇建设新格局和深化改革城乡发展体制四个角度加强顶层设计，不断推进农村户籍制度、土地制度、金融制度改革创新，加强农村公共物品供给、强化农业科技驱动、创新环境治理机制、改革行政管理与规划制度。随着新型城镇战略的提出，我国农业农村的发展始终要围绕人口、土地、产业三个核心要素，在要素整合、外部环境变迁及社会需求的驱动下，构建村镇建设新格局，构筑村镇生产空间、生活空间、生态空间和文化空间，推进形成中国特色的城市、村镇、农业、生态“四位一体”的国土新格局。同时，对于不同类型区域，针对农业农村发展的不同问题，还应该推行差别化的新型城镇化与农业农村发展战略。在城镇密集的城市群地区，加强农村产业培育、格局优化、城乡环境综合治理，创新以城乡一体化融合发展为特征的新型城镇化模式；在城市近郊区、粮食主产区，强调在不以牺牲耕地和粮食安全为代价并保障农民土地权益的前提下，通过体制机制创新，推进以中心村镇、新型社区为特征、田园综合体建设为特色的多功能城镇化模式；在山地丘陵地区，着力以生态建设、地质灾害防护为前提，以资源环境综合承载能力为约束，创新“大分散、小集中”式的山地城镇化模式；在西北黄土高原区、农牧交错区，强调以优质特色农业发展、国土综合整治、生态文明建设为动力，“三生”结合的居业协同城镇化模式。

9.2 未来展望

9.2.1 协同推进城镇化与乡村振兴战略

城镇化已经成为全球性的趋势，大部分国家的城市区域都在不断扩张，城市的集聚性也为经济发展和生活水平的提高创造了条件。世界城镇化水平已经从1960年的33%上升到2016年的54%，其中以亚洲和非洲的增长最为迅速。但是，相对于城镇化，广大乡村地区的衰落很少被人提及。事实上，伴随着城镇化的进展，在大多数乡村地区，人口增长缓慢，活力也越来越小。以中国为例，仅2016年一年，就有将近1.7亿农村人口（其中大多数为青壮年）离开家乡来到城市，寻找工作是主要原因。1990~2014年，中国农村的工作岗位减少了20%以上。城市工作薪酬更高，调查显示，2015年背井离乡的农村人口在城市的收入比留在农村的高21%左右。农民工进城产生了一系列负面影响，包括土地破碎化、土地撂荒；留守老人、留守儿童、留守妇女；农村小学关闭；农村老年人自杀率高。因此，城镇化带来了全球性的乡村衰落问题，迫切需要重建乡村。为此，不同国家和地区采取了不同的措施，如韩国在20世纪50年代将国有土地和地主土地重新分配给农民，并减少地租，促进农业发展；马来西亚、菲律宾和泰国大力扶持农村贫穷地区的公共卫生和教育事业，提高了预期寿命和婴儿存活率；一些非洲国家，如莫桑比克和肯尼亚，从20世纪70年代中期到21世纪初，对农民的政策从征税转为扶持，尝试以此纠正对城市的偏向；美国、英国、澳大利亚、新西兰、瑞典和西班牙的政府，采用规划、投资和补贴策略来鼓励农村发展。但是，自上而下的政策往往会失败，地方参与往往是成功的关键。因此，未来农业农村发展的路径应该从以下方面考虑：首先，政府应积极推进“村镇化”战略，与“城镇化”双轮驱动，城乡居民享有资源、公共服务和社会福利的同等权利；其次，要激发民众“自下而上”的主观能动性，乡村地区开发必须要让当地民众受益，而不是受制于外来投资者；再次，对不适宜居住的村庄应实行移民搬迁，移民搬迁必须充分尊重贫困人口的意愿，应由农民自主选择安置地点，政府一般需提供咨询建议、资金扶持和服务保障；最后，要制订科学规划引领乡村振兴，研究者需探究引发乡村衰退的驱动力。城乡是一个有机体，需要互相支持才能可持续发展。

对中国而言，城镇化对农业农村发展的促进作用主要表现在：第一，经济城镇化发展起来的第二产业、第三产业能提供大量的就业岗位，吸收农村的剩余劳动力；第二，城镇化能带动农业农村经济的发展，缩小城乡差距；第三，城镇化可以为农村地区提供生产和生活服务；第四，城镇化有利于现代技术、教育、城市文化和观念向农村地区的扩散。但是，尽管城镇化的发展可以带动农业剩余劳动力转移，促进农村劳动力、土地、资金等要素从传统农业部门向城市工业、服务业等部门转换，但与世界大部分国家和地区不同的是，我国农村人口众多，单纯依靠城镇化难以解决我国广大农民的生活问题、农村的发展问题和农业的生产问题。如图 9.1 显示，我国城镇化水平从 1980 年的 19%上升到 2015 年的 56%。但是，2015 年，我国乡村人口规模仍有 6.0 亿，农民工的规模仍然高达 2.7 亿。假设我国人口总数保持在 2015 年的水平（13.7 亿人），即使未来城镇化率提高到 70%，我国乡村人口规模仍有 4 亿。因此，推进新型城镇化和促进农业农村发展是两位一体的战略，实现城镇化与农业农村发展的双轮驱动和良性互动是中国特色城镇化道路的必然选择（Liu and Li，2017）。

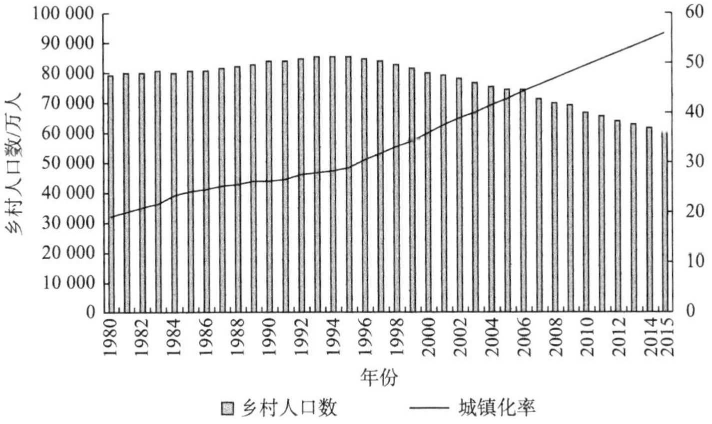

图 9.1 我国乡村人口数与城镇化率（1980~2015 年）

9.2.2 构建可持续发展的中国城乡发展新格局

2015 年，联合国发布了《变革我们的世界：2030 年可持续发展议程》，提出 2030 年可持续发展新目标，涉及贫困、饥饿和粮食安全、健康、教育、性别平等、水和环境卫生、能源、经济增长、基础设施和工业化、不平等、城市、可持续的消费和生产模式、气候变化、海洋、陆地生态系统和生物多样性、和平与正义、伙伴关系 17 个方面[①]。这些目标兼顾了可持续发展的三个方面，都是对人类和地球至关重要的领域，并对未来人类和地球的可持续发展与繁荣稳定具有重要的指导作用和意义。地理学作为可持续发展战略的基础学科，加强地理学相关理论、技术方法和实践的研究，可为可持续发展目标的实现提供重要的支撑和保障（郑度和陈述彭，2001）。城乡发展及其空间格局是地理学研究的一项重要内容，也是中国的基本国情的一个重要方面（陆大道，2015），与中国的可持续发展密切相关。中华人民共和国成立以来，中国城乡发展格局经历了以城市发展为主、城市发展兼顾农村、城乡统筹发展等阶段（王勇和霍有光，2013）。但是，目前城乡二元对立的结构依然存在，人口、经济增长及城镇化带来的资源环境问题、城乡人地关系失衡、区域发展不平衡问题仍然突出，由此产生的“乡村病”“城市病”尚未得到根治（李玉恒和刘彦随，2013）。因此，对照可持续发展目标，剖析中国城乡发展现状问题，解构城乡转型发展路径、机制、模式，展望城乡发展未来的格局情境，对于实现中国的可持续发展战略至关重要，也是当前和今后一段时期学术研究的重要领域前沿。

从地理学的视角理解，2030 年可持续发展目标涵盖了人口、资源、环境与发展四个方面，而城乡发展新格局涉及城乡人口、土地、产业、社会等多个要素的统筹。因此，以可持续发展目标为导向统筹城乡格局，本质上是协调人地关系，解决区域的人口、资源、环境与发展问题（图 9.2）。

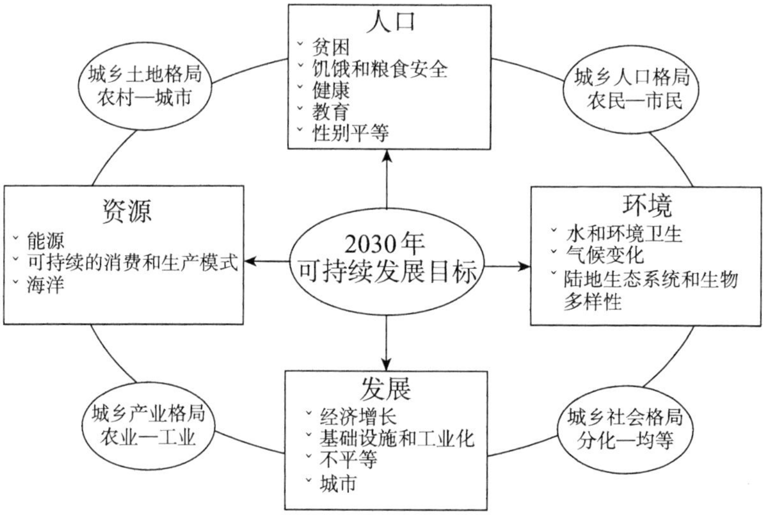

图 9.2 2030 年可持续发展目标与城乡发展新格局的要素对应

和平与正义、伙伴关系这两个目标与城乡的人口、环境、发展、资源无直接关系，因此图 9.2 中未列出

① 《变革我们的世界：2030 年可持续发展议程》，https://www.fmprc.gov.cn/web/ziliao_674904/zt_674979/dnzt_674981/qtzt/2030kcxfzyc_686343/t1331382.shtml，2016 年 1 月 13 日。

对照可持续发展目标，目前中国城乡发展存在以下方面的问题。

（1）农村贫困问题尚未完全解决，存在集中连片贫困区和贫困的“孤岛效应”，并且贫困地区容易产生“贫困—掠夺资源—环境恶化—进一步贫困”的恶性循环。

（2）粮食生产的耕地、劳动力、资本、技术等要素有待进一步提升，目前我国农业以“小农经济”为主，农产品供求结构性问题突出，农业生产尚未形成产业化、规模化，农业现代化程度不高、农业生产效率有待提升、农产品国际市场的竞争力不足、市场价格低迷且波动性和风险较大。

（3）人口老弱化引发的乡村可持续发展问题、农村贫困问题和健康养老问题突出。

（4）快速城镇化、工业化和人口增长导致的水污染、土壤污染、空气污染、生物多样性锐减等生态环境问题及人类健康问题严峻。

（5）城乡和区域资源配置不平衡、基本公共服务供给不均等，包括教育、医疗、就业、政府公共投入，导致城乡收入、消费水平不均衡，随之产生了“城市病”和“乡村病”。

（6）区域资源配置有待优化，包括水资源、土地资源、能源等，但是相应的生态补偿和转移支付机制尚未完善。

（7）高能耗低效率的发展模式，导致能源消耗和碳排放增加，对生态系统产生负面影响，进而产生灾害频发的恶性循环。

基于以上问题，未来城乡发展可以从以下方面进行改善。

（1）精准扶贫。推进农业产业化和现代化、农村公共资源配置和基本公共服务均等化，加快农村产权、户籍、社会帮扶和救助机制创新，从而改善农村贫困现象。

（2）城乡发展中生态环境的保护与治理。协调社会经济发展与自然环境的关系，包括保护耕地数量和质量、防止土壤退化、保护与水有关的生态系统（山地、森林、湿河、地下含水层和湖泊）等。

（3）深化供给侧改革。统筹农业种植结构，促进产业升级，优化产业的区域布局。

（4）推动新型城镇化，促进城乡公共服务均等化，包括养老设施、医疗、教育等。

（5）借助工程技术手段改善城乡资源、环境问题，包括水资源工程（蓄水工程、调水工程）、节能减排和低碳技术研发。

（6）完善市场机制，包括改善粮食流通和农产品贸易体制、建立生态转移支付、碳交易机制和虚拟水贸易。

（7）促进资源在区域之间的优化配置，包括水资源、土地资源、能源等，同时完善主体功能区划，优化经济发展空间格局，重点实施“一带一路”倡议、京津冀区域协同发展和长江经济带等区域发展战略。

（8）完善城乡生态系统的监控、预警、治理，包括实施“三深一土”战略、制定碳排放清单、加强生态环境治理等。

因此，城乡发展的未来格局情境包括以下几个方面。

（1）2020 年全面建成小康社会，实现现有贫困县摘帽、贫困人口全面脱贫目标。

（2）实现农村生态文明化、农业现代化和城乡等值化。

（3）完善城乡基础设施建设和公共服务配套，包括教育、医疗、交通、能源等。

（4）改善城乡生态环境，注重空气、水体、土壤等生态环境污染问题。

（5）通过增加可再生能源的应用比例、发展低碳经济和低碳生活方式，减少人为活动导致的气候变化，并建立气候变化的应急措施。

（6）推进农业现代化、新型城镇化、新型工业化，创造就业机会，保证适龄劳动力充分就业。

（7）实现资源的可持续管理、高效利用。

参 考 文 献

岸根卓郎. 1990. 迈向21世纪的国土规划：城市融合系统设计. 高文琛译. 北京：科学出版社.

毕宇珠，苟天来，张骞之，等. 2012. 战后德国城乡等值化发展模式及其启示——以巴伐利亚州为例. 生态经济，28（5）：99-102，106.

蔡昉. 2008. 刘易斯转折点后的农业发展政策选择. 中国农村经济，（8）：4-15，33.

蔡昉，都阳，王美艳. 2001. 户籍制度与劳动力市场保护. 经济研究，36（12）：41-49，91.

蔡建明. 1997. 中国城市化发展动力及发展战略研究. 地理科学进展，（2）：11-16.

蔡建明，杨振山. 2008. 国际都市农业发展的经验及其借鉴. 地理研究，27（2）：362-374.

曹广忠，边雪，刘涛. 2011. 基于人口、产业和用地结构的城镇化水平评估与解释——以长三角地区为例. 地理研究，30（12）：2139-2149.

曹广忠，刘涛. 2010. 中国省区城镇化的核心驱动力演变与过程模型. 中国软科学，（9）：86-95.

曹小曙，任慧子，黄晓燕. 2014. 经济发达地区乡村贫困的地方特征及其影响因素分析——以广东省连州市为例. 地域研究与开发，33（1）：34-40.

车明亮，聂宜民，姜曙千，等. 2010. 平邑山区农村居民点分形特征及影响因素. 农业工程学报，26（S2）：360-365.

陈聪，刘彦随. 2014. 我国农区城镇化时空格局及其影响因素——以河南省为例. 经济地理，34（12）：48-54.

陈锋，杨锐. 2012. 浅析中国农村电子商务的发展策略. 科技视界，（5）：7-8，15.

陈浩，赵君丽. 2001. 中国农村贫困地区可持续发展分析. 生态经济，（12）：79-82.

陈菊根. 2007. "城乡等值化"：发达地区新农村建设的有效途径. 中共杭州市委党校学报，1：63-66.

陈明星，陆大道，刘慧. 2010. 中国城市化与经济发展水平关系的省际格局. 地理学报，65（12）：1443-1453.

陈明星，陆大道，张华. 2009. 中国城市化水平的综合测度及其动力因子分析. 地理学报，64（4）：387-398.

陈荣. 2016. 地理标志农产品影响农村经济发展的机制研究. 临汾：山西师范大学.

陈廷煊. 1995. 农业合作化历史回顾. 当代中国史研究，（4）：22-31.
陈锡文. 2011. 推进工业化、城镇化、农业现代化同步发展. 中国报道，（4）：65.
陈贤银. 2004. 教育对我国农民收入持续增长的影响研究. 农业技术经济，（6）：52-56.
陈晓庆，孟健. 2010. 前工业时期英国乡村工业的发展与中小城镇的崛起. 辽宁工程技术大学学报（社会科学版），12（1）：5-7.
陈欣，吴佩林. 2015. 快速城镇化进程对我国粮食生产影响的实证检验. 统计与决策，（6）：124-126.
陈秧分，李先德. 2013. 中国粮食产量变化的时空格局与影响因素. 农业工程学报，29（20）：1-10.
陈秧分，刘彦随，龙花楼. 2009. 中国东部沿海县域农村经济增长的差异及其成因. 经济地理，29（7）：1154-1159.
陈秧分，刘彦随，杨忍. 2012. 基于生计转型的中国农村居民点用地整治适宜区域. 地理学报，67（3）：420-427.
陈玉福，孙虎，刘彦随. 2010. 中国典型农区空心村综合整治模式. 地理学报，65（6）：727-735.
邓黍心. 2017. 国内乡村旅游驱动机制研究文献综述. 江西农业，（13）：108-110.
丁金枝，来利明，赵学春，等. 2011. 荒漠化对毛乌素沙地土壤呼吸及生态系统碳固持的影响. 生态学报，31（6）：1594-1603.
丁生喜，王晓鹏. 2012. 青藏高原少数民族地区特色城镇化动力机制分析——以环青海湖地区为例. 地域研究与开发，31（1）：65-69.
丁守海. 2014. 中国城镇发展中的就业问题. 中国社会科学，（1）：30-47，204-205.
董锁成，吴玉萍，王海英. 2003. 黄土高原生态脆弱贫困区生态经济发展模式研究——以甘肃省定西地区为例. 地理研究，22（5）：590-600.
樊凡. 2017. 农村社会学研究存在的问题与反思. 中国农村观察，（2）：130-144.
樊杰，田明. 2003. 中国城市化与非农化水平的相关分析及省际差异. 地理科学，23（6）：641-648.
樊静丽，刘健，张贤. 2015. 中国城镇化与区域居民生活直接用能研究. 中国人口·资源与环境，25（1）：55-60.
方创琳，王振波，马海涛. 2018. 中国城市群形成发育规律的理论认知与地理学贡献. 地理学报，73（4）：651-665.
房艳刚，刘继生. 2009. 集聚型农业村落文化景观的演化过程与机理——以山东曲阜峪口村为例. 地理研究，28（4）：968-978.
房艳刚，刘继生. 2015. 基于多功能理论的中国乡村发展多元化探讨——超越“现代化”发展范式. 地理学报，70（2）：257-270.
封志明，李香莲. 2000. 耕地与粮食安全战略：藏粮于土，提高中国土地资源的综合生产能力. 地理学与国土研究，16（3）：1-5.
冯根福，刘志勇，蒋文定. 2010. 我国东中西部地区间工业产业转移的趋势、特征及形成原因分析. 当代经济科学，32（2）：1-10，124.

冯巍仑，李裕瑞，刘彦随. 2018. 基于微观视角的农村转型发展评价及对策探析——以河南省获嘉县楼村为例. 地域研究与开发，37（2）：133-137.
冯文勇，陈新莓. 2003. 晋中平原地区农村聚落扩展分析. 人文地理，18（6）：93-96.
冯宗宪，张红十. 1992. 中国贫困地区交通落后的实质及其成因分析. 人文地理，（3）：34-39.
傅伯杰，赵文武，陈利顶. 2006. 地理—生态过程研究的进展与展望. 地理学报，(11)：1123-1131.
高星，姚予龙，余成群. 2016. 西藏农牧民贫困特征、类型、成因及精准扶贫对策. 中国科学院院刊，31（3）：328-336.
葛宝琴. 2010. 城市化、集聚增长与中国区域经济协调发展. 杭州：浙江大学.
龚新蜀，张洪振，王艳，等. 2018. 产业结构升级、城镇化与城乡收入差距研究. 软科学，32（4）：39-43.
辜胜阻. 1991. 贫困地区发展的特征及其反贫的战略思考——以湖北省秭归县为个案. 经济评论，（5）：10-18.
辜胜阻，郑超，曹誉波. 2014. 大力发展中小城市推进均衡城镇化的战略思考. 人口研究，38(4)：19-26.
顾琳. 2009. 中国的经济革命——二十世纪的乡村工业. 王玉茹，张玮，李进霞译. 南京：江苏人民出版社.
关小克，张凤荣，刘春兵，等. 2013. 平谷区农村居民点用地的时空特征及优化布局研究. 资源科学，35（3）：536-544.
郭家虎. 2007. 工业反哺农业长效机制：收入反哺向要素反哺的过渡. 改革，（12）：13-17.
郭焕成. 1988. 乡村地理学的性质与任务. 经济地理，（2）：125-129.
郭燕枝，刘旭. 2011. 基于格兰杰因果检验和典型相关的农民收入影响因素研究. 农业技术经济，（10）：92-97.
国家发改委产业经济研究所课题组，齐援军，蓝海涛. 2006. 我国中长期粮食安全若干重大问题研究综述. 经济研究参考，（73）：36-48.
国务院. 2016. 国务院关于印发全国农业现代化规划（2016—2020年）的通知. http://www.gov.cn/zhengce/content/2016-10/20/content_5122217.htm[2020-05-07].
国务院发展研究中心课题组，韩俊. 2010. “十二五”时期我国农村改革发展的政策框架与基本思路. 改革，（5）：5-20.
国务院发展研究中心和世界银行联合课题组，李伟，Indrawati S M，等. 2014. 中国：推进高效、包容、可持续的城镇化. 管理世界，（4）：5-41.
国务院农民工办课题组. 2013. 中国农民工发展研究. 北京：中国劳动社会保障出版社.
海贝贝，李小建，许家伟. 2013. 巩义市农村居民点空间格局演变及其影响因素. 地理研究，32（12）：2257-2269.
韩林芝，邓强. 2009. 我国农村贫困主要影响因子的灰色关联分析. 中国人口·资源与环境，19（4）：88-94.

郝丽丽. 2015. 乡村旅游发展驱动机制的系统仿真研究——以大连市为例. 大连：大连理工大学.
何念如，吴煜. 2007. 中国当代城市化理论研究. 上海：上海人民出版社.
贺艳华，曾山山，唐承丽，等. 2013. 中国中部地区农村聚居分异特征及形成机制. 地理学报，68（12）：1643-1656.
胡必亮，李玉祥. 2008. 城镇化与新农村：浙江项东村个案研究. 重庆：重庆出版社.
胡穗. 2007. 中国共产党农村土地政策的演进. 北京：中国社会科学出版社.
胡序威. 1983. 对我国城镇化水平的剖析. 城市规划，（2）：23-26.
胡银根，刘彦随，张子卿. 2015. 协调城乡土地、资金与人口"三要素"助推新型城镇化. 特区经济，（2）：16-18.
胡智超，彭建，杜悦悦，等. 2016. 基于供给侧结构性改革的空心村综合整治研究. 地理学报，71（12）：2119-2128.
黄成敏，艾南山，姚建，等. 2003. 西南生态脆弱区类型及其特征分析. 长江流域资源与环境，（5）：467-472.
黄道霞，余展，王西立. 1992. 建国以来农业合作化史料汇编. 北京：中共党史出版社.
黄季焜. 2013. 新时期的中国农业发展：机遇、挑战和战略选择. 中国科学院院刊，28（3）：295-300.
黄季焜，刘莹. 2010. 农村环境污染情况及影响因素分析——来自全国百村的实证分析. 管理学报，7（11）：1725-1729.
黄娟. 2011. FDI对我国城市化水平的影响研究——基于2003~2007年21个市数据. 经济问题，（4）：44-47.
黄国胜，李同升，王武科，等. 2009. 基于城乡一体化发展模式的新农村建设探讨. 人文地理，24（4）：16-19.
黄雪丽. 2005. 制度安排是我国城市化的重要动力机制. 经济师，（7）：70-71.
矶村英一. 1988. 城市问题百科全书. 王君健，王勇坚，白津夫，等译. 哈尔滨：黑龙江人民出版社.
简新华，黄锟. 2010. 中国城镇化水平和速度的实证分析与前景预测. 经济研究，45（3）：28-39.
姜广辉，张凤荣，秦静，等. 2006. 北京山区农村居民点分布变化及其与环境的关系. 农业工程学报，22（11）：85-92.
焦贝贝，石培基，刘春芳，等. 2013. 黄土高原低山丘陵区农村居民点分布与地形因子关系研究——以兰州市七里河区为例. 资源科学，35（8）：1719-1727.
焦秀琦. 1987. 世界城市化发展的S型曲线. 城市规划，（2）：34-38.
金太军，董磊明. 1999. 近年来的中国农村政治研究. 政治学研究，（4）：33-46.
康春鹏. 2013. 中国城镇化发展的政策演变与研究综述. 经济研究参考，（18）：44-49.
康继军，郭蒙，傅蕴英. 2014. 要想富，先修路？——交通基础设施建设、交通运输业发展与贫困减少的实证研究. 经济问题探索，（9）：41-46.

孔祥云，王小龙. 2013. 略论我国农村城镇化模式的选择. 农村经济，（2）：95-99.
孔祥智. 2012. 农业农村发展新阶段的特征及发展趋势. 农村工作通讯，（2）：46-48.
冷智花，付畅俭. 2014. 城镇化失衡发展对粮食安全的影响. 经济学家，（11）：58-65.
李冰. 2013. 二元经济结构理论与中国城乡一体化发展研究. 北京：中国经济出版社.
李博，左停. 2016. 从“去农”向“融农”：包容性城镇化的实践探析与路径选择——以京津冀区域A镇的城镇化为例. 现代经济探讨，（8）：63-67.
李潮海，于月萍. 2017. 新型城镇化背景下农村义务教育转型路径探究. 现代教育管理，（11）：36-41.
李春生. 2018. 城镇化对产业结构升级的作用机制与实证分析. 经济问题探索，39（1）：47-54.
李骏，顾燕峰. 2011. 中国城市劳动力市场中的户籍分层. 社会学研究，25（2）：48-77，244.
李克强. 2012. 协调推进城镇化是实现现代化的重大战略选择. 行政管理改革，（11）：4-10.
李路路，李睿婕，赵延东. 2015. 自然灾害与农村社会关系结构的变革——对汶川地震灾区一个村庄的个案研究. 社会科学战线，（1）：190-200.
李美洲，韩兆洲. 2007. 城镇化和工业化对农民增收的影响机制. 财贸研究，18（2）：25-31.
李明秋，郎学彬. 2010. 城市化质量的内涵及其评价指标体系的构建. 中国软科学，（12）：182-186.
李尚蒲，罗必良. 2012. 城乡收入差距与城市化战略选择. 农业经济问题，33（8）：37-42.
李同升，厍向阳. 2000. 城乡一体化发展的动力机制及其演变分析——以宝鸡市为例. 西北大学学报（自然科学版），30（3）：256-260.
李文. 2001. 城市化滞后的经济后果分析. 中国社会科学，（4）：64-75，204.
李文. 2008. 运用匹配法对农村道路建设减贫效果的评估. 农业经济问题，（8）：34-39.
李小建. 2006. 农区地理学国际研究进展. 人文地理，（6）：1-5.
李小建，李二玲. 2007. 西方农区地理学理论研究评述. 经济地理，27 （1）：5-10.
李晓广，孙禄. 2014. 当代农村两性政治参与之调查比较. 华南农业大学学报（社会科学版），13（1）：132-139.
李瑶. 2015. 凉山州县域城镇化的动力机制和路径选择研究. 雅安：四川农业大学.
李影，刘岩. 2014. 构建我国新农村信息基础设施建设的长效机制. 情报科学，32（3）：81-85.
李玉恒，陈聪，刘彦随. 2014. 中国城乡发展转型衡量及其类型——以环渤海地区为例. 地理研究，33（9）：1595-1602.
李玉恒，刘彦随. 2013. 中国城乡发展转型中资源与环境问题解析. 经济地理，33（1）：61-65.
李裕瑞，刘彦随，龙花楼. 2010. 中国农村人口与农村居民点用地的时空变化. 自然资源学报，25（10）：1629-1638.
李裕瑞，刘彦随，龙花楼. 2012. 黄淮海典型地区村域转型发展的特征与机理. 地理学报，67（6）：771-782.
李裕瑞，刘彦随，龙花楼，等. 2013. 大城市郊区村域转型发展的资源环境效应与优化调控研究——以北京市顺义区北村为例. 地理学报，68（6）：825-838.
李志红. 2007. 粮食价格的提高会增加农民收入吗？.中国金融，（12）：58-60.
廖红丰，杜长乐. 2004. 农民增收与财政支农政策的现实优化说. 经济前沿，（6）：12-15.
林伯强，姚昕，刘希颖. 2010. 节能和碳排放约束下的中国能源结构战略调整. 中国社会科学，（1）：58-71，222.
林若琪，蔡运龙. 2011. 我国多功能农业制度发展研究. 经济地理，31（11）：1768-1773.
刘婵. 2014. 上海城郊土壤肥力质量时空变化特征研究. 上海：上海师范大学.
刘晨阳. 2002. 云南乡村区域中心发展模式研究. 昆明：昆明理工大学.
刘纪远，匡文慧，张增祥，等. 2014. 20世纪80年代末以来中国土地利用变化的基本特征与空间格局. 地理学报，69（1）：3-14.
刘继来. 2017. 城乡一体化土地资源优化配置方法与方案研究——以河北省宣化区为例. 北京：北京师范大学.
刘林奇，杨新荣. 2014. 洞庭湖区湿地生态环境对农业发展影响分析. 农业技术经济，（9）：108-115.
刘明皓，戴志中，邱道持，等. 2011. 山区农村居民点分布的影响因素分析与布局优化——以彭水县保家镇为例. 经济地理，31（3）：476-482.
刘千枝，王辉. 1996. 景电灌区脆弱生态环境对农业生产的影响. 甘肃农业大学学报，（4）：384-390.
刘双，佟明湛. 2018. 中国农村人地关系的基本界定——基于马克思主义理论的分析框架. 中国土地科学，32（1）：29-34.
刘涛，齐元静，曹广忠. 2015. 中国流动人口空间格局演变机制及城镇化效应——基于2000和2010年人口普查分县数据的分析. 地理学报，（4）：567-581.
刘万霞. 2011. 我国农民工教育收益率的实证研究——职业教育对农民收入的影响分析. 农业技术经济，（5）：25-32.
刘仙桃，郑新奇，李道兵. 2009. 基于Voronoi图的农村居民点空间分布特征及其影响因素研究——以北京市昌平区为例. 生态与农村环境学报，25（2）：30-33，93.
刘晓清，毕如田，高艳. 2011. 基于GIS的半山丘陵区农村居民点空间布局及优化分析——以山西省襄垣县为例. 经济地理，31（5）：822-826.
刘秀峰. 2016. 城镇化背景下农村教育发展的路径选择. 现代教育管理，（5）：39-42.
刘彦随. 1999. 温州沿海地区城镇化带型发展的机制与规律. 地理研究，18（4）：413-419.
刘彦随. 2007. 中国东部沿海地区乡村转型发展与新农村建设. 地理学报，62（6）：563-570.
刘彦随. 2008. 中国新农村建设创新理念与模式研究进展. 地理研究，27（2）：479-480.
刘彦随. 2010-04-08. 新农村建设与城镇化应是一体的. 人民日报，16.
刘彦随. 2011a. 论中国城乡等值化与新农村建设. 中国地理学会2011年学术年会暨中国科学院新疆生态与地理研究所建所五十年庆典.

刘彦随. 2011b. 中国新农村建设地理论. 北京：科学出版社.
刘彦随. 2011c-03-28. 稳定粮食生产关键让农民得益. 人民日报，17.
刘彦随. 2013a. 城镇化比城市化更符合农村实际. 中国老区建设，（3）：18.
刘彦随. 2013b-09-10. 新型城镇化应治“乡村病”. 人民日报，5.
刘彦随. 2013c-02-26. 农村治污没有退路. 人民日报，5.
刘彦随. 2014-03-11. “回得去的故乡”需要新思路. 人民日报，5.
刘彦随. 2015-04-22. 农村土地流转何以健康前行. 人民日报，5.
刘彦随. 2018. 中国新时代城乡融合与乡村振兴. 地理学报，73（4）：637-650.
刘彦随，李进涛. 2017. 中国县域农村贫困化分异机制的地理探测与优化决策. 地理学报，72（1）：161-173.
刘彦随，李裕瑞. 2010. 中国县域耕地与农业劳动力变化的时空耦合关系. 地理学报，65（12）：1602-1612.
刘彦随，刘玉. 2010. 中国农村空心化问题研究的进展与展望. 地理研究，29（1）：35-42.
刘彦随，刘玉，翟荣新. 2009. 中国农村空心化的地理学研究与整治实践. 地理学报，64（10）：1193-1202.
刘彦随，龙花楼，陈玉福，等. 2011a. 中国乡村发展研究报告：农村空心化及其整治策略. 北京：科学出版社.
刘彦随，龙花楼，王介勇，等. 2014. 中国农业现代化与农民. 北京：科学出版社.
刘彦随，龙花楼，张小林，等. 2011b. 中国农业与乡村地理研究进展与展望. 地理科学进展，30（12）：1498-1505.
刘彦随，陆大道. 2003. 中国农业结构调整基本态势与区域效应. 地理学报，58（3）：381-389.
刘彦随，王介勇. 2016. 转型发展期“多规合一”理论认知与技术方法. 地理科学进展，（5）：529-536.
刘彦随，吴传钧，鲁奇. 2002. 21世纪中国农业与农村可持续发展方向和策略. 地理科学，（4）：385-389.
刘彦随，严镔，王艳飞. 2016a. 新时期中国城乡发展的主要问题与转型对策. 经济地理，36（7）：1-8.
刘彦随，杨忍. 2012. 中国县域城镇化的空间特征与形成机理. 地理学报，67（8）：1011-1020.
刘彦随，杨忍. 2015. 中国环渤海地区城乡发展转型格局测度. 地理学报，70（2）：248-256.
刘彦随，周扬. 2015. 中国美丽乡村建设的挑战与对策. 农业资源与环境学报，32（2）：97-105.
刘彦随，周扬，刘继来. 2016b. 中国农村贫困化地域分异特征及其精准扶贫策略. 中国科学院院刊，31（3）：269-278.
刘自强，李静，鲁奇. 2008. 乡村空间地域系统的功能多元化与新农村发展模式. 农业现代化研究，29（5）：532-536.
刘自强，李静，吴涛. 2018. 宁夏回族聚集区乡村发展对城镇化的响应及空间特征. 经济地理，

（5）：85-92.
龙冬平，李同昇，苗园园，等. 2014. 中国农业现代化发展水平空间分异及类型. 地理学报，69（2）：213-226.
龙花楼，胡智超，邹健. 2010. 英国乡村发展政策演变及启示. 地理研究，29（8）：1369-1378.
龙花楼，李裕瑞，刘彦随. 2009. 中国空心化村庄演化特征及其动力机制. 地理学报，64（10）：1203-1213.
龙花楼，刘彦随，张小林，等. 2014. 农业地理与乡村发展研究新近进展. 地理学报，69（8）：1145-1158.
龙花楼，屠爽爽. 2018. 土地利用转型与乡村振兴. 中国土地科学，32（7）：1-6.
龙花楼，屠爽爽，戈大专. 2016. 新型城镇化对扶贫开发的影响与应对研究. 中国科学院院刊，31（3）：309-319.
龙花楼，邹健. 2011. 我国快速城镇化进程中的乡村转型发展. 苏州大学学报（哲学社会科学版），32（4）：97-100.
卢洪友，刘丹. 2016. 中国农村社会保障的发展困境与对策. 中州学刊，（5）：67-70.
陆大道. 1988. 区位论及区域研究方法. 北京：科学出版社.
陆大道. 2013. 地理学关于城镇化领域的研究内容框架. 地理科学，33（8）：897-901.
陆大道. 2015. 地理科学的价值与地理学者的情怀. 地理学报，70（10）：1539-1551.
陆大道，陈明星. 2015. 关于“国家新型城镇化规划（2014—2020）”编制大背景的几点认识. 地理学报，70（2）：179-185.
陆铭，陈钊. 2004. 城市化、城市倾向的经济政策与城乡收入差距. 经济研究，（6）：50-58.
路永忠，陈波翀. 2005. 中国城市化快速发展的机制研究. 经济地理，（4）：506-510，514.
罗东，矫健. 2014. 国家财政支农资金对农民收入影响实证研究. 农业经济问题，35（12）：48-53.
罗庆，樊新生，高更和，等. 2016. 秦巴山区贫困村的空间分布特征及其影响因素. 经济地理，36（4）：126-132.
罗庆，李小建. 2014. 国外农村贫困地理研究进展. 经济地理，34（6）：1-8.
罗翔，曾菊新，朱媛媛，等. 2016. 谁来养活中国：耕地压力在粮食安全中的作用及解释. 地理研究，35（12）：2216-2226.
骆永民，樊丽明. 2012. 中国农村基础设施增收效应的空间特征——基于空间相关性和空间异质性的实证研究. 管理世界，（5）：71-87.
马孝先. 2014. 中国城镇化的关键影响因素及其效应分析. 中国人口·资源与环境，（12）：117-124.
倪鹏飞. 2013. 新型城镇化的基本模式、具体路径与推进对策. 江海学刊，（1）：87-94.
倪永华，华元春，徐忠国. 2013. 生产半径对山区村庄布局调整影响的实证分析——以丽水市莲都区利山-栋村村为例. 中国土地科学，（10）：2，51-56，75.
宁越敏，李健. 2009. 泛长三角地区城镇化的机制、模式与战略. 南京社会科学，（5）：8-14.

农业部产业政策与法规司. 2014. 政策研究：2008—2013. 北京：中国财政经济出版社.
欧向军，甄峰，秦永东，等. 2008. 区域城市化水平综合测度及其理想动力分析——以江苏省为例. 地理研究，（5）：993-1002.
欧阳金琼，王雅鹏. 2014. 城镇化对缩小城乡收入差距的影响. 城市问题，（6）：94-100.
乔家君，杨家伟. 2013. 中国专业村研究的新近进展. 人文地理，28（5）：76-80.
秦润新. 1999. 农村城市化是中国城市化道路的必然选择. 唯实，（12）：45-47.
秦山平，周宝同，后学峰. 2012. 重庆市农村土地流转对农民收入的贡献分析——基于重庆市永川区青峰镇农户调查. 咸宁学院学报，（5）：10-12.
秦腾，章恒全，佟金萍，等. 2017. 城镇化进程中用水量增长的门槛效应与动态作用机制分析. 中国人口・资源与环境，27（5）：45-53.
秦玉友，曾文婧. 2018. 新时代我国农村教育主要矛盾与战略抉择. 中国教育学刊，（8）：47-53.
曲建升，刘莉娜，曾静静，等. 2014. 中国城乡居民生活碳排放驱动因素分析. 中国人口・资源与环境，24（8）：33-41.
热比古丽・热杰普. 2016. 新疆南疆三地州贫困的根源分析. 中国市场，（21）：36，40.
任平，洪步庭，刘寅，等. 2014. 基于RS与GIS的农村居民点空间变化特征与景观格局影响研究. 生态学报，34（12）：3331-3340.
任修霞，周忠新. 2015. 市场对特色农业的影响分析——以湖南隆回小沙江金银花产业为例. 中国农业信息，（7）：139-141.
任映红. 2005. 论村落文化与当前农村的政治发展. 江汉论坛，（5）：16-20.
阮荣平. 2012. 农村集中居住：发生机制、发展阶段及拆迁补偿——基于新桥镇的案例研究. 中国人口・资源与环境，22（2）：112-118.
沙尔马 R，陶晓妹. 1981. 印度的农村社会学. 国外社会科学，（9）：45-46.
佘之祥. 2001. 长江三角洲的农村经济特点与发展对策. 长江流域资源与环境，（2）：152-158.
石智雷，杨云彦. 2012. 家庭禀赋、家庭决策与农村迁移劳动力回流. 社会学研究，（3）：157-181，245.
宋洪远，赵海，徐雪高. 2012. 从积贫积弱到全面小康——百年以来中国农业农村发展回顾与展望. 中国农村经济，（1）：4-15，42.
宋明洁，王宏志，邵奇慧，等. 2013. 小城镇可达性及其与农村聚落空间格局的关系——以荆州市93个小城镇为例. 人文地理，（5）：54-60.
宋涛，郑挺国，佟连军. 2007. 基于Weibull函数和Gamma函数的环境污染与经济增长的关系. 地理研究，（3）：569-576.
宋元梁，肖卫东. 2005. 中国城镇化发展与农民收入增长关系的动态计量经济分析. 数量经济技术经济研究，22（9）：30-39.
苏明. 2008. 国家财政“三农”支持政策的回顾与展望. 经济研究参考，（31）：52-58.
孙东琪，陈明星，陈玉福，等. 2016. 2015—2030年中国新型城镇化发展及其资金需求预测. 地理学报，71（6）：1025-1044.
孙良媛，李琴，林相森. 2007. 城镇化进程中失地农村妇女就业及其影响因素——以广东省为基础的研究. 管理世界，（1）：65-73.
孙雪霞，刘桂玉. 2007. 关于农村教育与农村贫困的思考. 科技经济市场，（1）：148.
孙玉奎，冯乾. 2014. 我国农村金融发展与农民收入差距关系研究——基于农村正规金融与非正规金融整体的视角. 农业技术经济，（11）：65-74.
谭崇台. 2002. 发展经济学的新发展. 武汉：武汉大学出版社.
唐华俊，罗其友. 2008. 农业区域发展学导论. 北京：科学出版社.
唐亮. 2006. 在社会主义新农村建设中加快广西乡村工业发展的研究. 重庆：西南大学.
唐平. 2006. 农村居民收入差距的变动及影响因素分析. 管理世界，（5）：69-75.
唐伟，钟祥浩，周伟. 2011. 西藏高原城镇化动力机制的演变与优化——以“一江两河”地区为例. 山地学报，（3）：378-384.
唐贤兴. 1999. 农村基层民主与中国民主政治建设. 中州学刊，（2）：52-57.
陶怀颖. 2006. 我国农业产业区域集群形成机制与发展战略研究. 北京：中国农业科学院.
田维波. 2012. 我国农业发展的空间结构演化及其影响因素研究. 重庆：西南大学.
仝志辉. 2008. 农村政治体制改革三十年的回顾与前瞻. 科学社会主义，（6）：59-62.
涂涛涛，马强，李谷成. 2017. 人口老龄化、人口城镇化与中国粮食安全——基于中国CGE模型的模拟. 中南财经政法大学学报，（4）：109-118.
汪海洋，孟全省，亓红帅，等. 2014. 财政农业支出与农民收入增长关系研究. 西北农林科技大学学报（社会科学版），（1）：72-79.
王德利，方创琳. 2012. 城市化发展质量研究进展及展望. 现代城市研究，（7）：15-21.
王凤. 2005. 我国农民收入增长决定因素的经济学分析. 经济学家，（5）：66-71.
王桂新，黄祖宇. 2014. 中国城市人口增长来源构成及其对城市化的贡献：1991~2010. 中国人口科学，（2）：2-16，126.
王国刚，刘彦随，刘玉. 2013. 城镇化进程中农村劳动力转移响应机理与调控——以东部沿海地区为例. 自然资源学报，（1）：1-9.
王国敏. 2005. 农业自然灾害与农村贫困问题研究. 经济学家，（3）：55-61.
王虎，范从来. 2006. 金融发展与农民收入影响机制的研究——来自中国1980—2004年的经验证据. 经济科学，（6）：11-21.
王华，陈烈. 2006. 西方城乡发展理论研究进展. 经济地理，（3）：463-468.
王建军，吴志强. 2009. 城镇化发展阶段划分. 地理学报，（2）：177-188.
王婧，方创琳，李裕瑞. 2014. 中国城乡人口与建设用地的时空变化及其耦合特征研究. 自然资源学报，（8）：1271-1281.
王婧，李裕瑞. 2016. 中国县域城镇化发展格局及其影响因素——基于2000和2010年全国人口普查分县数据. 地理学报，（4）：621-636.

王鹏飞，彭虎锋. 2013. 城镇化发展影响农民收入的传导路径及区域性差异分析——基于协整的面板模型. 农业技术经济，（10）：73-79.

王荣，王培志. 1993. 农业制度、技术因素对中国农业增长的影响分析. 农业现代化研究，（6）：345-348.

王松良. 2012. 中国“三农”问题新动态与乡村发展模式的选择——以福建乡村调研和乡村建设的实证研究为例. 中国发展，12（3）：45-52.

王潇. 2016. 新型城镇化背景下基于包容性发展视域的农村社会管理创新全景模型的构建. 西北人口，37（4）：82-87，95.

王旭. 2000. 美国城市史. 北京：中国社会科学出版社.

王雅梅. 2009. 欧盟共同农业政策向共同农业和农村发展政策的转变探析. 农村经济，（5）：118-120.

王艳飞，刘彦随，严镔，等. 2016. 中国城乡协调发展格局特征及影响因素. 地理科学，36（1）：20-28.

王洋，方创琳，王振波. 2012. 中国县域城镇化水平的综合评价及类型区划分. 地理研究，（7）：1305-1316.

王勇，霍有光. 2013. 中国城乡发展格局的实践演进及模式特点. 学术论坛，（8）：181-185.

王瑜，汪三贵. 2015. 农村贫困人口的聚类与减贫对策分析. 中国农业大学学报（社会科学版），32（2）：98-109.

王志杰，何立恒. 2013. 平原地区县域农村居民点空间分布特征. 南京林业大学学报（自然科学版），37（5）：60-64.

王志强. 2005. 江苏省城市化发展现状及动力研究. 城市规划，（7）：34-38.

魏冶，修春亮，孙平军. 2013. 21世纪以来中国城镇化动力机制分析. 地理研究，32（9）：1679-1687.

魏众，古斯塔夫森. 2000. 中国农村贫困机率的变动分析——经济改革和快速增长时期的经验. 中国农村观察，（2）：26-38.

温涛，冉光和，熊德平. 2005. 中国金融发展与农民收入增长. 经济研究，（9）：30-43.

温铁军，杨帅. 2012. 中国农村社会结构变化背景下的乡村治理与农村发展. 理论探讨，（6）：76-80.

翁玲玲. 2012. 关于粮食生产效率的文献综述. 科技和产业，12（8）：29-33.

吴传钧，刘建一，甘国辉. 1997. 现代经济地理学. 南京：江苏教育出版社.

吴次芳. 2003. 土地生态学. 北京：中国大地出版社.

吴文恒，牛叔文，郭晓东，等. 2008. 黄淮海平原中部地区村庄格局演变实证分析. 地理研究，27（5）：1017-1026.

吴旭鹏，金晓霞，刘秀华，等. 2010. 生计多样性对农村居民点布局的影响——以丰都县为例. 西南农业大学学报（社会科学版），8（5）：13-17.

吴一凡，刘彦随，李裕瑞. 2018. 中国人口与土地城镇化时空耦合特征及驱动机制. 地理学报，73（10）：1865-1879.
吴友仁. 1979. 关于我国社会主义城市化问题. 城市规划，（5）：13-25.
吴友仁. 1980. 关于我国社会主义城市化问题. 人口与经济，（1）：19-26.
武春桃. 2015. 城镇化对中国农业碳排放的影响——省际数据的实证研究. 经济经纬，32(1)：12-18.
武力. 2007. 1949—2006年城乡关系演变的历史分析. 中国经济史研究，（1）：23-31，76.
辛岭，王艳华. 2007. 农民受教育水平与农民收入关系的实证研究. 中国农村经济，(S1)：93-100.
熊春文. 2017. 农业社会学论纲：理论、框架及前景. 社会学研究，（3）：23-47，242，243.
徐大兵. 郭厚径. 2010. 建构材党组织领导下的村民自治机构的思考. 理论月刊，(3)：165-168.
徐匡迪. 2013. 中国特色新型城镇化发展战略研究. 北京：中国建筑工业出版社.
许高峰，王运博. 2013. 城镇化进程中中国粮食安全问题研究. 中国青年政治学院学报，（5）：120-127.
许文静，方齐云. 2018. 城乡收入差距、市场化与城镇化. 经济问题探索，39（5）：100-109.
许学强. 1998. 中国乡村—城市转型与协调发展. 北京：科学出版社.
许学强，李郇. 2009. 改革开放30年珠江三角洲城镇化的回顾与展望. 经济地理，（1）：13-18.
徐妍，温耀明，李亚民. 2008. 新型管理人才对农村企业的影响. 中小企业管理与科技(上旬刊)，（11）：200.
薛凤旋，杨春. 1997. 外资：发展中国家城市化的新动力——珠江三角洲个案研究. 地理学报，（3）：3-16.
薛凤蕊，乔光华，苏日娜. 2011. 土地流转对农民收益的效果评价——基于DID模型分析. 中国农村观察，（2）：36-42，86.
郇建立. 2002. 国家政策对农村贫困的影响. 北京科技大学学报（社会科学版），18（2）：6-12.
闫小培，魏立华，周锐波. 2004. 快速城市化地区城乡关系协调研究——以广州市“城中村”改造为例. 城市规划，28（3）：30-38.
杨传开，宁越敏. 2015. 中国省际人口迁移格局演变及其对城镇化发展的影响. 地理研究，(8)：1492-1506.
杨刚. 2007. “以工促农”传导机制内涵的拓展——与杨国才商榷. 改革，（12）：120-122.
杨国胜. 2002. 农业区位因素及其变化对农业布局的影响. 地理教育，（1）：20，21.
杨继生，司书耀. 2011. 政策环境变迁与农村居民收入和消费意愿的动态变化. 中国农村经济，（7）：42-53.
杨钧，罗能生. 2017. 新型城镇化对农村产业结构调整的影响研究. 中国软科学，(11)：165-172.
杨龙岗. 2014. 中国非均衡经济研究. 厦门：厦门大学.
杨培峰. 1999. 城乡一体化系统初探. 城市规划汇刊，（2）：35，51-54.
杨佩卿. 2017. 新型城镇化视阈下推进新农村建设的路径选择. 当代经济科学，（1）：105-112.
杨忍. 2016. 中国县域城镇化的道路交通影响因素识别及空间协同性解析. 地理科学进展，(7)：

806-815.
杨雯. 2007. 中国农村金融发展与农民收入增长因果关系研究. 财会研究，（11）：73-76.
杨吾扬. 1997. 高等经济地理学. 北京：北京大学出版社.
杨贤智，骆浩文，张辉玲. 2006. 韩国“新村运动”经验及其对中国新农村建设的启示. 中国农学通报，22（9）：547-550.
杨新荣，唐靖廷，杨勇军，等. 2018. 乡村振兴战略的推进路径研究——以广东省为例. 农业经济问题，（6）：108-116.
杨艳昭，封志明，赵延德，等. 2013. 中国城市土地扩张与人口增长协调性研究. 地理研究，(9)：1668-1678.
杨志海，王雅鹏. 2012. 城镇化影响了粮食安全吗？——来自1462个县（市）面板数据的实证检验. 城市发展研究，19 （10）：1-5.
姚士谋，刘登娥，武清华. 2010. 中国城市用地集约化的路径选择. 上海城市管理，(5)：10-13.
姚士谋，张平宇，余成，等. 2014. 中国新型城镇化理论与实践问题. 地理科学，34(6)：641-647.
叶裕民. 2001. 中国城市化之路. 北京：商务印书馆.
尹从国. 2002. 21世纪中国农业现代化的战略选择：工业反哺农业. 农业现代化研究，23(2)：81-84.
于秋华. 2009. 改革开放三十年中国乡村工业发展的经验与启示. 经济纵横，（4）：45-48.
余斌，吴振宇. 2014. 中国经济新常态与宏观调控政策取向. 改革，（11）：17-25.
余侃华，陈延艺，武联，等. 2017. 乡村4.0：互联网视角下乡村变革与转型的规划应对探讨——以陕西省礼泉县官厅村为例. 城市发展研究，（11）：15-21.
余新平，熊皛白，熊德平. 2010. 中国农村金融发展与农民收入增长. 中国农村经济，（6）：77-86.
俞海. 2002. 农地制度及改革对土壤质量演变的影响. 北京：中国农业科学院.
虞小强，陈宗兴，霍学喜. 2011. 城镇化进程中农村教育的困境与选择. 现代教育管理，（6）：22-24.
曾菊新. 2001. 现代城乡网络化发展模式. 北京：科学出版社.
张安录. 2000. 城乡相互作用的动力学机制与城乡生态经济要素流转. 城市发展研究，7（6）：5-8.
张春玲，付意成，臧文斌，等. 2013. 浅析中国水资源短缺与贫困关系. 中国农村水利水电，(1)：1-4.
张富刚，刘彦随. 2008. 中国区域农村发展动力机制及其发展模式. 地理学报，63(2)：115-122.
张红宇. 2011. 城镇化进程中农村劳动力转移：战略抉择和政策思路. 中国农村经济，（6）：4-14.
张建，程久苗，范树平，等. 2010. 农村居民点用地变化驱动力研究综述. 地域研究与开发，29（3）：106-109.
张利，雷军，李雪梅，等. 2011. 1997-2007年中国城市用地扩张特征及其影响因素分析. 地理科学进展，（5）：607-614.

张利庠，缪向华. 2006. 韩国、日本经验对我国社会主义新农村建设的启示.生产力研究，（2）：169，170，201.
张亮晶，杨瑚，尚明瑞. 2011. 西部少数民族地区生态环境与反贫困战略研究——以肃南裕固族自治县为例. 干旱区资源与环境，25（3）：53-58.
张宁，陆文聪. 2006. 中国农村劳动力素质对农业效率影响的实证分析. 农业技术经济，（2）：74-80.
张腾飞，杨俊，盛鹏飞. 2016. 城镇化对中国碳排放的影响及作用渠道. 中国人口·资源与环境，（2）：47-57.
张霞，魏朝富，倪九派，等. 2012. 重庆市喀斯特槽谷地区农村居民点分布与地貌形态要素关系研究. 中国岩溶，31（1）：59-66.
张秀生，卫鹏鹏. 2004. 农民收入增长：影响因素与对策. 武汉大学学报（哲学社会科学版），57（6）：735-741.
张占仓. 2010. 河南省新型城镇化战略研究. 经济地理，（9）：1462-1467.
张占贞，王兆君. 2010. 我国农民工资性收入影响因素的实证研究. 农业技术经济，（2）：56-61.
赵崔莉，刘新卫. 2011. 基于城镇化视角的中国农村土地制度改革. 中国人口·资源与环境，（1）：121-126.
赵乐东. 2006. 制度变迁中的中国人口流动. 统计与决策，（4）：58-60.
赵连阁. 2000. 影响农村工业聚集的因素及实证分析. 农业现代化研究，21（1）：48-52.
赵敏娟. 2001. 西北地区农村资源破坏及其制约机制研究. 杨凌：西北农林科技大学.
赵彤，马晓冬，蔡韡宇. 2014. 江苏省农村经济发展分异及地域类型. 地域研究与开发，（2）：67-72.
赵永红. 2011. 金融发展对农民收入增长影响的实证研究. 江苏农业科学，39（4）：514-516.
赵跃龙，刘燕华. 1996. 中国脆弱生态环境分布及其与贫困的关系. 地球科学进展，11（3）：245-251.
郑度. 1997. 面向建设实践，促进地理学的发展. 地理科学进展，（1）：9-13.
郑度，陈述彭. 2001. 地理学研究进展与前沿领域. 地球科学进展，（5）：599-606.
中国共产党中央文献研究室. 1982. 三中全会以来重要文献选编. 北京：人民出版社.
钟超. 2005. 产生我国农村贫困的因素分析. 前沿，（4）：104-108.
周国华，贺艳华，唐承丽，等. 2011. 中国农村聚居演变的驱动机制及态势分析. 地理学报，66（4）：515-524.
周健民. 2015. 浅谈我国土壤质量变化与耕地资源可持续利用. 中国科学院院刊，30（4）：459-467.
周君，周林. 2014. 新型城镇化背景下农村基础设施投资对农村经济的影响分析. 城市发展研究，21（7）：14-17，23.
周侃，王传胜. 2016. 中国贫困地区时空格局与差别化脱贫政策研究. 中国科学院院刊，（1）：

101-111.

周稳海，赵桂玲，尹成远. 2014. 农业保险发展对农民收入影响的动态研究——基于面板系统GMM模型的实证检验. 保险研究，（5）：21-30.

周艳，黄贤金，徐国良，等. 2016. 长三角城市土地扩张与人口增长耦合态势及其驱动机制. 地理研究，（2）：313-324.

周彦珍，李杨. 2013. 英国、法国、德国城镇化发展模式. 世界农业，12：122-126.

周一星. 1984. 关于我国城镇化的几个问题. 经济地理，（2）：116-123.

周一星，张军. 1996. 西柳模式——市场型小城镇的发展之路. 城市发展研究，（6）：31-34.

周毅，李旋旗，赵景柱. 2008. 中国典型生态脆弱带与贫困相关性分析. 北京理工大学学报，28（3）：260-262.

周云波. 2009. 城市化、城乡差距以及全国居民总体收入差距的变动——收入差距倒U形假说的实证检验. 经济学，8（4）：1239-1256.

周振，张琛，彭超，等. 2016. 农业机械化与农民收入：来自农机具购置补贴政策的证据. 中国农村经济，（2）：68-82.

周志刚，郑明亮. 2015. 基于对数均值迪氏指数法的中国粮食产量影响因素分解. 农业工程学报，31（2）：1-6.

朱德莉. 2014. 我国农村金融发展对农民收入增长的影响研究——基于协整检验和VEC模型的实证分析. 农村经济，（11）：92-97.

朱湖根，万伦来，金炎. 2007. 中国财政支持农业产业化经营项目对农民收入增长影响的实证分析. 中国农村经济，（12）：28-34.

朱启臻，杨汇泉. 2011. 谁在种地——对农业劳动力的调查与思考. 中国农业大学学报（社会科学版），28（1）：162-169.

朱四海. 2005. 我国农业政策演变的两条基本线索. 农业经济问题，26 （11）：9-15.

朱雪欣，王红梅，袁秀杰，等. 2009. 广东省佛冈县城乡居民点空间格局优化研究. 中国土地科学，23（8）：51-57.

朱志萍. 2008. 城乡二元结构的制度变迁与城乡一体化. 软科学，22（6）：104-108.

左大康，许越先. 1990. 地理研究所五十年. 地理研究，9（4）：2-4.

Amin A，Thrift N. 1995. Institutional issues for the European regions：from markets and plans to socioeconomics and powers of association. Economy & Society，24（1）：41-66.

Arouri M，Nguyen C，Youssef A B. 2015. Natural disasters，household welfare，and resilience：evidence from rural Vietnam. World Development，70：59-77.

Bai X，Chen J，Shi P. 2012. Landscape urbanization and economic growth in China：positive feedbacks and sustainability Dilemmas. Environmental Science & Technology，46（1）：132-139.

Bai X，Shi P，Liu Y. 2014. Society：realizing China's urban dream. Nature，509（1799）：158-160.

Bhattarai K，Pant L. 2013. Patriarchal bargains in protected spaces：a new strategy for agricultural and rural development innovation in the western hills of Nepal. Canadian Journal of Development Studies，34（4）：461-481.

Bird K，Shepherd A. 2003. Livelihoods and chronic poverty in semi-arid Zimbabwe. World Development，31（3）：591-610.

Bloom D E, Canning D, Fink G. 2008. Urbanization and the wealth of nations. Science, 319(5864): 772.

Bossuet L. 2006. Peri - rural populations in search of territory. Sociologia Ruralis，463：214-228.

Briggeman B C, Gray A W, Morehart M J. 2010. A new U.S. farm household typology: implications for agricultural policy. Review of Agricultural Economics，29（4）：765-782.

Cao G，Li M，Ma Y，et al. 2015. Self-employment and intention of permanent urban settlement: evidence from a survey of migrants in China's four major urbanizing areas. Urban Studies，52：639-664.

Carriónflores C，Irwin E G. 2004. Determinants of residential land-use conversion and sprawl at the rural-urban fringe. American Journal of Agricultural Economics，86（4）：889-904.

Chen C，Fan C C. 2016. China's Hukou puzzle：why don't rural migrants want urban Hukou? China Review，16（3）：9-39.

Chen H，Jia B，Lau S S Y. 2008. Sustainable urban form for Chinese compact cities：challenges of a rapid urbanized economy. Habitat International，32（1）：28-40.

Chen J. 2007. Rapid urbanization in China：a real challenge to soil protection and food security. Catena，69（1）：1-15.

Chen S，Liu Z. 2016. What determines the settlement intention of rural migrants in China? Economic incentives versus sociocultural conditions. Habitat International，58：42-50.

Chenery H B，Syrquin M. 1975. Patterns of development，1950—1970. African Economic History，86（2）：815-27.

Cheshire L，Woods M. 2013. Globally engaged farmers as transnational actors：navigating the landscape of agri-food globalization. Geoforum，44：232-242.

Chin C H，Lo M C，Songan P，et al. 2014. Rural tourism destination competitiveness：a study on Annah Rais longhouse homestay，Sarawak. Procedia Social and Behavioral Sciences，144：35-44.

Cloke P，Goodwin M. 1992. Conceptualizing countryside change：from post-fordism to rural structured coherence. Transactions of the Institute of British Geographers，17（3）：321-336.

Douglass M. 1998. A regional network strategy for reciprocal rural-urban linkages：an agenda for policy research with reference to Indonesia. Third World Planning Review，20（1）：1-33.

Du L, Wei C, Cai S. 2012. Economic development and carbon dioxide emissions in China: provincial panel data analysis. China Economic Review，23（2）：371-384.

Duffin P. 2007. Creating a modern countryside: liberalism and land resettlement in British Columbia. Pacific Historical Review, 78（3）: 466-467.

Faisal I M, Parveen S. 2004. Food security in the face of climate change, population growth, and resource constraints: implications for Bangladesh. Environmental Management, 34（4）: 487-498.

Fan C. 2011. Settlement intention and split households: findings from a survey of migrants in Beijing's urban villages. China Review, 11（2）: 11-42.

Feng K, Siu Y L, Guan D, et al. 2012. Analyzing drivers of regional carbon dioxide emissions for China. Journal of Industrial Ecology, 16（4）: 600-611.

Fleischer A, Tsur Y. 2009. The amenity value of agricultural landscape and rural-urban land allocation. Journal of Agricultural Economics, 60（1）: 132-153.

Friedmann J. 1966. Two concepts of urbanization: a comment. Urban Affairs Review, 1（4）: 78-84.

Friedmann J. 2006. Four theses in the study of China's urbanization. International Journal of Urban and Regional Research, 30（2）: 440-451.

Gallent N, Andersson J. 2007. Representing England's rural-urban fringe. Landscape Research, 32（1）: 1-21.

Gao J, Liu Y, Chen Y. 2006. Land cover changes during agrarian restructuring in northeast China. Applied Geography, 26（3）: 312-322.

Glaeser E. 2011. Cities, productivity, and quality of life. Science, 333（6042）: 592-594.

Goetz A. 2013. Suburban sprawl or urban centres: tensions and contradictions of smart growth approaches in Denver, Colorado. Urban Studies, 50（11）: 2178-2195.

Gong P, Liang S, Carlton E J, et al. 2012. Urbanisation and health in China. Lancet, 379（9818）: 843-852.

Guo M. 2016. Residential difference and settlement intention: based on ordered logit model. Open Journal of Business and Management, 4: 513-518.

Hansen B E. 2000. Sample Splitting and threshold estimation. Econometrica, 68: 575-603.

Hao P, Tang S. 2015. Floating or settling down: the effect of rural landholdings on the settlement intention of rural migrants in urban China. Environment and Planning A, 47（9）: 289-298.

Haseeb M, Hassan S, Azam M. 2017. Rural-urban transformation, energy consumption, economic Growth, and CO_2 emissions using STRIPAT model for BRICS countries. Environmental Progress & Sustainable Energy, 36（2）: 523-531.

Jaarsma C F. 1997. Approaches for the planning of rural road networks according to sustainable land use planning. Landscape and Urban Planning, 39（1）: 47-54.

Kan I, Kimhi A, Lerman Z. 2006. Farm output, non-farm income, and commercialization in rural Georgia. Journal of Agricultural and Development Economics, 3: 276-286.

Komppula R. 2014. The role of individual entrepreneurs in the development of competitiveness for a rural tourism destination-a case study. Tourism Management，40（1）：361-371.

Konde V. 2005. Industrial biotechnology applications for food security in Africa：opportunities and challenges. International Journal of Biotechnology，7（1）：95-112.

Kuznets S. 1955. Economic growth and income inequality. American Economic Review，45（1）：1-28.

Lakshmanan T R. 1982. A systems model of rural development. World Development，10（10）：885-898.

Lau C Y，Chiu C. 2013. Dual-track urbanization and co-location travel behavior of migrant workers in new towns in Guangzhou，China. Cities，30（1）：89-97.

Lewis W A. 1954. Economic development with unlimited supplies of labour. Manchester School，22（2）：139-191.

Li Y，Long H，Liu Y. 2015. Spatio-temporal pattern of China's rural development：a rurality index perspective. Journal of Rural Studies，38：12-26.

Lin Y，de Meulder B，Cai X，et al. 2014. Linking social housing provision for rural migrants with the redevelopment of 'villages in the city'：a case study of Beijing. Cities，40：111-119.

Liu J，Diamond J. 2005. China's environment in a globalizing world. Nature，435（7046）：1179-1186.

Liu J，Kuang W，Zhang Z，et al. 2014a. Spatiotemporal characteristics，patterns，and causes of land-use changes in China since the late 1980s. Journal of Geographical Sciences，24（2）：195-210.

Liu Y，Fang F，Li Y. 2014b. Key issues of land use in China and implications for policy making. Land Use Policy，40：6-12.

Liu Y，Li Y. 2017. Revitalize the world's countryside. Nature，548（7667）：275-277.

Liu Y，Long H，Chen Y，et al. 2016. Progress of research on urban-rural transformation and rural development in China in the past decade and future prospects. Journal of Geographical Sciences，26（8）：1117-1132.

Liu Y，Lu S，Chen Y. 2013. Spatio-temporal change of urban-rural equalized development patterns in China and its driving factors. Journal of Rural Studies，32：320-330.

Liu Y，Wang L，Long H. 2008. Spatio-temporal analysis of land-use conversion in the eastern coastal China during 1996-2005. Journal of Geographical Sciences，18（3）：274-282.

Liu Y，Wang J，Long H. 2010. Analysis of arable land loss and its impact on rural sustainability in southern Jiangsu Province of China. Journal of Environmental Management，91（3）：646-653.

Long H，Li Y，Liu Y，et al. 2012. Accelerated restructuring in rural China fueled by 'increasing vs. decreasing balance' land-use policy for dealing with hollowed villages. Land Use Policy，29（1）：11-22.

Long H，Liu Y，Hou X，et al. 2014. Effects of land use transitions due to rapid urbanization on ecosystem services: implications for urban planning in the new developing area of China. Habitat International, 44: 536-544.

Long H, Zou J, Pykett J, et al. 2011. Analysis of rural transformation development in China since the turn of the new millennium. Applied Geography, 31 (3): 1094-1105.

Lu S, Liu Y, Long H, et al. 2013. Agricultural production structure optimization: a case study of major grain producing areas, China. Journal of Integrative Agriculture, 12 (1): 184-197.

Ma L. 2002. Urban transformation in China, 1949-2000: a review and research agenda. Environment and Planning A, 34 (9): 1545-1569.

Marton A M. 2002. Local geographies of globalisation: rural agglomeration in the Chinese countryside. Asia Pacific Viewpoint, 43 (1): 23-42.

Masuda J R, Garvin T. 2008. Whose heartland? : the politics of place in a rural-urban interface. Journal of Rural Studies, 24 (1): 112-123.

Meaza H, Frankl A, Poesen J, et al. 2017. Natural resource opportunities and challenges for rural development in marginal grabens: the state of the art with implications for the Rift Valley system in Ethiopia. Journal of Arid Environments, 147: 1-16.

Minx J C, Baiocchi G, Peters G P, et al. 2011. A 'carbonizing dragon': China' s fast growing CO_2 emissions revisited. Environmental Science & Technology, 45 (21): 9144-9153.

Mitchell N, Espie P, Hankin R. 2004. Rational landscape decision-making: the use of meso-scale climatic analysis to promote sustainable land management. Landscape and Urban Planning, 67 (1): 131-140.

Northam R M. 1979. Urban Geography. New York: Wiley.

O'Neill B C, Liddle B, Jiang L, et al. 2012. Demographic change and carbon dioxide emissions. Lancet, 380 (9837): 157-164.

O'Riordan T. 1997. Rural politics: Michael winter. Journal of Rural Studies, 13 (1): 133.

Park D B, Yoon Y S. 2009. Segmentation by motivation in rural tourism: a Korean case study. Tourism Management, 30 (1): 99-108.

Pemberton S, Goodwin M. 2010. Rethinking the changing structures of rural local government-state power, rural politics and local political strategies? . Journal of Rural Studies, 26(3): 272-283.

Poumanyvong P, Kaneko S. 2010. Does urbanization lead to less energy use and lower CO_2 emissions? A cross-country analysis. Ecological Economics, 70 (2): 434-444.

Powe N A, Shaw T. 2004. Exploring the current and future role of market towns in servicing their hinterlands: a case study of Alnwick in the North East of England. Journal of Rural Studies, 20 (4): 405-418.

Ravenstein E G. 1885. The laws of migration. Journal of the Statistical Society of London, 48 (2): 167.

Ray C. 1998. Culture, intellectual property and territorial rural development. Sociologia Ruralis, 38（1）: 3-20.

Reardon T. 1997. Using evidence of household income diversification to inform study of the rural nonfarm labor market in Africa. World Development, 25（5）: 735-747.

Salvati L, Morelli V G, Rontos K, et al. 2013. Latent exurban development: city expansion along the rural-to-urban gradient in growing and declining regions of southern Europe. Urban Geography, 34（3）: 376-394.

Seuneke P, Lans T, Wiskerke J S. 2013. Moving beyond entrepreneurial skills: key factors driving entrepreneurial learning in multifunctional agriculture. Journal of Rural Studies, 32: 208-219.

Shen J. 2006. Understanding dual-track urbanisation in post-reform China: conceptual framework and empirical analysis. Population Space & Place, 12（6）: 497-516.

Tan S, Li Y, Song Y, et al. 2017. Influence factors on settlement intention for floating population in urban area: a China study. Quality & Quantity, 51（1）: 147-176.

Tang S, Feng J. 2015. Cohort differences in the urban settlement intentions of rural migrants: a case study in Jiangsu Province, China. Habitat International, 49: 357-365.

Tang S, Hao P, Huang X. 2016. Land conversion and urban settlement intentions of the rural population in China: a case study of suburban Nanjing. Habitat International, 51: 149-158.

Terluin I J. 2003. Differences in economic development in rural regions of advanced countries: an overview and critical analysis of theories. Journal of Rural Studies, 19（3）: 327-344.

Tisdale H. 1942. The process of urbanization. Social Forces, 20（3）: 311.

Todo Y, Takahashi R. 2013. Impact of farmer field schools on agricultural income and skills: evidence from an aid-funded project in rural Ethiopia. Journal of International Development, 25（3）: 362-381.

Wang S S, Zhou D Q, Zhou P, et al. 2011. CO_2 emissions, energy consumption and economic growth in China: a panel data analysis. Energy Policy, 39（9）: 4870-4875.

Wang X, Hui E C, Choguill C, et al. 2015. The new urbanization policy in China: which way forward? . Habitat International, 47: 279-284.

Wang Z, Yin F, Zhang Y, et al. 2012. An empirical research on the influencing factors of regional CO_2 emissions: evidence from Beijing city, China. Applied Energy, 100（4）: 277-284.

Williamson J G. 1980. Poverty in the United Kingdom: a survey of household resources and standards of living. Journal of Economic History, 40（2）: 392-393.

Wilson G A. 1997. Assessing the environmental impact of the environmentally sensitive areas scheme: a case for using farmers' environmental knowledge? . Landscape Research, 22（3）: 303-326.

Wilson G A. 2001. From productivism to post-productivism...and back again? Exploring the (un)changed natural and mental landscapes of European agriculture. Transactions of the

Institute of British Geographers, 26（1）: 77-102.

Wilson G A. 2007. Multifunctional Agriculture: A Transition Theory Perspective. Wallingford: CAB International.

Woods M. 2008. Social movements and rural politics. Journal of Rural Studies, 24（2）: 129-137.

Woods M. 2012. Rural geography Ⅲ: rural futures and the future of rural geography. Progress in Human Geography, 36（1）: 125-134.

Woods M, Anderson J, Guilbert S, et al. 2013. Rhizomic radicalism and arborescent advocacy: a Deleuzo-Guattarian reading of rural protest. Environment and Planning D-Society & Space, 31（3）: 434-450.

Yang X. 2013. China's rapid urbanization. Science, 342（6156）: 310.

Yang X, Hou Y, Chen B. 2011. Observed surface warming induced by urbanization in east China. Journal of Geophysical Research Atmospheres, 116（D14）: 1-12.

Yue Z, Li S, Feldman M W, et al. 2010. Floating choices: a generational perspective on intentions of rural-urban migrants in China. Environment and Planning A, 42: 545-562.

Zhou L, Dickinson R E, Tian Y, et al. 2004. Evidence for a significant urbanization effect on climate in China. Proceedings of the National Academy of Sciences of the United States of America, 101（26）: 9540-9544.

Zhu Q, Peng X. 2012. The impacts of population change on carbon emissions in China during 1978-2008. Environmental Impact Assessment Review, 36（5）: 1-8.

Zhu Y. 2007. China's floating population and their settlement intention in the cities: beyond the hukou reform. Habitat International, 31（1）: 65-76.

Zhu Y, Chen W. 2009. The settlement intention of China's floating population in the cities: recent changes and multifaceted individual-level determinants. Population Space & Place, 16（4）: 253-267.

Zhang C, Lin Y. 2012. Panel estimation for urbanization, energy consumption and CO_2 emissions: a regional analysis in China. Energy Policy, 49: 488-498.